# "一带一路"
# 沿线重点国别研究

黄剑辉　主编

中国金融出版社

责任编辑：仲　垣
责任校对：刘　明
责任印制：程　颖

图书在版编目（CIP）数据

"一带一路"沿线重点国别研究/黄剑辉主编．—北京：中国金融出版社，2020.1
ISBN 978－7－5220－0339－9

Ⅰ．①—…　Ⅱ．①黄…　Ⅲ．①世界—概况　Ⅳ．①K91

中国版本图书馆 CIP 数据核字（2019）第 246301 号

"一带一路"沿线重点国别研究
"Yidai Yilu" Yanxian Zhongdian Guobie Yanjiu

出版
发行　　中国金融出版社

社址　北京市丰台区益泽路 2 号
市场开发部　（010）63266347，63805472，63439533（传真）
网上书店　http：//www.chinafph.com
　　　　　　（010）63286832，63365686（传真）
读者服务部　（010）66070833，62568380
邮编　100071
经销　新华书店
印刷　北京市松源印刷有限公司
装订　平阳装订厂
尺寸　185 毫米×260 毫米
印张　25
字数　420 千
版次　2020 年 1 月第 1 版
印次　2020 年 1 月第 1 次印刷
定价　118.00 元
ISBN 978－7－5220－0339－9
如出现印装错误本社负责调换　联系电话　（010）63263947

# 编　委　会

# 序　言

## 服务"一带一路"建设　加快金融国际化
### 郑万春

海上丝绸之路和陆上丝绸之路，历史上曾经是我国同东南亚、中西亚、东北非以及欧洲国家进行经贸和文化交流的大通道。白帆点点，驼铃阵阵，"使者相望于道，商旅不绝于途"，千百年来丝绸之路向世界传送着中国的先进文明和灿烂文化，成为东西方经济、文化交流的纽带和桥梁。

2013 年秋，习近平主席提出了"一带一路"倡议。在全球经济持续低迷、逆全球化思潮涌现和贸易保护主义抬头的大环境下，该倡议如同照进黑暗隧道中的一缕曙光，不仅为中国构建全面开放型经济体创造了新机遇，确立了新路径，同时也为全球最终走出金融危机、实现共赢发展指明了新方向，提供了新方案。

"一带一路"倡议既是对古丝绸之路的继承和提升，也是对新型全球化的倡导和重塑。"一带一路"倡议的提出，致力于为沿线国家经济社会发展分享中国智慧和中国机遇，通过加强国际合作，对接发展战略，实现优势互补，促进共同发展——"和平合作、开放包容、互学互鉴、互利共赢"的丝路精神，有望在新时代焕发新的生机。

相比于欧美国家主导的全球化进程，"一带一路"倡议塑造的新型全球化是通过基础设施建设的互联互通，加强对全球欠发达地区的支持，避免欧美主导的传统全球化进程忽视新兴经济体和发展中国家利益的缺陷。"一带一路"倡议强调共商、共建、共享，追求沿线各国政策沟通、设施联通、贸易畅通、资金融通、民心相通，致力于打造开放、包容、均衡、绿色、普惠的新型国际合作框架，将会强有力地促进欧亚非一体化进程。

近六年来，"一带一路"建设从无到有、由点及面，进度和成果均超出预期。"丝路基金"和"亚投行"应运而生，103个国家及地区和国际组织同中国签署了118份合作协议。从经济走廊建设稳步推进到互联互通网络逐步成型，从贸易投资大幅增长到重要项目合作稳步实施，纵贯古今、统筹陆海、兼济天下的"一带一路"建设，蕴含着包容互鉴的东方智慧，见证着"知行合一"的中国担当。

据世界银行统计，"一带一路"倡议实施以来，全球运输时间平均减少 1.2% ~ 2.5%，贸易总成本降低 1.1% ~ 2.2%；参与"一带一路"倡议的经济体运输时间则减少 1.7% ~ 3.2%，贸易成本降低 1.5% ~ 2.8%；"一带一路"经济走廊途经经济体运输时间减少 11.9%，贸易成本下降 10.2%，受益最大。这充分显示出，中国和"一带一路"沿线国家及地区的共商、共建、共享，有利于分享相互发展机遇，有助于促进区域经济发展，有益于推动世界经济复苏。

在"一带一路"建设过程中，金融是"牛鼻子"，发挥着调节资源配置和优化投资效果的引导作用。在党中央、国务院的领导下，在"一行两会"和银行业协会的指导下，我国银行业与工商企业积极响应国家号召，加强深度合作，共享发展机遇，携手开拓"一带一路"沿线市场，有效推动了我国同"一带一路"沿线国家及地区的融合发展。截至2018年末，我国在沿线24个国家建立了82个经贸合作区，为东道国增加了超过20亿美元的税收和超过24万个就业岗位；共有

11 家中资银行在"一带一路"沿线 24 个国家及地区设立了 71 家一级分支机构，金融服务更具规模。

作为中国金融改革的试验田和民营银行的一面旗帜，中国民生银行高度重视贯彻落实国家重大方针政策，并结合自身定位和业务特点，大力推进国际化进程，为服务中资企业"走出去"和"一带一路"建设作出了积极贡献。在业务发展过程中，我们注意到，由于"一带一路"沿线国家及地区众多，其人文、历史、经济发展阶段，以及与中国的历史渊源和地缘关系都有巨大差别，"走出去"的工商企业和金融机构往往难以掌握足够信息，也就难以做到区别对待、趋利避害。

中国民生银行秉承"为民而生，与民共生"的使命，为服务国家"一带一路"倡议、助力工商企业"走出去"及金融机构国际化，组织研究院撰写了《"一带一路"沿线重点国别研究》一书。本书从金融、产业、区域、企业和科技五个方面对"一带一路"建设进行了系统性研究，并逐一分析了"一带一路"沿线重点国家的基本国情、经济状况、产业结构、政策环境、评级状况，以及企业和商业银行所面临的风险和机遇，最后提出政策建议，力图为"一带一路"各参与方的业务决策和风险防控提供更多有价值的参考信息和研究支持。

作为我国工商企业的重要潜在投资区域，"一带一路"沿线建设涵盖政府、企业、个人等多个层次，以及投资、消费等多个领域，金融需求复杂。相对而言，当前区域内金融业综合化服务能力仍显不足，服务类型相对单一，参与程度相对有限，特别是商业性金融的积极性仍有待提高，金融产品的创新性仍有待加强。下一步，中国民生银行将践行"跟随战略"，积极引入金融科技，构建境内外、本外币一体化运营及客户服务模式——客户走到哪里，我们的服务就抵达哪里。

我们还将与政府部门、兄弟银行、各类金融机构，以及亚投行、丝路基金、金砖开发银行等多边金融机构加强业务合作，不断创新业务模式、大力拓展业务渠道、持续提高业务能力，以更好地满足工商企业的国际化金融服务需求，为服务"一带一路"建设作出新的更大贡献！

# 目　录

## 综合篇

## 国别篇

# 综合篇

# 金融开放新格局下的"一带一路"资金融通与商业银行国际化

中国民生银行研究院
金融发展研究中心课题组

我国"一带一路"倡议提出以来，得到了各方积极响应，已经有超过100多个国家及地区和国际组织支持和参与了"一带一路"建设。资金融通领域实现了良好开局，正不断走向纵深，政府性多边金融机构得以设立，人民币国际化进程提速，商业性金融机构持续"走出去"，服务"一带一路"的金融产品与日俱增。同时，我国对外开放的大门也越开越大。2018年4月，习近平总书记在博鳌亚洲论坛主旨演讲中提出中国将坚持改革开放不动摇，并明确将金融业对外开放列为扩大开放的首位；中国人民银行行长易纲随后提出中国金融业对外开放的具体措施和时间表，中国金融业开启新一轮对外开放浪潮。金融对外开放，有利于为"一带一路"倡议拓宽融资渠道、满足多元投融资需求，助推"一带一路"建设向纵深发展，同时也为中资金融机构的国际化发展带来了新的机遇。

本文围绕"一带一路"倡议的历史机遇与资金融通，分析当前金融支持"一带一路"的现状及存在问题，从金融开放新格局视角，探讨构建"一带一路"金融新生态的整体思路及我国银行业的国际化发展契机，在此基础上提出了中资商业银行推动国际化发展的政策建议。

## 一、"一带一路"开创国际合作新局面，带来金融新需求

六年多来，"一带一路"建设从无到有、由点及面，从愿景走向落地实施，获得了100多个国家及地区和国际组织的响应支持。在当前国际局势发生深刻变革及我国进一步深化改革开放的大背景下，回望"一带一路"倡议的发展历程，能够更深刻地感受到"一带一路"倡议不仅契合中国和全球经济发展的现实需要，而且引领着我国开放型经济的发展道路。金融作为"一

带一路"建设的重要支撑,是连接沿线国家经济发展的纽带,发挥着聚集资本和配置资源的关键作用。

(一)"一带一路"倡议概述及发展现状

2013年9月和10月,习近平主席在出访中亚和东南亚国家期间,先后提出共建"丝绸之路经济带"和"21世纪海上丝绸之路"的重大倡议。2015年3月,国家发展改革委、外交部、商务部联合发布《推动共建丝绸之路经济带和21世纪海上丝绸之路的愿景与行动》(以下简称《愿景与行动》)。2016年以来,党和国家领导人在国际舞台上不断推动"一带一路"倡议,2016年11月召开的第71届联合国大会已将"一带一路"倡议写进决议,将其转化为国际共识。2017年5月,首届"一带一路"国际合作高峰论坛在北京召开,受到国际社会高度关注。2019年4月,第二届"一带一路"国际合作高峰论坛召开,这也是中国年内最重要的主场外交,也是共建"一带一路"迈入新阶段的里程碑事件。

"一带一路"横亘亚非欧大陆,连接活跃的东亚经济圈与发达的欧洲经济圈,中间广阔腹地面积超过五千万平方千米,覆盖人口约45亿,生产总值约23万亿美元,涵盖建筑、商贸、制造业等在内的诸多产业。据《愿景与行动》总体规划,"一带一路"建设陆上依托国际大通道,以沿线中心城市为支撑,以重点经贸产业园区为合作平台,共同打造新亚欧大陆桥、中蒙俄、中国—中亚—西亚等国际经济合作走廊;海上以重点港口为节点,共同建设通畅安全高效的运输大通道。

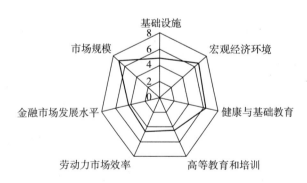

资料来源:《全球竞争力报告》,民生银行研究院。

**图1 中国在"一带一路"沿线国家中的比较优势**

自提出以来,"一带一路"倡议坚持共商、共建、共享的原则,秉持和平合作、开放包容、互学互鉴、互利共赢的丝路精神,以共建利益共同体、

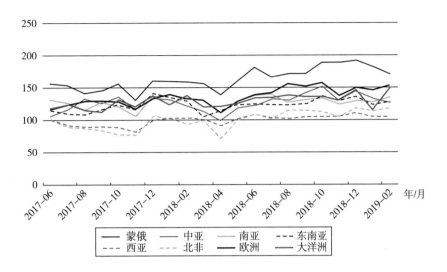

资料来源：Wind，民生银行研究院。

**图2 "一带一路"沿线地区主要贸易指数**

责任共同体和命运共同体为目标，推动着中国与沿线国家的共同发展。第二届"一带一路"国际合作高峰论坛发布的《共建"一带一路"倡议：进展、贡献与展望》报告显示，截至2019年末，中国政府已与125个国家和29个国际组织签署了173份合作文件，共建"一带一路"国家已由亚欧延伸至非洲及拉美、南太等区域。与"一带一路"国际的贸易额超过5万亿美元，投资额超过700亿美元，为沿线国家缴税数十亿美元。①

**表1 2019年"一带一路"五大重点合作领域建设情况（截至第一季度末）**

| 合作领域 | 建设情况 |
| --- | --- |
| 政策沟通 | • 中巴同意将2019年定为"巴中产业合作年"，进一步推进中巴经济走廊第八次联委会的成果落实；<br>• 1月，在瑞士达沃斯电子商务非正式部长级会议上，中国同澳大利亚等75个世贸组织成员签署《关于电子商务的联合声明》；<br>• 2月21日，中国与巴巴多斯签署《共建"一带一路"合作谅解备忘录》；<br>• 第二届中缅经济走廊论坛举行，中缅"胞波"情谊不断深化。 |

---

① 中国人民大学重阳金融研究院．树立"金融强国"意识，完善"一带一路"金融服务．2019年2月．

续表

| 合作领域 | 建设情况 |
|---|---|
| 设施联通 | ● 1月，中老（挝）铁路国内段首座四线特大桥合龙；柬埔寨桑河二级水电站竣工投产；中斯（里兰卡）共同开发的科伦坡港口城项目填海造地工程完工；中企承建柬埔寨金边第三环线攻略项目开工；<br>● 2月，首次中欧"门到门双向公路运输"顺利完成；中方承建的越南河内城铁"吉灵—河东"线进入工程收尾阶段；广西南宁开通西哈努克港航线；中国货物通过哈萨克斯坦铁海联运到达伊朗；<br>● 3月，中欧班列（成都）纳入中欧安全智能贸易航线试点计划；中企将出资在欧洲建世界最长海底铁路隧道；中企承建的上阿特巴拉水利枢纽电站移交苏丹；中企承建的几内亚库塘巴水电站将向塞内加尔河流域四国供电；中国承建的北马其顿高速公路隧道全线贯通。 |
| 贸易合作 | ● 首批玻利维亚藜麦运抵天津港并顺利通关；中智（利）自贸协定升级议定书生效，约98%产品将实施零关税；俄罗斯对华出口13年来首次超过进口，中国对俄罗斯的深加工产品需求增加；福建省上年对外贸易出口超7 600亿元，与"海上丝绸之路"沿线贸易同比增11%；河南省外贸总值首次突破5 500亿元，对"一带一路"沿线进出口增长23%。 |
| 资金融通 | ● 深交所出台"一带一路"债等上市挂牌的具体制度安排；海南设立自贸区开放发展基金；中国与老挝签署澜湄合作专项基金老方项目协议；亚投行发布《2019亚洲基础设施融资报告》，指出私营部门参与基础设施融资潜力亟待挖掘；巴基斯坦推出区块链跨境汇款项目；<br>● 中国银行协助菲律宾发行15亿美元主权债；亚投行将发行5亿美元信用债基金来聚焦亚洲基建和ESG。 |
| 民心相通 | ● 由俄罗斯、哈萨克斯坦、波兰等"一带一路"沿线国家和中国共同参与摄制完成的电影《小家伙》入围奥斯卡；中日（本）合作在泰国推广节能环保技术；马来西亚教育官员鼓励学生留学中国；埃及期待与中国加强考古合作；沙特阿拉伯将中文引入国家教育系统；<br>● 中国28所知名艺术院校共同成立了"一带一路"民族艺术教育联盟；中国已向布隆迪派遣四期援布农业专家组；在第93届巴黎图书沙龙上，来自中国的多语种"一带一路"系列书籍广受读者欢迎。 |

资料来源：中国"一带一路"网、民生银行研究院整理。

（二）"一带一路"建设带来金融新需求

"一带一路"倡议启动以来，"六廊六路多国多港"的大格局已初步形成，多条经济走廊建设持续推进，陆路以中欧班列为主要载体和通道，海上以重点港口为节点，沿线国家正在携手建设通畅、高效、安全的运输大通道。

当前正着力解决铁路、公路、港口、机场等准公益性基础设施项目的融资难题。系统性的国家战略离不开全方位、多元化的金融支持，如拓宽融资渠道、分散投资风险、优化资源配置等。"一带一路"建设的实施蕴含着大量的金融服务需求，也为我国金融机构的国际化发展提供了历史性机遇，有助于提升金融业的核心竞争力。

一是基础设施建设融资的需求。"一带一路"沿线地区大多数是处于上升期的发展中国家，经济增长潜力巨大，但基础设施落后长期制约着经济发展和民生改善。据麦肯锡预计，到2050年，"一带一路"沿线地区将贡献全球GDP增量的80%，但前提是必要的软硬件基础设施建设。基础设施建设资金需求量大、成本回收期相对较长，同时对融资质量和融资条件的要求较高。随着沿线国家的工业化进程加快，其基础设施建设需求越发旺盛，但受制经济发展水平较低和区域金融力量相对薄弱，交通、能源、通信等基础设施建设资金严重不足。

二是贸易投融资便利性的需求。中国近20年来进出口贸易额复合增长率近16%，其中对中亚、南亚等"一带一路"主要地区的贸易水平显著高于整体水平。"一带一路"建设的全面实施，进一步促进了中国与沿线国家的贸易与投资往来，并催生大量跨境投资、贸易结算、货币流通等交易行为。其一，"一带一路"建设的开展促进沿线国家间的经济要素流动、提高资源配置效率，进而实现优势互补、增进贸易往来，并给沿线企业带来广阔的市场空间。企业在跨币种、跨市场等维度的贸易融资、交易撮合、汇率避险等方面的需求也随之增加。其二，随着我国同"一带一路"沿线国家贸易投资和资金交易的日益频繁，将有大量资金流入东道国，同时企业在海外投资运营，又必然伴有资金的再投入、利润汇回等业务产生。其三，针对"一带一路"贸易中货币结算不统一带来的问题，把人民币尽快上升为地区主要国际货币，以保障沿线国家贸易互通的便捷性和收益性，也具有广泛需求。

三是对外综合金融服务的需求。"一带一路"沿线国家大多数经济发展水平较低、金融市场尚未健全、投资环境较为复杂，从而催生了风险对冲、并购融资、财务顾问、投贷结合等全方位跨境服务需求。传统信贷等单一金融产品或服务模式难以满足新形势下的复合型金融需求，亟须综合化的高效金融服务助力"一带一路"建设及企业海外投资活动。同时，"一带一路"建设也引致对全球资金配置与业务联动的需求。沿线国家金融力量相对较弱，区域资金难以支撑其投资增长，需要从全球资本市场，为"一带一路"建设提供多元化的资金来源。

四是创新金融服务模式的需求。"一带一路"建设过程中涉及不同资金来源、投资取向、融资结构、风险承受能力等，传统金融架构难以完全满足市场所需，因此需要在金融产品设计、融资渠道及服务模式上进行必要的金融创新。首先，"一带一路"沿线地区金融市场深度和广度有限，巨大的建设资金缺口仅靠传统融资方式难以满足，需引入PPP、夹层融资、众筹等创新金融手段，灵活采取公私合营方式，充分调动政策性资金、民间资本、海外资金参与其中，有效扩充资金来源。其次，"一带一路"区域分布范围广、各国金融基础设施差异较大、跨境支付成本较高，传统网点扩张服务模式面临成本、人员、地域等诸多限制。因此，提高"一带一路"建设金融供给的有效性，创新金融服务模式不可或缺。

五是防范化解金融风险的需求。"一带一路"建设主要集中在能源、交通等基础设施建设为主的投融资项目上面，不可避免地存在着投资期限长、经济收益不确定、资金回收周期长等问题。此外，沿线国家多处于经济欠发达地区，资产贬值、汇兑限制、地缘政治等存在较大不确定性。而我国对外投资企业相对于国际顶尖跨国公司而言，对国际化运作涉入尚浅，因此对于防范化解金融风险的需求格外迫切。

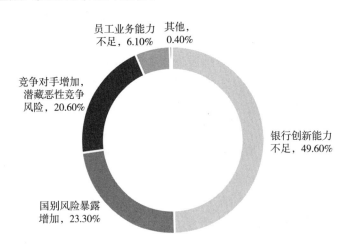

资料来源：《中国银行家调查报告（2018）》，民生银行研究院。

**图3 金融机构创新能力不足是"一带一路"建设的主要挑战**

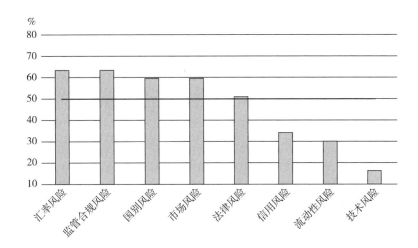

资料来源：《中国银行家调查报告（2018）》，民生银行研究院。

**图4 金融机构海外业务开展面临诸多风险**

## 二、金融开放新格局助力"一带一路"向纵深发展

我国新一轮金融业对外开放，既是建设现代化经济体系及形成全面开放新格局的应有之义，也是"一带一路"建设向纵深发展，中国与全球深度融合的内在要求。①

（一）中国开启新一轮金融对外开放浪潮

2018年4月10日，在博鳌亚洲论坛开幕式的主旨演讲中，国家主席习近平指出，中国将坚持改革开放不动摇，继续推出扩大开放新的重大举措；明确将金融业的对外开放列为扩大开放的首位，提出放宽外资金融机构设立限制，扩大外资金融机构在华业务范围，拓宽中外金融市场合作领域等具体内容。次日，中国人民银行行长易纲提出了中国金融业对外开放的具体措施和时间表，并强调了推进金融业对外开放三项原则，标志着中国在2001年加入世贸组织之后，中国金融业将迎来新一轮对外开放浪潮。对国际金融发展而言，这将是迈上全球化新平台的重要契机；对中资金融机构而言，这既是挑战更是机遇。

从金融新开放的实践来看，2018年4月以来，金融业加大开放呈现出三方面的新特点：第一，加大开放的举措具体明确。不仅直接强调了"去年

---

① 金琦. 丝路基金在"一带一路"倡议与中国金融开放新格局下的机遇与使命. 2019年1月.

(2017年）年末宣布的放宽银行、证券、保险行业外资股比限制的重大措施要确保落地"，而且强调了"放宽外资金融机构设立限制，扩大外资金融机构在华业务范围，拓宽中外金融市场合作领域"。第二，加大开放的内容丰富。它包括四个方面：一是提高金融机构中的外资占比，如准许外资控股；二是放宽对设立外资金融机构的限制，准许设立独资型的外资金融机构；三是扩大外资金融机构在中国境内的业务范围，实行国民待遇，使外资金融机构的业务范围与中资金融机构基本一致；四是在拓展中外金融市场合作的基础上，逐步有序地开放中国境内的金融市场。由此，将金融业对外开放从机构的资本构成扩展到了业务范围和金融市场层面。第三，加大开放的多方位协调。加大开放不仅包括金融业，也包括汽车业等制造业。同时，加大开放的举措还包括创造更有吸引力的投资环境、加强知识产权保护和主动扩大进口等，这既指明了此轮加大开放是多方面举措协调配合的"组合拳"方式，各方面有着互动效应，也指明了金融业对外开放中需要重视的条件变化，需要与保护知识产权、主动扩大进口等相向而行，协同展开。

对于新一轮金融对外开放，外资金融机构的反应是非常积极而迅速的，来自英国、德国、日本等多个国家的金融机构争相表达了在华新设机构或增持股权的意向，表明中国金融市场对外资金融机构有着巨大的吸引力，也显示出外资机构对中国进一步开放金融业的期待。银保监会稳步推进银行及保险业各项开放措施落地实施，受理和批准多项市场准入申请，完成了富邦华一银行有限公司筹建重庆分行、工银安盛人寿保险有限公司筹建工银安盛资产管理有限公司等十余项市场准入申请审批。在2019年3月召开的全国"两会"上，中国人民银行副行长、银保监会主席郭树清在回答金融业对外开放相关话题时称，按照金融业开放"宜早不宜迟、宜快不宜慢"的部署，银行保险方面推出的15条措施已基本落地，今年金融业对外开放还会继续推进。

事实上，已出台的开放措施仅是中国金融对外开放①的一隅，后续还需协同推进利率市场化改革、人民币国际化进程、资本账户可兑换程度等诸多事项。金融业对外开放应在完善宏观审慎管理、加强金融监管、提高金融市场透明度等前提下，稳步有序推进，从而形成对内改革和对外开放相得益彰的新格局。

---

① 金融对外开放包含两个层次的内容。第一个层次是金融业的对外开放，涉及金融机构、金融市场等国际化，机构的对外开放包括外资的"走进来"和内资的"走出去"，市场的对外开放则是适应国际市场规则并与其融合；第二个层次是资本跨境自由流动，涉及人民币国际化、资本账户开放等问题。

## 专栏1：中国金融对外开放进程

改革开放以来，我国金融领域对外开放大致可分为四个阶段：

金融开放初期探索（1978—2001年）随着我国经济发展模式逐渐由计划经济转向市场经济，借助金融开放大力吸引外资流入，为国内经济建设筹集资金。

深入推进金融开放（2002—2008年）加入世界贸易组织后，倡导"引进来"与"走出去"相结合，中资机构的金融服务水平、行业竞争力和国际化水平等方面大幅提升；逐步推进利率市场化、完善汇率形成机制、提高资本账户可兑换程度。

后危机时代金融开放（2009—2017年）2008年国际金融危机引发了对金融开放的重新反思，开放进程有些许反复，但仍然稳步推进，例如人民币加入SDR货币篮子、启动"沪港通""深港通"等互通互联机制。

新一轮金融开放浪潮（2018年至今）2018年4月，习近平主席在博鳌亚洲论坛上指出中国将继续推出扩大开放新的重大举措，中国人民银行行长易纲随后提出中国金融对外开放的具体措施和时间表，此后多项开放措施密集出台。

改革开放四十多年来，我国金融开放取得了显著成绩，有效提升了金融服务效率。一是在金融服务水平方面，外资金融机构的引入增强了行业竞争意识与自身实力，通过"引资、引智、引制"有效提升了中资金融机构的公司治理能力和金融供给水平，进而优化了资源配置效率。二是在金融市场发展方面，债券市场开放程度相对较高，已允许合规境外机构投资者在银行间市场发行人民币债券或进行相关投资，2018年中国债市外资净流入规模约1 000亿美元；股票市场通过QFII、RQFII、沪港通等多重方式逐步开放。三是在资本账户等相关方面，利率市场化建设初步完成、人民币汇率弹性不断增强，资本账户的可兑换程度持续提高。

相较我国经济体量及国际影响而言，我国金融开放水平仍显不足。其一，金融业改革与开放持续推进，金融机构整体实力大幅提升、金融市场参与主体不断增加，但对外资的持股比例、业务范围等均有较严限制，开放的广度和深度相对不足。其二，利率和汇率制度改革颇具成效，但利率"双轨制"尚未打破；汇率弹性相对不足并一定程度上制约了货币政策独立性。其三，资本账户逐步放开管制，但仍有部分完全不可兑换项目，整体开放程度相对较低；当前我国已与30多家境外中央银行建立双本币互换协议，人民币在"一带一路"沿线地区使用度持续提升，但根据国际货币基金组织官方储备构成数据，人民币占比仍显著小于美元、欧元等主要币种。新一轮金融对外开放，需协调好各方因素、稳步有序推进，以开放促发展。

### （二）金融开放助推"一带一路"向纵深发展

深入推进金融业对外开放，有助于完善金融市场产品体系、提高资源配置的效率、有效服务经济发展。与此同时，经过几年夯基垒台、立柱架梁，"一带一路"建设的开展模式更加多元、参与主体更为广泛，金融业的持续改革开放将为"一带一路"建设向纵深发展提供更高质高效的服务。

一是金融业对外开放，有利于深化"一带一路"倡议下的国际经济合作。"一带一路"建设旨在弘扬古丝绸之路精神，为世界经济增长拓展新空间。几年来，中国与沿线地区围绕基础设施互通互联、国际产能协作等领域展开了多样的探索交流与互惠合作。扩大金融对外开放，是我国金融业与国际市场在规则、信息等维度进一步融合与互嵌的过程，更为顺畅的资金融通将推动生产要素优化配置，促进境内外相关产业部门在"一带一路"框架下深入合作，为全球经济增长提供新动能。共建"一带一路"和扩大金融开放，可谓是中国不断深化改革、以开放促发展，给世界经济增长带来互利共赢新机遇的共同缩影。

二是金融业对外开放，有助于进一步为"一带一路"建设拓宽融资渠道。首先，放开外资准入带来的先进发展模式及市场竞争压力，将激励中资金融机构差异化经营、深挖比较优势，互学互鉴、创新金融产品和服务，更好地满足"一带一路"建设多元而复杂的投融资需求。其次，当前中资金融机构积极投入"一带一路"建设并已取得诸多进展，但国际金融机构对"一带一路"的参与度相对较低，后续将通过组建银团贷款、加强股权合作等方式与外资金融机构共同"走出去"，借助跨国金融机构强大的资金筹措能力、完善的全球网络布局、综合的金融服务能力及先进的风险管控技术，共同推动更多"一带一路"建设项目落地。最后，对外开放新格局下，中资金融机构可通过境内外两个市场，拓展境外债券发行、跨国产业基金等更为广泛的方式募集资金，增强金融服务供给的有效性。

三是金融业对外开放，有益于加快人民币国际化，从而使"一带一路"资金融通更顺畅。推动人民币国际化具有构建更为稳健的投融资体系、便利沿线贸易结算及降低汇率风险等重要作用，是"一带一路"资金融通的关键一环。与此同时，随着人民币加入 SDR、A 股被纳入 MSCI 指数等相继落地，境外投资方对持有人民币资产的需求也逐步提升。从"引进来"的角度看，人民币金融市场的开放有利于全球投资者多元化资产配置、缓释金融风险。从"走出去"的角度看，人民币资金的全球配置与循环，有助于扩大"一带一路"建设可用资金来源、平抑国际资本市场可能出现的流动性短缺，维护金融稳定。① 在"一带一路"倡议深入推进、中国金融市场扩大开放、人民币跨境支付系统及离岸人民币中心不断发展等因素推动下，人民币国际化有望加快并在"一带一路"资金融通过程中发挥更为积极的作用。

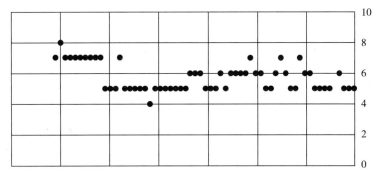

资料来源：Wind，民生银行研究院。

图 5    人民币已成为全球第五大支付货币

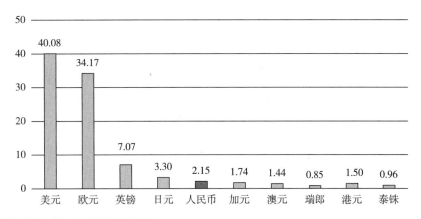

资料来源：Wind，民生银行研究院。

图 6    2019 年 1 月人民币国际支付份额（%）

---

① 金琦. 丝路基金在"一带一路"倡议与中国金融开放新格局下的机遇与使命. 2019 年 1 月.

### 三、"一带一路"资金融通情况及新格局下的金融生态构建

（一）"一带一路"建设获得的相关金融支持

金融作为撬动各国共建"一带一路"宏伟蓝图的支点，也是开展政策沟通、设施联通、贸易畅通和民心相通的必要条件。金融在"一带一路"建设中主要起支持、引导和服务作用，通过促进货币流通，拓展金融市场和金融机构服务的深度和广度，为"一带一路"建设提供强有力支撑。

1. 多边金融机构为"一带一路"建设筹集专项资金

"一带一路"建设覆盖国家多，项目资金需求量大，需要国际多边金融机构的资金支持。世界银行、亚洲开发银行、金砖国家开发银行等多边金融机构，利用在资金运营及项目投资方面的丰富经验，通过多边金融合作来重点支持"一带一路"大型项目建设。2018年世界银行向成员国及私营企业提供贷款、股权投资及担保共计669亿美元，其中东亚太平洋、欧洲和中亚、中东和北非、南亚等"一带一路"相关地区占比近六成，主要集中在"一带一路"沿线地区能源及采矿、交通、供水及卫生设施等基础设施建设领域。

在充分利用以世界银行为代表的传统世界多边金融机构资金基础上，成立亚洲基础设施投资银行、金砖国家开发银行和上海合作组织开发银行等新兴多边开发性金融机构，并设立丝路基金作为"一带一路"专项长期开发投资基金。截至2018年7月，亚洲基础设施投资银行已在13个成员国开展了28个基础设施投资项目，贷款总额超53亿美元，带动200多亿美元的公共和私营部门资金，资金主要投向亚洲发展中国家的基础设施建设。截至2018年8月底，丝路基金已签约投资项目25个，承诺投资金额超过82亿美元和26亿元人民币，实际出资金额超过68亿美元。

2. 国内政策性及商业性金融机构发挥各自优势，为"一带一路"提供多样化融资来源

政策性金融机构通过商业贷款、优惠买方信贷、出口信用保险、设立产业基金等方式为"一带一路"的大型建设项目提供低成本融资支持。2017年5月，国家开发银行和中国进出口银行设立2 500亿元和1 300亿元等值人民币专项贷款支持"一带一路"项目建设。截至2018年末，国家开发银行和中国进出口银行分别为"一带一路"项目建设提供了万亿元人民币规模的资金支持。

商业银行凭借海外分支机构广泛、金融牌照相对齐备、综合化金融服务

能力较强的优势,以银行授信、国际银团贷款、境外发行债券等方式融资,并为中资企业"走出去"提供投资银行、财务咨询、国际结算、风险管理等多元化跨境金融服务。国有商业银行在"一带一路"投融资中占主导地位。截至 2017 年末,十余家中资商业银行在 26 个"一带一路"沿线国家设立了超过 60 家一级分支机构。自"一带一路"倡议发起以来,中资商业银行参与了"一带一路"建设项目 2 600 多个,累计提供融资支持超过 2 000 多亿美元,资金用途主要是基础交通设施的建设、能源和矿产资源的开发和出口、装备制造业的扩大再生产等。

在监管部门的政策支持及积极引导下,以证券、保险、融资租赁、信托等为代表的非银行金融机构发挥各自优势,在细分市场为"一带一路"提供个性化金融支持。中国证监会鼓励企业充分利用境内、境外两个市场筹集资金投资"一带一路"建设。2016 年以来,证监会共批准 62 家"一带一路"相关企业完成 IPO,募集资金 589 亿元。上交所和深交所发布《关于开展"一带一路"债券试点的通知》,支持"一带一路"沿线地区政府类机构、企业及金融机构在交易所发行债券,募集"一带一路"建设资金,迄今为止已发行 15 单共计 239.5 亿元"一带一路"债券。2017 年以来,中国保险业支持"一带一路"建设投资规模达 8 568 亿元。但从商业性金融机构参与"一带一路"建设的具体情况来看,目前非银行金融机构无论是从投入的资金规模还是合作的项目数量上,都还处于起步阶段,未来发展空间较大。

3. 扩大沿线国家双边本币互换、结算范围,丰富并推广人民币业务,使"一带一路"建设成为人民币国际化重要载体

近年来,我国持续推动人民币国际化进程,分批次进行了跨境人民币结算、跨境人民币流通、人民币债券承销、沪港通和设立离岸金融中心等工作,以人民币计价的原油、铁矿石期货等大宗商品交易也相继推出,金融市场双向开放进程不断加快。中国已与 21 个"一带一路"沿线国家签署了本币互换协议,6 个沿线国家获得人民币合格境外机构投资者(RQFII)额度[①]。2018 年 1 月,中国人民银行发布《中国人民银行关于进一步完善人民币跨境业务政策促进贸易投资便利化的通知》,提出完善和优化跨境人民币业务,支持企业使用人民币跨境结算,并实现经常项下个人跨境人民币业务全覆盖。

同时,不断丰富人民币相关业务并取得积极进展。一是离岸人民币国际

---

① 原中国人民银行副行长易纲在接受《人民日报》专访时的发言. 中国政府网 . 2017 年 5 月 .

债券业务不断拓展，中国香港点心债、新加坡狮城债等"一带一路"国家和地区的离岸人民币债券业务取得较快发展；二是人民银行积极采取措施推动人民币直接交易市场发展，银行间货币市场，人民币已经可以和二十余种货币开展直接交易，其中包括"一带一路"沿线国家及地区的新加坡元、俄罗斯卢布等货币；三是近年来人民币资本账户可兑换进一步放开，直接投资、人民币境外放款和对外担保等资本账户跨境人民币业务发展迅速，人民币更广泛地使用于大宗商品计价结算。

4. 加强国际金融监管合作，持续提升"一带一路"区域金融合作的可持续性及普惠性

中国金融业监管机构持续拓展和深化与各国的跨境金融监管合作，为中外金融机构的发展与合作营造良好外部环境。中国人民银行积极参与金融稳定理事会、巴塞尔银行监管委员会等国际组织及其下设工作组工作，持续在东亚及太平洋中央银行行长会议组织机制下加强区域经济金融监测。在有效构建双边监管合作机制方面，至 2017 年 5 月首届"一带一路"高峰论坛前夕，中国银监会曾与 67 个国家和地区的监管当局签署了双边监管合作谅解备忘录（MOU），其中 29 个来自"一带一路"沿线国家；中国证监会已与"一带一路"沿线 26 个国家和地区签署证券合作备忘录，搭建基础性合作框架。

自"一带一路"倡议提出以来，中国与沿线国家及地区从经济对话、金融交流合作、新交易平台设立等方面签订相关协议，从实体经济的合作到金融领域的携手，进行着双向多方位的合作。我国参与搭建了与"一带一路"沿线国家及地区不同层次和范围的区域金融合作平台，例如中印财金对话机制、孟中印缅地区合作论坛等。金融机构积极参与，例如国家开发银行发起设立了上合组织银联体、金砖国家银行合作机制等，工商银行牵头推动建立"一带一路"银行间常态化合作机制。同时，高度重视金融合作的可持续性及普惠性，一方面，将绿色金融发展与"一带一路"建设相结合，金融机构在海外发展过程中积极践行绿色发展理念，例如在伦敦发行绿色债券、建立中美绿色投资基金等；另一方面，在"一带一路"沿线地区大力加强数字普惠金融建设，让金融赋能更多群体，释放生产潜力，以更好地实现包容性增长。

（二）"一带一路"资金融通面临的现实困境

国家层面的政策释放、金融机构的积极参与、金融合作的逐步开展极大地促进了资金融通，但当前多元化、全方位的金融服务体系较为薄弱，金融

机构的支持力度仍有待提高。

1. 基础建设资金需求量大，信贷资金供给相对不足

"一带一路"基础设施建设和能源项目投资资金需求大、投资周期长、金融风险高。当前我国多元化、多层次的金融体系较为薄弱，多边金融机构、政策性和商业性金融机构的长期资金供给仍相对不足。一是资金供给总量存在较大缺口。亚洲开发银行的研究数据表明，仅亚洲地区的基础设施建设资金需求每年就高达 1.7 万亿美元，扣减所有政府、金融机构能提供的资金供给，资金缺口仍高达 1 万亿美元。二是资金供给机制尚待优化。"一带一路"沿线国家和地区的基础设施建设项目回收周期普遍较长，传统放贷模式易造成期限错配、长期建设资金供给不足等问题。一方面，政策性金融机构资金来源相对有限，无法长期稳定地向基础设施建设投资；另一方面，商业银行作为市场化运作的经济主体，通常以营利为目的而忽视项目建设的正外部性，对风险相对较高但战略意义重大的项目积极性相对有限。

新兴经济体和发展中国家关于基础设施投资每年资金需求状况（2020E）

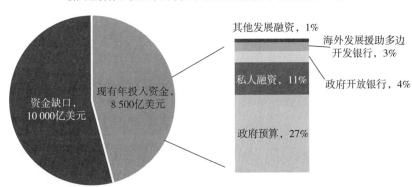

资料来源：郎朗．亚投行是中国实现"一带一路"倡议构想的强大引擎；民生银行研究院。

**图 7 "一带一路"基础设施建设存在较大资金缺口**

2. 中资金融机构国际化程度偏低，整体金融实力相对较弱

中资金融机构受其金融服务模式及应对国际化市场风险能力的制约，"走出去"的步伐缓慢。同时，与国际金融同业相比，在经验和能力方面也有所欠缺。一是国内商业银行作为金融机构主力，目前虽已在"一带一路"沿线国家和地区设立了几十家一级分支机构，但是相比"一带一路"沿线的广阔区域，网点覆盖率仍相对较低，且主要以银行授信、银团贷款、境外发行债券等传统方式融资，金融衍生品创新、外汇风险规避工具、全球授信产品等

方面相对欠缺。二是投资银行国际业务跟外资行相比短板明显。据统计，中国企业海外并购业务中，虽然绝大多数是由中资银行提供资金，但90%以上的投资银行业务却由国外投行承揽，导致中国企业"走出去"过程中融资成本较高的同时，并购活动也受制于外资投行而较为被动。三是部分沿线国家及地区系统性风险高，对金融服务业开放程度存在一定限制，汇率环境不稳定等因素，也使国内金融机构进入相关市场存在高成本高风险、币值不稳定等一系列阻力，难以形成高效、畅通的跨境网络，不利于在东道国为企业开展业务提供支持和便利。

3. 沿线地区发展水平差异大，区域金融合作水平偏低

"一带一路"沿线的65个国家和地区中，只有7个属于IMF定义的发达经济体，其余均属于发展中国家。一方面，由于经济发展水平和金融市场运行机制差异较大，导致金融合作基础较为薄弱，金融合作通常仅停留在简单的协商对话、政策性协议的签署等初级层面，实质性的金融合作很难广泛而深入开展，影响区域金融合作的进一步深化。例如中越金融合作仍局限在商业银行贸易结算方面，保险、证券投资领域的合作也局限在信息互换方面，在存贷款、投融资等业务合作上仍缺少实质性进展。另一方面，现有金融合作机制在经济金融监测方面功能薄弱，预防危机的有效性不强。

4. 金融供给与需求相对不匹配，综合性金融服务较欠缺

"一带一路"沿线国家和地区经济发展水平、产业结构各不相同，对金融的需求差异较大。需要综合运用跨境资本运作、金融避险工具、结构化融资、国际银团合作等多样性、立体式、个性化的金融服务才能较好地满足"一带一路"建设的金融需求，但现阶段我国以间接融资为主的金融体系能够提供的金融产品和服务依旧以传统金融业务为主，在综合化金融服务方案的提供和创新融资方式的设计等方面金融供给水平显得相对不足。此外，我国各金融机构在发挥资源整合优势方面尚存不足，在可行性研究、市场开拓、对外报价等方面仍存在各自为政现象，没有有效形成合力，从而导致资金支持方式比较单一、全方位的综合金融服务支持较为欠缺。

5. 跨境资金流动存在一定障碍，人民币境外使用环境有待改善

目前人民币尚未实现完全自由兑换，在境外接受程度有限，跨境人民币业务推广及相关金融市场建设有待完善。一是人民币较大规模流通仅限于周边不发达国家的边境地区，使用范围局限于边民互市、边境小额贸易等。二是人民币境外市场还处于发展阶段，境外人民币存量不足、投资回流渠道较

少，削弱境外企业使用人民币结算的意愿。三是部分沿线国家及地区经济发展相对落后，银行业不发达，加之必要的金融服务缺失，中资银行较少在边境接壤的二、三线城市设立分支机构，使得银行结算渠道不通畅。四是跨境人民币清算效率有待提高。目前国内普遍采用的港澳清算行模式和代理行模式，由于参与主体范围小、代理行数量少以及对国际 SWIFT 等外部系统依赖较重，给现行人民币跨境结算在安全性、便利性等方面带来了不同程度的影响。

（三）完善"一带一路"金融生态的总体思路

几年来，金融在支持"一带一路"建设方面发挥了重要作用，我国已初步构建了多层次的金融服务体系，有效拓宽了境内外融资渠道，完善了跨境金融服务，并取得了阶段性成果。但"一带一路"建设是一个庞大的系统性工程，涉及政府、企业、个人等多层次经济主体，涵盖交通基础设施、能源产业、贸易投资等多领域业务，建设资金需求量大、相关金融服务复杂性高。要有效地实现金融支持"一带一路"建设，需借力新一轮金融对外开放机遇，构建综合配套而多元协同的金融生态体系，进而充分发挥金融的引导、聚合作用，促进沿线国家及地区经济发展与共同繁荣。

1. 加强多边金融合作，为"一带一路"筹集战略资金

基础设施建设投资具有资金需求大、投资周期长、收入不确定等特征，需构建多边金融合作机制，提供相对稳定的长期资金来撬动一般商业机构、民间资本等更加多元化的资金参与其中。

首先，以世界银行、亚洲开发银行等为代表的传统世界多边金融机构在资金、技术与跨国协调等方面具有优势，以亚洲基础设施投资银行、金砖国家开发银行等为代表的新兴多边开发性金融机构与原有的国际金融机构定位互补，共同为"一带一路"建设筹集战略资金。目前，亚投行已经与世界银行、亚洲开发银行、欧洲复兴开发银行等多边机构建立了友好合作关系。其次，应构建区域性与全球性相结合的股权投资基金生态，完善多边金融合作体系。充分发挥以丝路基金为代表的专项投资基金优势，为"一带一路"建设提供更为充足的资金保障。与此同时，"一带一路"区域内不同的多边金融机构可通过信息共享、联合融资等方式，降低融资成本、分散投资风险，共同为沿线国家和地区带来更多的资金支持和投资机会。

2. 完善结构合理、竞争力强的多元化金融机构体系

构建和完善多层次、立体化的金融机构体系，从全球资本市场，为"一带一路"建设提供直接融资、间接融资、结构性融资等不同类型的融资渠道，

为沿线客户提供贷款、债券、股权等不同种类和业务方向的金融服务和产品，满足"一带一路"建设巨大的资金需求。

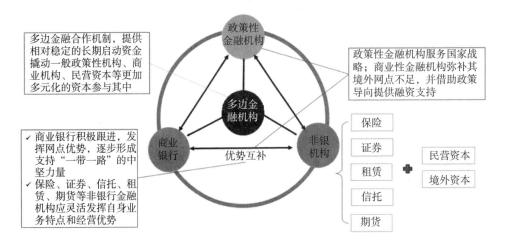

资料来源：公开资料、民生银行研究院。

**图8 以多元化金融机构体系服务"一带一路"建设**

一是政策性金融机构深耕所在领域，发挥引领作用。"一带一路"建设相关投资战略意义重大、投资领域广泛、资金缺口突出，但是从纯商业风险回报角度测算，早期难以吸引商业性金融机构注资。政策性金融机构既可以体现国家的政策导向与发展规划，又可以为商业金融的发展提供先期基础支持与引导，通过对市场缺位的弥补为商业金融进入提前建立良好的市场环境与市场规则。当政策性金融先行进入东道国弥补金融缺位后，其他金融机构要依托其在管理模式、机构分布、业务领域、信息来源等方面的比较优势，发挥金融支持的主力作用，与政策性机构功能互补、各有侧重，共同支持"一带一路"建设。

二是商业性金融机构协同发展，提供综合性金融服务支持。我国商业银行体系庞大、筹资能力较强、资金成本适中、境外服务网络相对其他金融机构较为完善，产品线相对丰富而完整，可以提供银团贷款、项目融资、财务顾问、跨境现金管理等较为全面的金融服务。在"一带一路"金融生态体系中，对于多边金融机构或政策性银行主导的一些战略性较强、影响力较大且需要配套资金的大型项目，商业银行一方面可以有效弥补政策性银行境外服务网络不足的问题，为其提供代理服务；另一方面，可以积极参与项目调研、融资方案设计、账户结算等工作，并根据实际情况提供一定的融资支持。商业银行应发挥全球网络及金融服务的比较优势,加大对"一带一路"沿线重要战略地区的机构布局。同时,继续完善贸易金融、跨国供应链金融、投资银行、财富管理等多元化产品体系,针对不同客群提供个性化的跨境金融服务方案,做好金融支持"一带一路"的中坚力量。

鉴于"一带一路"项目对金融需求的综合性和复杂性,传统商业银行服务往往难以完全满足其需求。保险、证券、信托、租赁、期货等非银行金融机构应灵活发挥自身业务特点和经营优势,为"一带一路"建设提供债券、股权等种类更加丰富的个性化金融产品,并以创新金融填补传统金融的不足。

**表 2** 对非银行金融机构支持"一带一路"建设的政策建议

| 非银行金融机构 | 支持"一带一路"建设相关政策建议 |
| --- | --- |
| 保险机构 | • 构建政策性与商业性相互协同的保险机构生态,加大与海外保险公司、国际多边金融机构以及各国保险监管机构的合作;<br>• 发挥全面风险管理优势,通过保险机制来保障对外投资利益,满足"一带一路"建设项目多元化避险需求;<br>• 借助保险资金长期稳定特点,通过债券、股权和私募基金等方式,直接或间接参与"一带一路"重大投资项目。 |
| 融资租赁公司 | • 有效利用融资和融物双重属性,帮助海外投资企业优化资金、设备等资源配置,创新工程设备利用方式;<br>• 依托国家发展规划和产业政策,联合亚投行等金融机构参与"一带一路"相关基础设施建设。 |
| 证券公司 | • 证券公司参与"一带一路"建设,可以为重大项目提供股权融资、投资银行、财务顾问等资本市场服务;<br>• 鼓励有条件的证券公司借助多元化业务平台优势,为用户提供专业"组合式"金融方案。同时,借助证券公司的参与,通过资产证券化等创新方式,提高区域资本市场效率;<br>• 提升证券服务机构专业能力和水平,推进本土化战略,深耕当地市场,积极开展特色跨境业务,扮演好"一带一路"沿线国家企业、市场、客户之间的"超级联络人"角色。 |
| 期货公司 | • 期货具有价格发现、规避风险的重要作用,服务"一带一路"倡议的空间广阔,如规避利率和汇率风险,对冲大宗商品价格风险等。 |
| 信托公司 | • 信托公司应充分利用其业务经营综合性、灵活性的特点,以市场化方式聚集社会资金,通过多种方式进行跨市场配置,以债权融资、股权投资、投贷联动、产业基金、资产证券化等多种方式将社会闲置资金引入实体经济领域,有效弥补传统银行信贷的不足,在"一带一路"建设金融生态中发挥更为重要的作用。 |

资料来源:公开资料、民生银行研究院。

3. 借力金融对外开放，充分发挥外资金融机构效能

外资银行借助广泛的全球网络、多元的服务角度以及熟悉国际市场运行规则等优势，通过境内外联动为"一带一路"建设提供金融服务，并且在服务中资企业境外并购、海外融资及业务拓展等方面发挥了积极作用，已然成为中资企业"走出去"的重要合作伙伴。当前已有来自21个"一带一路"国家的55家外资银行在华设立机构，占外资银行营业性机构总数的18%。参与提供的金融服务覆盖基础设施、能源、制造等诸多领域，遍及东南亚、南亚及东欧等"一带一路"沿线地区，有效弥补了中资银行境外网点的不足，为中资企业进入当地市场提供多样的金融服务。例如渣打银行近70%的全球网点分布在"一带一路"沿线，业务布局与沿线市场高度重合，并在多个沿线国家设立了专门的"中国企业海外服务处"。

银保监会发布《加快落实银行业和保险业对外开放举措》，进一步放宽了外资机构市场准入有关事项，后续还将加快完善相关法律法规和配套制度建设。借力新一轮金融对外开放，发挥外资金融机构效能主要体现在以下方面，一是充分发挥外资银行在"一带一路"建设、外资企业在华投资发展及中资企业"走出去"等方面的作用，打通对外开放新格局下的资金融通；二是积极支持中外金融机构在金融产品及服务等方面开展多样的合作，互惠互鉴、互学互利，共享"一带一路"发展红利，全面提升金融服务效率；三是有效发挥外资保险公司在我国保险市场发展中的重要作用，尽快补齐我国保险业对国际项目保险密度与深度不足的短板。

4. 构建多层次、互补型、功能齐备的金融市场

进一步发展和规范资本市场，提高直接融资比重，构建多层次、互补型、功能齐备的金融市场体系。加快金融市场对外开放，探索建立针对"一带一路"的股票、债券和其他金融衍生品等资金融通形式，促进区域内融资渠道的多元化，实现各国资本有效流通。

股权市场体系建设方面：通过多层次股权融资体系建设，满足多元化的投融资需求，相关企业可根据自身情况选择主板、创业板等不同层次的股票市场进行融资，保障"一带一路"重点项目资金需求；培育发展各类型产业投资基金、风险投资基金等，通过股权投资形式参与新兴产业、资源类产业等投资建设；逐步允许国外企业在国内证券交易所发行股票上市融资，可尝试设立"一带一路"板块；通过中国证券交易所到"一带一路"沿线国家及地区设立分支机构或收购海外交易所股权，推动中国证券金融机构"走出

去",例如2019年沪深交易所联合竞得达卡证券交易所25%股权就是一次成功的尝试,后续还可探索结合互联网金融实现属地化发展等方式。

债券市场体系建设方面:推动利率市场化进程,完善信用评级机制、改革发行制度,使企业债券的利率能够反映其流动性溢价,并对参与"一带一路"倡议具体项目的企业发行定向融资债券适当放宽条件;有序加强债券市场基础设施的国际合作,做好境内外金融市场体系和制度的衔接,优化"一带一路"债券市场基础设施整体布局,以人民币国际债券支持"一带一路"建设;促进债券品种和投资主体多元化,加快构建"一带一路"重大项目债券筹资和投资中心。

商品期货及衍生品方面:"一带一路"沿线国家及地区是原油等主要大宗商品的出口国和消费国,期货市场在探索与沿线国家间开放合作的同时,要完善期货品种体系,审慎推动金融衍生品市场创新;吸引"一带一路"沿线企业和金融机构利用期货市场套期保值和管理风险,支持期货公司为"一带一路"倡议相关客户提供多样化风险管理服务;积极探索设立大宗商品跨境交易平台,吸引"一带一路"国家及地区特色资源和合格投资主体参与交易,并逐步形成以人民币计价结算的国际大宗商品市场。

5. 健全金融基础设施,营造良好金融生态环境

金融基础设施主要包括支付结算体系、法律体系等金融运行的监管规则和制度安排。加强金融基础设施建设,有助于保障金融市场安全高效运行和整体稳定,为"一带一路"建设营造良好的金融生态环境。首先要加强国内金融基础设施建设,具体措施包括但不限于构建良好的金融法制体系,健全完善法律法规体系;建立统一的综合金融信息收集、统计与检测机制;完善社会征信制度,营造健康的社会信用环境;有效结合移动互联技术,搭建稳健的支付清算体系;保障安全的科技信息系统,提高核心技术研发。

"一带一路"沿线许多地区金融基础设施相对落后,金融运转效率低,先进金融工具难以有效利用,区域货币稳定体系、投融资体系和信用体系建设方面,存在着诸多现实困难。构建"丝路"良好金融生态环境,一方面可通过援建金融支付、清算系统、征信体系以及各种金融交易平台等方式,帮助"一带一路"地区尤其是欠发达国家健全金融基础设施;另一方面,要探索建设"一带一路"沿线各国认可和参与的国际信用评级体系,客观掌握沿线地区的国家、企业及个人的基本信用情况,以利于各类经济金融活动有序开展。健全沿线地区金融基础设施建设,在提高区域金融运行效率的同时,

也对我国对外投资起到风险防范作用。

6. 增强国际间金融监管与合作，构建更为有效的金融安全网

构建更为有效的金融安全网，既要对内系统性推进金融监管体系改革，又要对外加强多边金融监管与合作，逐步建立"一带一路"区域金融监管合作机制。保持与沿线地区金融和业务往来的政策协调性及监管一致性，防范对外投资风险。

一是逐步完善我国相关金融监管法规制度体系。进一步提升系统性金融风险的管控和辨识能力，加大力度规划好金融创新监管协调制度，包括但不限于建立统一、协调的金融监管体系，明确相关部门监管职能；加强系统性风险的评估与监督，探索构建系统性风险防范长效机制；完善宏观审慎管理框架，将宏观审慎与微观审慎相结合；厘清监管者与市场参与者的边界，加强监管独立性等。

二是加强国际协调合作进行监督管理，增强双边及多边协作。打造和完善"一带一路"倡议的域内金融监督和管理相关合作机制，建立常态化的双边会晤和多边协商机制，以此扩大信息共享范围，提升在重大问题上的政策协调性及监管一致性，在机构、业务、市场、产品创新和金融开放等方面推动区域金融监管与合作向纵深化、多元化方向发展。

三是构建"一带一路"沿线金融风险预警系统。在建立金融风险甄别系统和风险量化评估体系基础上，构建金融风险预警发布系统，加强风险监测和预警播报，及时提醒有关机构有效防范风险。完善跨境风险应对和危机处置制度安排，协调各方的处置行动，共同维护区域金融稳定，守住不发生区域性、系统性金融风险的底线。

7. 借助"一带一路"建设，加快推动人民币国际化进程

以人民币作为"一带一路"区域内的结算货币，可以有效避免汇率波动带来的风险，在一定程度上保障我国企业对外直接投资的资产价值稳定性和安全性。从国际经验看，美国、日本等国都曾通过持续加大对外投资，加速本国货币的国际化进程，而本国币值稳定和经济状况改善又促进了资本输出。"一带一路"倡议为人民币国际化带来了难得的机遇，作为资本输出国，应充分发挥我国的主导作用，逐步扩大人民币的影响力。

加快推进人民币国际化支持"一带一路"生态体系建设的建议性措施：一是将境内重大项目特别是"一带一路"人民币贷款作为推动产业全球布局、加速人民币国际化的有效载体；通过支持对外直接投资、扩大境外人民

币贷款和配套援外规划等措施加大资本输出；二是促进离岸市场持续、快速、多层次发展，扩大人民币的可自由使用程度、完善人民币支付清算系统等基础设施建设，逐步树立并巩固人民币国际地位；三是积极开展与世界银行等国际机构合作，通过多边性安排提升人民币使用效力和各国对人民币的接受意愿；四是支持金融机构双向开放，加强与沿线国家金融机构开展合作，积极推进商业银行间建立代理行关系，鼓励境内代理银行为境外参与银行开立人民币同业往来账户，畅通人民币跨境循环使用渠道；五是支持和鼓励金融机构进行以人民币计价的金融产品创新，为境内外人民币使用者提供更丰富的人民币投资和风险管理工具。

8. 打造国内金融的特色化布局，满足差异化金融发展需求

"一带一路"建设有利于促进区域内生产要素，特别是金融资源的流动和优化配置。根据不同区域特征及比较优势，打造国内金融的特色化布局，既能有效避免同质化竞争，又可以满足差异化的金融发展需求。根据《愿景与行动》关于"一带一路"倡议国内重点区域的战略定位及各自金融发展现状，建议天津、上海、福建、广西、云南、新疆等处于"一带一路"关键节点的地区进行如下特色化金融布局。

表3　　　　　　　　重点地区金融支持"一带一路"战略布局

| 区域 | 特色化金融布局 |
| --- | --- |
| 新疆 | • 《愿景与行动》将新疆定位为"丝绸之路经济带核心区"；<br>• 新疆金融支持"一带一路"倡议重点是打造区域性离岸金融中心，以中哈合作中心为突破口，实现跨境贸易投资自由化和便利化，在条件成熟的情况下，将中哈合作中心建立为避税型离岸金融中心。 |
| 福建 | • 《愿景与行动》将福建定位为"21世纪海上丝绸之路核心区"；<br>• 福建金融支持"一带一路"倡议重点是做好基础设施互联互通建设；探索建立面向台港澳和东盟企业的股权交易平台，以海峡股权交易所为载体，为福建、台资甚至港澳、东盟中小企业创建一个高效、低成本的直接融资渠道。 |
| 广西 | • 《愿景与行动》指出广西要形成21世纪海上丝绸之路与丝绸之路经济带有机衔接的重要门户；<br>• 在金融支持战略方面，广西应做好顶层设计，实行以点带面，因地制宜，先易后难，以东盟为支点，逐步辐射至南亚、东北非等地区。 |
| 云南 | • 《愿景与行动》提出要将云南建设成为面向南亚、东南亚的辐射中心；<br>• 在金融战略中致力于五大建设：以基础设施金融推进辐射中心互联互通基础设施建设；以产业金融促进辐射中心资源开发；以开放金融畅通辐射中心贸易投资便利化；以园区金融推动辐射中心金融服务中心建设；以区域合作金融推动辐射中心区域一体化。 |

续表

| 区域 | 特色化金融布局 |
|------|----------------|
| 上海 | • 发挥经济中心优势、航运枢纽优势、金融集聚优势、贸易融汇优势和科创引导优势，促进上海与沿线国家及地区物流、资金流、人流、信息流畅通高效，提升对外开放水平。 |
| 天津 | • 天津在金融支持"一带一路"建设中，要充分发挥京津冀协同发展、天津自贸区金融改革创新、国家资助创新示范区、滨海新区开发开放等多个重大国家战略在津叠加优势；<br>• 充分发挥融资租赁、商业保理、产业投资基金和要素交易市场等天津特色和优势金融行业的服务功能。 |

资料来源：《"一带一路"金融大战略》，民生银行研究院。

## 四、"一带一路"倡议与金融开放新格局下的商业银行国际化①

随着"一带一路"建设向纵深化发展及中国越来越多地融入世界经济发展，打造更国际化的金融机构、提升金融服务的水平与能力、推进金融市场互联互通，进一步扩大对外开放是必然选择。同时，更好地挖掘外资机构在金融市场和跨境服务等领域的业务优势，有利于为中外资金融机构竞争合作与创新发展创造更好的平台，推动中资金融机构提高国际化质量，更好地服务国际产能合作和基础设施重点项目，促进"一带一路"建设中的金融互联互通。

（一）中资商业银行国际化发展的机遇与挑战

党的十九大报告明确指出新时代要以"一带一路"建设为重点，坚持"引进来"和"走出去"并重，遵循共商、共建、共享原则，加强创新能力开放合作，形成陆海内外联动、东西双向互济的开放格局。中资商业银行的国际化发展必将迎来新时代，出现一些新特征，也必然会面临一些新风险、新挑战。

1. 中资商业银行国际化发展迎来新时代

一是"一带一路"建设成为银行业国际化发展的重要突破口。首先，发展"一带一路"建设业务符合我国的国家战略，商业银行凭借国内庞大的客户基础和横跨国内外市场的服务网络优势，抓住产业合作机会、伴随企业"走出去"，有效分享政策红利、提升国际竞争力；其次，"一带一路"地区

---

① 商业银行国际化主要有两层含义，一是银行个体由本土经营走向全球化的发展过程；二是整体银行业从封闭走向开放的过程，包含本国银行业的向外发展及对外资机构进行开放双重方向。本文侧重讨论在扩大对外开放的背景下，中资商业银行的国际化发展问题。

多分布于中国周边,与我国的文化、经济联系较为紧密,中资金融机构国际化拓展的进入壁垒及成本相对较低;最后,经过五年多来的发展建设,我国银行业对"一带一路"地区的金融需求及服务策略已较为熟悉,相较金融业涉足相对较少的海外商业银行,在进一步国际化发展上具有比较优势。

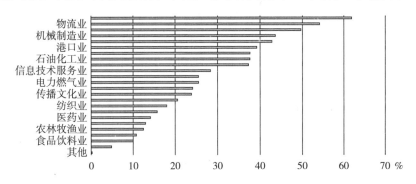

资料来源:《中国银行家调查报告(2018)》、民生银行研究院。

**图9 "一带一路"倡议下,银行业与其他行业的合作机会**

二是中国对开放新格局带来银行业国际化发展新契机。伴随着资本市场对外开放程度的不断加深,中资金融机构的业务空间将逐步拓展。其一,对商业银行而言,跨境业务将面临较大发展机遇,而直接融资市场的发展,也将给银行带来投行业务、交易业务、衍生品业务等转型业务收入。其二,引入外资股东的风控理念、产品体系及服务模式,深化与外资金融机构在国际银团贷款、跨境并购等业务方面的多维度合作,实现优势互补。其三,加大金融业对外开放有助于中资金融机构加快了解并学习国际先进经验与市场运作方法,提高国际化眼界及国际竞争能力,在"一带一路"建设中发挥更为积极的作用。

三是人民币国际化加速提供银行业国际化发展的新动能。我国国际地位持续提升、"一带一路"倡议等国家战略推进及人民币国际化加快,为中国银行业进一步扩大海外机构布局,完善清算体系、构建本外币全球清算网络提供可能,中资银行国际化的时机和条件也更趋成熟。未来在人民币可兑换下,人民币清算业务量将持续增加,商业银行的海外战略布局将随之扩充,并进一步加强与海外商业银行之间在信息、人才等资源的交流。此外,随着清算渠道的扩张和清算账户链条的延长,中资商业银行体系内将不断积累境外银行账户和非居民账户,并随带产生大量境外的渠道和客户资源,为中资商业银行的国际化经营提供更多便利。①

四是金融科技成为助推银行业国际化发展的新利器。近年来，全球掀起金融科技浪潮，中国金融科技也随之快速发展。根据世界银行金融科技发展指数，中国已仅次于美国位列全球第二。当前我国金融科技发展不仅局限于国内市场，蚂蚁金服等具有金融科技领先优势的机构已开启海外拓展之路。中资商业银行可借助与金融科技巨头深入合作，快捷、高效地获得拓展海外市场的机会，增加盈利。与此同时，金融科技中的大数据、云计算等先进技术将使中资银行全球化管理信息及业务系统的建设更为便利；区块链、物联网等金融科技将在跨境资金结算、业务开展等方面广泛使用，进而降低中资商业银行国际化发展过程中的成本，提升境内外业务联动的效率。

2. 中资银行国际化发展面临的问题与挑战

一是区域布局与业务覆盖不均衡，同质化较为严重。中资银行海外布局策略及业务模式趋同，一方面境外机构设置多以港澳为起点并延伸至国际金融中心及其他地区，境外布局呈现扎堆特征；另一方面，在境外客户群体、产品服务类别等方面相似度高，海外拓展多以公司业务为主且主要聚焦国有大型企业，而对民营企业、中小企业和零售客户的境外金融服务则相对欠缺。同质化竞争难免会导致相互之间竞相压价、人才挖脚等现象，同时也拖累各行境外资产的利润率连年低于集团总体水平。

二是行业竞争加剧，中资银行面临较大竞争压力。准入前在国民待遇和负面清单的开放原则下，金融竞争将更加多元化和市场化，"与狼共舞"成为现实。首先，中资银行在海外经营时间相对较短，国际化程度和国际业务的盈利能力仍然偏弱，在全球网络布局、综合化服务水平、多元化产品体系建设等方面难以充分匹配企业"走出去"的需求，同时在服务过程中又将面临更多来自外资机构的竞争。其次，中国资本市场的对外开放，为境内企业拓宽了融资渠道，我国居民也将面临更加丰富的投资渠道，这将进一步加大金融脱媒给中资金融机构带来的挑战。

三是境外发展风险与境内监管挑战并存。近年来中资银行境外机构扩张与业务增长速度相对较快，但国际监管趋严背景下的海外合规和反洗钱风险不断加大，集团对境外业务的风险管控相对滞后。在信用风险方面，尽管目前一些大型银行境外贷款的不良率总体低于境内水平，但过去几年境外贷款

---

① 鄂志寰. 中国银行业国际化的百年跨越. 中国金融.

不良率当年上升0.5个百分点以上的情况时有发生。同时,中资银行对"一带一路"建设的贷款已累计超过2 000亿美元,这些贷款多涉及基础设施建设等中长期项目,潜在的国别、环境和社会风险不容忽视。在合规风险方面,当前已有多家中资银行因反洗钱等问题受到美国、意大利等国监管部门的警告甚至处罚,合规风险成本显著上升。在系统性风险方面,随着全球政治、经济及金融的联动日益密切,地缘政治风险事件频发,国别风险呈现大幅上升趋势。同时,跨境资本流动加剧也使得系统性风险隐患增多。此外,随着对外开放幅度、力度的不断加大,对金融监管提出了更高的要求。外资银行进入后,随着竞争的加剧,未来银行业的交易结构及模式会更加复杂,整体风险将跨国别、跨市场、跨区域,对银行稳健发展及有效金融监管来说都将是新的挑战。

中国金融市场对外开放进程进一步加速,国内商业银行的业务空间也将逐步拓展,盈利能力、金融科技、资产规模、国际化水平、业务结构等方面具有比较优势的银行有望在未来竞争中赢得先机。与此同时,我国银行业近年来虽取得了长足的进步,但在经营管理方面仍与国际先进同业存在不小差距,中资银行的国际化程度和国际业务的盈利能力仍然偏弱,未来将面临更多本土化发展机遇下来自外资机构的竞争。在这一系列"危"与"机"中,中国银行业的国际化将迈入纵深发展阶段。

(二)中资商业银行国际化发展历程概述

早期探索阶段（1949—1978年）。自清政府在1897年设立通商银行以来,中国银行业呈现外资银行占主导的局面。新中国成立初期,是改革开放前中国银行业海外经营发展较快的一段时间,短短四年海外机构就从22个增至45个,但1953年后中资银行国际化进程几乎停滞。

初步发展阶段（1979—2000年）。改革开放后,外资银行逐步进入中国,工商银行、农业银行、建设银行和中国银行四家专业银行相继成立。其中,中国银行因负责外汇外贸业务,具有最多的海外分支机构。十年间,中国银行先后在纽约、巴黎、卢森堡等地设立了7家分支机构,但我国银行业的综合实力和国际竞争力还相对较弱。20世纪90年代以来,随着国际银行业跨国兼并浪潮的兴起,我国金融业也逐渐加快了改革转型和对外开放的步伐,国有商业银行综合实力进一步提升,股份制商业银行开始布局香港、澳门等地。

快速发展阶段（2001年至今）。2001年中国加入世贸组织,是中国更大范围、更深层次的对外开放，外资银行纷纷进入中国，同时也推动了我国银行业的国际化进程。2003 年至 2007 年，我国先后启动了四大国有银行的股份制改革，并且在发展战略、公司治理、市场服务和风险管控等方面借鉴全球先进经验，银行业监管也逐步与国际接轨，我国银行业综合竞争力和国际化水平快速提升。2008 年国际金融危机以来，中资银行曾多次开展境外金融机构并购活动，但协同效应不高、投资回报期限长等问题拖累成功率。截至2016 年末，约 22 家中资银行在全球 63 个国家和地区开设了 1 353 家海外分支机构，初步建成了覆盖全球的服务网络。① 近年来，国际政治经济形势更为复杂多变，但随着中国经济开放度的提高，中国银行业不断增强自身应对内外部环境变化的能力，在结合"一带一路"倡议等国家战略的基础上，逐步走出了独具特色的国际化之路。

（三）中资商业银行国际化发展现状及趋势

当前银行业积极把握"一带一路"金融大动脉建设、人民币国际化和企业"走出去"的市场机遇，稳步拓展海外机构布局，进一步完善银团贷款、跨境并购、项目融资等跨境融资产品体系建设，继续做大做强海外对公业务。同时，根据我国居民财富增长及消费升级所带来的跨境旅游、海外留学、全球财富管理等个人金融服务需求，加强个人跨境线上服务功能建设，提升境外金融综合服务能力，完善海外私人银行业务布局，加速推进零售金融业务的国际化进程。

1. 国有商业银行先发优势明显，股份制商业银行国际化发展各具特色

中国银行业国际化进程以国有大行为主力军，其经营规模、盈利能力和国际化业务占比等方面的综合实力显著高于股份行。2018 年上半年，中国银行实现海外利润总额 49.07 亿美元，对集团利润贡献度为 22.07%；海外机构横跨全球 55 个国家和地区，共有 552 家海外分支机构，国际化综合实力继续保持国内领先。工商银行近年来在完善全球网络布局、拓展跨境电商金融服务等方面持续发力，新设瑞士苏黎世分行、工银阿拉木图阿斯塔纳代表处，服务网络覆盖六大洲和全球重要国际金融中心。2018 年上半年境外机构总资产同比增长 8.3% 至 3 882.56 亿美元（占集团总资产 9.4%）；税前利润21.33 亿美元，同比增长 10.9%。近年来，国有行加快了海外零售业务的倾斜力度，未来有望缓解境外对公信贷业务占比过高的现状，进一步优化境外

---

① 曾刚. 中国银行业国际化现状与展望. 中国银行业. 2017（7）.

业务结构、提升境外业务综合回报率,继续保持领先优势。

股份行主要围绕业务发展需要推进国际化经营,招商银行、中信银行、浦发银行等均形成了颇具特色的发展模式,多项指标稳步向前。招商银行围绕庞大的私银客群需求,在 63 个境内城市和 7 个境外城市建立了由 63 家私人银行中心和 66 家财富管理中心组成的高端客户服务网络,借助境内外综合金融服务平台,着力打造最佳私人银行客户体验。中信银行发挥集团综合化业务优势,联合中信银行(国际)、信银投资协同合作跨境项目达 48 个,合作规模 982.05 亿元。浦发银行利用上海独特的区位优势,以香港分行、新加坡分行、浦银国际等为基础,打造涵盖离岸、自贸区和海外分行在内的国际业务经营平台。未来股份行将充分挖掘自身优势,集中力量创新特色业务和产品,以此为突破口,有计划、有步骤地深入推进国际化战略、提高综合收益。

2. 海外布局不断延伸,"一带一路"建设渐成首要关注点

近年来,我国银行业海外布局不断延伸,已初步建立了覆盖全球的金融服务网络。但截至 2018 年末,大型银行境外机构仅覆盖大约 70 个国家和地区,整体国际化程度仍然不高。同时,由于我国银行业长期以来坚持优先布局国际金融中心和发达经济体的发展思路,在"一带一路"沿线区域发展相对滞后,除东南亚少数国家外,我国银行业在其他大部分"一带一路"沿线地区基本仅有 1~2 个经营性网点,客户基础和市场影响力相对较差。

随着中国改革开放的持续推进及"一带一路"倡议向纵深发展,越来越多的中国企业选择走出国门,银行海外业务迎来了更为广阔的发展空间。《中国银行家调查报告(2018)》显示,超过七成银行家认为服务"一带一路"建设、亚太自由贸易区建设等国家战略(70.9%)是中国银行业进行海外发展的首要关注点,"服务中资企业走出去(54.6%)"位居第二。一方面,随着人民币国际化进程加快以及越来越多的中资企业走出国门,中国与"一带一路"沿线国家之间资金流通越来越频繁;另一方面,商业银行前期的海外业务多局限在发达国家和地区,"一带一路"倡议的推进,有利于完善银行在广大发展中国家和地区的海外布局,提升自身国际化业务服务水平。

未来中资金融机构的海外机构布局将更加理性,设立方式趋于多样化。首先,海外机构布局的中心将逐渐向新兴及发展中经济体转移,并持续推进"一带一路"建设;其次,中资银行进入海外市场的方式将不再局限于设立机构,通过代理行、并购等方式拓展业务也将日益兴起;最后,将不再过于

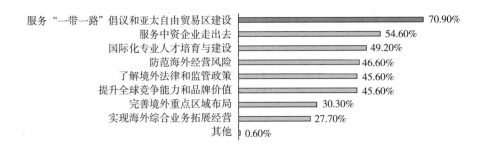

服务"一带一路"倡议和亚太自由贸易区建设 ▬▬▬▬▬ 70.90%
服务中资企业走出去 ▬▬▬▬ 54.60%
国际化专业人才培育与建设 ▬▬▬▬ 49.20%
防范海外经营风险 ▬▬▬ 46.60%
了解境外法律和监管政策 ▬▬▬ 45.60%
提升全球竞争能力和品牌价值 ▬▬▬ 45.60%
完善境外重点区域布局 ▬▬ 30.30%
实现海外综合业务拓展经营 ▬▬ 27.70%
其他 0.60%

资料来源:《中国银行家调查报告(2018)》、民生银行研究院。

**图10 服务"一带一路"建设成为中资商业银行国际化发展的首要关注点**

关注机构数量扩张,而是在已设机构地区进一步提升经营效率。

3. 从传统信贷向综合金融服务转变,海外并购渐成趋势

中资银行境外经营性机构主要以"走出去"企业为主,境外机构的资产总量、信贷规模、盈利水平等逐年增长。但由于过于依赖传统信贷、业务结构相对单一,特别是近年来境外手续费及佣金占比不升反降,资产回报率仍然偏低,与集团整体盈利能力的差距有所拉大。同时,中资银行海外利润占比仅为10%左右,远低于外国跨国金融集团30% ~50%的水平。当前,"一带一路"建设的推进增加了沿线综合金融服务场景、我国居民财富增长带来了更多全球财富配置需求、人民币国际化带动人民币债券及利率衍生品等离岸业务发展,中资银行的国际化经营业务范围将逐步从传统信贷业务向综合金融服务拓展。随着业务结构的持续优化,中资银行境外机构的收入来源将趋于多元化,手续费及佣金收入等非利息收入的占比有望呈现稳中有升,并在未来逐渐收敛至全球银行业整体水平。

此外,近年来中资银行国际化发展路径更为多元化,除设立海外分支机构等传统方式外,海外并购逐渐成为中资银行国际化经营的选择和工具。通过并购进入海外市场可以快速获取适应当地情况的客户群体及业务模式、吸收先进的经营管理理念以提升运营效率、更为灵活地应对海外监管限制。当前大型商业银行是海外并购的主力军,无论并购数量还是交易金额均处于绝对领先水平,并购标的多位于主要金融市场,且不局限于银行业金融机构。

4. 国际环境复杂度提升,海外风险管理压力不断增加

中国银行业在推进国际化发展战略过程中,面临汇率风险、国别风险、法律监管、文化差异等多重风险和挑战。特别是近年来随着国际监管规则趋

严，东道国属地监管要求的加强以及国际洗钱和涉恐融资风险形势的日趋严峻，风险防控引起了银行业的高度重视。《中国银行家调查报告（2018）》显示，日益趋严的审慎监管规则（62.60%）、反洗钱等合规要求趋严（59.50%）和境内外法律和监管政策存在冲突（55.00%）成为中国银行业国际化进程中面临的主要监管压力。未来银行业将不断增强风险防控能力，以实现业务的平稳发展。

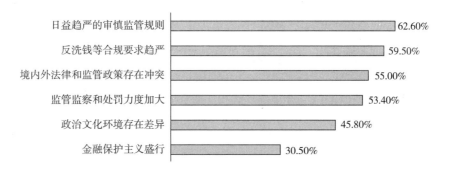

资料来源：《中国银行家调查报告（2018）》、民生银行研究院。

**图11　中国银行业国际化发展面临海外监管压力**

5. 全球影响力不断增强，但整体国际化水平仍有待提升

经过前期持续的对外开放，我国金融业整体的管理能力、公司治理能力、团队水平等都得到了全面提升，但整体国际化水平仍相对偏低。一是从国际化广度来看，最国际化的银行基本源于发达国家且排名前十的银行BII[①]数值基本超过50分，但在最国际化的十家中资银行榜单中，除中国银行外，各家银行BII数值均低于20分，整体水平显著偏低。二是从国际化深度来看，全球银行境外资产规模庞大，境外资产规模排名前十的银行中有9家来自发达国家，发达国家银行境外资产总规模占比高达84%，中国凭借中国银行（排名第6）成为唯一进入全球境外资产排名前十的发展中国家。三是从国际化的效果来看，发达国家银行境外盈利能力显著优于发展中国家银行，境外营收规模前十名中有8名来自发达国家，发达国家银行境外营收总规模接近

---

① 《2018年全球银行国际化报告》由浙江大学互联网金融研究院（AIF）与中国人民大学国际货币研究所（IMI）、浙江大学金融研究所（IFR）共同发布，报告选取来自38个主要经济体的106家银行深入分析，并以"银行国际化指数（Bank Internationalization Index，BII）"展现全球主要银行的国际化进程。BII以境外资产比重（存款比重、贷款比重）、境外营收比重、分支机构（机构数目比重、工作人员比重）等多个指标为基础测算。BII以银行境外经营数据占比衡量银行国际化水平。

4 300亿美元，占全球银行境外营收规模的87.8%。中国银行和中国工商银行分别第9位和第10位。

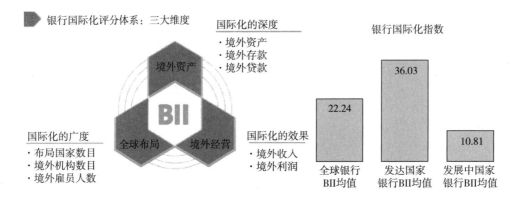

资料来源：《2018 全球银行国际化报告》，民生银行研究院。

**图 12  BII 银行国际化评分体系**

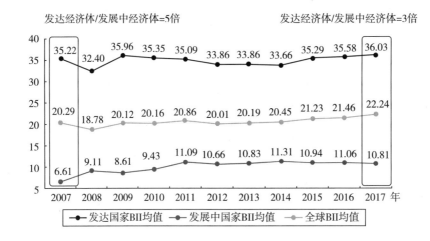

资料来源：《2018 年全球银行国际化报告》，民生银行研究院。

**图 13  全球银行国际化稳步提升**

当前中国银行业的国际化已达到发展中国家的领先水平，但与发达国家相比，中国银行业仍然存在海外机构设置数量少、覆盖地域和拓展程度有限、客户基础薄弱、业务产品种类少等突出问题，在资产和利润方面则表现为境外资产占比和境外利润占比平均水平远低于主流国际性银行，中国银行业国际化仍然具有较大的发展空间。

表 4                           最国际化的十家中资银行全球排名

| 银行名称 | BII 值 | 世界排名 |
|---|---|---|
| 中国银行 | 26.7 | 26 |
| 工商银行 | 17.04 | 30 |
| 交通银行 | 8.33 | 40 |
| 建设银行 | 8.21 | 42 |
| 农业银行 | 6.6 | 47 |
| 中信银行 | 4.37 | 51 |
| 浦发银行 | 3.8 | 53 |
| 招商银行 | 2.94 | 59 |
| 光大银行 | 2.03 | 61 |
| 广发银行 | 0.9 | 63 |

资料来源:《2018 年全球银行国际化报告》,民生银行研究院。

## 五、对新格局下商业银行国际化发展的政策建议

全球经济的结构性变化和金融科技的突飞猛进正在深刻地改变着国际银行业的外部运行环境,"一带一路"建设的持续推进及中国金融市场的扩大开放,对中资银行的国际化水平提出了更高要求,更为其国际化发展拓展了广阔空间。商业银行应从战略高度认识新格局下的机遇与挑战,结合自身情况切实推动国际化发展及经营业绩提升。

(一)加强战略性区域布局,构建完善的金融服务网络

我国商业银行海外布局主要集中在欧美等经济发达地区,同业竞争较为激烈、服务半径相对有限。近年来对"一带一路"沿线地区的布局力度有所加大,但对沿线 64 个国家及地区的覆盖率仅三成左右,且部分地区还属于近两年新设或处于代表处状态。2008 年国际金融危机后,发达国家对境外银行准入要求趋严,但随着中国与新兴经济体尤其是"一带一路"沿线地区的投资、贸易等经济活动不断增加,跟随国家政策导向布局沿线地区将是重要战略契机。商业银行在继续深耕伦敦、纽约等成熟的国际金融市场、不断提升经营管理水平的同时,要进一步完善金融服务网络,适时加大对亚太、中东等投资增长迅速的新兴国家的布局力度。

综合考虑当地经济发展情况、银行业经营环境与国别风险情况等因素,结合商业银行自身发展实际,加快"一带一路"境外服务网络构建。一是境外机构拓展应以国家战略为导向、以客户需求为中心,综合考虑多样化的设

立方式。例如可通过建立量化评估指标有效遴选标的区域，在"一带一路"沿线经济增速较快、前期合作基础较好、国别风险相对较小的地区设立网点；亦可借助新一轮金融对外开放，加强与外资金融机构合作，通过战略并购、投资入股、设立代理行等形式完善境外布局。二是在经贸合作密切、战略客户分布较为集中的特定地区深耕细作，力争形成较为完善的海外服务体系，成为东道国的"本土金融机构"，全面提升国际影响力和品牌形象。三是在发挥境内已有业务优势对境外辐射作用的同时，进一步发挥境外新兴业务对境内业务的带动作用，通过境内外业务有效联动提升金融服务效率。

（二）优化产品体系与服务模式，拓展多元化收入来源

我国银行业国际化发展多以服务中资企业"走出去"为主，境外对公信贷占据绝对比重、业务模式较为单一，既制约经营效益，难以融入海外主流市场，也造成较大的境外存贷款缺口，增加了国际化经营风险。随着中国银行业国际化发展向高层次、广范围推进，优化境外业务结构、拓宽境外客户群体、提升境外业务收益恰逢其时。首先，优化服务模式，为企业量身定制"走出去"解决方案，以跨境金融为支柱，配套高端财务顾问、股权融资等金融服务，满足"走出去"企业投融资结构设计、市场信息咨询等多元化需求。实现境内外联动、商行与投行联动、传统金融与互联网金融联动、银行与非银行机构联动，为"一带一路"建设搭建综合金融服务桥梁。其次，逐步完善境外业务结构，抓住中国居民财富积累及全球资产配置需求增强的契机，积极借鉴外资银行在私人银行、资产管理等业务领域的发展经验，大力拓展海外零售业务，使收入来源更为均衡。最后，抓住新格局下在金融产品及服务等方面与全球先进同业深化合作的契机，通过银团贷款、股权合作等多样的方式，从全球市场获取资本、政策等多样的资源，依托不断发展的境内外金融市场，与外资机构共同拓展海外业务空间。

（三）持续优化内部机制体制，加强外部合作渠道建设

持续优化体制机制建设，适应国际市场竞争。首先，从战略高度研究制定新格局下国际化高质量发展的规划目标、整体实施推动方案及规章制度，并从组织架构、项目管理、风险管控等方面细化工作措施，可针对"一带一路"建设、金融对外开放等重点业务机会，成立专项领导小组。其次，积极探索事业部制的国际化管理模式，建议由一名高级管理层成员领导，统一推进国际化的整体战略规划、各区域的差异化策略、综合金融解决方案设计、境外授信风险监控等，将集团风险偏好与国际化战略、资本规划、激励约束

机制等相衔接。[①] 同时，健全境内外分支机构间、集团与子公司间的业务协同机制，加大多元化融资渠道的建设力度。

加强合作渠道建设，有效提升商业银行的国际竞争力。一是加强获取优质项目储备的外部合作。通过与国家相关部委、行业协会、地方政府等建立联系，获得"一带一路"建设、亚太自贸区建设等国家战略相关的优质项目信息，服务发展大局。二是积极与多边金融机构、政策性银行等金融机构开展业务联动，形成差异化分工。借助更广阔的资源和平台，参与重大海外建设项目。三是建立银行间的合作机制，提升境外业务能力与服务水平。通过银团贷款、投贷结合等形式，提高商业银行重大项目承贷能力；通过与沿线当地银行建立业务联系，以互设代理行等方式，发挥各自在网点覆盖、市场熟悉程度、资金来源、金融技术等方面的比较优势，借助新一轮金融对外开放，更好地融入国际金融市场。

（四）推进金融创新，提升金融服务的便利性和可得性

金融创新为拓展多元化的融资渠道，扩大有效服务半径，提高金融服务便利性与可得性提供了新的载体与商业模式，有助于商业银行提供更为优质、高效的金融服务。

一方面，加强金融创新应用力度，将长期红利转化为短期可见、易得的投资收益。"一带一路"沿线大部分国家及地区为经济欠发达、金融发展滞后、人口较分散的发展中经济体，传统金融的供给效率偏低。商业银行加强金融创新应用，包括但不限于以下方面：一是加强互联网金融建设，实现电子渠道和物理渠道的互补与协同，以高效率、低成本的方式有效扩大服务半径，打造"网上丝绸之路"；二是将大数据、云计算、区块链等金融科技手段运用到"一带一路"沿线地区的跨境贸易、移动支付等领域，以科技促创新，使跨境资金结算、全球化系统建设等业务更为高效运转，有效识别风险、降低境外运营成本；三是通过使用PPP、ABS等创新融资模式，有效扩大资金来源并降低融资风险。另一方面，创新金融发展理念，实现协调与可持续发展。商业银行通过发行绿色债券和提供绿色贷款，践行"一带一路"金融大战略，借助绿色金融理念走更加环保的绿色、可持续发展道路；积极参与"一带一路"特色金融建设，以创新金融服务平台、电子商务产业链金融、供应链金融等多样的创新金融模式，服务"一带一路"建设中产业金融、园

① 张兴荣．迎接全民开放新时代，推进中国银行业国际化高质量发展．中国银行业．2018（6）．

区金融、区域合作金融等个性化金融需求。

（五）增强金融机构风险管控能力，服从金融监管要求

随着中资银行国际化发展进入新阶段，国际化道路也将面临更趋复杂的经营环境。特别是商业银行在参与"一带一路"建设过程中，应充分发挥风险识别、预警、评估和管理作用，构筑更为完备的风险管理系统，增强风险管控能力，守住金融底线来降低对外投资风险。主要从以下四个维度来降低对外投资风险：一是积极运用风险缓释工具，优化资产组合配置实现避险。如开发各类金融衍生品，包括货币互换、利率掉期、外汇期权等产品，活跃风险交易职能；促进国际银团贷款、资产证券化等市场发展，提升风险分散职能。二是注重风险管理和内部控制的全面性和有效性。通过科学的授权体系、制度建设、管理系统、流程控制实现风险可控，对不同业务、不同风险间审批进行差异化设定，针对特定融资项目建立专项授信审批制度。三是厘清海外区域风险特点，加强金融同业互通，防范国别风险。近年来，全球政治、经济、金融联动日益密切，国别风险呈现大幅上升趋势。商业银行一方面要加强与相关部委及政策性金融机构联系沟通，及时获得海外区域发展与风险信息；另一方面要加强与境外同业信息互通，同其他国内商业银行海外分支机构、外资银行等加强合作，降低信息不对称带来的海外投资风险。四是防范商业银行的海外合规风险。加强自身合规管理能力建设，熟悉东道国司法体系与经济金融运行机制，注重合规意识、合规文化和合规技术方面的提升。

（六）开展国际化发展专项研究，建设专业化人才队伍

"一带一路"沿线国家及地区众多，历史文化、发展阶段各异，现有智库研究主题重合度较高，多数偏向理论研究，商业银行缺乏真正致力于自身国际化发展、能够有效指导实践的有力智库支持和专业研究团队。加强商业银行的特色化、专业化、合作型智库建设，一是构建商业银行的特色化智库，深入研究"一带一路"发展机遇与应对策略，包括国别风险、金融环境、监管模式等。二是构建商业银行的专业化智库，为商业银行战略客户"走出去"提供投资信息、资产管理等及时有效的"融智"服务。三是构建商业银行的合作型智库，通过加强智库间交流合作，实现信息共享、互通有无，并不断提升商业银行间相关合作的深度和广度。

随着中国金融对外开放进程不断推进，银行业的综合竞争力不断增强，但我国商业银行尚未在真正的国际化市场竞争中锻炼出具有足够国际市场胜任能力的专业化团队。商业银行需加速补齐这一短板，才能在更加开放的内

外竞争中立于不败之地。一是完善人员招募与选拔机制,加快储备精通小语种、熟悉跨境金融的复合型人才。二是建立并优化金融人才培养体系,构建具有国际金融机构工作经验、国际视角和国际金融外交经验的高端金融人才梯队,并不断充实和完善专项人才储备库。三是进一步优化海外人才的激励机制。外资金融机构采用市场化薪酬机制,可以为金融专业人才提供更开阔的发展平台,在人才竞争方面具有先发优势。

附件1

# 2018年中资商业银行国际化业务
# 进展及服务"一带一路"业务动态

| 银行 | 国际化业务动态 |
|---|---|
| 工商银行 | • 持续完善全球网络布局,瑞士苏黎世分行、工银哈拉木图阿斯塔纳代表处正式开业,越南胡志明市代表处获中国银保监会批复;<br>• 积极推进跨境人民币业务,进一步完善全球24小时人民币清算网络,加快推动自贸区业务拓展和产品创新;持续优化跨境电商综合金融服务方案和跨境电商综合金融服务平台;<br>• 上半年跨境人民币业务量2.38亿元,新承贷"一带一路"项目50个,合计承贷金额110亿美元;<br>• 在45个国家和地区建立420个机构,服务网络覆盖六大洲和全球重要国际金融中心,在"一带一路"沿线20个国家和地区拥有129个分支机构。 |
| 农业银行 | • 积极服务国家经济外交战略,稳步推进境外布局与发展,澳门分行、河内分行、伦敦分行和圣保罗代表处相继开业;<br>• 持续服务"一带一路"倡议、企业"走出去"及人民币国际化等国家战略,主动适应客户多元化需求,持续优化跨境金融综合服务体系。首批投产上线人民币跨境支付系统二期,大力推动自由贸易试验区业务发展。 |
| 中国银行 | • 紧跟全球客户金融服务需求,加快在"一带一路"沿线国家及地区的机构布局,海外机构横跨55个国家和地区,覆盖23个"一带一路"国家;<br>• 深耕企业跨境服务,重视"走出去"客户、外资"引进来"客户、世界500强和当期企业客户的服务,进一步完善全球客户分层服务体系和跨境融资产品服务体系建设,以银团贷款、跨境并购等核心产品为抓手;<br>• 在金融市场业务方面充分发挥跨境优势,在中国台湾、新加坡、韩国等地积极开展交易所人民币期货做市业务,在亚洲、欧洲、大洋洲和拉丁美洲等地区进一步拓展债务保值业务,支持非洲、拉美地区业务发展;<br>• 持续提升跨境人民币清算能力,进一步巩固在国际支付领域的领先优势,集团跨境人民币清算量继续保持全球第一。 |

续表

| 银行 | 国际化业务动态 |
|------|----------------|
| 建设银行 | • 积极推进国际化发展战略,稳步扩大海外业务和机构网络,不断拓宽服务渠道,丰富金融产品,形成了跨时区、跨地域、多币种、24 小时不间断的全球金融服务网络体系,提升了全球化客户服务能力和国际竞争能力;<br>• 当前在 29 个国家和地区拥有各级商业银行类境外机构 200 余家,上半年海外机构实现净利润 47.72 亿元。 |
| 交通银行 | • 主动对接国家战略部署,持续完善包括"一带一路"沿线国家和地区在内的全球机构布局,交通银行(香港)有限公司正式对外营业,加拿大多伦多分行、捷克共和国布拉格分行、南非约翰内斯堡分行正在积极筹建中;<br>• 发挥境内外网络优势,在国际业务领域为"走出去"企业提供银团贷款、出口买方信贷、海外并购、项目融资等境内外金融服务;<br>• 离岸业务方面,持续培育核心客户群,加大业务结构调整力度。上半年离岸新开优质客户数同比增长 47.2%,离岸中间业务净收入同比增长 7.05%。 |
| 浦发银行 | • 继香港分行和新加坡分行开业后,伦敦分行获得当地监管部门的批准,并于 2018 年 2 月 6 日正式开业,推动公司实现跨欧亚跨时区经营;<br>• 加快国际化经营进程,积极服务实体经济走出去,以香港分行、新加坡分行、伦敦分行、浦银国际为基础,打造涵盖离岸、自贸区和海外分行在内的国际业务经营平台。 |
| 平安银行 | • 打造国际化团队,并已经在人工智能、区块链、大数据等多个领域取得了全球领先的研究成果;<br>• 离岸业务紧密结合中国企业经营国际化、融资国际化、投资国际化的发展步伐,为"走出去"企业提供跟随式的离岸金融服务。 |
| 中信银行 | • 顺应国际化趋势,将跨境协同作为对公客户服务的特色和亮点,加强系统建设和产品创新,联合中信银行(国际)和信银投资,共同为中资企业"走出去"提供一体化跨境综合服务;<br>• 稳步开展综合化、国际化经营,开发完成了海外核心系统,完成中信百信银行增资和哈萨克斯坦阿尔金银行股权交割。 |
| 招商银行 | • 香港分行继续推动跨境联动业务,拓展境外客户群体,成功发放首笔境外零售贷款,完成首笔境外个人客户债券投资业务,推动零售业务国际化;<br>• 招银租赁以国际化布局飞机、船舶资产,以专业化支持国家重点装备制造升级,以差异化服务"一带一路"倡议。 |

资料来源:公司财报、民生银行研究院。

# "一带一路"建设对我国产业结构转型升级的影响及商业银行业务机会分析

中国民生银行研究院
产业发展研究中心课题组

"一带一路"建设既是经济发展新常态下我国对外经济发展的新引擎，也是开放经济条件下我国产业结构升级的重要推动力，为我国企业国际化发展提供了战略机遇。"一带一路"倡议提出以来取得了超预期进展，目前已有100多个国家（地区）和国际组织参与了这一倡议。本文立足于我国企业顺向投资、产能合作、对外贸易以及区域协调发展的现状，深入探究"一带一路"建设促进我国产业结构升级的形成机理。从实践层面看，"一带一路"建设为我国现代化产业体系注入了新活力，集中体现在：加大基础设施建设投入，带动基建产业链转型升级；推进高端装备制造业"走出去"，持续提升国际竞争力；积极开展能源合作，拓展我国能源供给空间；推动信息互联互通建设，助力通信产业开拓国际市场；拓展消费品工业贸易空间，推动相关行业转型升级；带动服务业发展增量空间，促进相关行业国际化转型。

随着"一带一路"倡议的持续推进，我国与沿线国家、地区的经济发展格局将发生重大而深刻的变化，在基础设施建设、国际产能合作、对外贸易等方面产生大量金融服务需求，根植于实体经济的商业银行将迎来一系列重要发展契机。展望未来，中国的商业银行应响应国家政策，积极介入重点国别、区域的业务机会，重点关注基础设施建设、钢铁、建材、能源、装备制造、通信、电子商务、物流、旅游等领域，完善金融服务，助力国内企业"走出去"。

## 一、"一带一路"建设的产业经济背景

（一）全球产业结构深度调整

1. 经济全球化与信息化进程加快，新一轮产业革命兴起

当前，世界范围内新一轮科技革命和产业变革正在兴起。以信息技术为

引领，生物技术、新材料技术、新能源技术等技术群广泛渗透、交叉融合，带动以绿色、智能、泛在为特征的群体性技术突破，重大颠覆性创新不时出现。随着新技术、新产业的发展，不同产业之间边界渐趋模糊。在未来一段时间，全球范围的颠覆性产业创新还会进一步发生，将会带来产业组织模式的根本性变化。与此同时，依托新技术、新模式、新业态，经济全球化与信息化进程的加快将在短时间内改变产业发展路径，甚至能够对全球范围内的产业格局重新洗牌。一方面，智能软件、新型材料、3D打印技术及基于网络的服务模式将推动制造业向数字化方向发展；另一方面，不同产业领域相互渗透和融合必定催生出全新的服务业态，"互联网＋"、大数据、云计算等领域表现得最为明显。

2. 欧美国家掀起"再工业化"浪潮

自2008年国际金融危机爆发后，欧美国家纷纷反思并纠正危机前"去工业化"进程，为尽快走出危机，恢复经济增长，相继推行"再工业化"战略和制造业重振计划。采取的主要措施有：加强顶层设计与统筹规划，保障国家战略顺利推进；加大税收政策调整力度，吸引企业投资本土；采取财政补贴、优惠贷款等多种措施支持和鼓励出口；加大科技研发与创新投入，强化新兴产业优势。伴随着一系列经济刺激政策的落地实施，欧美经济整体呈现企稳回升态势，GDP增速由2010年开始由负转正，扭转了危机后的颓势。主要体现在：一是就业环境整体改善，工业就业回暖步伐加快；二是资本流入趋势显现；三是新兴产业加速发展，工业增长新动能不断积蓄。

3. 以发达国家为主导的国际产业分工向多极化发展

纵观历史，每一次重大技术革命都将带来国际分工的重大变化，并由此促进产业结构转型升级。长期以来，国际产业分工主要发生在制造业领域，但其内涵发生着不断变化。从资源密集度来看，从早期的劳动密集型产业，逐步过渡到资本密集型产业，再到技术、知识密集型产业；从附加值来看，由低附加值产业（如纺织业）发展到高附加值产业（如集成电路制造业）。在经济全球化、一体化背景下，国际分工与专业协作将进入更高阶段：一是国际产业分工格局呈现出服务业与制造业并重、产业内分工和产品内分工、垂直分工扩展、多极化等新趋势；二是跨国公司全球化战略使国际分工加速向发展中国家扩展；三是离岸外包在当代国际分工中占有越来越重要的地位，对于加速世界新产业的形成和经济快速融合，发挥各国比较优势，推动产业结构快速升级具有重要作用。

4. 全球主要国家实施创新战略重构国家竞争优势

当前，全球经济体系正在经历重大重构，经济纽带正从全球生产网络向全球创新网络升级。为了在全球新一轮竞争中把握主导权和主动权，各国均加大力度，全球创新竞争手段更趋多样，且日趋激烈，包括人才争夺、高技术控制、隐形贸易壁垒等。一是全球各国几乎都制定了面向未来的创新性人才引进和培养计划，人才特别是高端技术人才的争夺十分激烈；二是科技全球化形成全球创新网络，国际科技合作呈现新的方式和特点，如共建大科学工程、开展全球性重大问题合作研发、基于互联网虚拟平台协作研究、从科学问题延伸到产业合作等；三是全球贸易保护更趋隐蔽，知识产权政策将逐步成为大国之间贸易平衡的重要关注点。在全球愈演愈烈的创新竞争中，我国面临着创新强度普遍偏低、追赶窗口正在收敛、创新"后发优势"不突出以及创新人才流失等多重风险与挑战。

（二）国内产业结构转型升级面临瓶颈

1. 产业布局不尽合理

近年来，随着国家加大区域协调发展布局的力度，各地区积极推进工业化和城镇化进程，工业在地域空间上的分布格局发生了显著变化，区际产业转移步伐加快。当前我国三次产业空间布局仍不尽合理，亟待调整优化，特别是要按照国家主体功能区规划的要求，引导产业有序转移，实现不同类型区域的转型升级。

一是各地普遍追求重工业化，结构调整难度较大。不仅容易造成地区间产业结构的不合理，还导致自然资源的过度开发和当地生态环境的严重破坏。此外，由于重化工业多属吸纳资金多的资本密集型大项目，这也成为大量中小企业长期融资困难的一个影响因素。

二是我国制造业在东部少数省份集中度高，区域布局距离"均衡化"目标还有较大差距。尽管当前东部产业转移在加快，但许多地区依然不愿意制造业过多地向外转移。这也是东部地区整体转型升级缓慢的重要原因之一。

三是内陆粗放型增长特征显著，部分沿海沿江地区工业污染较重。从工业行业的区域分布集中测算结果可以看出，我国重工业特别是化工行业集中分布在山东、辽宁等沿海地区和江苏等沿江地区，部分地区存在较大的环境污染隐患。

四是多数地区"去产能"动力不足，新的重复建设苗头出现。首先，产能过剩行业企业是地方 GDP 大户和保障就业的重要力量，地方政府在政绩考核指标的压力下主动削减产能的动力不足；其次，钢企等重化工企业是地方政府财政收入的重要来源；最后，全国市场分割使得地方政府为促进本地经济的发展，都在不同程度上采取地方保护主义，保护当地大型企业特别是许多产能过剩行业的国有企业成为许多地方政府的被动选择。

五是战略性新兴产业存在发展趋同效应。从已经公布了战略性新兴产业发展重点的省、市来看，彼此之间存在明显的产业趋同现象，风电、光伏等新能源产业已出现各地争相上马、投资过热等现象。此外，部分之前花大气力建设的产业园区由于没有在投产前进行合理的布局规划，使得区域之间和产业内部之间存在竞争同构化现象，从而造成产能过剩的后果，使得大量社会资源被浪费并压缩利润空间，不利于充分发挥专业化分工协作效应，减弱了地方生产系统的竞争力和总体效率。

2. 重要资源国内供给压力大

我国能源资源国内供给压力大，对外依赖程度不断加深，有着深刻的历史背景和现实国情。首先，"世界工厂"的分工定位使得资源消耗量大幅增加；其次，我国是一个人均自然资源较为匮乏的国家，矿产资源品种多、总量大，已查明的矿产资源总量约占世界的 12%，仅次于美国和俄罗斯，居世界第三位，但人均占有量仅为世界平均水平的 58%，居世界第 53 位；最后，我国资源利用效率低，据有关专家测算，我国能源利用效率只有 33%，比国际先进水平低 10 个百分点左右，特别是工业用能比重大，超过 70%，远高于27.9% 的世界平均水平，钢铁、化工、建材等 6 大高耗能行业用能比重超过 50%。

3. 部分传统行业发展受国内市场空间约束

首先，改革开放四十多年来，我国产业结构呈现由"二一三"向"二三一"，再向"三二一"的演变趋势，2018 年三次产业结构为 7.2∶40.7∶52.2，第三产业占据国民经济半壁江山。根据产业升级的一般规律，纺织、重化工等传统行业的辉煌已属过去，未来国内市场空间十分有限；其次，供给侧结构性改革的首要任务是化解过剩产能，将大幅压缩钢铁、煤炭、电解铝、玻璃等行业的国内市场空间；最后，现阶段我国城镇化率已达到 54.77%，大部分农村劳动力人口已经进入城镇工作和生活，保守估计城镇化率或许已经超过 60%，水泥等行业的消费峰值临近。此外，近年来我国已经成功拥有世界先进的高铁集成技术、施工技术、装备技术和运营管理技术，但目前国内市场已日趋饱和，无法匹配强大的供给能力。

4. 产业升级的成本在逐步上升

过去多年，我国有明显的低成本优势，有利于产业结构不断优化升级。但是，劳动力和土地等自然资源在真实成本相对较低的同时，也存在成本扭曲问题。如部分地区压低地价，甚至实行零地价；污染企业不支付或少支付治污成本；劳动者特别是农民工劳动条件差、社会保障不健全等，不具备可持续性。最近几年，中国 GDP 构成中，劳动报酬超过一半，对价格总水平产生明显影响。此外，严格的土地管理制度将纠正以往土地使用中损害农民利益和浪费土地资源等严重问题，同时也会使地价上升，带动投资成本和生产成本上升。

5. 自主创新能力不足

一是缺少科技成果转化服务平台和创新创业服务平台。研发机构并未在企业的成长过程中位于核心位置，开发项目在总量上少以及研究人员不充足问题都严重减缓了企业的发展速度。二是科技创新资金不充足。不少企业由于各种原因并未按照高新技术企业销售收入 5%、规模以上企业 3%、一般企业 1% 以上的要求，提取和使用科技研发资金，从而不能适应目前科技创新工作的需要。银行信贷机构对科技产业的支持力度不足，影响了企业的自主创新。三是缺乏科技领军人才和专业技术工人。科研人员的创新需要一个相对不受干扰的自由空间，需要物质技术条件保障。而自主创新和行动自由属于慢变量，短期内很难实现。虽然引进人才可以解决一时矛盾，但不能使我国的产业结构实现整体转型升级。

6. 引进吸收带来的升级空间越来越小

近些年来，通过技术引进，我国许多产业的技术水平与世界先进水平的差距在缩小，今后需要引进的许多技术已经不是发达国家的二三流技术，而是真正的前沿技术。掌握这些技术的国外企业从保持自身竞争力的需要考虑，拥有这些技术的西方国家从其战略图谋考虑，都对转移或转让前沿技术持更加谨慎的态度。特别在许多尖端科技领域，我国始终面临技术封锁局面，如巨型计算机技术、超大规模集成电路制造技术等技术的进口，一直受到西方发达国家的严格控制。一些军民两用性质的技术如微电子电路、集成式半导体产品、计算机软件、机器人、光学纤维、超导技术等，也经常受到西方国家以军事安全为由的输出干预。

## 二、"一带一路"倡议下我国产业结构转型升级的主要路径

（一）顺向投资有利于促进产业结构调整与优化

1. 发挥市场机制调节效应，通过调整存量和新增资本在不同产业间的分配促进产业结构升级

市场寻求型顺向投资主要通过规模经济效应、自我选择效应两种途径促进我国企业国际市场开拓和产业结构升级。

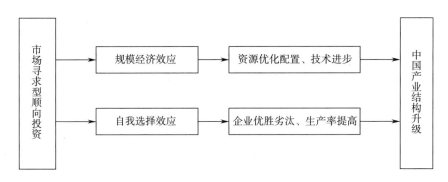

**图1 市场寻求型顺向投资促进我国产业结构升级的传导机制**

一方面，规模经济有利于资源优化配置和技术进步。根据经典的贸易理论，即使缺少技术差异和要素禀赋差异，规模经济也可以引起国际贸易与投资并促进母国产业结构升级。2008年国际金融危机以来，世界经济长期低迷，逆全球化思潮不断兴起，许多国家都采取不同形式的关税和非关税壁垒，我国企业货物出口明显受阻。通过市场寻求型顺向投资，我国企业在发展中国家直接生产并在当地销售，可以绕开贸易壁垒，扩大国际生产市场，在广大发展中国家配置资源和生产要素，形成规模经济效应，进而推动我国产业结构升级。

另一方面，自我选择效应有利于企业优胜劣汰和行业生产率提高。根据当代前沿的异质性企业贸易力量，企业生产率是决定企业经营市场"啄食顺序"的关键因素：生产率较高的企业可以占领国外市场，其中最高和次高的企业分别选择OFDI和出口方式进入国际市场，从而扩大其在行业中的市场份额并获取更大利润；由于无法承担出口固定成本，生产率较低的企业只能服务于国内市场；由于受到高生产率企业扩大规模带来在劳动力市场上的竞争压力，生产率最低的企业会被淘汰出局。根据这一理论，即使单个企业生产率不变，最低生产率企业的退出和出口效益向高生产率企业的集中，也将

提高整个行业的总体生产率水平。因此，通过自我选择效应，市场寻求顺向投资既可以促进单个企业生产率水平的提高，也可以促进整个行业生产率水平的提高，从而推动产业结构升级。

2. 发挥技术进步促长效应，推动我国与"一带一路"沿线国家及地区共同提升效率

效率寻求型顺向投资主要通过新兴产业促长效应、全球价值链升级效应两种途径促进中国经济效率提升和产业结构升级。

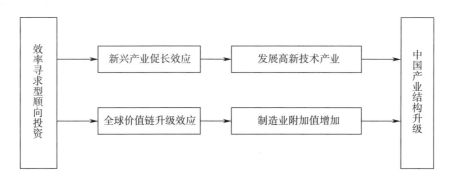

**图 2　效率寻求型顺向投资促进我国产业结构升级的传导机制**

一方面，从产业链国际转移视角看，新兴产业促长效应有利于中国高新技术产业的发展。根据边际产业转移理论，跨国公司通过顺向投资在全球范围内优化配置资源，将本国已经或即将失去竞争优势的边际产业转移到次发达或发展中国家，集中国内稀缺的资源优先发展新兴产业等其他比较优势产业，会促进母国经济效率提升和产业结构升级。中国经济进入发展新常态以来，随着劳动力和土地等生产要素成本日渐提高、环境资源压力不断加大，一些诸如纺织、化工等劳动密集型产业可以通过效率寻求型顺向投资转移到其他新兴与发展中国家，由此可释放有限的土地和劳动力资源从事高新技术产品的研发和生产，发展高新技术产业等其他比较优势产业，从而可带动我国产业结构调整与升级。

另一方面，从生产环境国际转移视角看，全球价值链升级效应有利于我国制造业附加值的增加。根据全球价值链理论，在生产环境国际转移过程中，发达国家主要从事研发和设计、销售和服务等高增值环节，将加工制造等低附加值环节转移到次发达国家和发展中国家，这就形成了发展中国家集聚低附加值环节和发达国家集聚高附加值环节的全球二元经济结构。这种二元经济结构很容易造成发展中国家在全球价值链中"低端锁定"。为避免落入这

种"低端锁定",我国需构建一个周边发展中国家以及广大亚非拉国家共同参与的新经济循环。在这个新的经济循环中,我国可以通过效率寻求型顺向投资将成熟的制造业生产环节转移到新兴与发展中国家,自身更多关注研发和设计等高附加值生产环节,从而实现附加值增加与产业结构升级。

3. 发挥资源补缺效应,推动我国与"一带一路"沿线国家产业关联升级

资源补缺效应有利于瓶颈产业发展。通过资源寻求型顺向投资,可以从境外获取本国经济发展必要的生产资源,使得国内产业的资源瓶颈逐步得到解决。当前,资源短缺严重制约我国经济可持续发展,而广大新兴经济体与发展中国家则资源丰富,但资金和技术短缺,急需引进外资进行资源开发。通过对新兴与发展中国家直接投资,我国可以打破资源短缺限制、缓解国内资源紧缺问题,为经济发展提供持续稳定的资源供给,从而促进国内一些因资源短缺而无法发展的瓶颈产业得到发展,推动产业结构调整与优化。

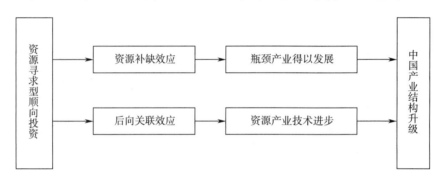

**图3　资源寻求型顺向投资促进我国产业结构升级的传导机制**

此外,后向关联效应①有利于资源能源产业的技术进步。新兴经济体与发展中国家资源能源产业的投资扩大及技术提升,将会促进我国相关的下游产业发展乃至技术进步,进而推动我国产业结构调整与升级。2008年国际金融危机以来,新兴经济体与发展中国家的资源能源产业吸引外资力度不断扩大,其发展规模不断扩大、技术进步明显提升,新能源、新材料技术的开发和利用也粗具规模。因此,对这些国家的资源获取型顺向投资将促进我国产业结构的调整与升级。

---

①　根据产业关联理论,后向关联是指通过供给与其他产业部门发生的自上游到下游的联系,上游产业的投资与技术提升会促进下游产业的发展乃至技术进步,进而推动下游产业的结构升级。

（二）国际产能合作提升我国产品质量和全球价值链地位

习近平总书记指出，以"一带一路"建设为契机，开展跨国互联互通，提高贸易和投资合作水平，推动国际产能和装备制造合作，本质上是通过提高有效供给来催生新的需求，实现世界经济再平衡。2015年6月，中国政府同法国政府正式发表《中法关于第三方市场合作的联合声明》，首次提出了"第三方市场合作"这一概念。"第三方市场合作"是中国首创的国际合作新模式，将中国的优势产能、发达国家的先进技术和广大发展中国家的发展需求有效对接，实现1+1+1＞3的效果。

1. 中国—发展中国家模式推动我国产品、技术"走出去"，实现资源优化配置

国际产能合作能够有效结合发展中国家土地、劳动力、能源资源和市场需求等优势与我国强大的优质、高效、绿色产能优势，不断扩大利益汇合点。

第一，"一带一路"沿线许多发展中国家自然资源禀赋优越，拥有中国经济发展所需的丰富经济资源和战略资源，包括油气资源、农业资源、水资源和矿产资源。如我国主要从沙特阿拉伯、伊朗、俄罗斯、安哥拉等国进口油气资源；从马来西亚、泰国、越南、非洲赤道国家等进口农作物、热带经济作物及水产品；从印度、南非、赞比亚等国进口铁矿石、有色金属和稀有金属产品。深化与"一带一路"发展中国家的经济合作有助于为我国发展提供稳定的能源供给，且中国经济持续稳定发展使得"一带一路"沿线相关发展中国家对外部资源性产品需求的依赖性越来越强。

第二，"一带一路"沿线大多数发展中国家处在工业化的初中期发展阶段，有的还处于农业社会向工业社会过渡期，十分需要其他国家为其供给资本、技术等生产要素和工业制成品来满足工业化发展需求，特别需要在基础设施建设、农业发展、资金和人力资源等方面寻求对外合作，而我国则拥有雄厚的资本、中等水平的适用技术和制成品、丰富的经济发展经验等相对优势，在工业化进程中处于后期阶段，与"一带一路"发展中国家工业化阶段存在阶段性差异，从而构成了相互合作的基础。

第三，"一带一路"沿线发展中国家具有潜在的广阔市场空间，能够全面促进中国的跨国企业发展，提升我国的国际地位。考虑到这些国家正处在工业化水平初期阶段，最重要的特征为缺乏资金。为大力吸引外资促进工业化和经济发展，各国都在不断改善投资环境。随着人民币的国际化，中国能够以更低的成本在这些国家展开全面、深入的投资，推动有实力的跨国企业

发展。

2. 中国—发达国家模式有利于我国获得技术、市场等战略资源，实现从价值链中低端到中高端的跨越

当前，发达国家受产业空心化、海外市场需求不足等因素的影响，虽拥有先进的技术和核心装备，但限于国内产能不足、成本过高，无法有效开发第三世界市场，经济增长内生动力不足。我国倡导的第三方市场合作，可以衔接世界不同发展阶段国家的供给和需求，推动全球产业链高中低端有机融合，凝聚全球经济增长新动力，是实现各方互利共赢的创新之举。2015 年 5 月，《关于推进国际产能和装备制造合作的指导意见》指出，国际产能合作不是落后的产能走出去，走出去的产能是我们的优势产能、先进产能。该意见指出，下一步将与中国装备和产能契合度高、合作愿望强烈、合作条件和基础好的发展中国家作为重点国别，并积极开拓发达国家市场，以点带面，逐步扩展。

此外，开展国际产能合作可以推动我国企业与技术先进、实力雄厚的发达国家跨国企业竞争，倒逼企业技术、质量和服务水平提升，增强我国装备制造业的国际竞争力，实现我国自身产业结构升级，推动开放型经济向高层次迈进。

（三）贸易投资便利化推动产业结构向高级化迈进

我国对发展中国家出口贸易主要通过贸易结构先导效应、贸易自由化竞争效应、市场规模扩张效应三大渠道分别促进产业结构高度化、行业生产率提高和企业技术创新，进而推动产业结构升级。

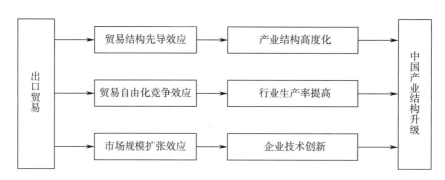

**图 4 我国出口贸易促进产业结构升级形成机理**

1. 发挥贸易结构先导效应，推动产业结构高度化升级和服务业优质高效发展

"一带一路"建设从推动中国货物贸易商品结构调整、货物与服务贸易

结构优化两大方面，为贸易结构先导效应促进产业结构高度化升级带来新的战略机遇。

一方面，对"一带一路"沿线国家的货物出口贸易有利于促进中国货物出口贸易商品结构调整。世界经济从传统的"中心—外围"结构走向"双循环"结构，是未来世界经济发展的重要趋势之一。我国不仅在传统的"中心—外围"循环中处于关键地位，而且在发展中国家之间形成的新经济循环中处于核心位置。相比对全球的货物出口贸易，我国对"一带一路"沿线地区货物出口贸易的技术含量更高。如表1所示，2016年，中国对"一带一路"沿线地区和全球货物出口贸易商品结构前五产品中，第三位至第五位产品分别是"钢铁、塑料及制品、家具和寝具"和"家具和寝具、针织或钩编的服装及衣着附件、非针织非钩编服装及衣着附件"，前者技术含量明显高于后者。

**表1    我国对"一带一路"沿线地区和全球货物出口贸易商品结构比较**

单位：亿美元，%

| | 对"一带一路"沿线地区 | | | 对全球 | | |
|---|---|---|---|---|---|---|
| | 产品类型 | 金额 | 比重 | 产品类型 | 金额 | 比重 |
| | 所有产品 | 5 874.8 | 100.0 | 所有产品 | 21 138.4 | 100.0 |
| 1 | 电机、电器设备及其零部件 | 1 165.9 | 19.8 | 电机、电器设备及其零部件 | 5 559.9 | 26.3 |
| 2 | 锅炉、机器机械器具及零部件 | 920.0 | 15.7 | 锅炉、机器机械器具及零部件 | 3 448.0 | 16.3 |
| 3 | 钢铁 | 237.2 | 4.0 | 家具和寝具 | 889.6 | 4.2 |
| 4 | 塑料及制品 | 200.7 | 3.4 | 针织或钩编的服装及衣着附件 | 749.0 | 3.5 |
| 5 | 家具和寝具 | 193.4 | 3.3 | 非针织非钩编服装及衣着附件 | 727.0 | 3.4 |

资料来源：《"一带一路"贸易合作大数据报告（2017）》，中国民生银行研究院整理。

另一方面，"一带一路"建设有利于促进我国服务与货物出口贸易结构优化。服务贸易与货物贸易发展失衡是"十三五"乃至更长时期我国贸易结构调整面临的首要问题。由于多种历史因素，我国服务贸易发展明显滞后于服务业发展，服务贸易与货物贸易严重失衡。数据显示，2018年中国服务业占GDP的比重已经达到52.2%，但服务出口占出口总额的比重仅9.7%。民心相通是"一带一路"建设的社会根基，人文交流与合作是实现民心相通、加强中国与"一带一路"沿线国家的理解和信任的重要途径。教育、文化、高层论坛、旅游、科技实验合作与联合攻关、卫生防疫等多个领域的人文交

流与合作将带动相关服务贸易的发展。与此同时,《愿景与行动》提出的
"建立健全服务贸易促进体系,巩固和扩大传统贸易,大力发展现代服务贸
易"等举措将进一步促进服务贸易的快速发展。因此,"一带一路"建设将
促进服务贸易与货物出口贸易结构的调整与优化,进而推进我国产业结构高
度化升级。

2. 发挥贸易自由化竞争效应,提高行业生产率和培育制造业竞争新优势

"一带一路"建设从对内、对外两大方面助推中国贸易便利化和自由化,
从而可为贸易自由化竞争效应促进行业生产率提高带来新的战略机遇。一方
面,自由贸易试验区建设提高了国内贸易与投资便利化水平。商务部数据显
示,截至 2016 年 6 月,四大自贸试验区通关效率平均提高 40% 左右。世界银
行《2017 年全球营商环境报告》显示,2017 年,中国的营商环境综合排名在
所统计的 190 个经济体中已经提升至第 78 位。

另一方面,加快实施自由贸易区战略有力助推中国与"一带一路"沿线
地区贸易自由化水平。《愿景与行动》提出,要"积极同沿线国家和地区共
同商建自由贸易区,激发释放合作潜力。""十三五"规划纲要进一步提出,
加快实施自由贸易区战略,要"积极同'一带一路'沿线国家和地区商建自
由贸易区。"此后,中国与"一带一路"沿线国家自贸区建设步伐明显加快。

3. 发挥市场规模扩张效应,促进企业技术创新和培育壮大新兴产业

"一带一路"建设将为我国出口创造和激发新的市场需求,从而可为市
场规模扩张效应促进企业技术创新带来新的战略机遇。一方面,"一带一路"
沿线地区拥有巨大的人口规模和较大的经济规模,可为中国出口创造巨大的
市场需求。国家统计局数据显示,截至 2018 年 6 月,中国与"一带一路"沿
线国家货物贸易累计超过 5 万亿美元,在沿线国家建设的境外经贸合作区总
投资 289 亿美元,为当地创造 24.4 万个就业岗位和 20.1 亿美元的税收;另
一方面,"一带一路"沿线是目前全球贸易增长最快、发展潜力最大的地区
之一。商务部数据显示,我国向"一带一路"沿线国家出口占中国总出口的
比重,从 2011 年的 23.9% 持续上升到 2018 年的 27.4%。然而,"一带一路"
沿线国家大多是新兴经济体和发展中国家,工业化和城市化大多尚未完成,
交通、能源等基础设施建设落后,既影响其自身经济和对外贸易的发展,也
影响我国对其出口的发展。基础设施建设不仅可以在短期直接拉动经济增长,
而且可以对经济行为产生诸如"溢出效应"和"网络效应"的正外部性,从
而长期间接促进经济增长。

（四）区域产业结构优化促进我国整体产业升级

我国的区域经济因历史、自然、交通以及政策等条件的制约，存在发展不平衡的问题。"一带一路"倡议的提出将有效促进区域经济的协调共进。

1. 整合优势，加强改造，增强西部自主发展能力

首先，加强西部传统产业的改造，加强优势产能的国际渗透。"一带一路"沿线区域绝大多数是发展中国家和新兴经济体，对基础设施建设包括通信、信息安全、机械制造等需求较大。四川、贵州和陕西等省份在此方面已经具备比较完备的研发和制造能力，可在参与"一带一路"建设中发挥优势；其次，西部区域持续走绿色、可持续发展之路。吸取东部区域发展中的生态教训，积极发展技术密集型产业，加快产业转型升级，同时发挥文化旅游的资源优势，推动区域经济结构的调整。

2. 加强产业转型，增强东部、东北部区域发展动力

东部地区可打造竞争特色，增强国内、国外两个市场的综合竞争力。进一步拓展陆海空通道，积极响应"一带一路"倡议的"五通"合作重点。加快与沿线国家基础通道的互联互通，不断加深城市间的合作与配合，逐步实行海关通关一体化，提升海陆物流的服务水平。沿海城市可依托港口优势加强多点布局，不断增强服务新亚欧大陆桥经济的能力。增强东北区域的独立发展能力，依靠区域自身的发展力量加快东北振兴的步伐，抓住"一带一路"建设机会，加快国有企业改革，不断释放市场活力。依托良好的农业条件，科学发展"大农业"，并在"一带一路"建设的支持下加强过剩产能的对外输送。

3. 依托中部传统产业优势，发展"一带一路"国际产能合作

依托产品集散中心的优势加强跨国农业贸易，加速中部地区农产品的国际营销，鼓励农业经济领域的多国合作。重视对"一带一路"沿线发展中国家的农业援助合作。同时加大旅游业与教育事业的发展，为发展中部经济培育实用性人才，逐步扩大中部区域的国际影响力。此外，中部地区可把握扩大国际产能合作带来的机遇。2015年国务院发布的《关于推进国际产能和装备制造合作的指导意见》指出："将钢铁、有色、建材、铁路、电力、化工、轻纺、汽车、通信、工程机械、航空航天、船舶和海洋工程等作为重点行业，分类实施，有序推进。"上述产业多数为中部地区的传统优势产业，近年来相关产业正在加快"走出去"步伐。目前，中部六省已有战略性新兴产业类境外企业数百家。

### 三、"一带一路"建设对我国产业结构演变和转型升级的影响分析

（一）加大基础设施建设投入，带动基建产业链转型升级

近年来，"一带一路"沿线基础设施建设重大项目陆续落地。瓜达尔港、中老铁路、中泰铁路、雅万高铁、匈塞铁路、汉班托塔港、比雷埃夫斯港、哈利法港等项目扎实推进。目前，"一带一路"沿线多数国家的工业化程度、城市化建设进程仍处于初级阶段，基础设施建设投资有较大增长空间。据国务院发展研究中心"一带一路"设施联通研究课题组估算，从2016年至2020年，"一带一路"基础设施投资需求将超过10.6万亿美元。"一带一路"基础设施的推进，为基础设施建设产业链发展提供了广阔的市场空间。这将推动我国建筑业、建材业、钢铁、有色金属等行业与海外市场深入合作，有利于相关行业资源和产能全球优化布局，实现由大向强转型升级。

一是"一带一路"倡议将建筑业业务拓展到广阔的国际市场。建筑行业属于订单拉动型行业，海外工程量的增加为行业带来了良好的契机。据商务部统计数据，2013—2017年，我国企业在"一带一路"沿线国家对外承包工程完成营业额累计2 307.6亿美元，占同期对外承包工程总额的47.9%。2018年，我国企业在"一带一路"沿线国家对外承包工程完成营业额893.3亿美元，占同期总额的52.8%。从承包工程在"一带一路"沿线国家分布来看，基本形成了以亚太地区为主，兼顾非洲地区、中东地区的市场格局。

二是"一带一路"倡议推动我国钢铁、矿业产能全球优化。"一带一路"沿线国家基础设施建设需求巨大，对钢铁、有色金属、建材等基础材料需求旺盛。根据中国产业信息网数据，"一带一路"沿线国家2015年的钢铁消费量为3.4亿吨，产量为2.8亿吨，2017年的钢铁消费量已经突破3.7亿吨。随着"一带一路"沿线基础设施建设持续推进，钢铁、有色金属、建材等的需求将持续增大，为我国相关行业出口带来巨大市场空间，推动相关行业产能优化。

三是"一带一路"倡议带动我国钢铁、有色金属、建材等行业海外投资。近年来，我国钢铁、有色金属、建材行业充分利用"一带一路"沿线国家的自然资源条件和市场需求潜力，积极进行海外投资。据冶金工业规划研究院统计数据，截至2018年3月，我国各类企业累计参与投资海外铁矿项目近40个，累计投资超过300亿美元。以中钢集团、首钢集团、河钢集团等为代表的企业，相继在澳大利亚、秘鲁、南非、加拿大等国家投资开发了恰那

铁矿、中澳铁矿、加蓬蒙贝利锰矿、南非萨曼科铬业等项目。以中国建材为代表的建材企业，在赞比亚、蒙古国、哈萨克斯坦、埃及、泰国建设了产业园区，业务范围覆盖建筑材料上下游全产业链。

（二）推进高端装备制造业"走出去"，持续提升国际竞争力

随着"一带一路"沿线国家基础设施建设以及工业化进程的推进，相关国家轨道交通、卫星、核电等高端装备制造行业的市场需求快速增长。经过多年的发展，我国已拥有一批竞争力较强的高端装备制造新技术和新产品，我国基础设施建设施工企业"走出去"，带动高端装备制造产品出口，助力相关行业提升国际竞争力。

一是轨道交通装备成为"中国制造"的亮丽名片。近年来，在"一带一路"沿线高铁建设带动下，我国在轨道交通装备领域已签订、建设及完成了一批国际合作项目，涉及众多沿线国家和地区，带动轨道交通装备出口增长。以我国轨道交通装备制造大省湖南为例，2018 年 1～5 月，湖南省出口轨道交通装备制造 10.3 亿元，同比增长 110%。其中，对"一带一路"沿线国家出口轨道交通装备制造 8.76 亿元，同比增长 270%，占同期湖南省轨道交通装备制造出口总值的 85%。此外，为了更好地融入"一带一路"沿线国家的经济发展，目前，中国中车已在美国、澳大利亚、南非、马来西亚、印度、土耳其等国家建立了先进的本土化制造基地。

二是电力设备"走出去"迎来良好发展契机。中国电力企业联合会发布的数据显示，2013—2017 年，我国主要电力企业在"一带一路"沿线国家签订电力工程合同 494 个，总金额 912 亿美元。实际完成投资 3 000 万美元以上的项目 50 多个，共完成投资 80 亿美元，有力带动了我国相关装备、技术、标准、资本"走出去"。目前，"一带一路"沿线发展中国家的电力消费水平较低，发展潜力大。

三是核电"走出去"前景广阔。目前，"一带一路"沿线多数国家核电仍是空白，有 25 个国家计划发展核电。中核、中广核和中国核建将我国自主研发的华龙一号、CAP1400 等核电技术出口至巴基斯坦、阿根廷、英国、土耳其、约旦等市场。据中核集团预测，到 2020 年，全球新建核电机组将达 130 台，2030 年将达 300 台，新建机组中的 80% 将分布在"一带一路"沿线国家。核电将继高铁之后，成为我国高端装备制造"走出去"的又一重要名片。

四是卫星及应用产业"走出去"取得突破。卫星及应用产业是实现"一

带一路"沿线互联互通的重要产业。目前，"一带一路"沿线国家在空间信息应用上存在卫星移动通信能力欠缺、数据采集能力不足等短板，尚未形成充足的移动通信能力，市场空间巨大。截至2018年末，我国"北斗三号"基本系统部署圆满完成，可向"一带一路"沿线国家提供导航服务。未来我国将持续推动与"一带一路"沿线国家在卫星及应用领域的合作。除北斗卫星导航应用外，对于卫星技术相对成熟的国家，将开展联合研制与联合生产等合作。对于卫星产业处于起步阶段的沿线国家，将推进产品、服务、技术输出。

五是航空工业在"一带一路"沿线国家布局持续完善。近年来，航空工业充分发挥航空产业技术密集型和资本密集型的特点，以优势产业和资本为依托，在飞机出口、航空运营、国际合作、服务保障上不断开拓，推进与"一带一路"沿线国家的合作。据中航工业集团数据，截至2017年末，"新舟"系列飞机和"运12"系列飞机已向18个"一带一路"国家累计交付了42架，在200多条航线上运营，累计运送旅客量超过了1 100万人次。截至2017年，中国航空工业集团已在"一带一路"沿线国家中的26个国家设有代表处，在28个国家开展业务和项目，执行和在谈的各类贸易、投资、工程等项目超过300个，总金额超过900亿美元。2017年5月22日，C929开发者——中俄国际商用飞机有限责任公司（中俄商飞）在上海正式成立。

（三）积极开展能源合作，拓展我国能源供给空间

油气合作是"一带一路"建设极为重要的组成部分，"一带一路"沿线地区中的西亚、北非、中亚以及俄罗斯等石油资源丰富，但这些地区普遍存在资金、技术和设备不足的问题，为我国石油企业海外发展提供了较大市场机遇。近年来，在政府的大力支持下，油气企业积极实施"走出去"策略，海外投资规模持续扩大、合作领域持续拓宽、合作水平持续深化、合作模式不断创新，在能源贸易、能源海外投资等方面取得一定进展。

一是"一带一路"沿线国家成为我国油气进口的主要市场。近年来，我国油气对外依存度持续提升。据中国石油企业协会统计数据，2018年，我国原油净进口量达4.6亿吨，与上年相比增长10.9%，石油对外依存度升至69.8%；进口天然气1 254亿立方米，同比大幅增长31.9%，对外依存度升至45.3%。预计2019年，我国天然气进口量为1 430亿立方米，对外依存度将升至46.4%。目前，"一带一路"沿线国家的原油进口量已经占到我国原油进口总量的76%，天然气进口量占我国天然气进口总量的72%，已成为我

国经济社会发展的支柱性动力。2018 年，我国石油企业海外油气权益产量达到 2.01 亿吨，大部分分布于"一带一路"沿线国家。

二是开展上中下游全产业链的合作正成为油气合作重点。"一带一路"倡议提出后，我国石油企业积极开展上中下游全产业链的合作。2018 年，我国石油企业在哈萨克斯坦的卡沙甘油田、巴西的里贝拉油田、俄罗斯的亚马尔 LNG 等大型项目进展顺利，成功收购阿布扎比石油资产，中标伊拉克、巴西等国的油田项目，与卡塔尔签署 LNG 供应大单，完成哈萨克斯坦 2 座炼厂现代化升级改造，并即将建成中俄天然气东线。

（四）推动信息互联互通建设，助力通信产业开拓国际市场

信息互联互通是"一带一路"倡议的关键环节，伴随着"一带一路"倡议的深入推进，中国通信企业积极加强与"一带一路"沿线国家合作伙伴在通信和信息化领域的合作。目前，我国与"一带一路"沿线国家建成了多条跨境陆缆及国际海缆，直接联通亚洲、非洲、欧洲等地，并积极推进东非信息高速公路、亚太信息高速公路等多边合作倡议。"一带一路"沿线国家通信设施基础薄弱，为我国通信装备企业、通信运营企业以及通信工程企业"走出去"带来较大市场空间。

一是三大电信运营商积极参与"一带一路"建设。我国电信运营企业要通过投资建设国际海缆、跨境陆缆、数据中心、海外 POP 点等将网络延伸至"一带一路"沿线国家。以中国联通为例，近年来，中国联通与"一带一路"沿线国家共建国际海陆缆，积极布局"一带一路"沿线国家互联互通。截至2018 年末，中国联通已在"一带一路"沿线的俄罗斯、印度尼西亚、马来西亚、泰国、缅甸、印度、哈萨克斯坦、阿拉伯联合酋长国、菲律宾、南非、越南设立分支机构，提供优质基础通信及增值服务。同时，中国联通通过探索 5G 技术、加快部署物联网、推进 SDN/NFV 网络转型，致力布局智能网络，聚焦智慧工厂、智慧城市、智慧家庭、车联网，推动"一带一路"沿线国家数字化经济及贸易便利性。

二是通信设备制造企业通过本土化运营模式进入"一带一路"沿线国家。中国通信设备制造产业是全球化的先行者，华为、中兴等通信设备企业采用建立分公司、代表处的模式逐步进入"一带一路"沿线国家，并充分吸纳各国销售及技术人才，实现本土化。截至 2018 年末，华为已为全球 170 多个国家、30 多亿人提供了网络服务，全球的基站发货数量已经超过了 4 万个，业务范围覆盖"一带一路"沿线大部分国家。凭借较为先进的技术、完

善的全球销售和服务平台,我国通信设备企业正在助力"一带一路"沿线国家和企业的数字化转型中发挥重要作用。

三是手机终端企业凭借高性价比占据海外市场。我国手机终端企业积极拓展"一带一路"沿线海外市场,凭借高性价比以及运营商渠道、互联网渠道优势在"一带一路"沿线国家加速布局。以OPPO为例,截至2018年末,其智能手机业务已覆盖了东南亚、南亚、中东、非洲以及大洋洲等近40个国家和地区市场,并成为东南亚、印度等市场用户在换机时的首选品牌。随着国内市场的逐步饱和,"一带一路"沿线国家正成为我国手机终端市场业务发展新重心。未来,我国手机终端在"一带一路"沿线国家市场规模将持续保持快速增长态势。

(五)拓展消费品工业贸易空间,推动相关行业转型升级

我国消费品工业覆盖面广、结构完整,已成为"走出去"的主力军。"一带一路"沿线国家人口数量占全球人口的63%,大部分为发展中国家,消费品工业市场潜在需求较大。我国消费品工业与"一带一路"沿线国家产能合作与商品出口,一方面契合了"一带一路"沿线国家工业化进程需要,提升了"一带一路"沿线国家居民生活水平,另一方面也有利于拓展我国消费品工业市场空间,促进相关行业发展。

一是轻工业积极融入"一带一路"建设。据海关统计口径数据,2017年,我国轻工商品与"一带一路"沿线国家的贸易额为1 906.87亿美元,占轻工商品贸易总额的25.01%,同比增长10.27%。其中,出口额共计1 577.25亿美元,占轻工商品出口总额的26.29%,同比增长8.78%;进口额共计329.61亿美元,占进口总额的21.84%,同比增长17.98%。

二是"一带一路"沿线国家对我国家电行业出口形成强力支撑。据海关统计口径数据,2017年,我国家用电器行业对"一带一路"沿线65个国家出口额为171.9亿美元,同比增长11.8%,占我国家用电器行业整体出口比重的27.5%。2018年,家用电器对"一带一路"沿线国家出口仍保持高速增长。2018年1~6月,我国家用电器对"一带一路"沿线的南亚、中东欧出口分别增长10.2%和20.2%。"一带一路"倡议引领下,我国对沿线国家家电贸易及产能合作将持续推进。

三是"一带一路"沿线国家成为纺织品行业"走出去"的重点区域。据海关统计口径数据,2017年,我国纺织品服装出口总额为2 669.5亿美元,其中,对"一带一路"沿线国家地区的纺织品服装出口占比达33.36%。同

时，纺织服装企业也积极主动在"一带一路"沿线国家开展产能合作，充分利用相关国家的优势资源禀赋，进行生产力跨国布局及优质资源全球配置。

（六）带动服务业发展增量空间，促进相关行业国际化转型

当前，服务业已成为国民经济第一大产业，新兴服务业快速发展，传统服务业加速转型，服务业产业结构不断优化，服务业增长方式逐步从"引进来"向"走出去"转变。"一带一路"倡议的推进，不仅推动了制造业对外贸易与投资，也为现代物流、商务服务、信息技术服务等生产性服务业以及文化、旅游等生活性服务业带来增量空间，促进相关行业现代化、规模化、国际化转型。

一是经贸往来助力生产性服务业发展。"一带一路"倡议实施后，我国在沿线国家基础设施建设持续推进，经济与贸易往来日益密切，海陆空通道逐步打通，海运、陆运、空运运输路线逐渐增多，带动跨境电商、跨境物流、跨境金融、信息服务业等生产性服务业发展。跨境电商方面，据易观监测数据，我国跨境电商的交易规模从 2013 年的 2.9 万亿元提升至 2018 年上半年的 4.5 万亿元，随着欧美市场逐步成熟，"一带一路"沿线国家正成为跨境电商未来发展的主要区域；跨境物流方面，目前，京东、顺丰等物流企业开通中欧班列，纷纷加大布局"一带一路"沿线跨境物流。跨境金融方面，据银保监会数据，截至 2018 年 10 月底，已有 11 家中资银行在 27 个"一带一路"沿线国家设立了 71 家一级分支机构，中资银行参与"一带一路"建设项目 2 600 多个，累计发放贷款 2 000 多亿美元，涉及交通基础设施、能源资源和装备出口等多个领域。

二是文化旅游等生活性服务业成为推进"民心相通"的重要抓手。通过文化和旅游互通，有助于形成与"一带一路"沿线国家的理念共识，奠定良好的合作基础。据文化旅游部发布数据，截至 2018 年 8 月底，我国已与"一带一路"沿线国家签署双边文化、旅游合作文件 76 份，推动建立中国—东盟、中国—中东欧、中俄蒙等一系列双、多边文化旅游合作机制。"一带一路"沿线中国文化中心总数达到 16 家，举办文化活动逾 1 600 场。成功打造"丝路之旅""欢乐春节""青年汉学研修计划""中华文化讲堂""千年运河""天路之旅""阿拉伯艺术节"等近 30 个中国国际文化和旅游品牌。不少动漫、影视、游戏作品在"一带一路"沿线国家获得良好市场反响。伴随着"一带一路"倡议推进，文化旅游产业迎来新的增长空间。

## 四、商业银行业务机会分析

### （一）行业机会

#### 1. 基础设施建设的融资需求

基础设施联通是"一带一路"互联互通体系的重要基础，作为"一带一路"倡议的优先领域，基础设施建设需要良好的融资机制进行支撑。而"一带一路"沿线国家多为发展中国家，资金实力不足。自"一带一路"倡议提出后，我国成为"一带一路"基础设施建设投资的主要资金供给国之一，我国政策性银行和商业银行协同推进"一带一路"基础设施。从"一带一路"基础设施建设投资领域分布看，商业银行可重点关注以下几类项目：一是交通基础设施建设，包括公路、铁路、港口建设；二是能源基础设施建设，包括油气管道建设、油气田产能建设、石油冶炼加工以及新能源项目等；三是信息互通基础设施建设，包括国际海缆、跨境陆缆、数据中心、海外 POP 点等。

表 2        "一带一路"基础设施建设部分项目进展一览表

| 时间 | 项目 | 项目进展 |
|------|------|----------|
| 2019 年 3 月 | 斯里兰卡公路项目 | 中企承建的斯里兰卡两条道路升级项目于 3 月 17 日在两条道路交会的萨伯勒格穆沃省马沃内勒镇举行竣工仪式，改建后的两条公路于当天投入使用。 |
| 2019 年 3 月 | 柬埔寨高速公路 | 柬埔寨金边至西哈努克港高速公路（金港高速）项目在柬埔寨磅士卑省举行开工仪式。金港高速由中国路桥工程有限责任公司投资建设，建成后将成为柬埔寨第一条高速公路。 |
| 2019 年 2 月 | 俄罗斯地铁项目 | 俄罗斯莫斯科地铁第三换乘环线东段盾构项目施工合同签约仪式在莫斯科市中心举行。中国铁建股份有限公司再次获得莫斯科地铁工程建设合同。 |
| 2019 年 1 月 | 中国石油哈萨克斯坦卡沙甘项目 | 中国石油国际中亚公司卡沙甘项目作业公司 NCOC 荣获哈萨克斯坦政府 2018 年度"帕鲁兹"金奖，卡沙甘项目作业公司与当地政府积极合作，截至 2018 年末，共完成 200 多个燃气化、电气化、供水、道路、学校、幼儿园、医院等社会基础设施项目建设。 |
| 2019 年 1 月 | 埃及最大输电线路 | 由中国电建集团所属湖北工程公司建设公司承建的埃及最大输电线路——EETC500 千伏输电工程布鲁斯—沙曼诺、沙曼诺—本哈两条线路段送电成功。 |

续表

| 时间 | 项目 | 项目进展 |
|---|---|---|
| 2018 年 12 月 | 坦桑尼亚快速公交项目 | 中土公司中标坦桑尼亚快速公交项目二期工程，包含 20.3 千米的道路及 29 个公交站等的建设，造价 1.6 亿美元，工期 36 个月。 |
| 2018 年 12 月 | 孟加拉国最大单体重油电厂 | 中车承建的孟加拉国最大的单体重油电厂——阿苏岗杰 150 兆瓦重油电厂圆满完成 100 小时持续商业运行试验，成功并网发电累计超过 1 600 万度。 |
| 2018 年 11 月 | 沙特阿拉伯港口建设 | 中国电建集团在沙特阿拉伯签下合同金额高达约 30 亿美元的港务设施项目建设大单，这是中国电建集团成立以来中标的单体合同金额最大的现汇项目。 |
| 2018 年 10 月 | 沙特阿拉伯技术中心建设项目 | 惠生工程全资附属惠生工程（中国）沙特阿拉伯分公司最近获 Saudi Basic Industries Corporation（SABIC）批出一项有关 Utilities Park & Pilot Plants 项目的设计、采购及施工（EPC）承包合同，合同总金额约为 1.5 亿美元。 |
| 2018 年 9 月 | 乌克兰西瓦什风电项目 | 中国电建集团福建工程有限公司与挪威 NBT 公司正式签订乌克兰西瓦什 250 兆瓦风电项目 EPC 合同。该项目位于乌克兰南部赫尔松地区锡瓦什湖畔，装机容量 250 兆瓦。项目预计于 2019 年 12 月 31 日完工。该项目建成后将成为欧洲最大的路基风电场。 |
| 2018 年 7 月 | 伊拉克电站 | 中国交通建设股份有限公司和中国港湾工程有限责任公司联营体成功中标巴拿马运河第四桥项目，中标合同价 14.2 亿美元。 |
| 2018 年 7 月 | 弥蒙铁路 | 中国中铁中标 12 项重大工程项目，包括了新建弥勒至蒙自铁路标段，这对发挥云南毗邻越南、老挝、缅甸等国的区位优势，促进中国与东南亚地区的经贸联系和人员往来具有重要意义。 |
| 2018 年 5 月 | 泰国铁路复线项目 | 由中交二航局参建的泰国铁路复线项目完成路基施工，该项目是中国港湾和二航局在海外首个由路基到线上系统全覆盖的铁路项目。 |
| 2018 年 4 月 | 克罗地亚跨海大桥项目 | 由中国路桥公司牵头的中国企业联合体在克罗地亚南部城市杜布罗夫尼克与克罗地亚公路公司正式签署佩列沙茨跨海大桥及其连接线一期工程项目建设合同，标志着这一克罗地亚战略性基建项目全面启动。 |
| 2018 年 3 月 | 巴基斯坦水电站项目 | 由中国电力建设集团有限公司参建的巴基斯坦德尔贝拉水电站项目四期日前举行首台机组投产发电仪式，标志着该国总装机容量和发电量最大的水电项目进一步"扩容"。 |

资料整理：中国民生银行研究院。

2. 国际贸易中的融资需求

作为"一带一路"倡议的"五通"之一,贸易畅通是推进"一带一路"建设的重点内容。"一带一路"倡议提出以来,我国与"一带一路"沿线国家贸易合作不断深化。据商务部数据,2018年,我国与"一带一路"沿线国家外贸进出口8.37万亿元人民币,同比增长13.3%,高出我国外贸整体增速3.6个百分点。我国与"一带一路"沿线国家贸易额的快速增长,为我国商业银行跨境交易银行业务带来了较为广阔的业务机会。从出口行业分布看,商业银行可重点关注机电行业、钢铁行业、塑料行业、纺织行业、汽车行业、家具行业的业务机会;从进口行业分布看,商业银行可重点关注油气行业、机电行业、塑料行业、有机化学品行业、木制品行业、珠宝行业的业务机会。

3. 国际产能合作中的融资需求

国际产能合作涵盖产品出口、产业转移、技术输出、资源优势互补等合作模式,是"一带一路"倡议的重要抓手。近年来,我国企业国际产能合作项目的金额高速增长,企业在境外建厂、购置大型生产设备、海外收购等经营活动中融资需求强烈。银行信贷支持是我国企业国际产能合作项目的主要融资渠道,商业银行作为政策性银行的有机补充,应夯实国际产能合作项目风险评估能力,积极对接国内重点企业"走出去"项目,紧抓各重点行业海外产能合作项目快速增长带来的市场机遇,实现合作共赢。从"一带一路"产能合作行业分布看,商业银行可重点关注钢铁、有色金属、建材、电力、油气、化工、轻纺、汽车、通信、装备制造行业的产能合作项目。

4. 现代服务业"走出去"的融资需求

随着服务业在国民经济中的地位日益凸显,服务业增长方式也逐步从过去单一的"引进来"向"走出去"转变。"一带一路"倡议的实施,加快了我国服务业对外开发步伐。结合目前服务业在"一带一路"沿线国家走出去现状看,商业银行可重点支持跨境电商、跨境物流、信息技术服务等生产性服务业企业在"一带一路"沿线的经营活动;支持旅游业以及影视、游戏、动漫项目拓展"一带一路"市场。相对于制造业,我国服务业产业布局相对分散、经营规模小、轻资产问题突出,风险防控面临较大挑战,建议商业银行主要关注各领域龙头企业的融资需求。

5. 高科技产业成长中的融资需求

"一带一路"倡议实施后,我国与"一带一路"沿线国家除在基础设施、产能、贸易等方面开展全面合作外,很多科技成果也在"一带一路"沿线国家落地生根，大部分高科技企业均有较为强烈的国际化发展意愿，并且在"一带一路"沿线国家已有一定客户基础，在当地实现了科技成果转化应用。比如，中航新材公司技术成果已应用于东南亚及非洲等国家和地区重点大型项目建设，有研粉末新材料公司与蒙古国共同研发了金属陶瓷复合材料制备产业化技术等。建议商业银行在做足风险评估的基础上，采取适合于科创企业的融资模式，积极支持战略性新兴产业中高科技企业在"一带一路"沿线国家科技成果转化应用的投资机会。

（二）区域机会

1. 国别机会分析

"一带一路"倡议实施以来，我国秉承"共商、共建、共享"的原则，与"一带一路"沿线国家的合作水平逐年攀升。据国家信息中心 2018 年发布的"一带一路"国别合作度评价报告，我国与亚洲、大洋洲、中亚地区国家的合作最为紧密，在资金融通、政策沟通方面表现突出；与俄罗斯、柬埔寨、巴基斯坦、韩国、老挝政策沟通最为密切；与中亚、亚洲、大洋洲等周边国家的交通与能源基础设施联通水平较高，航空、铁路联通建设发展迅速；与俄罗斯、印度、新加坡、马来西亚、印度尼西亚贸易畅通度较高；与俄罗斯、马来西亚、新加坡、印度、巴基斯坦等国投资合作程度较高。整体而言，"一带一路"国别合作度排名前十的国家是俄罗斯、哈萨克斯坦、巴基斯坦、韩国、越南、泰国、马来西亚、新加坡、印度尼西亚、柬埔寨。

表3　　　2018 年"一带一路"国别合作度排名 TOP30 国家

| 排名 | 国家 | 总分 | 排名 | 国家 | 总分 |
|---|---|---|---|---|---|
| 1 | 俄罗斯 | 90.6 | 10 | 柬埔寨 | 68.46 |
| 2 | 哈萨克斯坦 | 79.77 | 11 | 蒙古国 | 67.26 |
| 3 | 巴基斯坦 | 77.07 | 12 | 老挝 | 67.07 |
| 4 | 韩国 | 76.15 | 13 | 土耳其 | 66.92 |
| 5 | 越南 | 75.25 | 14 | 新西兰 | 66.92 |
| 6 | 泰国 | 73.82 | 15 | 印度 | 65.99 |
| 7 | 马来西亚 | 72.71 | 16 | 缅甸 | 63.49 |
| 8 | 新加坡 | 72.16 | 17 | 吉尔吉斯斯坦 | 62.95 |
| 9 | 印度尼西亚 | 69.86 | 18 | 波兰 | 61.1 |

| 排名 | 国家 | 总分 | 排名 | 国家 | 总分 |
|------|------|------|------|------|------|
| 19 | 阿拉伯联合酋长国 | 59.32 | 25 | 匈牙利 | 56.02 |
| 20 | 埃及 | 59.24 | 26 | 南非 | 55.5 |
| 21 | 菲律宾 | 58.84 | 27 | 沙特阿拉伯 | 54.8 |
| 22 | 以色列 | 57.39 | 28 | 塔吉克斯坦 | 54.63 |
| 23 | 斯里兰卡 | 57.33 | 29 | 卡塔尔 | 52.52 |
| 24 | 尼泊尔 | 56.13 | 30 | 白俄罗斯 | 52.34 |

资料来源：国家信息中心《"一带一路"大数据报告》。

2. 国内相关省市机会分析

"一带一路"倡议早期发布的《推动共建丝绸之路经济带和21世纪海上丝绸之路的愿景与行动》（以下简称《愿景与行动》）中，规划的重点省份为西北6省区（包括新疆、青海、甘肃、陕西、宁夏、内蒙古）；内陆1市（重庆市）、西南3省区（包括西藏、云南、广西）、东北3省（包括黑龙江、吉林、辽宁）、东南5省市（包括福建、上海、广东、浙江、海南）5个大区域。各省（区、市）在"一带一路"的重要性、定位不同，新疆和福建是"一带一路"的关键省份，其中，新疆是"丝绸之路经济带核心区"，福建是"21世纪海上丝绸之路核心区"。《愿景与行动》发布后，主要涉及省份纷纷制定相关规划、实施方案等，并结合自己的区位优势和资源优势，积极参与"一带一路"建设。根据国家信息中心2018年发布的"一带一路"省（区、市）参与度评价报告，目前东部地区参与度遥遥领先，西部地区平均水平较低，参与度得分排名前十的省（区、市）分别是广东、山东、上海、浙江、江苏、天津、福建、河南、四川、湖北。商业银行可积极关注上述省（区、市）与"一带一路"沿线国家的经济活动带来的业务机会。

（三）关注企业

随着"一带一路"建设持续推进，我国越来越多的企业积极"走出去"，参与"一带一路"建设合作项目陆续展开、合作内容持续深化。合作领域涵盖基础设施建设、钢铁、建材、核电工程建设、能源、装备制造、通信、电子商务、物流、旅游等领域。从企业类型看，"一带一路"沿线投资与业务合作目前仍以国有企业为主，但民营企业"走出去"步伐日益加快，逐步成为"一带一路"沿线投资与业务合作的重要力量。

表4　　我国主要企业"一带一路"沿线国家业务合作情况一览表

| 主营业务领域 | 企业 | "一带一路"沿线国家业务合作情况 |
|---|---|---|
| 基础设施建设 | 中国电力建设集团有限公司（以下简称中国电建） | 截至2017年，中国电建在"一带一路"沿线65个国家中的57个国家共跟踪项目1 469个，在其中38个国家设有75个代表处或分支机构，正在执行321个工程项目。 |
| | 中交集团 | 仅2017年一年，中交集团在"一带一路"沿线国家中的投资项目达160多亿美元，占海外投资总额超过50%。 |
| | 中国建筑集团有限公司（以下简称中国建筑） | 截至2018年2月，中国建筑已在"一带一路"沿线45个国家布局布点。巴基斯坦拉合尔—卡拉奇高速公路项目、文莱淡布隆跨海大桥项目CC4标段等一批"一带一路"标志性项目落地。 |
| 钢铁制造 | 河钢集团有限公司（以下简称河钢集团） | 河钢集团响应"一带一路"倡议，加快实施全产业链全球化布局，形成了"四钢两矿一平台"的海外格局。 |
| | 首钢集团有限公司（以下简称首钢集团） | 首钢集团积极开拓海外市场，参与"一带一路"沿线国家基础设施建设、民生改善，项目遍及阿尔及利亚、阿拉伯联合酋长国、哈萨克斯坦等国家。 |
| 建筑材料 | 中国建材集团有限公司（以下简称中国建材） | 截至2018年6月，中国建材相继为印度尼西亚、韩国、越南、孟加拉国、哈萨克斯坦、阿塞拜疆、蒙古国、土耳其、阿尔及利亚等多个"一带一路"沿线国家提供了玻璃、水泥和新能源的工程总承包业务及工程项目设计业务。 |
| 核电工程建设 | 中国核工业建设集团公司（以下简称中核集团） | 中核集团出口建设的巴基斯坦恰希玛核电一期工程，总装机容量超过130万千瓦，被国际原子能机构列入"全球最佳运行核电站"。 |
| | 中国广核集团有限公司（以下简称广核集团） | 广核集团所属的EDRA公司，已经成为东南亚地区最大的独立发电商、马来西亚最大的国外直接投资者和第一大独立发电商、埃及第一大独立发电商、孟加拉国第二独立发电商。 |
| 能源 | 中国石油化工集团公司（以下简称中国石化） | 截至2018年7月，中国石化在"一带一路"参与国家有120多个合作项目，与"一带一路"参与国家形成了利长远、惠民众的可持续发展合作模式。 |
| | 中国石油天然气集团公司（以下简称中国石油） | 中国石油承建的中俄、中哈、中缅原油管道，中俄、中亚、中缅天然气管道等项目，有效解决了油气资源输出难的问题。 |

| 主营业务领域 | 企业 | "一带一路"沿线国家业务合作情况 |
|---|---|---|
| 装备制造 | 中国航空工业集团 | 截至2017年，中国航空工业集团已在"一带一路"沿线国家中的26个国家设有代表处，在28个国家开展业务和项目，执行和在谈的各类贸易、投资、工程等项目超过300个，总金额超过900亿美元。 |
| | 徐工集团 | 截至2018年6月，徐工集团在"一带一路"沿线国家的营销体系和服务体系建设趋于完善，产品出口至"一带一路"沿线48个国家，拥有一级经销商116个，73个备件网点和24个办事处。 |
| | 中国中车集团公司（以下简称中国中车） | 中国中车积极投身"一带一路"建设，参与建设的蒙内铁路、亚吉铁路极大提升东非交通运输条件，蒙内铁路誉为"非洲高铁"，亚吉铁路称为"非洲天路"。 |
| | 中国东方电气集团有限公司（以下简称东方电气） | 截至2018年9月，东方电气已在海外承建能源项目100多个，产品和服务遍布"一带一路"沿线多个国家。 |
| | 中国机械工业集团有限公司（以下简称中国机械） | 截至2018年，中国机械在"一带一路"相关国家和地区已完工或正在执行的项目超700个，合同金额近800亿美元。 |
| 汽车制造 | 广州汽车集团股份有限公司（以下简称广汽集团） | 截至2017年，广汽集团传祺品牌海外业务成功开拓了14个市场，其中包括11个"一带一路"沿线国家。2018年，广汽集团新开拓了沙特阿拉伯、阿拉伯联合酋长国、智利、玻利维亚市场，其中沙特阿拉伯、阿拉伯联合酋长国、玻利维亚的销售网点已进入开业准备阶段。 |
| 家电制造 | 格力电器股份有限公司（以下简称格力电器） | 2018以来，格力电器先后中标"一带一路"沿线标杆工程，服务于巴基斯坦丹瓜达尔港项目、巴西美丽山、中国老挝铁路、缅甸仰光市坎塔亚中心等重大工程。 |
| 通信设备 | 华为技术有限公司（以下简称华为） | 华为采用建立分公司、代表处的模式逐步进入"一带一路"沿线国家，并充分吸纳各国销售及技术人才，实现本土化。 |
| 通信运营 | 中国联合网络通信集团有限公司（以下简称中国联通） | 截至2018年末，中国联通已在"一带一路"沿线的俄罗斯、印度尼西亚、马来西亚、泰国、缅甸、印度、哈萨克斯坦、阿拉伯联合酋长国、菲律宾、南非、越南设立分支机构，提供优质基础通信及增值服务。 |
| | 中国移动通信集团公司（以下简称中国移动） | 中国移动积极推进中国—缅甸、中国—尼泊尔、中国—巴基斯坦、中国—吉尔吉斯斯坦跨境光缆等重点项目建设，全力推动信息通信技术在"一带一路"沿线国家的普及应用。 |

续表

| 主营业务领域 | 企业 | "一带一路"沿线国家业务合作情况 |
|---|---|---|
| 电子商务 | 北京京东世纪贸易有限公司（以下简称京东） | 2018 年 5 月，京东物流中欧班列从阿拉山口入境首次通车，开启了"一带一路"跨境直通车新模式。京东物流响应"一带一路"倡议，大力发展跨境物流产业。目前已建成十余个跨境口岸、110 多个海外仓储。 |
| 航空运输 | 海航集团 | 截至2018 年 10 月，海航集团在"一带一路"沿线运营国际航线 120 条，2018 年至今累计运输旅客 500 余万人次；海航集团旗下航空货运公司在"一带一路"沿线先后累计运营过 30 余条全货运航线，累计执行航班超过 1 400 班，运输货物量超 33 万吨。 |
| 物流 | 招商局集团有限公司（以下简称招商局集团） | 截至2017 年，招商局集团投资的全球港口网络分布 19 个国家和地区，共有 49 个港口，大多是"一带一路"沿线国家重要港口。 |
| 旅游 | 中国旅游集团 | 中国旅游集团积极参与"一带一路"建设，在内陆沿线区域、港澳台地区以及沿线国家展开业务布局。推出了国内首条白俄罗斯独家新品线路、"一带一路"古今大丝路中亚五国之旅、2017 哈萨克斯坦阿斯塔纳世界博览会主题产品、中俄蒙三国跨境旅游专列等"一带一路"系列创新主题产品。 |

资料来源：中国民生银行研究院。

# 中国各省（区、市）参与
# "一带一路"建设研究

中国民生银行研究院
区域发展研究中心课题组

历史上的丝绸之路打开了中国与亚欧大陆其他国家间的贸易商路，当今的"一带一路"倡议则是贯穿亚欧非大陆、影响覆盖全球的经济文化交流网络，是构建人类命运共同体的伟大实践，由习近平总书记于2013年出访中亚和东南亚国家期间首次提出。2015年国务院授权三部委发布的《推动共建丝绸之路经济带和21世纪海上丝绸之路的愿景与行动》（以下简称《愿景与行动》）确立了"一带一路"的顶层设计方案；2017年首届"一带一路"国际合作高峰论坛成功举办，"推进'一带一路'建设"被写入党章，进一步为"一带一路"注入了强劲动力。

在高层引领和相关部门的配合推动下，"一带一路"建设已取得突破性进展。截至2019年3月底，中国政府已与125个国家和29个国际组织签署了173份合作文件，合作对象遍布亚洲、非洲、欧洲、大洋洲、拉丁美洲。各省（区、市）也充分结合自身发展特点，积极融入"一带一路"建设大局，在政策沟通、设施联通、贸易畅通、资金融通、民心相通等重点领域取得了突出成果。

## 一、各省（区、市）参与"一带一路"建设进展

（一）政策沟通体系基本成型

当前，各省（区、市）基本都已初步构建了"一带一路"合作机制，将本省（区、市）与沿线国家及地区的沟通交流和经贸投资等合作内容纳入了制度化、规范化和常态化的发展轨道。

1. 积极构建长效沟通机制

各省（区、市）注重"一带一路"倡议的政策沟通，依托各地区位特点

和比较优势与沿线国家和地区积极构建长效沟通机制。近年来各省（区、市）与沿线重点合作国家和地区建立定期交往渠道，缔结友好省州、友好城市的步伐进一步加快，开辟了密切合作的窗口。如安徽省已与"一带一路"沿线20多个国家的城市签署了友好省州、友好城市协议，形成长效合作机制，其中与俄罗斯伏尔加河沿岸所有14个联邦主体建立直接交往关系，分别在政府层面、经贸合作和人文领域与俄方签署了20多个合作协议；山西省已与24个沿线国家建立了49对国际友城关系，与40个沿线国家建立了86对友好合作伙伴关系；内蒙古自治区出台《内蒙古自治区创新同俄罗斯、蒙古国合作机制实施方案》，进一步扩大和深化以俄蒙合作为重点的对外开放。截至2019年3月27日，我国有31个省（区、市）和491个城市共与五大洲136个国家的543个省（州、县、大区、道等）和1 674个城市建立了2 629对友好城市（省州）关系。

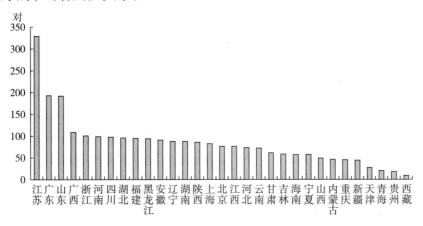

资料来源：中国国际友好城市联合会。

**图1　截至2019年3月各省区市建立友好城市对数**

2. 落实"一带一路"建设总体部署

《愿景与行动》明确了国内各地区在"一带一路"建设中的开放定位。其中，西北要发挥向西开放窗口作用，深化与中亚、南亚、西亚等国家的交流合作；东北地区要发挥联通俄蒙的区位优势，建设向北开放重要窗口；西南地区要发挥与东盟国家陆海相邻的优势，建设面向南亚、东南亚的辐射中心；沿海和港澳地区要利用经济开放程度高、实力强的优势，充分发挥辐射带动作用，形成引领国际合作竞争新优势，成为"一带一路"建设的排头兵；内陆地区要依托重点城市群，推动区域互动合作和产业集聚发展，建设内陆开放型经济高地。以此为指引，各省（区、市）均将"一带一路"建设融入国家发展大局进行顶层部署，使相关工作和重点项目落实有章可循。

其一，国内31个省（区、市）均已建立推进"一带一路"建设工作领导小组，在国家推进"一带一路"建设工作领导小组的领导下，对本地区"一带一路"建设工作进行统筹协调和总体部署。

其二，自"一带一路"倡议提出以来，各省（区、市）纷纷发布了"一带一路"建设的总体规划、实施方案或行动计划，将"一带一路"建设列入政府工作报告，明确自身在"一带一路"中的战略定位、发展目标和重点任务。如江西省在参与"一带一路"建设实施方案中明确了建设成为连接"一带一路"内陆战略通道、内陆开放合作高地、生态文明国际合作重要平台的定位，提出了近中远期的发展目标，强调了基础设施互联互通、产业合作、经贸往来和人文交流等方面的建设重点；广东省在参与"一带一路"建设实施方案中指出将建设成为与沿线国家交流合作的战略枢纽、经贸合作中心和重要引擎，合作的重点领域在基础设施互联互通、贸易投资合作、海洋、能源、金融、旅游等领域。除总体规划外，多省（区、市）还推出年度行动计划或工作要点，对当年"一带一路"建设侧重点进行进一步细化，如陕西省、江苏省、江西省等。还有多省（区、市）就基础设施、产能合作、人文交流等某一具体领域的"一带一路"建设出台规划，如天津市、广西自治区推出"一带一路"科技创新合作行动计划，河北省、湖南省推出参与"一带一路"建设推进国际产能合作的实施方案，广东省、青海省推出文化教育领域合作方案等。此外，上海市、重庆市、广东省、广西自治区、海南省等多个省（区、市）都将"一带一路"建设列入了其"十三五"规划之中。

**表1　　　　各省（区、市）参与"一带一路"建设相关方案**

| 省（区、市） | 文件名称 | 发布时间 |
|---|---|---|
| 北京 | 《北京市推进共建"一带一路"三年行动计划（2018—2020年）》 | 2018.10 |
| 天津 | 《天津市参与丝绸之路经济带和21世纪海上丝绸之路建设实施方案》 | 2015.11 |
| | 《天津市融入"一带一路"建设2018年工作要点》 | 2018.6 |
| 上海 | 《上海服务国家"一带一路"建设发挥桥头堡作用行动方案》 | 2017.10 |
| 重庆 | 《重庆市开放平台协同发展规划（2018—2020年）》 | 2018.5 |
| 河北 | 《关于主动融入国家"一带一路"倡议促进我省开放发展的意见》 | 2015.1 |

| 省（区、市） | 文件名称 | 发布时间 |
|---|---|---|
| 山西 | 《山西省参与建设丝绸之路经济带和21世纪海上丝绸之路实施方案》 | 2015.9 |
| | 《山西省参与"一带一路"建设三年（2018—2020年）滚动实施方案》 | 2018.6 |
| 内蒙古 | 《内蒙古自治区参与建设"丝绸之路经济带"实施方案》 | 2015 |
| 黑龙江 | 《中蒙俄经济走廊黑龙江陆海丝绸之路经济带建设规划》 | 2015.4 |
| 辽宁 | 《辽宁"一带一路"综合试验区建设总体方案》 | 2018.8 |
| 浙江 | 《浙江省标准联通共建"一带一路"行动计划（2018—2020）》 | 2018.5 |
| | 《浙江省打造"一带一路"枢纽行动计划》 | 2018.6 |
| 江苏 | 《江苏省2018年参与"一带一路"建设工作要点》 | 2018.4 |
| | 江苏省委、省政府出台《关于高质量推进"一带一路"交汇点建设的意见》 | |
| 福建 | 《福建省21世纪海上丝绸之路核心区建设方案》 | 2015.11 |
| | 《福建省开展21世纪海上丝绸之路核心区创新驱动发展试验实施方案》 | 2018.6 |
| 江西 | 《江西省参与丝绸之路经济带和21世纪海上丝绸之路建设实施方案》 | 2015.7 |
| | 《江西省2018年参与"一带一路"建设工作要点》 | 2018.5 |
| 河南 | 《河南省参与建设丝绸之路经济带和21世纪海上丝绸之路的实施方案》 | 2015.10 |
| | 《河南省标准联通参与建设"一带一路"行动计划（2018—2020年）》 | 2018.8 |
| 山东 | 《山东省参与建设丝绸之路经济带和21世纪海上丝绸之路实施方案》 | 2016.4 |
| 安徽 | 《安徽省参与建设丝绸之路经济带和21世纪海上丝绸之路实施方案》 | 2016 |
| 四川 | 《四川省推进"一带一路"建设标准化工作实施方案》 | 2016.5 |
| 广东 | 《广东省参与建设"一带一路"的实施方案》 | 2015.6 |
| | 《广东省参与"一带一路"建设重点工作方案（2015—2017年）》 | 2016.6 |
| 海南 | 《海南省参与建设丝绸之路经济带和21世纪海上丝绸之路三年（2017—2019）滚动行动计划》 | 2017.5 |
| 甘肃 | 《甘肃省参与建设丝绸之路经济带和21世纪海上丝绸之路的实施方案》 | 2015.12 |
| | 《"丝绸之路经济带"甘肃段建设总体方案》 | 2014.5 |
| 青海 | 《青海省参与建设丝绸之路经济带和21世纪海上丝绸之路的实施方案》 | 2015 |
| 湖北 | 《湖北省2017—2018年度"一带一路"重点支持项目库》 | 2017.5 |
| | 《标准联通"一带一路"湖北行动计划（2018—2020年）》 | |
| 湖南 | 《湖南省对接"一带一路"战略行动方案（2015—2017年）》 | 2015.8 |
| 广西 | 《广西参与建设丝绸之路经济带和21世纪海上丝绸之路的思路与行动》 | 2017.4 |
| | 《广西参与"一带一路"建设2018年工作要点》 | 2018.4 |
| 贵州 | 《贵州省推动企业沿着"一带一路"方向"走出去"行动计划（2018—2020年）》 | 2018.10 |

续表

| 省（区、市） | 文件名称 | 发布时间 |
|---|---|---|
| 云南 | 《云南省参与建设丝绸之路经济带和21世纪海上丝绸之路实施方案》 | |
| 新疆 | 《丝绸之路经济带核心区交通枢纽中心建设规划（2016—2030年)》 | 2017.7 |
| | 《丝绸之路经济带核心区区域金融中心建设规划（2016—2030年)》 | 2017.12 |
| 陕西 | 《陕西省标准联通共建"一带一路"行动计划（2018—2020年)》 | 2018.8 |
| | 《陕西省"一带一路"建设2018年行动计划》 | 2018.3 |
| 西藏 | 《西藏面向南亚开放重要通道建设规划》 | 2017 |
| 宁夏 | 《宁夏参与丝绸之路经济带和21世纪海上丝绸之路建设规划》 | |
| 香港 | 《关于支持香港全面参与和助力"一带一路"建设的安排》 | 2017.12 |
| 澳门 | 《关于支持澳门全面参与和助力"一带一路"建设的安排》 | 2018.12 |

资料来源：民生银行研究院根据公开资料整理。

其三，各省（区、市）积极为"一带一路"建设搭建国际合作平台，为经贸、人文等合作构建有力支撑点。具体而言，首届中国国际进口博览会在上海成功举办，成为"一带一路"国际合作的新窗口；上海国际仲裁中心积极对接国际制度和规则，为构建"一带一路"国际仲裁中心奠定了基础；海南博鳌亚洲论坛已连续举行18届，近年来"一带一路"建设是重要关键词；广西已连续15年承办"中国—东盟博览会"，成为近年我国与东盟深化合作的重要抓手；四川成立的"中国—欧洲中心"是我国首个对欧合作综合服务平台，已吸引48家欧洲及"一带一路"沿线国家的办事机构入驻，是中国西部对欧全面合作的新窗口；中阿国家博览会由宁洽会暨中阿经贸论坛发展而来，开启了宁夏对外合作的新局面；黑龙江连续召开五届中俄博览会，有力推动了中俄在农业、制造业等领域的更高水平合作。

（二）基建互联互通已现雏形

基础设施建设互联互通是"一带一路"倡议的核心和基础。随着"一带一路"建设不断深化，我国各地区与沿线国家地区基础设施合作日渐紧密，互联互通网络逐步成型，新的交通运输枢纽和贸易物流通道加快形成，促进沿线国家更好地融入全球化发展的格局。

1. 以中欧班列为核心打造陆路大通道

多个省（区、市）以中欧班列为核心打造新丝路经济带陆路大通道。中欧班列铺设了西中东3条通道中欧班列运行线，其中西部通道由我国中西部经阿拉山口（霍尔果斯）出境，中部通道由华北地区经二连浩特出境，东部通道由东南部沿海地区经满洲里（绥芬河）出境，已初步形成"三大通道、四大口岸、五个方向、六大线路"的基本格局。中欧班列目前已运行 8 年，截至 2018 年末累计开行突破 12 000 列，通达欧洲 15 个国家 49 个城市，国内开行城市达 56 个，其中成都、重庆、西安、郑州和武汉等开行数量名列前茅。

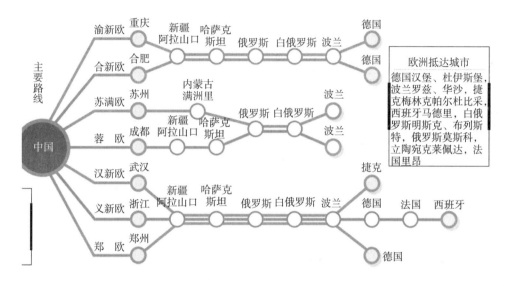

资料来源：中国香港《大公报》。

**图 2　中欧班列主要线路**

2018 年，中欧班列（成都）共开行 1 587 列，同比增长 85.4%，开行量连续 3 年领跑全国；中欧班列（重庆）开行 1 442 列，开行数量接近前 7 年总和；中欧班列（长安号）开行 1 235 列，是 2017 年全年开行量的 6.37 倍，运送货物 120.2 万吨；中欧班列（郑州）全年开行 752 列，是 2016 年和 2017 年开行数量的总和，累计货值超过 32.3 亿美元；中欧（武汉）班列合计发运 423 列，较 2017 年增长 12.2%。

自"一带一路"倡议提出后，中欧班列开行线路和站点加速拓展，货物种类更加丰富多样，从服装、玩具等生活用品向电子产品、汽车、精密仪器等高附加值产品转变，为中国内陆地区打开了对外开放的通道，大大促进了与欧亚各国的经贸往来，也带来了陆港建设热潮。2018 年 4 月，乌鲁木齐、喀什、霍尔果斯、阿拉山口等新疆 8 座重要节点城市联手成立了丝绸之路国际陆港联盟，打造"一带一路"上的"大陆港"；西安、青岛、郑州等均加快陆港建设，着力打造多式联运国际商贸物流枢纽。

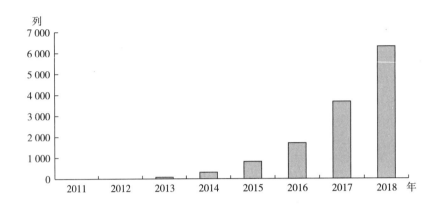

资料来源：根据公开资料整理。

**图3　中欧班列近年来开行数量**

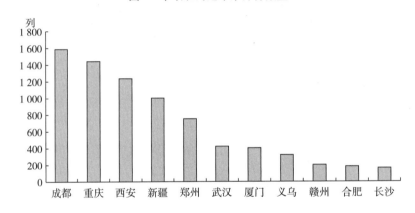

资料来源：根据公开资料整理。

**图4　2018 年部分城市中欧班列开行数量**

此外还有多条在建铁路将打造"一带一路"重要陆路通道。中泰铁路一期工程正在建设中，预计于 2022 年投入运营，届时从昆明到曼谷有望实现朝发夕至；中老铁路北起云南玉溪，至老挝首都万象，预计 2021 年末建成通车；黑龙江同江中俄铁路大桥中方段工程 2018 年 10 月全部完成；中尼铁路将于 2020 年将拉日铁路从日喀则延伸至吉隆口岸，再从吉隆口岸修至尼泊尔首都加德满都。"一带一路"跨境铁路建设大大便利了我国与沿线国家的经贸、文化、旅游往来。

2. 公路联通取得突破性进展

各省（区、市）公路联通不断拓展，跨境道路运输便利化水平不断提升。中巴经济走廊两大公路正在加紧建设；中俄黑龙江大桥合龙在望，建成后将联通黑龙江黑河市和俄罗斯阿穆尔州布拉戈维申斯克市，是中俄跨境基础设施建设的示范性工程；中俄东宁—波尔塔夫卡界河桥项目也在积极推进中。

3. 沿海沿江地区大力发展港口航运

"一带一路"倡议提出以来，沿海沿江地区大力发展港口航运支持海上丝绸之路建设。当前我国海运服务已覆盖"一带一路"所有沿海国家，海运互联互通指数在全球名列前茅。

其一，港口积极融入"一带一路"倡议，国际化水平稳步提升。在全球前20大集装箱港口排名中，中国占据半壁江山，上海港、深圳港、宁波—舟山港、香港港、广州港、青岛港、天津港、厦门港以及大连港均名列其中。宁波舟山港年集装箱吞吐量2018年首次突破2 500万标准箱，港口累计货物吞吐量再超10亿吨，连续10年居全球港口第一；各大国际港口与世界各地港口广泛建立友好港合作关系，其中广州港已与44个港口建立友好港合作关系；广州提出《广州市推进21世纪海上丝绸之路建设三年行动计划（2015—2017年）》，着力打造广州国际航运中心；海南则正在重点打造以海口、洋浦港为核心的面向两大洲和两大洋的具有国际航运和物流中心功能的枢纽港，抓紧规划建设专业化、靠泊能力大的现代化码头。

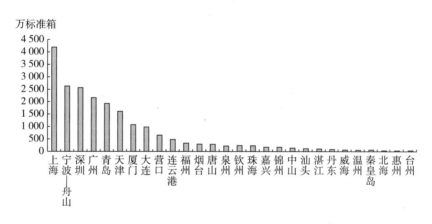

资料来源：Wind。

图5 2018年沿海主要港口集装箱吞吐量累计值

其二，各港口加快拓展国际航线，优化航线布局，通往"一带一路"沿线欧洲和东南亚国家的集装箱航线加大加密。2018年末，福建率先开行"丝路海运"，将16条外贸集装箱班轮航线纳入首批"丝路海运"航线，积极推动与

"海丝"沿线国家港口、航运企业合作交流;辽宁"辽海欧"大通道使亚欧远洋航线的航程缩短约35%,运输成本降低约30%,为东北乃至全国开辟了一条通往欧洲的便捷、经济、高效的海上运输通道;2017年7月起中俄开展北极航道合作,共同打造"冰上丝绸之路",大大缩短亚洲与欧洲的航程。

4. 航空客货运输辐射能力增强

"一带一路"航空客货运输辐射能力正显著增强。我国已与"一带一路"沿线62个国家及地区签订了双边政府间航空运输协定,与东盟签订了首个区域性的航空运输协定,并着力推动"一带一路"沿线地区民航基础设施对接。西安、郑州、成都、昆明、重庆等多个城市大力打造国际航空客货运枢纽,提高国际航线网络辐射能力。西安已形成跨越五大洲、连接中东欧的国际航线网络,国际(地区)航线达到64条,联通全球29个国家,2018年国际(地区)旅客量增速位居全国十大机场首位;河南郑州航空港经济综合实验区正在积极打造以郑州为亚太物流中心、以卢森堡为欧美物流中心、覆盖全球的"郑州—卢森堡"双交通枢纽合作模式,构建郑州—卢森堡"空中丝绸之路",截至2018年末,郑州机场已经开通洲际货运航线34条,通航城市40个,货邮吞吐量达到51.5万吨;安徽已开通至中国港澳台、新加坡、泰国、德国等15条国际客运航线及中国合肥—美国洛杉矶国际货运航线;海南三亚航线网络已覆盖"一带一路"沿线的俄罗斯、泰国、马来西亚、越南等国家以及中国港澳台地区;昆明机场2017年航线已连接东盟10国、西亚2国、南亚5国、独联体1国,开通"一带一路"沿线国家航线65条,占国际航线的85.5%。

5. 国际多式联运蓬勃发展

各省(区、市)大力发展国际多式联运,海、铁、公、空联运枢纽与物流大通道建设加快。重庆、广西、贵州、甘肃等10个西部省(区、市)2018年4月共同提出合作共建中新互联互通项目南向通道的"重庆倡议",将打造一条以重庆为运营中心,以各西部省份为关键节点,利用铁路、海运、公路等运输方式通达东盟国家的"国际陆海贸易新通道";天津港最早开通国际海铁联运大通道,目前挂靠"21世纪海上丝绸之路"的集装箱班轮航线超40条;广州港依托内陆港办事处加强与铁路部门合作,开通了广州港—营口港—欧洲、广州港—连云港港—欧洲的海铁联运货运通道,实现了"陆上丝路"与"海上丝路"的融合;吉林与浙江2018年9月携手开通珲春—扎鲁比诺港—宁波舟山港内贸货物跨境运输航线,开创了中俄跨境运输合作的新模

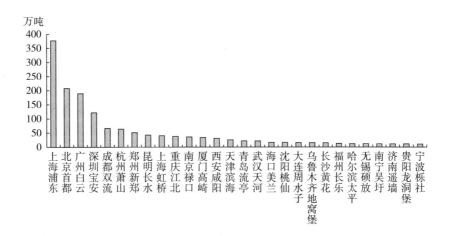

**图 6　2018 年各机场货邮吞吐量（10 万吨以上者）**

式；四川"蓉欧+"互联互通直达班列覆盖国内沿海、沿边城市 14 个，打造 5 条国际铁海联运通道，还在全国首创多式联运"一单制"改革。

6. 油气管线和输电线路打造能源支点

多省（区、市）推进油气管线和输电线路网络互联互通，打造"一带一路"能源支点。我国在"一带一路"建设中油气合作的重点是中东地区、俄罗斯、中亚地区等资源国，通过建设横跨西北的中亚天然气管道和中哈原油管道、东北的中俄原油和天然气管道、西南的中缅油气管道和东部海上能源通道，初步形成了西北、东北、西南及海上四大油气进口通道。截至 2017 年末，中国石油沿"一带一路"跨境油气管道原油输送能力达 6 300 万吨/年，天然气输送能力达 602 亿立方米/年[①]。

同时，"一带一路"建设也有力推动了我国与沿线国家及地区的电网联通。我国西部地区电力能源富集，有利于为"一带一路"沿线地区提供能源保障，当前我国已与俄罗斯、蒙古国、吉尔吉斯斯坦、越南、老挝等多国初步实现了跨国电网互联互通。如新疆正在构建丝绸之路经济带输电走廊，向蒙古国输送电力成倍增长，与周边国家互联互通不断深入。

（三）贸易物流体系活跃畅通[②]

"一带一路"沿线贸易已成为各省（区、市）外贸发展的新动力，多地与

---

①　数据来自中国石油新闻中心．大力推动"一带一路"油气合作．2018 年 7 月．

②　本节的地区贸易数据主要参考国家信息中心．"一带一路"贸易合作大数据报告 2018.

"一带一路"沿线国家及地区的贸易增速超过整体贸易增速。2018 年我国与 "一带一路"沿线国家及地区货物贸易进出口总额达 1.3 万亿美元,占外贸总 值的 27.4%,同比增长 16.3%,高于同期外贸总体增速 3.7 个百分点。分四大 板块看,东部地区 2017 年与"一带一路"国家进出口贸易总额达 1.15 万亿美 元,占全国与"一带一路"国家进出口总额的 79.7%,在四大板块中遥遥领 先;西部地区、中部地区和东北地区的占比则分别为 10%、6% 和 4.3%。

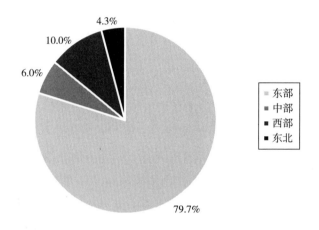

资料来源:国家信息中心.  "一带一路"贸易合作大数据报告 2018.

**图 7 四大板块 2017 年"一带一路"贸易额占比**

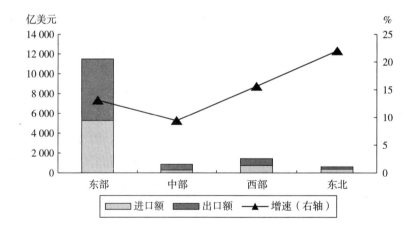

资料来源:国家信息中心.  "一带一路"贸易合作大数据报告 2018.

**图 8 四大板块 2017 年"一带一路"贸易情况**

1. 东部地区是"一带一路"沿线地区对外贸易合作的主力军

东部地区与"一带一路"沿线国家及地区进出口总额占比最高，是"一带一路"沿线地区对外贸易合作的主力。其中，广东、江苏、浙江、山东和上海五省（市）在 2017 年与"一带一路"沿线国家进出口总额在全国各省（区、市）中排名前五位，这五省（市）合计即占据全国与"一带一路"沿线国家进出口总额的 67.8%，是我国与"一带一路"沿线国家开展进出口贸易的排头兵。从贸易对象和贸易结构来看，东部地区主要的"一带一路"沿线地区贸易合作伙伴来自亚洲大洋洲地区①和西亚地区；进出口商品主要集中在电机电气设备方面。从贸易运输方式来看，由于东部地区临海，港口运输发达，因而与"一带一路"沿线国家开展进出口贸易所采用的运输方式以水路运输为主，同时航空运输和公路运输也增长强劲。

我国东部地区是对外开放的前沿窗口，区位优势显著，改革开放之初即被赋予率先发展的政策优势，进出口贸易起步早，贸易便利化程度高，外贸发展水平领先于其他地区，从而在"一带一路"建设中也具有先发优势。根据国家信息中心发布的"一带一路"大数据系列报告显示，国内第一贸易大省——广东的"一带一路"参与度指数在全国各省（区、市）中连续三年位居第一，广东与"一带一路"沿线国家及地区进出口贸易连续 5 年保持 7%及以上增速；浙江全面推进宁波"一带一路"综合试验区和义乌国际贸易综合改革试点，大力建设杭州、宁波、义乌跨境电商试验区，打造了一片对外开放新高地；福建作为海上丝绸之路的重要发祥地，与东盟经贸合作密切，后者已成其第一大贸易伙伴、第一大进口来源地和第三大出口市场，2018 年福建与海上丝绸之路沿线国家和地区贸易额同比增长 11%以上。

2. 航空运输建设成为中部地区"一带一路"贸易的重要推动力

我国中部地区地处内陆，出口竞争力稍弱，不过在"一带一路"倡议提出以来也通过建设中欧班列和航空枢纽大大促进了对外经贸合作。河南、安徽和湖北与"一带一路"沿线国家进出口总额在中部六省中排名前三位。从贸易对象和贸易结构来看，中部地区进出口贸易的主要对象为亚洲大洋洲地区，西亚、南亚和东欧也是其重要合作伙伴；进出口商品以电机电气设备为主。从贸易运输方式来看，进出口贸易主要运输方式为水路运输和航空运输，

① 亚洲大洋洲地区范围界定来自国家信息中心《"一带一路"贸易合作大数据报告 2018》，包括蒙古国、韩国、新西兰、东帝汶和东盟 10 国。

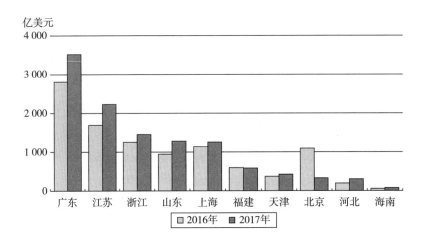

亿美元

资料来源：国家信息中心."一带一路"贸易合作大数据报告2018.

**图9 东部省（区、市）与"一带一路"沿线国家及地区进出口贸易总额**

其中航空运输的重要性近年来显著提升。

中部各省近年来"一带一路"贸易合作均取得重要进展。郑州新郑国际机场已成为中部地区融入"一带一路"建设的开放门户，"一带一路"沿线国家及地区的货邮吞吐量已经占郑州机场总货邮量的六成，货物种类由普通货物逐渐向中高端产品发展。作为全国最早的五个跨境电商试点城市之一，郑州跨境电子商务区交易业务量连续5年居全国第一，占全国的30%以上。山西位于新亚欧大陆经济走廊的重要区域中，与绝大多数"一带一路"沿线国家有贸易往来，以中鼎物流园和方略保税国际陆港口岸园区为龙头，集聚大型机械、法兰铸造、不锈钢等出口货物资源。湖南2018年与"一带一路"沿线国家贸易额突破800亿元，占全省贸易总值的26%，外贸环境不断改善，机电和高新产品进出口额占进出口总额的比重达48.8%。

3. 西部地区与"一带一路"沿线国家及地区的贸易依赖程度最高

中国西部地区与"一带一路"沿线国家及地区的进出口贸易比重占本地区进出口贸易总额比重在四大板块中最高，达到48.1%，表明西部地区外贸对"一带一路"沿线国家的依赖较强。其中，新疆、广西和四川是2017年西部各省（区、市）与"一带一路"沿线国家进出口总额的前三位。据中国"一带一路"网数据，2018年新疆与"一带一路"沿线国家的进出口贸易额占其贸易总额的98%，内蒙古、云南、广西这一比重也均在50%以上。从贸易对象和贸易结构来看，西部地区进出口的主要对象为亚洲大洋洲地区和中

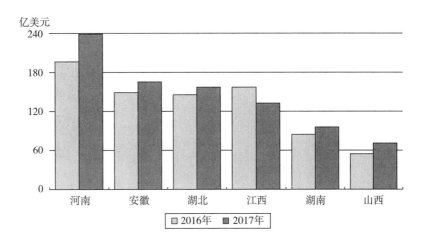

资料来源：国家信息中心．"一带一路"贸易合作大数据报告 2018.

**图 10　中部省（区、市）与"一带一路"沿线国家及地区进出口贸易总额**

亚地区。从贸易运输方式来看，水路运输和航空运输是主要运输方式，但重要性有所下降，航空运输和铁路运输崭露头角。

中国西部地区在丝绸之路经济带上占据重要位置，与中亚、南亚联系紧密，是国内向西开放的窗口。2018 年云南与"一带一路"沿线国家和地区进出口总额占全省外贸总额的比例已达 67.5％；西藏吉隆、亚东、普兰等系列口岸逐渐开放，还在拉萨市、日喀则市探索设立了综合保税区（保税物流园区），完善外贸特殊优惠政策，提升贸易便利化水平；宁夏是我国首个内陆开放型经济实验区，2018 年对"一带一路"沿线国家进出口占全区进出口总值的 29.5％，与 62 个沿线国家开展了经贸往来。

4. 东北地区与"一带一路"沿线国家及地区贸易增速最快

四大板块中，东北地区与"一带一路"沿线国家及地区的贸易额最小，但 2017 年增速大幅加快至 22％。东北三省中，辽宁与"一带一路"沿线国家进出口额最大且增速最快；黑龙江对"一带一路"沿线国家的进出口贸易依赖程度最强，相关贸易占其总贸易额比例超过七成。从贸易对象和贸易结构来看，东北地区进出口的主要对象为亚洲大洋洲地区和东欧地区，进出口商品以矿物燃料相关为主。贸易运输方式以水路运输为主。

东北地区毗邻俄罗斯、韩国、日本，在"一带一路"建设中是面向北方开放的窗口。近年来，吉林跨境电商保持快速增长势头，长春市被批准成为国家第三批跨境电子商务综合试验区，珲春出口加工区成为继长春兴隆综合

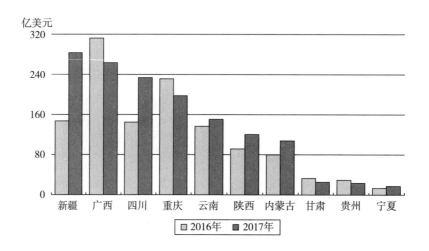

资料来源：国家信息中心．"一带一路"贸易合作大数据报告 2018.

图 11　西部省（区、市）与"一带一路"沿线国家及地区进出口贸易总额

保税区后的第二个综合保税区；黑龙江提出"龙江丝路带"规划，加快打造中俄陆海联运跨境运输体系，直接拉近了东北地区与东北亚国家的经贸合作距离；辽宁是东北地区唯一的沿海省份，率先在省级层面全域创建"一带一路"建设综合试验区，近年来着力将大连建设为东北亚航运中心，优化贸易便利化条件，促进港口经济发展。

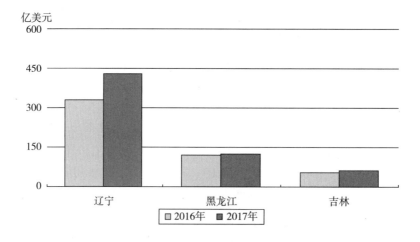

资料来源：国家信息中心．"一带一路"贸易合作大数据报告 2018.

图 12　东北三省与"一带一路"沿线国家和地区进出口贸易总额

（四）园区建设带动产能合作

我国对"一带一路"沿线国家和地区的投资合作稳步推进。商务部数据显示，2018 年我国企业对"一带一路"沿线的 56 个国家和地区实现非金融类直接投资 156.4 亿美元，同比增长 8.9%，占同期总额的 13%；在"一带一路"沿线 63 个国家及地区对外承包工程完成营业额 893.3 亿美元，占同期总额的 52%；截至 2017 年末，我国企业在 24 个"一带一路"沿线国家及地区在建的 75 家合作区累计投资 254.5 亿美元，占合作区累计投资的 82.9%。各省（区、市）均积极参与"一带一路"沿线地区国际产能合作，大力建设境外产业园区，促进了沿线国家的发展。

1. 涉外产业园区成重要平台

国内多省（区、市）依据产业特色在"一带一路"沿线国家和地区设立涉外产业园区，作为国内企业对接海外市场和融入"一带一路"建设的重要平台。目前"一带一路"沿线地区的产业园区已遍布亚欧非地区，主要分布在东南亚、南亚和东欧，包括商贸物流园区、农业开放园区、加工制造园区、综合性园区、科技创新园区等多种类型。

在各省（区、市）中，黑龙江、山东、河南三省建设的境外经贸合作区数量位居前三位，新疆、云南和广西是西部地区参与建设境外经贸合作区较多的省区①。在俄罗斯的境外园区中，黑龙江参与建设的占到近一半。北京相关企业参与投资建设的"一带一路"中外合资项目中（国）白（俄罗斯）工业园一期基础设施建设已经完工，入园企业数量由 2018 年初的 23 家增加到 41 家；河北正在推进中（国）塞（尔维亚）友好（河北）工业园区、加拿大泰瑞斯工业园、华夏幸福印度尼西亚卡拉旺产业园等多个重点境外产业园区建设；埃塞俄比亚—湖南工业园是"中非十大合作计划"重点项目，将成为湖南产业和企业进入非洲的支点；江苏企业投资建设的中阿（联酋）产能合作示范园是国家目前唯一明确的"一带一路"产能合作园区，当前正在着力建设产能合作金融服务平台；江西首个境外经贸合作区——赞比亚—江西多功能经济区已经开工建设，年产值可达数亿美元；山东青岛倡导发起的欧亚经贸合作产业园面向欧亚大陆开展跨境合作，成为面向欧亚、对接日韩的现代国际贸易集聚平台；新疆企业投资建设的塔吉克斯坦农业纺织产业园项目和格鲁吉亚华凌工业园对当地经济社会发展发挥着积极作用。国内各口

---

① 卢伟. 我国不同区域参与"一带一路"建设的进展、问题和策略. 中国发展观察. 2018（6）.

岸城市则大力打造跨境经济合作区，如保山—曼德勒缪达经济贸易合作区、中国—马来西亚钦州产业园区、中缅瑞丽国家重点开发开放试验区、中国红河—越南老街跨境经济合作区、霍尔果斯中哈跨境经济合作区、二连浩特中蒙跨境经济合作区、中缅边境经济合作区等。

随着"一带一路"深入推进，境外园区逐渐由初期的商贸物流型或加工制造型园区向科技创新园区转变。如宁夏在阿曼投资建设了中国—阿曼（杜库姆）产业园，并在5个阿拉伯国家建立了技术转移分中心，向阿拉伯联合酋长国、阿曼、科威特等近10个国家转移输出了一批先进适用技术和装备，建立了若干技术示范基地和联合创新实验室；陕西持续推广"两国双园"模式，中俄丝路创新园中方园区是国家战略级科技园，旨在促进两国科技合作；湖北与比利时瓦隆大区合作共建的中国—比利时科技园将有机结合中国的制造优势与比利时的研发优势，推动科研成果转化；此外，中国—东盟北斗科技城（泰国）等也是湖北的重点科技合作项目。

表2  部分"一带一路"沿线地区的海外园区

| 实施企业所在地 | 地区 | 国家 | 园区名称 | 园区类型 |
|---|---|---|---|---|
| 江苏 | 东南亚 | 柬埔寨 | 西哈努克港经济特区 | 加工制造型 |
| 云南 | 东南亚 | 老挝 | 老挝万象赛色塔综合开发区 | 综合型 |
| 广西 | 东南亚 | 马来西亚 | 马中关丹产业园 | 综合型 |
| 湖北 | 东南亚 | 泰国 | 中国—东盟北斗科技城 | 科技创新型 |
| 广西 | 东南亚 | 印度尼西亚 | 中国·印度尼西亚经贸合作区 | 加工制造型 |
| 河北 | 东南亚 | 印度尼西亚 | 华夏幸福印度尼西亚卡拉旺产业园 | 综合型 |
| 浙江 | 东南亚 | 越南 | 越南龙江工业园 | 综合型 |
| 山东 | 南亚 | 巴基斯坦 | 海尔—鲁巴经济区 | 加工制造型 |
| 北京 | 南亚 | 印度 | 印度马哈拉施特拉邦汽车产业园 | 加工制造型 |
| 新疆 | 中亚 | 塔吉克斯坦 | 中塔工业园 | 资源开发型 |
| 新疆 | 中亚 | 格鲁吉亚 | 格鲁吉亚华凌自由工业园 | 加工制造型 |
| 新疆 | 中亚 | 哈萨克斯坦 | 哈萨克斯坦中国工业园 | 综合型 |
| 江苏 | 西亚 | 阿拉伯联合酋长国 | 中国阿拉伯联合酋长国"一带一路"产能合作园区 | 综合型 |
| 宁夏 | 西亚 | 阿曼 | 中国—阿曼产业园 | 资源开发型 |
| 湖南 | 非洲 | 埃塞俄比亚 | 埃塞俄比亚—湖南工业园 | 综合型 |
| 山西 | 非洲 | 毛里求斯 | 毛里求斯晋非经贸合作区 | 综合型 |

续表

| 实施企业<br>所在地 | 地区 | 国家 | 园区名称 | 园区类型 |
|---|---|---|---|---|
| 山东 | 非洲 | 苏丹 | 中苏农业开发区 | 农业开发型 |
| 辽宁 | 非洲 | 乌干达 | 乌干达辽沈工业园 | 加工制造型 |
| 黑龙江 | 俄罗斯 | 俄罗斯 | 中俄现代农业产业合作区 | 农业开发型 |
| 湖北 | 欧洲 | 比利时 | 中国—比利时科技园 | 科技创新型 |
| 浙江 | 欧洲 | 塞尔维亚 | 塞尔维亚贝尔麦克商贸物流园区 | 商贸物流型 |
| 山东 | 欧洲 | 匈牙利 | 中欧商贸物流园 | 商贸物流型 |

资料来源：根据商务部网站资料整理总结。

### 2. 大力推进企业"走出去"

各地大力推进企业"走出去"开展对外直接投资、承建海外项目与国际产能合作，极大带动了东道国经济建设和我国外贸发展。一方面，各地企业通过对外投资促进优势产业成果输出。天津率先设立"一带一路"科技创新合作专项，推动自行车电动车生产、杂交水稻育种、水泥工程、石油装备等优势产业企业"走出去"对接沿线地区发展需求；河北推进钢铁等优势产能参与"一带一路"建设，河钢集团收购塞尔维亚斯梅代雷沃钢厂是我国与中东欧产能合作的成功范例，使得百年老厂重现活力；山西建立国际产能合作项目库，组织国开行山西省分行、山西建工、太重等组建晋企"走出去"战略合作联盟，并赴10多个国家开展国际产能合作对接活动；山东企业与塞尔维亚签署了9.9亿美元轮胎工厂建设协议，成为目前塞尔维亚最大的外商直接投资项目；湖北则凭借路桥建设、水电开发、工程承包方面的技术优势承接了一批重点工程，初步形成了品牌效应；海南农垦投资控股集团与马来西亚橡胶局在促进改性橡胶沥青道路技术商业化、加快研制和应用智能割胶设备两方面开展深入合作；甘肃金川集团投资的印度尼西亚金川 WP&RKA 红土镍矿项目是国家发展改革委中国—印度尼西亚"一带一路"政府间国际产能合作重点项目。

另一方面，各地企业助力"一带一路"沿线国家及地区基础设施建设，推动当地经济发展和民生福祉提高。如北京企业承建的马尔代夫易卜拉欣纳西尔国际机场改扩建工程、非洲"万村通"、英国曼彻斯特空港城、印度尼西亚高速公路等重点项目建设，以及北汽集团、联想集团、北控水务、北京燃气集团等重点企业在汽车、金融支撑、污水处理、能源等领域的重大项目;在川央企和四川省属国企承建了贯穿东非和中南非的坦桑铁路、东非第一条电气化铁路亚吉铁路、东非最大的水电站、非洲最大的风力发电站、中国高铁"走出去"第一单——"莫斯科—喀山高铁项目"等,创造了多项纪录。

（五）资金融通合作形式多样

2014年12月,丝路基金伴随着"一带一路"倡议的提出应运而生,各省(区、市)随后积极响应,纷纷发起设立地方"一带一路"建设相关基金,打造"一带一路"融资服务平台,致力于为"一带一路"框架下的全方位合作提供金融服务和融资支持。

1. 金融基础设施互通不断完善

以上海为代表,"一带一路"金融基础设施互联互通不断完善。人民币跨境支付系统(CIPS)二期落户上海并已全面投产,更大地便利了"一带一路"经贸合作中金融机构的结算、清算等业务需求,为人民币跨境使用和金融市场跨境联通提供支撑。此外,上海凭借金融创新开放优势,与"一带一路"沿线地区资本市场开展深层次合作。2017年4月,上海证券交易所、中国金融期货交易所等组成联合体,收购巴基斯坦交易所40%股权,开创了中国境内交易所收购境外交易所股权的先例;随后,上海证券交易所与哈萨克斯坦阿斯塔纳国际金融中心管理局开展战略合作、共同投资建设阿斯塔纳国际交易所;2018年5月,由沪深交易所组成的中方联合体又成功竞得孟加拉国达卡证券交易所25%的股权。

2. 成立相关基金提供资金支持

国内多省(区、市)成立"一带一路"建设相关基金,以财政资金撬动社会资本参与沿线地区及国内相关项目建设,为"一带一路"建设提供资金支持。浙江、广东、天津、广西、湖南等省(区、市)均已设立"一带一路"建设相关基金,规模多在百亿元人民币以上。其中,广东版丝路基金创新出资模式,以少量政府出资为引导,按照1:9的比例最大限度地撬动社会资本,重点支持广东省"一带一路"战略重大国际合作项目建设;江苏设立"一带一路"(江苏沿海)发展基金,以沿海地区为重点,积极投资符合转型升级要求的战略性新兴产业、先进制造业、现代服务业、传统产业升级改造、企业重组和国企改革等项目;广西推出富有特色的丝路主题产业发展系列基金,分为广西丝路产业基金、珠江—西江产业发展基金、广西公共基础设施PPP产业基金和广西左右江革命老区振兴发展基金,重点是城镇化建设、城镇基础设施、公共服务设施、土地一级开发和产业类投资等；天津泰博瑞投资管理公司参与发起"一带一路"产能合作投资基金，聚焦基础设施、能源电力、互联互通、智能制造、文化旅游、矿产资源和生态农业等领域；广西东盟"一带一路"产业投资基金主要投向广西和东盟"一带一路"区域具有竞争优势和增长前景的行业。

表3　　　　　各省（区、市）设立"一带一路"建设相关基金情况

| 省（区、市） | 基金名称 | 基金规模 | 资金来源 | 重点投向 |
|---|---|---|---|---|
| 江苏 | "一带一路"投资基金 | 首期规模30亿元，2020年将达300亿元 | 发挥财政资金撬动效应，引导带动社会资本 | 通过直接投资形式支持江苏企业"走出去"，参与"一带一路"建设 |
| 浙江 | 浙江丝路产业投资基金 | 首期规模50亿元，并将通过社会资本撬动不少于200亿元 | 仅由省产业基金投入引导性资金，其他均由以民营资本为主的市场化机构投资 | 重点参与以浙江经济转型升级为导向的海外并购以及为培育本土民营跨国公司提供投融资服务，并积极参与丝路沿线的重大项目、相关企业"走出去"的服务以及国际产能合作项目 |
| 福建 | 厦门"一带一路"知识产权投资基金 | 初期规模为4 000万元人民币 | 采取母基金模式，发挥财政资金的杠杆放大效应，引导社会资本投资 | 投向"一带一路"建设高价值专利培育、专利分析布局、构建专利池、组建专利联盟、专利产业化投融资等领域 |
| 山西 | 信达晋非"一带一路"基金 |  | 中国信达发起设立，引入第三方资金 | 为中资企业"一带一路"业务提供金融服务 |
| 河南 | 邮银豫资"一带一路"（河南）发展基金 | 总规模1 000亿元 | 母基金规模约100亿元，吸引撬动信贷和投资资金900亿元 | 功能类项目重点支持河南"一带一路"节点城市的基础设施建设、政府和社会资本合作项目、承接全省产业转移重大项目；产业类项目重点投向健康养老、清洁能源、文化旅游、商贸物流等领域 |
| 湖南 | 湖南省"一带一路"基金 | 总规模200亿元 | 以母子结构设立、市场化方式运作 | 支持省属国有企业"抱团出海"和创新国际化战略、共同推进"走出去"发展 |

续表

| 省（区、市） | 基金名称 | 基金规模 | 资金来源 | 重点投向 |
|---|---|---|---|---|
| 广东 | 广东丝路基金 | 首期规模200亿元 | 未来将进一步引入项目所在地的华侨华商资金，以及港澳地区国际性投资机构参与，形成多币种、多元化、国际化的资金来源 | 重点支持赴"一带一路"沿线国家及地区的基础设施、产业园区、能源资源、农渔业、制造业和服务业等重大项目建设，兼顾国内"一带一路"交通枢纽型项目 |
| 广西 | 广西东盟"一带一路"产业投资基金 | 首期规模20亿元人民币，总规模500亿元 | 国开金融公司与广西投资集团联合设立 | 主要投向广西和东盟"一带一路"区域，重点投资具有竞争优势和增长前景的行业 |
| 重庆 | "一带一路"互联互通慈善基金 | 300万元 | 重庆"一带一路"经济技术合作中心有限公司 | 支持"一带一路"相关慈善事业和公益活动 |
| 新疆 | "一带一路"基础设施、能源、科技投资基金 | 首期规模20亿元，总规模200亿元 | 由中国农业银行、浦东发展银行等金融机构参与发起 | 以新疆为重点投资区域，参与投资"一带一路"沿线基础设施、能源、科技等领域项目 |

资料来源：民生银行研究院根据公开资料整理。

### 3. 创新融资机制和金融服务

多地加大"一带一路"融资机制、融资工具和金融服务创新力度，推动区域性"一带一路"金融中心建设，为"一带一路"建设打造金融服务平台。以自贸区为抓手，各地大力开展"一带一路"金融创新，通过贸易融资、跨境贷款、国际银团等各类跨境金融服务支持"一带一路"跨境贸易投资。其中，上海自贸区加快与境外人民币离岸市场战略合作，发行马来西亚、俄罗斯、匈牙利等国的"熊猫债"，推动上海证券交易所与莫斯科交易所启动市场数据合作，为"一带一路"倡议框架内的互联互通提供投融资支持；四川自贸区支持符合条件的"一带一路"沿线国家及地区金融机构在自贸区以人民币进行新设、增资或参股自贸试验区金融机构等直接投资活动；福建创新发行全国银行间市场首单"一带一路"债券，为"一带一路"项目建设开启新的融资渠道。

此外，多地提出建设金融中心规划。如四川成都推出《建设西部金融中心行动计划（2017—2022年）》和《关于进一步加快建设国家西部金融中心的若干意见》，大力推进"一带一路"金融服务中心建设，支持企业机构境外投资，鼓励科技企业、新经济企业上市融资；陕西西安也启动了"丝路国际金融中心"核心区建设，确立了"一带一港一中心"金融业战略布局和打造千亿元级金融业产业集群的战略目标，目前高新科技金融示范区汇聚了众多金融机构总部，科技金融、文化金融、绿色金融等特色金融创新也在稳步推进。

（六）民心相通基础初步形成

"一带一路"倡议提出以来，各省（区、市）积极传承和弘扬丝绸之路精神，和沿线各国和地区广泛开展人文艺术交流和教育旅游合作，使民心相通成为"一带一路"建设的坚实基础。

1. 主动对接沿线地区需求，开展教育交流活动

教育部以"省部共建"为抓手推动各省推进"一带一路"教育行动，自2016年起陆续与全国18个省（区、市）签署了部省（区、市）共建备忘录。在教育部的引导下，各省（区、市）主动对接沿线国家和地区需求推进一系列教育人文交流活动。河北、河南等地推出了地方版"一带一路"教育行动计划，结合各自实际情况，推进共建"一带一路"教育行动倡议。多地在海外设立了孔子学院，促进中华文化传播，如黑龙江在俄罗斯建立了3所孔子学院，连续举办中俄文化大集、中俄文化艺术交流周等活动。甘肃等地方政府设立了"丝绸之路专项奖学金"，为沿线国家及地区培养大量行业领军人才和优秀技能人才。天津市作为现代职业教育改革创新示范区，从2016年开始在"一带一路"沿线国家及地区搭建"鲁班工坊"平台，把优秀职业教育成果输出国门与世界分享，2018年该项目的境外布点已延伸到7个国家，2019年将在沿线国家新建3个至4个"鲁班工坊"。江苏无锡商业职业技术学院与红豆集团联合申办的柬埔寨西哈努克港工商学院已经获批，成为中国首个校企合作股份制海外大学。"一带一路"沿线国家及地区来华留学人数也持续增加。以青海为例，2018年共接收来自20余个国家和地区的190余名海外留学生，其中来自"一带一路"沿线国家和地区的占50%以上。

2. 文化艺术交流活动繁荣

各省（区、市）与"一带一路"沿线国家及地区广泛开展文化艺术交流活动，各类展览、演出、访学活动繁多，丝绸之路国际图书馆、博物馆等联盟接连涌现。2018年，山西省图书馆首家海外分馆毛里求斯分馆开馆，成为展示山西文化底蕴、对外开放的新窗口；福建石狮已启动故宫海上丝绸之路

馆建设；第三届"一带一路"文化艺术交流合作国际学术研讨会 2018 年 12 月在广西北海举行，中国—东盟文化论坛已在广西连续举办 13 届；青海与坦桑尼亚中国文化中心开展为期一年的部省合作，全年出访多次，在坦桑举办了各类展出、培训活动，加快了中华文化走向世界的步伐。

3. 文旅融合助推"一带一路"发展

各省（区、市）充分挖掘自身的丝路文化旅游资源，与"一带一路"沿线国家及地区间的旅游交往日益频繁，游客人次逐年攀升。陕西西安连续举办了 5 届西安丝绸之路国际旅游博览会，为东西方文化交流融合、丝绸之路旅游经济繁荣、区域旅游合作搭建了重要平台；山西近几年的出入境游客 80% 以上集中在"一带一路"沿线国家；甘肃提出了"交响丝路·如意甘肃"的旅游形象品牌，突出古老的"丝路文化"主题和新兴的"丝路户外运动"主题，已成为"一带一路"沿线旅游热点地区。

## 二、各省（区、市）未来参与"一带一路"建设的重点

"一带一路"倡议提出以来，各地不断推出"一带一路"建设相关制度规划和政策措施，对未来参与"一带一路"建设的方向和任务做出了前瞻性部署。如今"一带一路"建设站在了新的起点上，各地将继续遵循顶层确立的"共商、共建、共享"指导原则，高质量、高标准建设"一带一路"。具体而言，各地将进一步明晰自身在"一带一路"大格局中的定位，围绕政策沟通、设施联通、贸易畅通、资金融通、民心相通五大方向，充分发挥各地比较优势，重点在通道建设、贸易投资、金融创新、人文交流、对外交往等方面做好工作，以更积极的姿态融入开放新格局。

（一）构建"一带一路"建设长效机制，加强政策沟通

各地将把"一带一路"建设摆在各区域协调发展和本地区整体规划的高度来看待，注重顶层设计和顶层推动，将"一带一路"区域经济合作推向更大范围、更宽领域和更高水平。

1. 进一步强化定位精准化和目标清晰化

各省（区、市）将进一步实现定位精准化和目标清晰化，明确和把牢未来发展方向，与"一带一路"建设进行有效对接。

北京提出将发挥其国际交往中心资源优势，主动参与共建"一带一路"，建设对外交往、科技支撑、人文交流、服务支持 4 个重点平台，支持企业"走出去"。

东部沿海地区将基于区位优势推进与"21世纪海上丝绸之路"沿线国家的互联互通和经贸往来。如福建明确要加快建设21世纪海上丝绸之路核心区，推进与海上丝绸之路沿线国家和地区互联互通、经贸合作、海洋合作、人文交流；江苏要高质量推进"一带一路"交汇点建设，加快打造衔接陆海空交通的综合枢纽、集聚优质要素的开放门户、推动国际产能合作的示范区域、开展对外人文交流的特色品牌。

内陆地区要凭借枢纽和通道优势着力打造内陆开放新高地。河南将借助陆路、空中和网上三个向度的丝绸之路，成为联通世界贸易网、融入全球产业链的内陆开放新高地；湖南将积极对接珠三角、长三角，畅通出海通道，着力打造内陆开放新高地；重庆将通过增强通道辐射能力、提升开放平台能级、强化口岸支撑功能等方式推动全方位开放，加快培育内陆开放新优势。

西部沿边地区将用好自身文化资源，深化向西开放。其中，云南将加快建设面向南亚东南亚辐射中心；甘肃将着力打造面向中西亚、南亚、服务国家"一带一路"建设的文化高地、交通物流集散枢纽、科创中心、信息汇集中心和生态安全屏障；内蒙古将加大向北开放力度，加快中蒙俄经济走廊建设，推动形成高水平开放新格局；新疆将抓好丝绸之路经济带核心区建设；西藏将以尼泊尔为重点方向，推进基础设施互联互通，建设面向南亚开放大通道。

东北地区将面向东北亚深化经济合作。如吉林将加快建设沿边开发开放经济带、沿中蒙俄开发开放经济带，深度融入共建"一带一路"，激活内部、聚焦周边、对接全国、辐射东北亚、连接全世界；黑龙江将积极参与中蒙俄经济走廊建设，发挥对俄合作"排头兵"和"桥头堡"作用，积极构建以对俄合作为重点的全方位对外开放格局。

2. 完善各类交流合作平台强化支撑

各省（区、市）将完善各类"一带一路"交流合作平台，更好地为"一带一路"建设提供支撑。具体而言，上海将精心办好进口博览会，继续扩大与"一带一路"沿线地区的经贸往来，同时各地提出将积极组织参加中国国际进口博览会；天津将举办好国际矿业大会、亚布力论坛等大型国际会议和天津全球推介活动；内蒙古将办好中蒙博览会、阿尔山论坛、内蒙古国际能源大会等；辽宁将办好中国—中东欧国家地方省州长联合会工作组会议、2020年第五次中国—中东欧国家地方领导人会议、大连夏季达沃斯论坛；湖南将办好首届中国—非洲经贸博览会；广东将办好广东21世纪海上丝绸之路国际博览会和中国海洋经济博览会；西藏将办好环喜马拉雅合作论坛，推进环喜马拉雅经济合作带建设；甘肃要高水平办好敦煌文博会、丝绸之路国际旅游节等品牌节会；青海将积极筹划清洁能源论坛、首届国际生态产业博览会、"'一带一路'中的青海"展览会等；宁夏将务实办好中阿博览会；新疆将办好（中国）亚欧商品贸易博览会。

表4                          2019年在中国举办的部分国际博览会一览表

| 博览会名称 | 举办地点 | 举办时间 |
| --- | --- | --- |
| 博鳌亚洲论坛2019年年会 | 海南博鳌 | 2019.3 |
| 2018西安丝路旅博会 | 陕西西安 | 2019.3 |
| 第二届"一带一路"国际合作高峰论坛 | 北京 | 2019.4 |
| 第125届中国进出口商品交易会 | 广东广州 | 2019.4 |
| 世界园艺博览会 | 北京 | 2019.4—2019.10 |
| 第四届丝绸之路国际博览会暨中国东西部合作与投资贸易洽谈会 | 陕西 | 2019.5 |
| 第十五届中国（深圳）国际文化产业博览交易会 | 广东深圳 | 2019.5 |
| 第四次中国—中东欧国家经贸促进部长级会议和第五届中国—中东欧国家投资贸易博览会 | 浙江宁波 | 2019.6 |
| 第六届中国—俄罗斯博览会 | 黑龙江哈尔滨 | 2019.6 |
| 第二十五届中国兰州投资贸易洽谈会（兰洽会） | 甘肃兰州 | 2019.7 |
| 第七届中国—亚欧博览会 | 新疆乌鲁木齐 | 2019.8或2019.9 |
| 夏季达沃斯论坛 | 辽宁大连 | 2019.9 |
| 第21届中国国际投资贸易洽谈会 | 福建厦门 | 2019.9 |
| 2019中阿博览会 | 宁夏银川 | 2019.9 |
| 第十八届中国西部国际博览会 | 四川成都 | 2019.9 |
| 2019海丝博览会 | 广东东莞 | 2019.10 |
| 第二届中国国际进口博览会 | 上海 | 2019.11 |
| 2019年从都国际论坛 | 广东广州 | 2019.12 |

资料来源：民生银行研究院根据公开资料整理。

（二）构建全方位立体化运输大通道，完善设施联通

新时期，各省（区、市）将推动"一带一路"沿线基础设施建设向纵深发展，构建全方位立体化运输通道体系，对接国际规则打造连接全球的物流体系，并促进新技术为基建提供新动能。

1. 持续推进"铁公水空"重大基础设施项目

各地将持续推进"铁公水空"重大基础设施项目，开展"一带一路"开放新通道建设，完善多式联运体系，拓展国际物流新通道，促进六大经济走廊建设。

陆路方面：重庆、河南、四川、甘肃、宁夏等多省（区、市）都在2019年政府工作报告中提出要完善中欧班列运行，加大运行密度和辐射面等，部分省（区、市）还将增开中亚、中俄等相关线路并实现常态化运营。其中，黑龙江将推进哈欧、哈俄班列和哈绥俄亚陆海联运常态化运营；吉林将推动"滨海2号"珲春至扎鲁比诺港铁路及公路建设改造，扩大"长满欧"运量班次，及早开通"长珲欧"；宁夏将推进国际货运班列场站建设，新开蒙古国、俄罗斯班列，实现中亚、中欧班列常态化、品牌化运行；安徽将加大"合新欧"国际货运班列运行密度和辐射面，推进出海新通道建设；江西将推动赣欧班列开行中亚五国、中东欧等国家精品线路；山东将做强"齐鲁号"欧亚班列品牌，力争2019年年内开行往返500列，新开辟2条洲际航线，国际航线达到80条以上；重庆将完善中欧班列（重庆）功能和网络体系，还将增开中亚班列，做好"渝满俄"班列常态化开行。

水路方面：河北将沿海发展提上日程，印发了《关于加快沿海地区开放开发的实施方案》，其中秦皇岛港将向客货并举的自由贸易港转型，黄骅港要打造中国北方对接"一带一路"建设的重要枢纽、雄安新区及晋陕蒙等内陆地区的便捷出海口；福建将加强港区、航线和联运通道建设；江苏将大力推动江海联动、陆海统筹、空港直航，打造海上、陆上、空中、网上四位一体的国际大通道。

航空方面：浙江将提升重点机场国际航运能力；重庆将大力发展基地航空，以国际直达为重点优化航线网络，2019年力争新开通10条国际航线；甘肃将提高航空货运质量效益，拓展客运航班带货业务，培育全货机国内国际航线，继续推进敦煌航空口岸建设。

多式联运方面：江西将开通或加密南昌至宁波、广州、深圳和厦门口岸的铁海联运班列；重庆将加密渝甬铁海联运班列；浙江将深化义甬舟开放大通道建设，加快海港、空港、陆港、信息港"四港"联动；青海将积极参与中巴、孟中印缅经济走廊建设，推动空中、陆上、网上、能源丝路"四路"协同；重庆将统筹东西南北四个方向、铁公水空四种方式，高标准建设出市出海出境大通道；重庆、广西、贵州、甘肃、宁夏等西部省（区、市）将主动对接南向陆海新通道，谋划海铁联运关键项目和港口建设，加快构建内畅外联、通疆达海、多式联运的贸易物流大通道。

2. 加强中心城市枢纽建设打造重要节点

各省（区、市）将加强中心城市枢纽建设，打造海陆空交通、物流、贸易枢纽和重要节点。

沿海地区将建设港口航运枢纽。江苏将着力打造连云港战略支点，加快中哈物流合作基地、上合组织（连云港）国际物流园建设，书写好新时代的"西游记"；广东将探索建立沿线港口城市联盟，推进互联互通；河北也在2018年末提出要将重要港口打造成为北方对接"一带一路"建设的重要枢纽；辽宁将深化与招商局集团合作，加快辽宁港口整合，建设以世界级海陆港口集群为支撑的辽宁"港口经济圈"。

内陆地区将打造铁路公路航空物流枢纽。江西将推进赣江新区多式联运中心、向塘铁路公路物流枢纽和铁路口岸、赣州无水港二期工程建设，大力发展枢纽经济；河南将全力拓展"四条丝路"，做大做强郑州—卢森堡航空"双枢纽"；山西将提升"山西品牌丝路行"功能，推进综合物流枢纽建设，力争中欧（中亚）班列常态化运行。

西部地区将打造西部国际门户。宁夏将打造西部区域性航空枢纽，开辟银川至香港、伊斯坦布尔等国际（地区）航线，开通直达所有省会城市航线，加密重点城市航班，2019年航空旅客吞吐量力争突破1 000万人次；青海将抓紧西宁综合保税区、青藏国际陆港等开放平台建设；重庆将向南加快中新互联互通项目"陆海新通道"建设，联动沿线省区打造重庆运营中心、运营平台和物流枢纽。

3. 以信息化、数字化、智能化服务基建联通深入发展

多个省（区、市）将以信息化、数字化、智能化支撑和服务"一带一路"基建联通深入发展。如福建建成了海丝卫星数据服务中心，截至2018年12月已具备国产26颗卫星（遥感）数据的实时接收、存储、处理、分发服务能力，数据覆盖海丝沿线闽、浙、粤、桂、琼、川及港澳台地区，可提供标准数据产品、增值产品、卫星遥感应用系统集成服务；贵州、广东、海南等多地正在借助互联网和人工智能发展，加快智慧口岸建设；甘肃将加快商贸物流大数据平台建设，探索建设"一带一路"特色农产品多语言电子商务平台；广西与甘肃将深化多领域合作，以信息港建设为抓手，共促数字丝绸之路建设。

（三）搭建多元化经贸合作平台，促进贸易畅通

1. 促进"一带一路"外贸扩量增效

各省（区、市）将支持外贸发展作为扩大开放的基础性工作，结合自身产业特点大力促进与"一带一路"沿线国家的进出口规模增长和结构优化。北京将大力推进国家服务贸易创新发展试点工作，提升技术、文化、中医药等服务贸易国际竞争力，积极开拓亚非拉、中东欧等新兴市场，大力发展软件和信息技术、金融、生物医药等领域服务外包业务；辽宁将扩大与中东欧国家贸易规模，鼓励企业在辽宁自贸试验区设立中东欧国家进口商品直销中心，促进内外贸一体化发展；西藏 2019 年将实施边贸恢复增长和一般贸易质量提升行动方案，力争对外贸易增长 10% 以上，边境贸易增长 30% 以上，以实际行动融入"一带一路"建设；青海将稳定藏毯、民族服饰等传统优势产品出口，扩大枸杞、藜麦、牛羊肉、冷水鱼等特色农牧产品出口。

2. 以自贸区为抓手挖掘贸易潜力

多个省（区、市）将通过积极建设或申报自贸区，提高贸易便利化水平，挖掘"一带一路"贸易潜力。上海等已设立自贸区的省区市将继续深化自贸区制度创新，加快建立与国际通行规则相衔接的制度体系。其中上海自贸区将进一步拓展自由贸易账户、国际贸易"单一窗口"等功能，建设服务"一带一路"的市场要素配置枢纽；辽宁将发挥自贸区改革创新"试验田"作用，加快形成更多可复制、可推广的制度创新成果；河南将高水平建设自贸区，持续深化五大服务体系建设，加快建立与国际贸易投资规则相衔接的制度体系。

湖南、云南、山东等多省均提出积极申建自由贸易试验区。此外，山西将全面复制推广自贸试验区改革试点经验，提高投资贸易便利化水平，加快赶上新一轮高水平开放步伐；辽宁还将积极参与中日韩自由贸易区建设，探索创建"大连自由贸易港"，将营口港纳入大连自由贸易港，全面打造面向东北亚的开放大门户。

3. 加快跨境经济合作区建设

多个省（区、市）要加快跨境经济合作区建设，将边境口岸城市打造成为重要的对外开发开放合作平台，从"通道经济"转向"口岸经济"。甘肃将提升口岸经济发展水平，推进口岸平台错位发展，建设兰州物流节点枢纽，促进加工产业集聚，加快建成运营汽车整车、粮食、木材等指定口岸，提升兰州新区综合保税区运营水平；宁夏将提升银川综合保税区、各类开发区综

合功能，推进银川国际公铁物流港、石嘴山保税物流中心、惠农陆路口岸、中卫陆港联动发展，加快肉类、水果、种苗等进口指定口岸建设；内蒙古将发展泛口岸经济，以满洲里为枢纽，加快建设满洲里、二连浩特、额济纳国家开发开放试验区，形成东中西各具特色、功能齐全、产业配套、服务完善的综合性经济区域；吉林将加快建设沿边开发开放经济带、沿中蒙俄开发开放经济带，继续推进中俄珲春—哈桑跨境经济合作区相关工作，抓好一批重点项目和重点平台建设，扩大经贸交流合作；浙江将加快建设宁波"一带一路"综合试验区、"16 + 1"经贸合作示范区，推进海关特殊监管区、开发区优化整合。

4. 发展跨境电商助推外贸转型升级

国务院分三批在杭州、天津、上海、重庆、合肥、北京等 35 个城市设立了跨境电商综合试验区。当前我国跨境电商贸易已经覆盖"一带一路"沿线全部国家和地区，俄罗斯、中东、南亚、东南亚等地区都已成为我国跨境电商发展新的增长点。未来各省（区、市）将加快发展跨境电商这一新型贸易方式，助推外贸转型升级。河南将加快 EWTO① 核心功能集聚区专项政策的制定落实，建设全球跨境商品集疏分拨中心、"一带一路"商贸合作交流中心、内陆地区国际消费中心和全球跨境电子商务大数据服务中心；河南 2019 年 3 月已开通全国首条跨境电商专线班列中欧班列（郑州）"菜鸟号"，自郑州远赴比利时，进而将货物送至波兰、法国、捷克等 28 个国家；江苏将积极发展"丝路电商"，加快推进苏州、南京、无锡等国家级跨境电子商务综合试验区建设，鼓励跨境电商企业面向"一带一路"沿线国家和地区拓展业务；浙江将全面深化 eWTP② 试验区建设；黑龙江、甘肃等都将推动跨境电子商务综合试验区快速发展。

（四）以园区建设和企业"走出去"为抓手，推进投资合作

各省（区、市）将在"一带一路"倡议的指引下，结合自身重点产业扩大与沿线国家的双向投资合作，"引进来"和"走出去"互相结合和促进，带动"一带一路"沿线国家和地区共同发展。

1. 改善外商投资环境，扩大利用外资

各省（区、市）将进一步改善外商投资环境，放宽外商投资限制，增强

---

① EWTO，即电子世界贸易组织。

② eWTP，即 Electronic World Trade Platform，电子世界贸易平台。

对外资的吸引力。其中，山西将全面实施准入前国民待遇和负面清单管理制度，扩大利用外资规模，推动更多外商投资项目落地；浙江将建设嘉兴、湖州高质量外资集聚先行区，为全省利用高质量外资创造先行经验，建设绍兴、台州境外并购回归产业园，推进高质量境外并购项目回归发展；西藏将逐步放宽服务业、制造业、金融业等领域外资准入，鼓励外资投向先进制造、高新技术、节能环保、现代服务业等领域，鼓励支持外资以特许经营方式参与基础设施建设；江西支持外资参与江西省创新驱动发展、制造业转型升级和海外人才在江西创业发展等战略实施。

2. 引导装备、技术、产品、品牌"走出去"

各省（区、市）将大力支持和引导企业"走出去"开展海外投资，促进装备、技术、产品、品牌输出。青海将支持引导电力、光伏、有色金属等企业"走出去"开展国际产能合作，支持省内骨干企业到境外开展对外承包工程；宁夏将加快建设中阿网上丝绸之路经济合作试验区暨宁夏枢纽工程；贵州将深入实施推动企业沿着"一带一路"方向"走出去"行动计划，围绕国际陆海贸易新通道建设，建立重点企业库、重大项目库和重要产品库，制定实施支持政策。

3. 共建跨境产业园区打造重要桥梁

各省（区、市）将把共建跨境产业园区作为扩大双向投资和国际产能合作的重要桥梁和政策创新试验田。其中，天津将推动境外产业园区提档升级，加快实施津蒙东疆物流园项目；河北将鼓励龙头企业建立国际经贸合作园区，加快建设中塞友好（河北）工业园；辽宁将支持辽宁企业在中东欧国家建设境外产业园区；黑龙江将加强对俄农业合作，建设境外农业合作示范区；江苏要着力建好中阿（拉伯联合酋长国）、中柬（埔寨）、中埃（塞俄比亚）等境外合作园区；浙江将高标准推进"一带一路"系列站、境外经贸合作区和国际合作产业园建设；福建要加强优势产业领域的国际产能合作，加快建设境外经贸合作园区，打造"丝路明珠"；山东将搭建日韩合作"大平台"，巩固提升中韩（烟台）产业园、威海中韩自贸区地方经济合作示范区；湖北将推进中外合作共建高科技产业园、国际教育园，高水平建设中法武汉生态示范城、中德荆州生态示范城、孝感日商产业园；广西将建设中国—东盟北斗智能产业园和南宁、柳州、钦州等北斗导航科技产业园、示范基地；贵州将大力推进中瑞产业园等国际合作园区建设；云南将探索设立边境旅游试验区和跨境旅游合作区；陕西将打造陕西—吉尔吉斯斯坦能化合作聚集区等境外产业园区；四川将提升中德、中法、中意、中韩、新川等国别合作园区共建水平。

（五）开展"一带一路"框架下金融合作，发展资金融通

各省（区、市）将加强"一带一路"金融保障，形成地方金融支持共建"一带一路"的政策体系，有序推进人民币国际化，引导金融资源投入沿线国家项目，为"走出去"企业提供金融服务。

1. 建设区域性国际金融中心

多个省（区、市）将结合自身区位特点，建设有效服务于"一带一路"建设、辐射沿线国家的区域性国际金融中心。上海将依托上海自贸试验区金融改革创新，加强与上海国际金融中心建设联动，打造人民币跨境支付和清算中心，拓展上海自贸区自由贸易账户功能，完善面向"一带一路"的投融资服务体系，把上海建成"一带一路"投融资中心和全球人民币金融服务中心；陕西西安将制订出台《西安丝路国际金融中心建设中长期规划》及行动计划，争取金融产品和服务创新试点优先落户陕西自由贸易试验区；云南将推进沿边金融综合改革试验区建设，围绕建设面向南亚、东南亚金融服务中心的定位，突出沿边金融、跨境金融特色，努力把云南打造成面向南亚东南亚的区域性跨境金融服务中心；广西将务实推进西部陆海新通道建设，加快建设面向东盟的金融开放门户；新疆提出了建设"一核两翼"的丝绸之路经济带核心区区域金融中心的发展目标。

2. 支持金融机构互设分支机构

各省（区、市）将支持与沿线国家及地区的金融机构分支机构互设，为"一带一路"沿线国家及地区投资提供融资等金融服务便利。其中，云南将积极引进南亚东南亚大型银行来滇设立分支机构或合资机构；江苏计划在香港设立海外金融控股平台，并在国际产能合作重点国别成立银行等金融机构；新疆要大力发展地方金融机构、引进国内外金融机构、积极培育各类准金融机构。

3. 以试验区先行先试跨境人民币业务创新

各省（区、市）将以试验区先行先试跨境人民币业务创新，匹配"一带一路"建设项目金融需求。新疆要努力建设金融贸易和跨境金融服务基地，建设喀什金融贸易创新示范区，继续推进中哈霍尔果斯国际边境合作中心跨境人民币创新业务试点，为"一带一路"沿线地区的企业提供"境内关外"的金融服务；江苏将重点做好企业在"一带一路"沿线国家及地区投资过程

中的项目贷款等传统金融产品服务以及跨境并购重组贷款、跨境融资租赁、跨境资产管理等创新金融产品和服务。

**4. 发展金融科技为金融创新赋能**

多地将通过发展金融科技为"一带一路"金融创新赋能。这方面中新（重庆）战略性互联互通示范项目提供了典范。重庆将在中新（重庆）战略性互联互通示范项目框架下牵头推动建设中新金融科技示范区，围绕智慧城市、数字金融、共享经济等方面，构建以"金融＋科技"为核心的创新赋能体系，以金融科技为支撑深化中新全方位合作。

**（六）厚植民意根基丰富人文交流，增进民心相通**

各省（区、市）在推动经济"走出去"的同时，也将促进文化"走出去"，充分挖掘特色民族文化资源，推进与"一带一路"沿线国家及地区的文化交流、传播和贸易，增强文明互鉴和互尊、互信。

**1. 打造国际文化交流平台**

各省（区、市）将搭建国际文化交流平台支撑，全面提升与沿线国家（地区）的人文合作交流水平。其中，四川将以音乐产业、文化旅游、演艺娱乐、动漫游戏、创意设计、数字文化等业态和藏羌彝文化产业走廊、天府新区等区域为重点，与"一带一路"沿线国家及地区互投资金、互建园区；上海将依托上海国际文化大都市建设，发挥好重大"节、赛、会"作用，搭建更多文化艺术、教育培训、卫生医疗、旅游体育等交流机制和平台；山东将以世界儒学大会、尼山世界文明论坛、中韩儒学对话会议、中日韩儒学对话会议等为抓手，牵头打造"一带一路"文明对话、价值互鉴、文化交流的高端平台；青海将打造文化经济走廊，到2025年形成1~3个国际性文化节庆、1~3个品牌文化展会、1~3个高原国际文体赛事，扩大本省丝绸之路在"一带一路"中的国际知名度和影响力；云南提出在文化艺术、传媒、教育、卫生、体育、旅游、文化产业、智库等领域构建人文交流合作机制。

**2. 推动中华文化"走出去"**

多个省（区、市）将开展各类文化交流活动，大力推动中华优秀文化"走出去"。山东将组织开展齐鲁文化丝路行，建设国际文化交流合作基地，积极推进以"一带一路"为主题的思想理论创造、艺术创作生产、文化遗产保护、文创产品开发、文化贸易合作；四川将积极推广巴蜀文化、引进国外优秀文化，以人文交流创造互联互通的契机，以经中亚、俄罗斯至欧洲，经中亚、西亚至波斯湾、地中海，以及东盟国家和南亚国家等为重点方向，实施巴蜀文化艺术推广计划，到 2020 年实现文化领域交流合作机制化和常态化。

3. 开展文化贸易合作

多个省（区、市）在"一带一路"文化交流建设方案中对文化贸易合作提出了明确要求。其中，四川将建立对外文化贸易基地，扶持对外文化贸易行业协会，以服务平台带动文化企业开拓国际市场，鼓励文化企业进入国际市场，培育一批国家级对外文化贸易重点企业，打造一批国家级对外文化贸易重点项目；山东将打造"孔子家乡·山东文化贸易展"品牌，实施"对外文化贸易促进工程"，推动完善融资、税收、信贷、审批等对外文化贸易政策，重点扶持文化创意、动漫游戏、书画艺术、文化遗产、演艺娱乐、商务会展、文化授权、经纪中介、人才资本等领域的文化企业、产品和服务走出去。

### 三、各省（区、市）参与"一带一路"建设的政策建议

#### （一）国家层面：加强引导，完善支撑

31 个省（区、市）均与"一带一路"沿线地区有着内在联系，在"一带一路"倡议中拥有不同的角色和定位；"一带一路"建设的深入推进也深刻影响着我国区域经济发展格局。从我国区域整体协调发展的大局来看，政府应加强引导、完善支撑，促进区域经济与"一带一路"倡议联动发展，构筑从沿海到沿江沿边、从东部到中西部的全方位、多层次、宽领域对外开放新格局。

1. 支持各地区发挥比较优势实施差异化发展

我国应加强地区间的战略协同，促进东中西协调合作，支持各地区在"一带一路"建设中充分发挥比较优势。

首先，要在顶层设计上对各地区在"一带一路"布局中的协调发展实施统筹规划。强化《愿景与行动》中所确定的各地区板块的定位，同时充分考虑各地区间协调发展的需要，制定各地区参与"一带一路"倡议的核心政策目标，引导各省区市在国家总体规划的框架下立足自身定位、结合实际情况细化近远期目标和城市分工，部署重要任务和重点项目，设计"一带一路"特色化发展路径，实现差异化发展。

其次，要为各地区参与"一带一路"建设塑造良好的配套环境。搭建完善的政策支撑体系，加大财税、金融、组织协调等全方位政策支持力度；推进商事制度改革，提升贸易自由化和投资便利化水平，畅通区域内和区域间

要素流动和内外互通，使各地区能够更好地利用两个市场和两种资源；完善"一带一路"经贸合作、投融资、人文交流等平台建设、地方合作机制和配套设施，鼓励各地区依据定位与重点合作国家之间加强互通，支持地方参与有关区域经济合作机制和设立跨境经济合作园区，调动各方资源为各地区对接"一带一路"沿线国家和地区疏通障碍、创造条件。

在国家规划框架下，各地区可基于不同的产业特点和比较优势确立参与"一带一路"的推进路径，从而避免定位雷同和同质竞争，发挥省际战略协同效应，实现我国区域内外以及国内外的协同联动，这也有利于扭转我国长期以来的区域发展不平衡格局。

2. 推进"一带一路"沿线地区与重大区域发展战略融合发展

应推进"一带一路"倡议与国内自贸区和长江经济带等重要区域发展战略之间的有效对接和融合发展，以点带线促面，充分发挥区域政策的叠加效应。

一是将自贸区建设成为"一带一路"的重要支点。当前我国已形成"1+3+7+1"、功能定位各有侧重的自贸区格局。自贸区战略具有服务"一带一路"倡议的功能作用，二者具有一致的价值理念和目标使命，应将二者结合起来，充分发挥自贸区对"一带一路"沿线国家的辐射功能。增强自贸区的交通物流枢纽功能，开展多式联运先行示范，构建与"一带一路"沿线相关国家的空、铁、公、水联运的综合物流服务体系，将自贸区建设成为服务于"一带一路"的综合交通和现代物流枢纽。发挥自贸区开放创新优势，建立健全自贸区与"一带一路"沿线国家的合作机制，支持自贸区与"一带一路"沿线国家开展经贸合作和国际产能合作，深化技术交流和规则对接，推进体制机制创新，建设"走出去"和"引进来"的重要窗口，为其他地区融入"一带一路"发挥示范带动的积极作用。

二是以长江经济带的通道辐射能力为依托培育内陆开放新优势，与"一带一路"形成同频共振。长江经济带覆盖 11 省级区域、联通东中西部地区，是带动区域协调发展的重要支撑带。应合理规划长江经济带沿线城市群，重点打造长三角城市群、长江中游城市群、成渝城市群等国家级城市群和三峡城市群、黔中城市群、滇中城市群等区域性城市群，加强城市群之间的区域分工和协调发展，以城市群增长极带动区域产业转型升级，为"一带一路"建设打造开发开放的重要支撑；推动长江经济带沿线各省区市之间以及各省区市与"一带一路"沿线国家的产业转移和产业合作，使长江上中下游地区产业分布更趋合理化，且向西辐射开放水平进一步提高，并发挥长江经济带制造业等优势产业对沿线国家的产业引领作用，促进内外要素开放流通和资源优化配置；依托长江黄金水道的运输通道优势，加强内陆口岸与沿海沿边口岸通关合作，大力发展江海联运，构建内陆国际物流通道支撑，与"一带一路"交通网络相互交织和衔接，促进基础设施互联互通。

3. 加强政府引导功能，发挥企业主体作用

在"一带一路"的建设过程中，政府应逐渐由主导变为引导，发挥企业在"一带一路"建设中的主体作用，引导民营企业和社会力量深度参与"一带一路"建设。各级政府一方面应为企业沿"一带一路""走出去"铺垫有利的国际发展环境，深化"放管服"改革，完善民营企业海外投资服务体系，在会计、审计、税务、法律、风险评估等领域发展一批中介咨询机构，为企业提供沿线国家的贸易规则、投资风险提示、税收指南、法律法规指南等重要参考，减少信息不对称风险，保障企业利益；另一方面应加强政策引导扶持，构建多层次合作协调机制，通过海外举办展会、推介会等方式加强宣传推介，推动企业"走出去"。

（二）东部地区：突出创新引领示范作用

东部沿海是我国经济最发达的地区，也是对外开放的主力，在"一带一路"建设中应突出创新引领示范作用，以科技创新、制度创新、金融创新等为"一带一路"合作增添发展新动力，在以"一带一路"倡议引领的新一轮更高水平对外开放中占领创新高地，发挥示范作用，带动其他地区融入"一带一路"建设大棋局。

1. 以科技创新引领国际合作竞争新优势

东部地区应率先形成科技创新高地，向全球产业链高端冲刺，打造创新驱动型经济，引领"一带一路"建设国际合作竞争新优势。一是积极对接"一带一路"沿线创新要素，持续推进产学研协同创新基地、技术转移中心、科技服务机构等建设，承接跨国公司研发中心入驻，与沿线国家及地区共建科技创新园区、联合实验室、技术研发中心和先进技术示范推广基地，提升高新科技成果转化率，以科技创新推动产业加快迈向中高端；二是将一部分传统劳动密集型产业加快向中西部地区转移，将精力主要集中于技术研发、产品设计等环节；三是推进与"一带一路"沿线国家及地区的对外贸易和国际产能合作向产业链高端发展，加快企业在新一代信息技术、装备制造、新能源、生态环保等高新技术产业以及金融、旅游、文化娱乐等现代服务业的

"走出去"步伐，充分发挥创新外溢效应，打造成为链接"一带一路"创新网络的关键枢纽和参与全球资源配置的新高地。

2. 构建以自贸区为核心的开放型经济体系

我国已设立的前两批自贸区以及定位颇高的海南自贸港均位于东部沿海地区。自贸区是开放创新的先行者，东部地区可以自贸区作为融入"一带一路"建设、与全球经济互动的关键突破口，构建以自贸区为核心的开放型经济体系。一是高标准高水平推进上海、天津、福建、广东、海南等自贸区建设，发挥环渤海、长三角、珠三角地区对外开放的门户作用，坚持以体制机制创新为核心，全力推进外商投资负面清单管理、贸易便利化、服务业开放、金融开放和创新、事中事后监管等各项试点任务，优化通关、质检、退税、外汇管理等方式，提升沿海地区口岸开放水平，大胆探索形成新的改革创新经验，使自贸区成为融入"一带一路"建设的重要载体；二是将自贸区的改革创新成熟经验加快向其他地区推广复制，消除体制机制障碍和开放壁垒，研究扩大自贸区试点，探索建设自贸港，充分发挥自贸区对其他地区改革开放和创新驱动的引领，形成更高层次的开放型经济新格局。

3. 借力海洋地缘优势发展蓝色经济

东部沿海地区是"21世纪海上丝绸之路"的主力军，应凭借海洋地缘优势，加强"一带一路"港口航运互联互通，大力发展海洋经济合作。一是合理有序规划港口功能，加强沿海地区港口枢纽建设，以天津港、上海港、深圳港、香港港等重点国际港口为节点加强与"一带一路"沿线国家及地区的航运物流合作，建设多式联运综合交通枢纽，形成一批具有国际竞争力的水运、航空口岸枢纽，共同建设通畅安全高效的运输大通道，促进与东盟、欧洲国家的贸易往来；二是以渤海湾港口群、长三角港口群、珠三角港口群等大型港口群为突破建设港口经济圈，加强口岸联动和跨区域合作，大力发展现代服务业、现代物流业、战略性新兴产业，建设产业合作集聚区，推动港产城协调合作，全面提升港口辐射带动能力和国际市场开发能力，打造沿海经济增长极；三是依托海洋资源加强海洋经济圈与"一带一路"的互动，完善海洋经济产业链，大力发展海洋制造业、海洋服务业和海洋农业，培育先进海洋经济产业集群，拓展海洋经济示范区建设与"21世纪海上丝绸之路"沿线国家和地区在更宽领域、更高层次上的海洋经济合作交流，挖掘"一带一路"新增长点。

4. 增强"一带一路"金融服务功能

东部地区相对其他地区而言金融业最为发达，拥有上海、北京、深圳等全国性和区域性的金融中心，金融市场最为齐全，金融服务体系最为完善，应借助金融资源集聚的优势为"一带一路"建设增强金融服务支持。一是以自贸区为排头兵探索创新跨境金融服务，加快金融市场与"一带一路"沿线国家及地区的双向开放，与"一带一路"沿线国家及地区互相设点，推进金融机构国际化网络布局，同时加强与沿线资本市场的深层合作，推动股票和债券等直接融资市场互联互通，构建"一带一路"沿线地区跨境金融服务支持体系；二是完善"一带一路"沿线地区投融资机制，用好亚投行、丝路基金等投融资国际合作机制，牵头搭建多元化投融资平台和信息服务系统，为企业参与"一带一路"提供更有力融资支持和风险保障。

（三）中部地区：打造内陆开放高地

中部地区虽既不临海，也不沿边，但其承东启西、联通南北，在"一带一路"倡议中具有重要的战略地位。应发挥中部地区交通枢纽、产业基础、人力资源等优势，重塑"一带一路"建设开放格局。

1. 交通互联先行建设内陆开放门户

中部地区应从交通基建入手，建设沟通境内外、连接东中西的运输通道，推动"一带一路"基建联通和贸易发展。一是打好基础设施建设联通基础，发挥好郑州、武汉、长沙、南昌、合肥等中心城市的重要节点作用，完善综合交通枢纽建设，合理规划中欧班列线路布局，建设国际航空枢纽，增强铁路、水运、航空运输能力，提高与中亚、西亚、欧洲等"一带一路"沿线地区的货运效率，建成铁海互通的国际物流大通道；二是借跨境电子商务综合试验区向中西部地区逐渐倾斜的利好，大力发展跨境电商以促进"一带一路"沿线地区进出口，在物流、仓储、通关等方面进一步简化流程、精简审批，将武汉、长沙、南昌等城市建设成为跨境电商新兴口岸城市和区域性物流集散中心，成立跨境电商物流产业园，带动进出口、物流、支付、快递等产业发展。

2. 深耕特色产业、开展国际合作

中部地区应深耕本地区产业特色，练好内功，把产业发展优势转化为国际竞争优势，更好地参与"一带一路"建设。中部地区劳动力和能源资源丰富，蓄积了承接产业转移的势能。应利用好自贸区、综合保税区、国家级经开区和高新区等诸多平台，推动各省区市积极承接东部产业转移，加快重工业产业转型，重点发展特色优势产业，培育开放平台吸引外商投资，在境外广泛设立工业园区，促进优势产业走出去，如河南的食品加工制造业，安徽的汽车及工程机械行业，湖北的冶金、汽车、纺织等。

3. 推动新型城镇化与"一带一路"倡议的衔接融合

城市群是中部地区融入全球经济网络的重要组成部分和新型城镇化的主体形态。中部地区应加快新型城镇化的进程，促进其与"一带一路"倡议的衔接，将城市群打造为参与"一带一路"建设的重要载体。应将长江中游城市群、中原城市群、长株潭城市群、武汉城市群等建设成为内陆开放的重要支撑，形成区域性城市网络，推动区域互动合作和国际产业合作，建立全方位开放格局。同时，可通过在新型城镇化建设上积累的经验、技术和模式，帮助沿线国家提升交通、能源、电力等基础设施建设水平，并通过新型城镇化进程中的产业转移带动沿线国家经济社会发展，促进国际产能合作和经贸联系，共享城镇化发展机遇和外溢效应。

（四）西部地区：推动沿边由开放末梢走向前沿

西部地区发展相对落后，但其是丝绸之路经济带的重要枢纽，近年来在"一带一路"倡议的带动下开放水平不断提升，已成为拉动我国对"一带一路"沿线地区贸易的重要力量。未来应进一步加大西部地区开放力度，打造丝绸之路经济带上的沿边开放高地。

1. 完善跨境交通推动沿边开发开放

首先，西部地区应将跨境交通基础设施建设作为参与"一带一路"倡议的重点项目，为未来扩大开放打下坚实基础。一是完善口岸跨境运输通道、内陆骨干通道等开放基础设施建设，进一步拓展中欧班列、中亚班列等境外运输布线，建设多式联运体系；二是进一步拓展陆海贸易通道范围，将中新互联互通南向通道辐射至更多"一带一路"沿线国家，实现与中欧班列、中亚班列、长江水运的有效衔接，打造沟通南北、联通中西亚和东南亚的战略大通道。

其次，在交通互联基础上，大力支持西部沿边地区开发开放。沿边开放是对外开放的重要内容之一。西部地区应完善口岸配套基础设施建设，实施技术改造，打造"智慧边境线"；推进沿边地区与"一带一路"沿线国家加强经贸投资合作，加快开发开放试验区、沿边国家级口岸、边境城市、经济合作区等沿边重点地区的发展，支持沿边地区企业投资、建设和管理境外经贸合作区，促进形成西部沿边开放与东部沿海开放并举的全方位开放新格局。

2. 强化特色产业发展夯实经济基础

西部地区能源资源富集，可通过参与"一带一路"建设盘活资源，带动相关优势产业发展，进而又为参与"一带一路"建设夯实经济基础，形成良性发展循环。可深度挖掘能源资源开发利用空间，加速煤炭、油气、火电、清洁能源、电网等能源基础设施建设，加强与中亚国家能源矿产基础设施互联、深化能源资源深加工、装备工程合作、能源勘探开发合作以及清洁能源合作等国际能源资源开发合作，促进沿线国家及地区的工业经济发展；积极承接东部地区加工贸易等产业转移，建设西部农产品和工业品生产加工基地；积极在沿线国家及地区建设境外经贸合作区、跨境经济合作区等产业园区，打造产业示范区和特色产业园，以产业集聚带动当地经济发展。

3. 打造"一带一路"沿线地区人文交流高地

西部地区是古丝绸之路的起点和要道所在，历史积淀厚重，文化资源丰富，可打造"一带一路"沿线地区人文交流高地。一方面，西部各省（区、市）政府可加强国际高级别文化交流，建立国际文化交流对话长效机制，积极策划和承办国际会议会展，建设国际智库合作交流机制，促进中华优秀传统文化和沿线各国文化的广泛交流；另一方面，民间可以丝路文化为纽带，整合西部地区文旅资源，打造丝路特色文化品牌，构建多元化旅游文化产品体系，积极开展与丝路沿线国家和周边城市的旅游交流往来。

（五）东北地区：建设东北亚合作中心

东北地区对外开放水平也相对落后，市场活力不足，但工业基础雄厚，自然资源丰富，并且是面向俄罗斯、日本、韩国等的向北开放大门，可通过参与"一带一路"建设重启经济增长新动能。

1. 深化改革释放经济开放活力

东北地区国有经济比重偏高，民营经济活力不足，应坚持以市场为导向深化国有企业改革，推进经济结构优化调整。在东北设立国有企业综合改革试验区，大力推进混合所有制改革，支持各类社会资本、国际资本等参与东北国企改革，以此释放市场经济活力，为开放铺路。同时，搭建高效服务平台推动民企"走出去"，给予投资审批简化、融资渠道、保险服务、信息咨询等民营企业必要的境外支持，鼓励企业"抱团出海"，支持国企带动民企、大企业带动小企业"走出去"，在开放发展中激活民营经济活力。

2. 重点开展东北亚区域经济合作

东部地区应积极开展跨境铁路、公路、港口交通基建，与东北亚、欧洲地区加强互联互通，建设欧亚大陆交通走廊。发挥辽满欧、辽蒙欧、辽海欧等国际物流大通道作用，构建面向亚欧国家开放的多式联运中心；大力推进长白通（丹）大通道和沿图们江鸭绿江开发开放经济带建设，促进区域经济整合和发展实力增强；打造以"绥芬河—满洲里—俄罗斯—欧洲"的铁路和"绥芬河—俄远东"港口陆海联运为主的战略通道，融入中蒙俄经济走廊建设。

### 3. 重建老工业基地打开国际合作新局面

东北地区应发挥老工业基地的产业基础，将东北老工业基地振兴战略与东北亚地区发展紧密结合，为国际合作提供强劲动力。一是加强与俄罗斯远东地区、蒙古国等的能源矿产资源国际开发利用合作，通过双向投资、设立境外经贸合作区等开展资源勘探开发和深加工合作；二是走新型工业化道路，通过挖潜革新形成具有国际竞争力的现代产业基地；三是发挥平台优势，将东北地区的国家级新区打造成为面向东北亚区域开放合作的战略高地和先导区，充分发挥地缘优势提升开放层次，配合规划建设中俄、中蒙、中日、中韩产业投资贸易合作平台以及中以、中新合作园区，提升东北老工业基地发展整体竞争力，融入"一带一路"国际产业分工合作体系。

# 中国民营企业参与"一带一路"建设情况、面临问题及政策建议

中国民生银行研究院
民营企业发展研究中心课题组

中国于 2013 年提出"一带一路"倡议，是中国在新的环境下基于"合作共享双赢"的自由贸易理念推动全球新一轮对外投资和贸易活动的积极行动，是中国在新时期为推动全球化作出的新贡献，向世界展现了中国成为第二大经济体后的开放态度和负责任的大国形象。"一带一路"倡议提出以来，取得了许多令人瞩目的成果。从民营企业角度看，"一带一路"倡议为其国际化步伐带来了新机遇，注入了新动能，助推其国际化层次迈向更高发展阶段。2019 年 4 月，中国在北京举办了第二届"一带一路"国际合作高峰论坛，回顾过去几年取得的成果，展望未来合作重点，本报告对中国民营企业在"一带一路"建设框架下所取得的进展和成绩、当前存在的困难和不足等方面进行了研究，对国家以及商业银行支持民营企业参与"一带一路"建设提出了若干建议。

## 一、"一带一路"倡议提出以来的总体进展

（一）"一带一路"倡议的提出和推动进程

2013 年 9 月和 10 月，国家主席习近平在出访哈萨克斯坦、印度尼西亚期间，先后提出共建"丝绸之路经济带"和"21 世纪海上丝绸之路"的战略构想和合作倡议，标志着"一带一路"倡议正式诞生。在 2013 年 11 月召开的中共十八届三中全会上，将"建立开发性金融机构，加快同周边国家和区域基础设施互联互通建设，推进丝绸之路经济带、海上丝绸之路建设"写入了全会决定，标志着"一带一路"倡议成为国家战略决策。

2014 年 3 月，"一带一路"倡议正式写入国务院政府工作报告。2014 年 11 月，习近平总书记主持召开中央财经领导小组第八次会议，研究"一带一

路"规划、发起设立亚洲基础设施投资银行和丝路基金,要求加快推进"一带一路"建设。为推动和落实"一带一路"构想和倡议,国务院成立了议事协调机构——推进"一带一路"建设工作领导小组,指导和协调推进"一带一路"建设。该小组于 2015 年 2 月在北京召开了第一次工作会议。此后,全国 31 个省级单位均设立了各自的"推进'一带一路'建设工作领导小组",并出台了"一带一路"建设对接方案①。香港、澳门特别行政区也积极参与和助力"一带一路"建设。

2015 年 3 月,中国政府制定并正式发布了《推动共建丝绸之路经济带和21 世纪海上丝绸之路的愿景与行动》,对共建"一带一路"的五大原则、框架思路、五大合作重点、合作机制等方面进行了清晰的表述。此后,在有关方面积极协调推动下,制定和发布了一系列关于"一带一路"的工作文件(表1),亚洲基础设施投资银行、丝路基金、亚洲金融合作协会等机构相继成立,首届"一带一路"国际合作高峰论坛、中非合作论坛北京峰会、首届中国国际进口博览会等大型会议相继召开,越来越多的国家、国际组织与中国签订了共同推进"一带一路"建设的谅解备忘录等双边或多边文件,"一带一路"范围和地域也突破传统意义上以欧亚大陆为主的沿线区域,延伸到了非洲全部、大洋洲、拉丁美洲等地②。

表1 "一带一路"倡议相关文件

| 发布日期 | 文件名称 | 发布机构 |
| --- | --- | --- |
| 2015.03.28 | 推动共建丝绸之路经济带和21 世纪海上丝绸之路的愿景与行动 | 国家发展和改革委员会、外交部、商务部 |
| 2015.06.29 | 亚洲基础设施投资银行协定 | 财政部 |
| 2015.10.22 | 标准联通"一带一路"行动计划(2015—2017) | 国务院推进"一带一路"建设工作领导小组办公室 |
| 2016.07.13 | 推进共建"一带一路"教育行动 | 教育部 |
| 2016.10.08 | 中欧班列建设发展规划(2016—2020 年) | 国务院推进"一带一路"建设工作领导小组办公室 |

① 31 省市自治区"一带一路"相关文件一览. 中国"一带一路"网. 2019 – 01 – 24. https://www.yidaiyilu.gov.cn/xwzx/roll/78280.htm.
② 这些文件内容涵盖融资、铁路运输、能源、农业、环保、文化、教育、中医药、标准等方面。参见:已同中国签订共建"一带一路"合作文件的国家一览. 中国一带一路网. 2019 – 01 – 14. https://www.yidaiyilu.gov.cn/xwzx/roll/77298.htm.

| 发布日期 | 文件名称 | 发布机构 |
|---|---|---|
| 2016.12.26 | 中医药"一带一路"发展规划（2016—2020年） | 国家中医药管理局、国家发展和改革委员会 |
| 2016.12.29 | 文化部"一带一路"文化发展行动计划（2016—2020年） | 文化部 |
| 2017.04.24 | 关于推进绿色"一带一路"建设的指导意见 | 环境保护部、外交部、国家发展和改革委员会、商务部 |
| 2017.05.10 | 共建"一带一路"：理念、实践与中国的贡献 | 国务院推进"一带一路"建设工作领导小组办公室 |
| 2017.05.13 | 共同推进"一带一路"建设农业合作的愿景与行动 | 农业部、国家发展和改革委员会、商务部、外交部 |
| 2017.05.14 | "一带一路"生态环境保护合作规划 | 环境保护部 |
| 2017.05.16 | 推动丝绸之路经济带和21世纪海上丝绸之路能源合作愿景与行动 | 国家发展和改革委员会、国家能源局 |
| 2017.05.16 | "一带一路"融资指导原则 | 中国财政部与阿根廷等26国财政部 |
| 2017.06.20 | "一带一路"建设海上合作设想 | 国家发展和改革委员会、国家海洋局 |
| 2018.01.11 | 标准联通共建"一带一路"行动计划（2018—2020年） | 国务院推进"一带一路"建设工作领导小组办公室 |

资料来源：中国民生银行研究院整理。

（二）"一带一路"倡议提出以来取得的成就

1. 已成为推动新型全球化的成功范式

"一带一路"倡议提出以来，得到了国际社会的高度关注，许多国家积极响应并参与其中，"一带一路"的顶层规划和每一次重大事件均成为全球舆论关注的焦点。更为重要的是，"一带一路"倡议虽"脱胎"于亚欧大陆的古丝绸之路，但其合作范围早已突破了古丝绸之路的地理范畴，已经成为覆盖全球六大洲的全球性公共产品。国家发展和改革委员会公开信息显示，截至2019年3月，中国已累计同125个国家和29个国际组织签订了173份政府间共建"一带一路"合作文件。

几年来，"一带一路"倡议与多个国家的经济发展战略实现了对接，包括欧洲"容克计划"、俄罗斯"欧亚经济联盟"和跨欧亚大通道建设、蒙古国"发展之路"倡议①、哈萨克斯坦"光明大道"发展战略、波兰"琥珀之路"、越南的"两廊一圈"构想、柬埔寨的"四角"战略、印度尼西亚的"全球海洋支点"构想、文莱"2035 宏愿"、"环孟加拉湾多领域经济技术合作倡议"、沙特阿拉伯"2030 愿景"、匈牙利"向东开放"、泰国东部经济走廊、土耳其中间走廊、非盟 2063 年议程等发展战略构想。一个覆盖全球半数以上国家和地区的超级发展框架和网络正在形成之中。"一带一路"倡议已经由理念转化为行动,从愿景变成现实,引领新一轮全球化进程。实践证明,"一带一路"倡议已成为推动新型全球化的成功范式。

2. 沿线基础设施互联互通成果丰硕

基础设施互联互通是"一带一路"倡议的五大重点合作内容之一和优先领域,因此,港口、铁路、公路、电力、航空、通信、互联网等基础设施建设是"一带一路"建设合作的突出重点领域。几年来,中国与"一带一路"沿线相关国家及地区在基础设施领域开展了大量合作,有效提升了相关国家的基础设施建设水平,成果超出预期。

表 2                     "一带一路"倡议下的部分基础设施建设情况

| 基础设施 | 国家 | 项目名称 | 目前进度 |
| --- | --- | --- | --- |
| 铁路 | 埃塞俄比亚至吉布提 | 亚吉铁路 | 2013 年开始建设,2014 年正式铺轨,2016 年 10 月正式通车 |
| | 沙特阿拉伯 | 麦麦高铁 | 2009 年启动,2018 年建成通车 |
| | 老挝 | 中老铁路 | 2019 年将完成九成以上已招标铁路桥梁和隧道工程,2021 年 12 月通车 |
| | 印度尼西亚 | 雅万高铁 | 2016 年 1 月项目动工,现已进入全面实施推进阶段 |
| 公路 | 蒙古国 | 乌兰巴托新国际机场高速公路 | 2016 年 5 月建成通车 |
| | 柬埔寨 | 金边第三环线公路项目 | 2019 年 1 月 14 日举行了开工仪式 |
| | 尼泊尔 | 加德满都内环路改造项目一期 | 2013 年 9 月正式开工,2018 年 12 月全线贯通 |

---

① 蒙古国在 2014 年提出了"草原之路"倡议。2017 年,为更好与"一带一路"倡议对接,蒙古国将"草原之路"发展战略升级为"发展之路",并于 2017 年 5 月 10 日,蒙古国政府召开专题会议讨论通过了"发展之路"国家战略规划,其宗旨是加强交通运输、电力能源、通信联络、矿产开发、观光旅游业基础设施建设等。

| 基础设施 | 国家 | 项目名称 | 目前进度 |
|---|---|---|---|
| 桥梁 | 挪威 | 纳尔维克哈罗格兰德大桥 | 2012 年中标，2018 年 12 月完工 |
| | 马尔代夫 | 中马友谊大桥 | 2014 年商定，2018 年正式通车 |
| | 巴拿马 | 运河第四座大桥 | 2018 年 12 月开工建设，2023 年完工 |
| | 文莱 | 淡布隆跨海大桥 | 计划于 2019 年 11 月底通车 |
| 港口 | 巴基斯坦 | 瓜达尔港 | 2002 年开工兴建，2015 年投入运营 |
| | 马来西亚 | 关丹深水港码头 | 2016 年开工，2018 年完工开港 |
| | 尼日利亚 | 莱基深水港 | 2018 年 3 月开工 |
| | 斯里兰卡 | 汉班托塔港 | 2007 年开始兴建，2012 年建成运营 |
| 运河 | 科特迪瓦 | 弗里迪运河拓宽加深工程 | 2015 年 11 月开工，现已提前完工并交付使用 |
| 电站 | 巴基斯坦 | 卡洛特水电站 | 2018 年 9 月顺利实现大江截流，目前进入施工高峰期 |
| | 柬埔寨 | 桑河二级水电站 | 2019 年 1 月正式全面投产。该电站是柬埔寨最大水力发电工程 |
| | 越南 | 永河水电站 | 2016 年 9 月正式竣工并交付使用 |
| | 尼泊尔 | 上马相迪 A 水电站 | 2016 年 9 月正式竣工并交付使用 |
| 电网 | 巴西 | 巴西特里斯皮尔斯输电特许权二期项目 | 2016 年 4 月中标，2019 年 1 月顺利完工投入商业运行 |

资料来源：中国民生银行研究院整理。

几年来，"一带一路"沿线国家间的基础设施互联互通水平大幅提高。一是港口之间的互联互通。目前中国港口已与世界 200 多个国家、600 多个主要港口建立航线联系，海运互联互通指数保持全球第一。中国与"一带一路"沿线国家及地区的港口联通度明显高于其他交通基础设施的联通水平。中国与韩国、印度、印度尼西亚三个国家的港口运输交流最为频繁，也带动了贸易合作的发展。二是铁路互联互通层次表现突出，其中中欧班列贡献了较大力量。2011 年，中欧班列全年开行仅 17 列，年运送货物总值不足 6 亿美元；2018 年，累计开行突破 12 000 列，年运送货物总值达 160 亿美元。目前，中欧班列线路已经到达 15 个国家、49 个城市，主要分布在德国、俄罗斯、哈萨克斯坦、塔吉克斯坦、波兰、白俄罗斯等国；国内开行中欧班列的城市达到 56 个，返程班列比例达到去程班列数量的 72%。宽轨运行时间最快压缩 135 个小时，其中国内段运行时间压缩 24 个小时，平均运输费用下降

30%；货物由最开始的电脑、手机等电子用品，逐步扩大到服装、鞋帽、粮食、葡萄酒、汽车及配件等人民日常生活必需品。三是电信基础设施的联通和服务有所突破。19颗组网卫星将向"一带一路"国家和地区提供基本导航服务；风云卫星国际用户防灾减灾应急保障机制2018年4月建立，已有老挝、缅甸等10个"一带一路"沿线国家及地区正式申请成为应急机制用户。历经三年半施工的中尼跨境互联网光缆2018年正式开通，尼泊尔通过中国的线路接入互联网，喜马拉雅山南麓国家搭起了"数字丝路"。

### 3. 贸易投资总体快速增长

"一带一路"倡议有效地促进了沿线国家间的贸易投资活动。几年来，中国与"一带一路"沿线国家及地区的进出口总额达到64 691.9亿美元，为当地创造24.4万个就业岗位，新签对外承包工程合同额超过5 000亿美元，建设境外经贸合作区82个，对外直接投资超过800亿美元，上缴东道国税费累计20.1亿美元。仅2018年，中国企业在"一带一路"沿线对56个国家非金融类直接投资156.4亿美元，同比增长8.9%，占同期总额的13%，主要投向新加坡、老挝、越南、印度尼西亚、巴基斯坦、马来西亚、俄罗斯、柬埔寨、泰国和阿拉伯联合酋长国等国家。对外承包工程方面，2018年，中国企业在"一带一路"沿线国家及地区新签对外承包工程项目合同7 721份，新签合同额1 257.8亿美元，占同期中国对外承包工程新签合同额的52%，完成营业额893.3亿美元，占同期总额的52.8%。大数据分析显示，中国与亚洲、大洋洲、西亚的贸易合作水平较高。韩国、越南、马来西亚、印度、俄罗斯等国是中国最重要的"一带一路"沿线地区贸易伙伴。截至2018年末，首届"一带一路"国际合作高峰论坛279项成果中的269项已完成或转为常态化工作，10项正在推进，落实率达96.4%。"一带一路"倡议为沿线国家经济发展作出了实实在在的贡献。

### 4. 多元化投融资体系不断完善

几年来，围绕基础设施建设等方面的投融资体系不断推进和完善，亚洲基础设施投资银行、丝路基金、金砖国家银行、中非基金等开发性和政策性金融支持力度持续加大，多双边投融资机制和平台发展迅速，为"一带一路"建设提供了强有力的支撑。尤其中国与亚洲大洋洲、南亚地区国家的金融合作表现突出，阿拉伯联合酋长国、巴基斯坦、俄罗斯、哈萨克斯坦、韩国、泰国等16个国家的金融合作进展良好。截至2018年末，亚洲基础设施投资银行成员已达到93个；中国出资400亿美元成立的丝路基金，2017年获增资 1 000 亿元人民币,目前已签约 19 个项目;24 个国家设立了 102 家中资银行等机构,新加坡、马来西亚、印度尼西亚、泰国等数量最多;人民币跨境支付系统覆盖 40 个"一带一路"沿线国家的 165 家银行;银联卡发卡超过 2 500 万张,覆盖超过 540 万家商户,比倡议提出前增长超过 14 倍。

## 二、中国民营企业参与"一带一路"建设取得的进展

"一带一路"倡议在提出之初,习近平总书记就强调指出,"一带一路"建设是一项长期工程,鼓励国有企业、民营企业等各类企业参与,要发挥好开发性、政策性金融的独特优势和作用,积极引导民营资本参与①。2015 年 4 月国务院发布的《关于推进国际产能和装备制造合作的指导意见》指出,"各类企业包括民营企业要结合自身发展需要和优势,坚持以市场为导向,按照商业原则和国际惯例,明确工作重点,制订实施方案,积极开展国际产能和装备制造合作,为我拓展国际发展新空间作出积极贡献"。事实上,中国民营企业在改革开放 40 多年间从小到大,从弱到强,在制造业、建筑业、服务业等领域拥有较强的全球竞争力,经营地域范围逐渐从国内转向国际,生产、销售、服务、融资、人才、管理、社会责任、对外交往等多个方面均呈现出国际化程度不断提升的趋势。进入 21 世纪以来,包括民营企业在内的中国企业在亚非拉以及欧美等国家开展经贸投资合作,为"一带一路"倡议的提出打下了良好的基础条件。"一带一路"倡议的提出又从多方面助推了中国民营企业的国际化步伐迈进新阶段。

(一)进出口贸易额较快增长

进出口贸易是企业国际化的基本形式。国家信息中心数据显示,在中国与"一带一路"沿线国家的进出口贸易总额中,民营企业主体占比最大,是进出口贸易的主要力量②。2017 年,民营企业与"一带一路"沿线国家的进出口总额为 6 199.8 亿美元,占中国与"一带一路"沿线国家贸易额的 43.0%;从出口额看,民营企业对"一带一路"沿线国家的出口额达 4 325.4 亿美元,民营企业出口额占中国对"一带一路"沿线国家出口额的 55.9%;从进口额看,民营企业进口额占中国自"一带一路"国家进口额的 28.1%

---

① 2014 年 11 月,习近平主持召开中央财经领导小组第八次会议研究"一带一路"建设时强调了这些事项。

② 这与民营企业在中国外贸中的占比是一致的。2019 年 3 月 9 日,商务部部长钟山表示,2018 年民营企业出口占全国外贸出口比重达 48%,已是中国对外贸易的主力军。

（图1）。麦肯锡于2017年6月发布的非洲中国企业调查报告显示，整个非洲大陆的中资企业超过1万家，其中90%是民营企业，1/3是制造业企业，25%的中国企业都能在首年收回投资①。

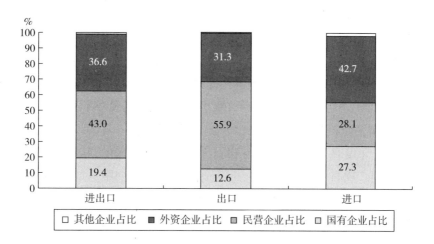

资料来源：国家信息中心"一带一路"大数据中心、大连瀚闻资讯有限公司."一带一路"贸易合作大数据报告（2018）.2018年5月.

**图1　2017年中国进出口贸易的各类市场主体贡献**

（二）对外直接投资快速增加

对外直接投资一直是中国企业在亚非拉等国家和地区经济合作的关键和核心领域，也有益于东道国的社会经济发展和就业增长。"一带一路"倡议提出后，产能合作、绿地投资等成为中国政府着力推动的重点工作之一。"一带一路"沿线许多国家在土地开发以及港口、电力等基础设施建设方面拥有广阔的发展空间，因此民营企业在沿线许多国家开展了大量以绿地投资为主、兼顾基础设施建设的对外直接投资。如魏桥创业集团积极在印度尼西亚、几内亚投资铝土矿项目；协鑫集团在印度尼西亚、斯里兰卡、新加坡、越南以及南非、中亚等国家或地区布局传统能源和新能源项目；恒力集团积极布局新加坡等地；新疆广汇集团优先布局哈萨克斯坦，成为国内首家进行境外油气上下游一体化开发的民营企业。

工程类、房地产类的民营企业也积极参与沿线国家的相关工程承包竞争和合作。武桥重工通过与中国中铁、中国铁建、中国交建等中国大型国际工

―――――――――

① 中国商务部驻坦桑尼亚经商代表处.麦肯锡发布非洲中国企业调查报告.2017－07－19.http：//www.mofcom.gov.cn/article/i/jyjl/k/201707/20170702612328.shtml.

程承包商形成互利共赢的业务合作模式，在沿线国家承接了一批对外工程项目和产品制造业务，如马来西亚开启桥、缅甸央东公铁两用桥、缅甸帕克库大桥等国外桥梁工程项目，先后完成钢结构产品近 10 万吨，出口铁路救援起重机械 12 台套，总计产值近 20 亿元。江苏苏交科集团承接了阿尔及利亚东西高速公路实验检测项目、斯里兰卡城市发展局保障房项目、巴基斯坦 1 223MW 联合循环燃机电厂技术咨询设计、印度尼西亚中加里曼丹省运煤铁路项目、尼泊尔集水工程、孟加拉国沿海城市基础设施改善设计项目、老挝国家预警中心建设、塔吉克斯坦 PYANJ 河盆地气候恢复项目、塞尔维亚 E－80 高速公路施工监测项目、土耳其马尔马拉隧道项目、印度 NH－217 高速公路改造项目、印度乌代浦智慧城市项目等。在政策咨询、标准研究、规划设计、试验检测、项目管理等方面打造了全球性工程咨询服务的高端平台。

国家信息中心"一带一路"大数据中心发布的《"一带一路"大数据报告（2017）》显示，在"一带一路"建设影响力排名前 50 名的企业中，民营企业占 42%，中央国有企业和地方国有企业分别占 36% 和 20%，民企成为"一带一路"建设上的生力军。

（三）境外经贸合作区建设快速发展

在境外兴建经贸合作区或产业园区是中国民营企业"走出去"的一种探索。早在 1999 年，海尔集团就在美国南卡罗纳州建立了一个占地 46 公顷的工业园，2001 年海尔集团在巴基斯坦拉合尔与巴基斯坦 RUBA 集团合资建设了"海尔—鲁巴经济区"。民营企业成为中国企业在境外开办经贸合作区或产业园区的先驱和主力军。此后，越来越多的民营企业以此种形式开展国际化，特别是移植中国产业园区发展模式，与配套企业、上下游企业一起"抱团走出去"。2006 年，商务部发布《境外中国经济贸易合作区的基本要求和申办程序》，鼓励中国企业抱团到境外建设经济贸易合作区，这标志着在境外建设经贸合作区已经从企业自发行为转变为政府指导下的企业行为。十多年的经贸合作区或产业园区建设为"一带一路"倡议的提出奠定了良好基础。2013 年中国提出"一带一路"倡议后，中国民营企业纷纷积极响应。六年来，由民营企业主导建立的境外经贸合作区快速发展。据不完全统计，自 2013 年以来，中国民营企业在"一带一路"沿线国家共建设了 20 多个经贸合作区或产业园区（表3），园区相对比较多地集中在农业、矿产、林业、一般制造业等领域。通过兴建境外园区，相关民营企业的国际化程度大幅提高，同时生产能力得以快速提高。如青山控股集团借助在印度尼西亚的优质镍矿，构筑了其在全球不锈钢领域的成本优势和规模优势,快速成长为中国最大的不锈钢生产企业和具有国际竞争力的跨国企业。

**表3　　近年民营企业在"一带一路"沿线主导兴建的部分经贸合作区**

| 所在国家 | 工业园区名称 | 投资企业名称 | 开始建设时间 | 拟投或已投规模 |
|---|---|---|---|---|
| 越南 | 越南北江省云中工业园区 | 江苏通州四建集团 | 2013 | — |
| 老挝 | 老挝磨丁经济开发专区 | 云南海诚集团 | 2015 | — |
| 柬埔寨 | 柬埔寨山东桑莎(柴桢)经济特区 | 山东桑莎集团 | 2013 | 不详 |
| | 柬埔寨桔井省斯努经济特区 | 中启控股集团 | 2013 | 6亿美元 |
| 泰国 | 中国—东盟北斗科技城 | 武汉光谷北斗控股集团有限公司 | 2015 | 100亿元 |
| 印度 | 万达印度产业园 | 大连万达集团 | 2016 | 100亿美元 |
| 印度尼西亚 | 华夏幸福印度尼西亚卡拉旺产业园 | 华夏幸福基业 | 2017 | — |
| | 中民投印度尼西亚产业园 | 中国民生投资有限公司 | 2015 | 50亿美元 |
| | 镍铁合金工业园 | 江苏德龙镍业有限公司 | 2015 | 10亿美元 |
| | 印度尼西亚东加里曼丹岛农工贸经济合作区 | 江苏如皋市双马化工有限公司 | 2014 | — |
| | 印度尼西亚苏拉威西镍铁工业园 | 青岛市恒顺众昇集团 | 2014 | — |
| | 中国印度尼西亚综合产业园区青山园区 | 青山控股集团 | 2013 | 8亿美元 |
| | 印度尼西亚西加里曼丹铝加工园区 | 江苏如皋市双马化工有限公司 | 2013 | — |
| 乌干达 | 中乌姆巴莱工业园区 | 天唐集团 | 2017 | |
| | 乌干达辽沈工业园 | 辽宁忠大集团 | 2015 | |
| 坦桑尼亚 | 中坦现代农业产业园 | 江苏大宏纺织集团 | 2013 | |
| 肯尼亚 | 珠江经济特区 | 广东新南方集团有限公司 | 2017 | |
| 哈萨克斯坦 | 哈萨克斯坦中国工业园 | 新疆三宝集团 | 2014 | 2亿美元 |
| 塔吉克斯坦 | 中塔农业纺织产业园 | 中泰集团 | 2017 | |
| | 中塔工业园 | 上海海成资源集团 | 2015 | 5亿美元 |
| 俄罗斯 | 俄罗斯龙跃林业经贸合作区 | 牡丹江市龙跃经贸有限公司 | 2013 | — |
| 塞尔维亚 | 塞尔维亚贝尔麦克商贸物流园区 | 温州外贸工业品有限公司 | 2014 | — |
| 格鲁吉亚 | 格鲁吉亚华凌自由工业园 | 新疆华凌集团 | 2015 | 3亿美元 |

资料来源:中国民生银行研究院整理。

### （四）跨境企业并购呈现良好发展态势

随着实力增强，许多民营企业也越来越多地采用跨境并购的方式拓展海外市场，开展跨国经营，其中最典型的是 2004 年联想集团收购美国 IBM 公司的 PC 部门以及 2010 年吉利控股集团收购瑞典沃尔沃轿车公司等案例。由于中国民营企业存在强烈的转型升级需求，因此，通常更倾向于在欧美发达国家收购具有较强技术水平、较高品牌价值的企业或资产，而相对比较少在不发达经济体开展兼并收购。"一带一路"倡议提出六年来，中国民营企业在东南亚、南亚、欧洲等沿线国家的跨境企业并购数量明显增加，并购行业主要集中在互联网、物流、汽车制造、制药等，并购目的也逐渐从资源驱动型向核心能力驱动拓展（表4）。

表4　近年来民营企业在"一带一路"沿线国家及地区的部分跨境收购案例

| 民营企业 | 被收购企业 | 所属行业 | 并购标的金额 | 并购完成时间 |
|---|---|---|---|---|
| 海航集团 | 新加坡物流供应商 CWT | 物流 | 10 亿美元 | 2017 年 4 月 |
| 山东岚桥集团 | 澳大利亚西部能源公司 | 天然气 | 2 亿美元 | 2014 年 11 月 |
| | 澳大利亚达尔文港[1] | 港口 | 3.7 亿美元 | 2015 年 10 月 |
| | 巴拿马玛格丽特岛港 | 港口 | 9 亿美元 | 2016 年 5 月 |
| | 新西兰 RKM 油气田 | 石油化工 | — | 2016 年 10 月 |
| 阿里巴巴 | 印度 Paytm | 互联网 | 11 亿美元 | 2015 年 9 月 |
| | 泰国 Accend Money 20% 股权 | 互联网 | — | 2016 年 6 月 |
| | 增持东南亚电商 Lazada 股权至 83% | 电子商务 | 10 亿美元 | 2017 年 6 月 |
| 吉利控股 | 马来西亚宝腾汽车 49.9% 和路特斯 51% 的股份 | 汽车制造 | 约 1.8 亿美元 | 2017 年 6 月 |
| | 德国戴姆勒 9.69% 的股份 | 汽车制造 | 90 亿美元 | 2018 年 2 月 |
| 海尔集团 | 美国 GE 家电 | 家电 | 56 亿美元 | 2016 年 6 月 |
| 美的集团 | 意大利 Clivet 80% 股权以及相关资产 | 家电 | — | 2016 年 6 月 |
| | 日本东芝白电业务 | 家电 | 514 亿日元 | 2016 年 6 月 |
| | 德国库卡集团 94% 股权 | 智能机械 | 37 亿欧元 | 2016 年 6 月 |
| 万科等 | 新加坡普洛斯（GLP） | 物流 | 116 亿美元 | 2017 年 7 月 |
| 复星集团 | 以色列 AHAVA | 化妆品 | 0.76 亿美元 | 2016 年 4 月 |
| | 印度 GlandPharma 制药公司 74% 股份 | 制药 | 10.9 亿美元 | 2017 年 9 月 |
| | 以色列金融科技公司 BondIT | 金融科技 | 0.14 亿美元 | 2017 年 10 月 |
| 科瑞集团 | 德国血浆产品制造商 Biotest | 制药 | 13 亿欧元 | 2018 年 2 月 |
| 安踏体育 | 芬兰始祖鸟 Amer Sports | 体育文化 | 46 亿欧元 | 2019 年 2 月 |

注：[1] 岚桥集团获得的是达尔文港为期99年的租赁权。

资料来源：中国民生银行研究院整理。

"一带一路"倡议提出几年来，中国民营企业积极响应并广泛参与到"一带一路"建设中。全国工商联发布的民营企业500强研究报告显示，在2017年中国民营企业500强中，有274家参与了"一带一路"建设，实现海外收入（不含出口）7 900多亿美元。民营企业特别是大型民营企业高度重视跨国业务的战略布局，同时更高度重视投资效益、投资质量和投资风险防范，在选择跨国并购标的时更倾向于轻资产、高回报、高技术类的项目，在缺少合适并购标的时更倾向于通过购买土地、矿山等来建设工业园区。民营企业通过参与"一带一路"建设，实现了"走出去""走进去""走上去"，并力争实现"能盈利""能回来"。一些大型民营企业通过参与"一带一路"建设，成功实现了自己的"跨国公司梦"，打造了国际性企业品牌，逐渐成长为具有国际竞争力的一流企业。

## 三、中国民营企业参与"一带一路"建设的典型案例

民营企业在国际化以及参与"一带一路"建设过程中，逐渐探索或总结出一些独特的国际化做法，如复星集团的"中国动力嫁接全球资源"的投资理念和模式、青山控股的海外产业园区建设、青建集团的"青建＋"战略等，均在各自领域做出了出色的业绩。

（一）复星集团："中国动力嫁接全球资源"的投资理念和模式

上海复星高科技（集团）有限公司（以下简称复星集团）初创于1992年。中国经济的持续快速成长为该企业创造了广阔的发展空间和动力。近30年来，复星集团不断发展并紧跟中国成长动力，从主要以房地产和重化工产业为动力的发展模式（1.0阶段），成功地升级为"中国动力嫁接全球资源"的发展模式（2.0阶段）。经过快速发展和转型升级，目前复星集团以880亿元的营业收入名列2018中国企业500强第187位、2018中国民营企业500强第49位。

1. 提出"中国动力嫁接全球资源"投资理念

2010年之前，复星集团主要围绕中国消费者的健康、住房需求在国内投资于医药、房地产、钢铁等行业领域。2008年，国际金融危机的爆发、中国高成本时代的来临、重化工业化阶段的临近尾声，复星集团开始思考其未来发展动力。经过研究，复星集团认为随着中国人口老龄化和少子化趋势，中国经济增长速度必然放缓，增长动力也必然从人口红利转向消费、消费升级和金融服务。基于这一判断，复星集团决定调整其发展战略和投资配置。

2010 年，复星集团首次实施跨境并购，以 2.1 亿元人民币收购了法国著名旅游度假上市公司地中海俱乐部（Club Med）7.1% 的股权，成为后者最大的战略投资者之一；此后，复星集团帮助该公司在中国国内开办度假村，其接待游客数量成倍增长，中国游客数量也大幅增加，业绩显著上升。2011 年，复星集团又以约 9.5 亿元人民币的价格收购了希腊著名时尚品牌芙丽芙丽（Folli Follie）9.5% 的股权，成为后者最大的战略投资者之一，后者在中国的发展速度明显加快。复星集团也在两项投资中获益良多。通过这两个"试验"，复星集团验证了其对中国经济发展趋势以及上述投资理念的判断。2012 年 9 月，复星集团首席执行官梁信军正式将这一海外投资理念归纳为"中国动力嫁接全球资源"，并提出了"中国专家、全球能力"的要求，既要成为中国消费市场、消费升级的专家，又要具有在全球范围内找到合适资源、并有能力评估其全球价值的能力。

2. 践行"中国动力嫁接全球资源"投资模式

在确信"中国动力嫁接全球资源"的投资理念经得住实践检验之后，复星集团加快了其国际化步伐。2013 年以来，复星集团围绕中国人的"健康、快乐、富足"进行投资，利用中国庞大的单一市场规模优势和消费升级优势，在包括"一带一路"沿线国家在内的全球市场开展了系列兼并收购和投资[①]，在集团下逐渐形成了"健康生态""快乐生态""富足生态""科创引领"等板块。2015 年梁信军表示，复星集团已在"一带一路"沿线布局了 50 多个项目，让中国企业"走出去"，让海外企业"走进来"。以收购印度最大的仿制药公司 GlandPharma 为例，复星集团看中的是印度在仿制药领域的领先优势以及中国庞大的仿制药需求。

表5 　　　　　　　　　　2013 年以来复星集团的部分对外投资案例

| 板块 | 时间 | 并购标的 | 标的金额 | 所属行业 |
|---|---|---|---|---|
| 健康生态 | 2013 年 3 月 | 美国肿瘤监测公司 Saladax 30% 优先股 | 0.225 亿美元 | 医疗服务 |
| | 2014 年 10 月 | 葡萄牙：私立医疗保健集团 ESS 的 96% 股权 | 4.6 亿欧元 | 医疗服务 |
| | 2017 年 9 月 | 印度：GlandPharma 公司 74% 股份 | 10.9 亿美元 | 制药 |

---

① 大举海外并购　复星海外投资资金渠道全透视 . 2017 – 08 – 06. 中国房地产网 . http：//money. 163. com/17/0806/12/CR5GAD57002580T4. html.

续表

| 板块 | 时间 | 并购标的 | 标的金额 | 所属行业 |
|---|---|---|---|---|
| 快乐生态 | 2014 年 6 月 | 美国：Studio 8 公司 | — | 电影院 |
| | 2016 年 4 月 | 以色列：死海矿物护肤品牌 AHAVA 100% 股权 | 0.76 亿美元 | 化妆品 |
| | 2015 年 3 月 | 希腊：收购地中海俱乐部 95% 股本及投票权 | 9.5 亿欧元 | 旅游度假 |
| | 2015 年 3 月 | 英国：Thomas Cook 5% 的股份 | 0.92 亿英镑 | 旅游度假 |
| 富足生态 | 2013 年 1 月 | 中国香港：鼎睿再保险的 85.1% 股份 | 4.68 亿美元 | 保险 |
| | 2014 年 1 月 | 葡萄牙：忠诚保险 Fidelidade 的 80% 股份 | 10 亿欧元 | 保险 |
| | 2014 年 3 月 | 德国：BHF 银行 19.18% 的股权 | 0.985 亿欧元 | 银行 |
| | 2015 年 2 月 | 美国：保险服务提供商 Ironshore 100% 股权[1] | 25.07 亿美元 | 保险 |
| | 2016 年 9 月 | 德国：私人银行 Hauck & Aufhäuser（H&A）99.91% 的权益 | 2.1 亿欧元 | 银行 |
| | 2016 年 11 月 | 葡萄牙：最大上市银行 Banco Comercial Português 16.7% 股权 | 1.746 亿欧元 | 银行 |
| 科创引领 | 2017 年 4 月 | 德国：NAGA Group AG 的 A 轮融资 | 0.125 亿欧元 | 金融科技 |
| | 2017 年 10 月 | 以色列：BondIT. Ltd. | 0.14 亿美元 | 金融科技 |

注：[1] 2016 年 10 月，复星国际公告以 30 亿美元的价格出售该公司 100% 股权。

资料来源：中国民生银行研究院。

（二）青山控股：借力"一带一路"倡议，成就不锈钢全球第一地位

青山控股集团有限公司（以下简称青山控股）是一家起步于温州的钢铁企业，在近 30 年发展过程中，实现了从温州企业、浙江企业、中国企业到跨国企业的跨越，目前是已经成为全球不锈钢产量最大的龙头企业。2017 年，青山控股实现不锈钢粗钢产量 748 万吨，位居世界第一，实现营业收入 1 615.9 亿元①，名列 2018 中国企业 500 强第 110 位，成为世界 500 强的有力竞争者。

1. 借力"海上丝绸之路"倡议，布局印度尼西亚

自 1992 年创建以来，青山控股逐渐形成了从铁矿石原材料开采、到粗钢冶炼、再到不锈钢产品加工的完整产业链。青山控股在 2010 年 3 月成立了印度尼西亚苏拉威西镍业有限公司，开采镍矿产品运回国内生产，并在苏拉威西筹划兴建年产 40 万吨镍合金冶炼厂。2013 年 10 月，习近平主席在访问印

---

① 根据该公司网站最新信息，2018 年，青山控股实现不锈钢粗钢产量 929 万吨，销售收入 2 265 亿元，员工 59 500 人。

度尼西亚期间提出了建设"海上丝绸之路"的重大倡议，并与时任印度尼西亚总统苏西洛共同出席中国—印度尼西亚商务协议签约仪式，青山控股的印度尼西亚苏拉威西矿业投资有限公司（SMI）年产30万吨镍铁项目在两国元首的见证下成功签署，其中的中国—印度尼西亚工业投资合作区青山园区基础设施项目是中国印度尼西亚工业投资合作区的第一个实质性启动大项目，对促进印度尼西亚矿业发展和产业升级、加强中国与印度尼西亚经济合作具有重要意义。

2014年1月20日，印度尼西亚实施镍矿禁止出口政策，青山控股决定加快实施并扩大印度尼西亚镍铁项目建设。2014年5月，印度尼西亚青山工业园区二期的广青镍业①年产60万吨镍铁冶炼厂及配套电厂项目正式开工建设，印度尼西亚总统佐科亲率五位部长及省长专程视察园区，宣布年产30万吨镍铁厂正式投产并发表重要演讲。该项目首次实现了"中国制造"在印度尼西亚国土上的规模性生产，也是落实"一带一路"倡议的成功尝试。2016年8月，青山工业园通过了中国商务部、财政部境外经济贸易合作区确认考核。该园区包括三家公司，总投资33亿美元，形成以"镍铁+不锈钢"一体化为主体的镍、铬、铁矿资源综合开发利用型产业园区，成为了中国与印度尼西亚矿产资源开发合作的标志性项目。2018年8月，青山控股在印度尼西亚的第二工业园区纬达贝工业园区正式动工兴建，将建成从红土镍矿到镍中间品，再到新能源电池材料的世界级镍产业园。青山控股布局印度尼西亚的国际化行为，为其企业发展注入了新动力，企业规模和经济效益得到快速提高（参见图2）。

2. 加强"一带一路"产能合作，布局非洲和南亚

除布局印度尼西亚，青山控股还将目光瞄向了非洲和南亚，加强"一带一路"产能合作。2012年，青山控股在津巴布韦成立了中非冶炼有限公司，开始建设一期6万吨高碳铬铁冶炼项目，于2013年10月正式投产。基于在印度尼西亚的成功经验，青山控股决定加大在津巴布韦的生产能力。2018年10月，青山控股获得了津巴布韦的铁矿开采权，并将投资10亿美元建设年产200万吨粗钢的不锈钢钢铁厂。

印度拥有丰富的铁矿石资源。2016年，印度不锈钢产能超越了日本，成为世界第二大不锈钢生产国，且产能增长速度很快。印度企业在长材不锈钢

---

① 该项目是青山控股与广东省属国有企业广新控股集团的合资项目。

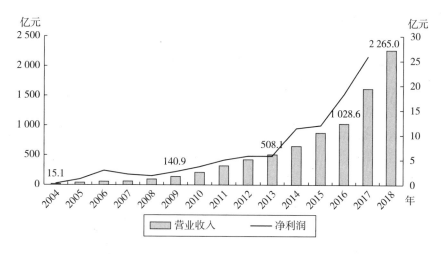

资料来源：历年中国企业 500 强数据。

**图 2　青山控股营业收入和净利润增长（2004—2018 年）**

产品中极具竞争力。鉴于此，青山控股决定布局印度，与印度克罗美尼钢铁私人有限公司合资兴建青山印度 60 万吨不锈钢项目，一期冷轧工程已经在 2018 年 1 月动工。

在布局"一带一路"建设产能合作后，预计到 2020 年，青山控股将拥有超过 1 000 万吨的不锈钢生产能力，占全球 20% 的市场份额。

（三）青建集团：在壮大主业基础上实施"青建+"战略

青建集团股份有限公司（以下简称青建集团）成立于 1952 年，其国际化步伐起步于 1983 年，目前业务遍布全球 30 多个国家和地区，在 20 多个国家设有常驻机构。在全球最权威的工程建设学术杂志《美国工程新闻记录（ENR）》发布的 2017 年全球最大 250 强国际承包商榜单上，青建集团排名第 64 位，是排名最高的中国民营建筑企业。2017 年，青建集团营业收入达到 600.8 亿元，名列 2018 中国企业 500 强第 277 位，其中其海外营业收入达到 140.6 亿元，海外资产达到 131.2 亿元。青建集团已成为中国民营建筑企业"走出去"的典型。2015 年，青建集团依托三十多年来国际化发展的经验优势、人才优势、客户优势，在壮大主业基础上又提出的"青建+"发展模式，被纳入青岛市"一带一路"战略行动计划，其承接的业务也从最初单一的建筑施工延伸到地产、资本运营、现代物流以及设计咨询等资本运营领域，建立了"产融双驱"的运营模式，打造了"专业化运营，多元化发展"的全产业链商业模式，成长为一个集建筑施工、投融资、房地产、设计、贸易为一体的多元化跨国企业。

1. 深耕海外市场，壮大建筑主业

改革开放之初，在没有独立的对外工程承包资格情况下，青建集团决定"借船出海"——利用自身项目管理能力，与中国建筑等中央企业互补合作，进而靠工程了解海外风土人情，积累经验。1995 年青建集团获得独立对外工程承包和劳务合作经营权后，积极承接国家援建项目，并利用积累的经验开拓海外市场，在东南亚、非洲等多国打开了局面。股份制改革之后，青建集团依靠更为灵活的机制，开始更多地参与海外民生项目建设，从中低端转向中高端市场。新加坡中国文化中心、马里总统府、科特迪瓦文化宫、以色列贝尔沙瓦市政府办公楼、加纳国防部办公楼、安哥拉水厂、菲律宾 CP3 道路、缅甸仰光苏雷广场综合体以及中国驻利比里亚、坦桑尼亚等多个国家的大使馆等重点工程，以及新加坡、澳大利亚、美国等国的商业和住宅地产顺利完工并受到高度评价。青建集团的建筑品牌已经具备了较强竞争力和影响力。

2. 发挥海外优势，实施"青建＋"战略

2013 年中国提出"一带一路"倡议后，青建集团积极响应，成立"一带一路"工作委员会，探索实施"青建＋"发展战略，结合市场发展趋势，在国际贸易、重点项目、产业金融、现代服务四个领域快速破局，打造"一带一路"战略下的资金平台、贸易平台和对外承包平台。

（1）"青建＋国际贸易"

2014 年 12 月，青建集团成立了青建国际贸易有限公司，开展出口各类建材产品、钢材及机械设备产品、电子产品、纺织服装产品，进口矿产产品、酒类及食品、保健品等产品以及开展供应链业务、转口贸易业务，当年实现 0 到 1 亿美元贸易营业额的突破。以青建电子商务平台为抓手，构建 O2O 线上和线下互联的商贸平台，为客户提供供应链金融和全程供应链管理等中间增值服务，帮助商家快速实现商品的采购与销售。

2015 年 8 月，青建集团在利比里亚、科特迪瓦等国家建设了中国商品展销中心，培育打造青岛在海外的商品展销旗舰店；9 月起，与澳柯玛集团、青啤集团、饮料集团、利群集团、琅琊台集团等知名企业签署综合性战略合作协议，培育打造青岛在海外的商品展销旗舰店；10 月，注册了青建国际"优迈"品牌，从欧洲、澳洲等地进口原装高端产品。与澳洲企业合作建设澳洲最大的建材市场——"Quickly Buy"建材平台，为加盟企业提供免费卖场、免费仓储和免费推广，集聚青岛市及周边建材企业，已在悉尼试营业。

（2）"青建 + 重点项目"

自 2015 年 5 月，在美国、澳大利亚与当地合作投资房地产开发，搭建"青建 +"平台；6 月与利比里亚不管部部长①会晤并签署了包括农业示范园、渔业公司、物流园区和木器厂在内的 5 份备忘录，与印度尼西亚 Pollux Properties 地产开发公司签署雅加达高端地产的战略合作协议；9 月与新加坡新科公司开发了美国马里兰州土地投资项目，由此打开并进入美国发达国家市场；10 月与 Mii 集团公司、北京诚通房地产公司合作开发了澳大利亚黄金海岸房地产开发投资项目，进入澳大利亚市场。与中央企业积极对接合作建设海外高铁项目。2015 年 12 月，青建集团与青岛城投、澳柯玛签署合作协议，针对青岛—柬埔寨工业园区项目开发达成合作意向，目前三方已组成项目筹备小组，形成初步可研报告。与海尔、海信、澳柯玛、利群、青饮、汉河电缆、陕汽集团等近百家企业建立战略合作伙伴关系，开展多层次战略合作，形成战略协议，共同开拓海外市场。

（3）"青建 + 产业金融"

青建集团的"产融双驱"发展之路，即利用建筑、开发带来的资金做金融业务，金融业务聚集的资金再反哺主业。在金融业务方面，青建集团积极推进财务公司申报工作，并于 2016 年 11 月获批成立青建集团财务公司，加强企业集团资金集中管理，提高企业集团资金使用效率，为企业集团成员单位提供财务管理服务。加大融资类工程项目跟踪比例，积极与中国信用保险公司、中国进出口银行、中非基金等政策性机构对接，寻求重点项目建设可行性。目前已与中国信用保险公司建立定期会议机制，与政策性金融机构通力合作，助推"走出去"产业与金融的融合发展。在加纳、莱索托等国有多个融资类项目进行跟踪，力争有所突破。

（4）"青建 + 现代商会服务"

2014 年 9 月，青建集团作为会长单位，先后设立了青岛民营经济国际商会"青岛国际工程发展联盟"，以"青建 + 现代商会服务"为发展模式，实现抱团走出去。其中，青岛民营经济国际商会作为青岛市民营企业"走出去"的综合服务平台，帮助会员企业开拓国际市场，实现信息共享，资源共享，共谋发展。商会对"青建 +"战略模式发挥了重要的带动作用，引领青

---

① 不管部部长是政府中不专管某一部事务的部长级官员，亦有称为不管部大臣、国务大臣、无任所相等的。在实行内阁制的国家，不管部部长通常是内阁成员，出席内阁会议，参与政府决策，承办内阁会议或政府首脑交办的特殊重要事务。

岛建材协会、江苏商会、温州商会、家具协会等各类行业协会,充分发挥商会和商会企业的优势作用,跟随青建集团及品牌企业共同拓展"一带一路"沿线国际市场。青岛国际工程发展联盟围绕"一带一路"倡议,带动周边企业开拓国际工程市场,目前已吸纳建设、勘察、设计、监理、造价咨询等联盟单位45家,并在新加坡、缅甸、印度尼西亚等国设立了境外分支机构。

## 四、中国民营企业参与"一带一路"建设中面临的主要问题

"一带一路"倡议提出几年来,民营企业积极响应并参与,国际化进程有所加速。在全球政治经济秩序面临大调整、大变动以及中国经济面临动力转换、供给侧结构性改革的背景下,中国民营企业"走出去"面临一些矛盾和问题。综合起来,主要表现在以下方面:

(一)国内外多重因素叠加影响民企海外投资

民营企业"走出去"的前提是在母国发展态势良好。如果在母国发展出现问题,那么其在海外的生产经营活动也势必受到影响。比如2001年山西天利集团原定在毛里求斯投资建设棉纺纱厂,其工业园区建设方案也在2006年入选了首批境外经贸合作区名单。但在2008年国际金融危机中,天利集团受到较大冲击,缺乏资金再继续进行开发建设,不得不由山西省两家国有企业接盘。

过去一段时间内,中国民营企业所处的国际国内经济政治环境发生了显著变化,民营企业生存和发展均面临巨大压力。国际看,主要是"逆全球化"思潮兴起,贸易保护主义抬头,中美之间贸易摩擦加剧,直接导致贸易环境、海外市场需求、汇率、市场预期等发生变化,对民营企业经营产生较大压力;国内看,主要是防范化解金融风险、环保强监管等政策影响,民营企业融资难问题更加突出,企业流动性面临较大困难。不少民营企业通过质押上市公司股权或靠民间借贷融资,许多民营企业的正常生产经营受到负面影响,其海外经营步伐随之放缓,或者收缩海外战线,通过出售海外资产来渡过难关。诸多因素都对民营企业的正常发展产生了严重负面作用,民营企业投资信心受到重挫,直接影响了民营企业在海外及"一带一路"沿线国家的投资合作。

(二)国内相关配套不足难以形成有效支撑

一是对外投资政策趋紧。中国的对外投资政策在外汇储备接近4万亿美元时积极鼓励民营企业赴海外投资,但随着外汇储备规模的减少,对外投资

政策转向趋紧。2017—2018 年，国家发展改革委等部门连续出台了《关于进一步引导和规范境外投资方向的指导意见》《民营企业境外投资经营行为规范》《企业境外投资管理办法》《对外投资备案（核准）报告暂行办法》《境外投资敏感行业目录（2018 年版）》等一系列加强对外投资真实性、合规性审查的政策。这使得民营企业赴海外包括"一带一路"国家投资的频率、规模都显著下降。二是金融支持不足。由于许多"一带一路"沿线国家的营商环境差，西方金融机构较少给这些国家提供信贷融资业务，而来自中国的商业银行支持也十分缺乏。目前的金融支持主要是亚洲基础设施投资银行、丝路基金、中非基金、金砖国家银行、国家开发银行等政府性金融机构，它们主要支持国有企业、大型基础设施等政府性投资项目，对于民营企业发起的市场化项目则支持较少。三是中介组织较少，如国际化的咨询公司、律师事务所、会计师事务所、资信评级机构等，无法满足企业海外投资需要。

（三）部分沿线国家的非经济风险较为突出

对于国际化过程中的经济风险如汇率波动、大宗物资价格波动、经济增速波动等，民营企业普遍认为总体可控，可以采取措施进行对冲或加以防范。但"一带一路"沿线部分国家存在政治及政策变动、军事、宗教等非经济风险。许多国家法制不健全，腐败严重，营商环境较差。有的国家政局动荡，社会稳定性较低，一旦出现政权更迭或争夺，民营企业的本地投资可能化为泡影。有的国家政策连续性较差，机会主义特征严重，对来自中国的投资的态度时有变化，甚至存在被国有化的危险[①]。有的国家官僚主义作风严重，政府效能和办事效率相当低，导致企业投资周期长，难以及时应对快速变化的市场，从而影响企业的经营效益。有的国家税收政策缺乏透明度和公平性，执行程度或执行过程也存在较大的随意性，税务机构一旦完不成税款入库任务，就可能加强执行强度和频率，甚至采用"多重"征税标准，无端要求企业补税。还有的国家战争不断，宗教冲突频仍，治安环境很差。对于此类风险，单个民营企业完全无力应对。所谓"危邦不入，乱邦不居"。许多民营企业对部分"一带一路"国家的投资合作只能敬而远之。

（四）相关国家对"中国资本"存在偏见

中国民营企业代表的民营资本与国有企业代表的国有资本，虽然在投资

---

① 蒙古国拟收回 400 余家非国有矿的矿权 中国矿企面临风险. 凤凰网大风号. 2019 – 03 – 20. http://finance.ifeng.com/c/7lCYBeIZpJL.

资金来源、投资项目选择、风险偏好、投资模式等方面存在若干差异，但在外国被统一看作是"中国资本"。近年来，在中国经济快速成长的背景下，中国企业的资本实力大幅增强，频频在国际市场上开展较大规模的兼并收购、基础设施建设等投资行为，成为国际市场上的新进入者、参与者或竞争对手。对于"中国资本"的"突然加入"，相关国家的"心态"比较复杂。一些发展中国家有较强的民族主义情绪或敏感心理，对"中国资本"很不适应，有的既欢迎又警惕，有的甚至欢迎度不高。一些发达国家则对"中国资本"的收购或投资产生严重的"不安全感"，甚至有较强的"怀疑、防备甚至恐惧"心理，比如双汇集团收购史密斯菲尔德被认为会"威胁美国的食品安全"，岚桥集团收购澳大利亚达尔文港被认为会"威胁军事和航行安全"，美的收购德国库卡被认为会"威胁知识产权安全"，华为5G投资被认为会"威胁信息安全"，等等。西方媒体在全球拥有舆论主导权，常常集中火力刻意渲染"中国资本"的负面信息，比如炒作斯里兰卡的"债务陷阱"等，歪曲"一带一路"以及中国企业投资的作用。这些深刻影响"一带一路"沿线国家对待中国民营企业的态度。这是中国民营企业"走出去"以及参与"一带一路"建设过程中需要正视的国际环境之一，也是部分民营企业对外投资不利的重要原因。

### 五、支持民营企业参与"一带一路"建设的政策建议

民营企业是参与"一带一路"建设的主力军和生力军。因此，支持民营企业进一步参与"一带一路"建设，是重要的政策性原则和方向。

（一）创新民营经济发展理论，切实解决民营企业发展后顾之忧

民营企业在国内的持续健康发展是其"走出去"、参与"一带一路"建设的根本。在国内发展得好，才可能"走出去"。

（1）创新民营经济发展理论，构建新时代民营经济健康发展的新论述。一些困扰民营经济发展的根本性问题必须要用理论来回答，国内理论界要勇于创新民营经济发展理论，真正为民营企业持续健康发展吃下"定心丸"，切实解决民营企业长远健康发展的后顾之忧，并进一步从根本上解决民营企业和民营企业家担心的财产安全、人身安全等问题。事实上，2018年11月1日习近平总书记在民营企业座谈会上关于"民营企业是自己人"的重要论述为解决这些问题指明了政治方向。

（2）坚持"竞争中性"原则，并切实贯彻落实中央有关民营经济发展的

系列政策措施，真正在各个方面一视同仁地支持民营企业发展。长期以来，国内对民营企业一直存在歧视性的产业政策、货币政策、银行信贷政策、投资审批政策、"走出去"政策等。2019年3月，竞争中性原则第一次被写入国务院政府工作报告，正式成为中国制定相关政策的重要原则，这具有重大的思想解放意义。竞争中性原则应贯彻在有关民营经济政策的一点一滴之中。相关政策需要按照竞争中性原则进行彻底纠正，切实贯彻中央近来有关民营经济发展的系列政策措施。在支持企业"走出去"、参与"一带一路"建设中，也要坚持竞争中性原则，在投资备案或审批、外汇使用、政府性服务等方面，对国有企业、民营企业、外资企业等市场主体一视同仁。

（二）着力加强支撑体系建设，为民营企业海外投资创造良好环境

（1）加强中央政府及各部门、地方政府之间在"一带一路"政策方面的统筹规划与协调推进。目前的国务院推进"一带一路"建设工作领导小组及各省级区域设立的领导小组，建议在对接协调有关"一带一路"的国内政策上加强统筹规划，防止各省市的政策"一哄而上"或"一哄而下"。

（2）加强沿线国家的投资贸易风险披露和预警。建议国家有关部门及有关国家级智库为"一带一路"沿线国家的投资贸易风险提供高质量、权威性的风险披露和预警报告。

（3）加强基础数据统计和发布工作。"一带一路"倡议提出几年来，有关基础数据的统计和发布较为缺乏。建议建设数据口径一致、总量数据和结构数据齐全的"一带一路"数据库，并在建立数据统计发布机制条件下，及时更新、向社会公开发布有关数据。

（4）加快建设国际化服务体系。重视市场性中介机构的做大做强以及提升国际化经营能力和水平，培育一批开展国际业务的咨询公司、会计师事务所、律师事务所、资信评级机构，为民营企业"走出去"提供配套服务。

（三）发挥好商会协会的作用，完善民营企业海外投资服务组织

从国际经验看，商会协会在服务企业"走出去"中发挥着无可替代的重要作用。中国商会协会提供跨国、全球服务的能力较为欠缺，因此，有必要加强和创新商会协会的服务能力建设，为民营企业参与"一带一路"建设、持续健康地提升国际化水平和质量提供支持。

（1）创新和加强工商联服务民营企业的能力，提升工商联系统的国际化服务可及性。可借鉴美国商会的国际化经验，与外国的中国商会组织进行协商谈判，允许海外中国商会使用"中国民间商会某国中国商会"的名字在所

在国开展活动，全国工商联对其业务进行指导。对于海外中国商会组织欠缺的国家，全国工商联也可以委托所在国的中国企业牵头组建"中国民间商会某国中国商会"，属于直接隶属全国工商联的海外分支机构。经过若干年建设，要逐渐构建一个覆盖全球包括"一带一路"沿线国家的海外分支机构网络，积极维护中国企业的海外权益，向国内反映真实情况和建议。

（2）进一步发挥行业协会的国际化服务能力。在逐渐完成脱钩工作后，政府应加强对全国性行业协会拓展国际化经营和服务能力的相关购买服务力度，鼓励它们加强内部改革，努力为会员企业包括民营企业提供海外咨询和帮助，特别在国际投资争议、贸易摩擦、法律纠纷等问题的解决中发挥支持作用；同时，相关行业协会也要关注民营企业在境外劳资关系、环境保护、安全生产等方面的问题，加强培训工作，辅导会员企业做好相关工作。

## 六、商业银行支持民营企业参与"一带一路"建设建议

近年来，我国商业银行积极主动对接"一带一路"建设，支持有实力的国有企业和民营企业"走出去"，取得了不少成绩。未来，它们还需要进一步加大国际化经营能力和水平，采取多种措施进一步支持民营企业参与"一带一路"建设。

（一）适度加快国际化战略步伐

加强商业银行国际化的规律、经验研究，特别是研究"一带一路"相关地区的金融服务竞争态势，适时加快国际化战略布局。在借鉴国内外商业银行国际化经验和做法基础上，进一步结合"一带一路"的民营企业发展重点区域选择合适的城市设立办事处或分行，做精做专，以点带面，更好地满足民营企业"走出去"、参与"一带一路"建设的国际融资需要。

（二）加强与国内金融机构合作

进一步加强与亚洲基础设施投资银行、丝路基金、金砖国家银行、国际开发银行、中国进出口银行、出口信用保险公司等机构的业务合作，采取"商行＋交易银行＋投行"模式，积极探索"一揽子"跨境金融服务，为相关企业提供包括出口信贷、银团贷款、境外发行债券、跨境并购贷款、特险融资、内保外贷、境外发债、产业基金、租赁等在内的融资以及战略规划、园区规划融智服务。

（三）探索与国外商业银行合作

探索与"一带一路"沿线国家的商业银行建立代理行关系，加强业务合

作。在服务中国企业"走出去"的同时，在风险可控、商业可持续原则下，加强沿线国家当地市场的开拓，强化"本土化"服务，可探索以参股或并购方式进入沿线国家市场，依托当地机构和团队，拓展市场份额。

（四）加大重点领域的支持力度

对"一带一路"沿线基础设施建设、能源资源开发、国际产能合作、境外经贸合作区等重点项目加大支持力度。

（五）切实防范海外业务风险

"一带一路"沿线国家多数是发展中国家，软硬件条件较差，营商环境不佳，经济、社会、政治等各类风险较为集中，主权风险高、信用风险高，商业银行应密切关注并切实防范相关海外业务的国别风险，加强与中国驻外机构的日常联系与沟通。

（六）培育国际化专业人才队伍

加快培养、储备懂跨境金融、懂语言、善交际的复合型人才，建立国际化人才队伍结构，适应国际化战略、"一带一路"倡议需要。

# 金融科技助力商业银行服务
# "一带一路"建设策略分析

中国民生银行研究院
产业发展研究中心课题组

自"一带一路"倡议实施以来，我国银行业积极服务"一带一路"建设，为"一带一路"重大项目落地、商贸往来提供了重要的金融支撑。但受限于"一带一路"沿线地区金融基础设施落后、经济水平有限、风险挑战较大等因素，我国银行业的金融服务受到一定的制约。同时，银行业在"一带一路"沿线网络布局过于集中，金融服务能力和范围还有待提升和拓展。金融科技凭借强大的计算能力、分析能力、资源整合能力，能够直击传统金融、传统市场的诸多痛点，从而助力银行服务"一带一路"相关建设。

本文梳理了我国银行业服务"一带一路"建设的现状及挑战，并针对相关挑战，分析了金融科技助力"一带一路"建设的路径，总结提炼了金融科技公司布局"一带一路"沿线地区的主要规律，从而为我国银行业运用金融科技提升"一带一路"建设服务水平提出相关建议。

## 一、我国银行业服务"一带一路"建设的现状及挑战

自"一带一路"倡议实施以来，我国积极参与全球开放合作、改善全球经济治理体系、促进全球共同发展繁荣、推动构建人类命运共同体。随着"一带一路"倡议稳步推进，我国与"一带一路"沿线国家和地区的互联互通取得丰硕成果。截至 2018 年末，我国已与 60 多个国家签订了"一带一路"合作协议，累计同 122 个国家、29 个国际组织签订了 170 份政府间共建合作文件；贸易合作潜力持续释放，2018 年，我国与"一带一路"沿线国家及地区货物贸易进出口总额达到 1.3 万亿美元，同比增长 16.3%，高于同期中国

外贸增速 3.7 个百分点,占外贸总值的 27.4%[①];基础设施建设发展迅猛,与沿线国家在港口、铁路、公路、电力、航空、通信等领域开展了大量合作。

资金融通作为"一带一路"倡议的"五通"之一,是"一带一路"建设的重要支撑。几年来,我国银行业积极布局"一带一路"沿线地区,并初步构建了多层次的金融服务体系,为"一带一路"项目建设和商贸往来提供了多元化的金融支持和服务,同时为我国金融业的全球化拓展贡献了力量。

(一)我国银行业服务"一带一路"现状

1. 积极布局沿线国家

近年来,我国银行业积极研究制定"一带一路"建设的规划和实施意见,通过主动设点、走线、联网、布局,完善跨境金融服务。中国"一带一路"网数据显示,截至 2018 年末,我国银行业已在 24 个国家设立各类机构 102 家。其中,国有商业银行中的中国银行和工商银行是"一带一路"建设国际化布局的引领者;政策性银行机构布局较为谨慎,主要以项目支持"一带一路"建设为主;股份制商业银行在"一带一路"沿线国家及地区的布局处于跟随阶段。

**表 1    我国银行业在"一带一路"沿线国家及地区布局情况(不完全统计)**

| 银行 | 覆盖国家(地区)数量 | 机构数量 | 机构类型 |
|---|---|---|---|
| 国家开发银行 | 3 | 3 | 代表处 |
| 中国进出口银行 | 1 | 1 | 代表处 |
| 中国银行 | 23 | 24 | 分行 14 家,子行 6 家,代表处 4 家 |
| 工商银行 | 20 | 21 | 分行 14 家,子行 6 家,代表处 1 家 |
| 建设银行 | 6 | 6 | 分行 3 家,子行 3 家 |
| 农业银行 | 4 | 6 | 分行 4 家,子行 1 家,代表处 1 家 |
| 交通银行 | 2 | 2 | 分行 |
| 招商银行 | 1 | 1 | 分行 |
| 中信银行 | 2 | 2 | 分行 1 家,控股子行 1 家 |
| 浦发银行 | 1 | 1 | 分行 |

资料来源:李炫榆. 央行观察.

从区域分布来看,我国银行业在"一带一路"沿线地区的布局重点考察

---

① 数据来源:国家信息中心。

东道国的对外直接投资额、双边贸易额及东道国的政治局势稳定性①。基于此，我国银行业海外布局路径基本遵循"由近及远，先发达后发展"的扩张思路。目前已全部覆盖东亚11国，其余覆盖国家最多的区域依次为西亚（6国）、中东欧（4国）、南亚（2国）、中亚和独联体（1国）。

表2 我国银行业在"一带一路"沿线地区的区域分布

| 区域 | "一带一路"沿线国家和地区 | 我国银行已布局国家（共25个） |
|---|---|---|
| 东亚*<br>（11国） | 蒙古国、新加坡、马来西亚、印度尼西亚、缅甸、泰国、老挝、柬埔寨、越南、文莱、菲律宾 | 蒙古国、新加坡、越南、马来西亚、印度尼西亚、老挝、柬埔寨、缅甸、菲律宾、文莱、泰国 |
| 西亚<br>（18国） | 伊朗、伊拉克、土耳其、叙利亚、约旦、黎巴嫩、以色列、巴勒斯坦、沙特阿拉伯、也门、阿曼、阿拉伯联合酋长国、卡塔尔、科威特、巴林、希腊、塞浦路斯、埃及西奈半岛 | 巴林、阿拉伯联合酋长国、土耳其、卡塔尔、沙特阿拉伯、科威特 |
| 南亚<br>（8国） | 印度、巴基斯坦、孟加拉国、阿富汗、斯里兰卡、马尔代夫、尼泊尔、不丹 | 印度、巴基斯坦 |
| 中亚<br>（5国） | 哈萨克斯坦、乌兹别克斯坦、土库曼斯坦、塔吉克斯坦、吉尔吉斯斯坦 | 哈萨克斯坦 |
| 独联体<br>（7国） | 俄罗斯、乌克兰、白俄罗斯、格鲁吉亚、阿塞拜疆、亚美尼亚、摩尔多瓦 | 俄罗斯 |
| 中东欧<br>（16国） | 波兰、立陶宛、爱沙尼亚、拉脱维亚、捷克、斯洛伐克、匈牙利、斯洛文尼亚、克罗地亚、波黑、黑山、塞尔维亚、阿尔巴尼亚、罗纳尼亚、保加利亚、马其顿 | 波兰、捷克、匈牙利、塞尔维亚 |

注＊："东亚"在经济学意义上包含东北亚和东南亚。

资料来源：张海波等. 商业银行在"一带一路"沿线国家机构布局策略——基于18家中资商业银行面板数据的分析.

### 2. 金融支持模式多样

我国银行业积极创新金融业务，围绕"一带一路"建设开展多元化金融服务。一是资金支持，通过银团贷款、产业基金、对外承包工程贷款、互惠贷款等多样化的金融工具，为"一带一路"沿线地区基础设施、电力、通信等重大项目建设提供资金支持；二是配套服务，为"走出去"企业跨境贸易

---

① 张海波等. 商业银行在"一带一路"沿线国家机构布局策略——基于18家中资商业银行面板数据的分析. 亚太经济. 2018（6）.

提供结算、清算、汇兑等便利性支持，为跨境投资提供财务顾问、并购搭桥、股权融资等投行服务；三是管控风险，帮助企业合理评估"一带一路"投资风险，提供套期保值等衍生工具，有效对冲风险[①]。

根据各自的特色和优势，我国银行业在金融支持过程中的侧重点也有所不同。为了满足"一带一路"建设相关项目投资规模大、周期长、涉及币种多样等特点，国家开发银行、进出口银行充分发挥开发性金融、政策性金融优势，围绕重点地区和领域，推动一大批重大标志性工程落地；国有商业银行发挥各自比较优势，推动多元化金融合作、基础设施建设、国内企业"走出去"服务，及人民币国际化进程；股份制商业银行着力搭建"一带一路"建设服务平台，为企业、客户创新性地提供融资服务，以参与大行银团贷款、产业基金等方式融入项目建设中。

3. 金融合作较为紧密

一方面，国内银行间、与非银金融机构间建立合作联系，凭借各自优势共同服务"一带一路"建设。例如国家开发银行、进出口银行、工商银行和中国出口信用保险公司实施"三行一保"合作机制，按照"统一规划、共担风险、资源整合"原则，以银团方式统一对外，确保对"一带一路"建设的融资机构、价格、管理和服务的"四统一"。

另一方面，银保监会与32个沿线国家及地区监管当局签订了双边金融监管合作谅解备忘录（MOU）或合作换文，推动国内银行与"一带一路"沿线地区金融机构积极展开合作。我国银行业一是积极开展与外资银行的业务合作，通过银团贷款、联合债券承销、贸易融资、全球现金管理及金融市场等业务共同支持"一带一路"项目建设；二是积极构建银行间常态化合作机制，建立长期稳定、互利共赢的金融合作关系，为全方位、多领域务实合作提供重要支撑。例如国家开发银行发起设立上合组织银联体、中国—东盟国家银联体、中国—中东欧银联体、中国—阿拉伯国家银行联合体、金砖国家银行合作机制等多边金融合作机制，吸纳各国政策性银行、开发性金融机构和商业银行加入；工商银行主办"一带一路"银行家圆桌会议，目前成员单位已扩展至53家，通过平台互荐项目金额超过25亿美元。

4. 促进人民币国际化进程

中国"一带一路"网数据显示，人民币跨境支付系统已覆盖40个"一

---

① 潘光伟. 国新办就银行业支持"一带一路"举措成效举行发布会讲话. 2017.

带一路"沿线国家的165家银行；我国已与21个"一带一路"沿线国家签署了本币互换协议，与6个国家签订人民币清算协议，与8个国家签署了边贸或一般贸易与投资本币结算协定，人民币境外合规机构投资者试点项目授予了"一带一路"沿线5个国家[①]，推动人民币在境外实现计价、结算职能，提升人民币的国际接受程度。俄罗斯、新加坡、泰国等10多个"一带一路"沿线国家中央银行已将人民币资产纳入其外汇储备，人民币在部分沿线国家开始发挥其价值储备职能。

（二）我国银行业服务"一带一路"面临的挑战

在服务"一带一路"建设的过程中，我国银行业受限于沿线金融基础设施落后、经济水平有限、风险较为复杂等因素，为金融服务带来较大制约。同时，网络布局过于集中，金融服务能力还有待提升和拓展。地缘政治、汇率波动、异地监管等问题也给我国银行服务"一带一路"带来风险挑战。

1. 金融基础设施较为落后

"一带一路"沿线国家在征信、支付结算等方面的金融基础设施较为落后，为我国银行开展有效的金融服务带来较大制约。

跨境征信是国际合作的基石，但"一带一路"沿线许多发展中国家普遍存在缺乏征信数据、或征信数据系统不完备的问题。同时，部分国家由于市场成熟度、政治体制和稳定性与我国存在较大差异，双方在征信对接上也易存在认可度低的情况。信用信息不对称，导致我国银行难以在贸易融资中充分发挥力量。

跨境支付结算方面，目前，"一带一路"跨境支付的方式包括银行电汇、专业汇款公司以及第三方支付三大类。其中，银行电汇主要依赖于环球同业银行金融电讯协会（SWIFT）和人民币跨境支付系统（CIPS），但仍不同程度地存在支付结算效率、数据透明度、支付信息安全程度低等痛点，对银行在"一带一路"沿线地区进行跨境支付结算造成较大障碍。

2. 布局集中度较高，金融支持存在缺口

我国银行业在"一带一路"沿线地区布局的区域集中度较高，主要集中在东南亚和西亚。一是由于"一带一路"沿线部分国家受到落后的金融基础设施及经济水平限制，金融服务难以触达，"金融抑制"问题凸显；二是国内银行出于风险规避考虑，在网点布局方面跟随现象较为明显，对于未开发

---

① 殷勇."一带一路"中的人民币国际化.中国金融.2017（13）.

地区由于缺乏经验，缺少有效的风控手段，开拓意愿较弱。

3. 面临复杂风险

"一带一路"沿线国家和地区数量众多，在经济、政治、社会、人文方面存在较大差异，给银行服务"一带一路"建设带来复杂风险挑战。

一是国别风险，如由于某国经济增长、货币政策、资本管制、政府债务、地缘政治因素的影响，导致该国借款人或债务人没有能力或者拒绝偿付银行业金融机构债务使其遭受损失[①]。由于"一带一路"沿线国家情况各异，国别风险也存在较大差异，难以提前甄别；二是市场风险，例如由于汇率的波动使得外币计值的资产或者负债的本币价值发生变化，从而导致银行发生损失；三是异地监管风险，东南亚某些国家的金融监管严格程度较高，如柬埔寨中央银行限制全国国立和私立金融机构向借贷人提供贷款服务的年利息最高只能达到18%，在印度尼西亚申请现金贷牌照需要1年左右的时间，而且注册实缴资本要5 000万元以上。能否与当地金融监管框架融合，做好本土化的金融服务，是国内银行面临的一大考验。

## 二、金融科技助力"一带一路"建设的路径分析

2017年"一带一路"国际合作高峰论坛提出，要将"一带一路"建成创新之路，加强数据经济、人工智能、纳米技术、量子计算机等前沿领域合作，并特别提出"推动大数据、云计算、智慧城市建设，促进科技同产业、科技同金融深度融合"。金融科技凭借强大的计算能力、分析能力和资源整合能力，能够直击传统金融和传统市场的诸多痛点，从而助力银行服务"一带一路"相关建设。

（一）优化"一带一路"金融基础设施

1. 优化跨境征信平台建设

金融科技能够海量处理、分析行为数据、交易数据、消费数据、属性数据等，并将其作为信用参考数据，丰富信用体系数据维度，使客户画像更加清晰完整。同时，金融科技能够提供实时的数据信息，使得信用决策不再单纯依靠历史维度数据，而是可实时判断信用风险，且对未来形成合理预期。

产业信用方面，国合信用研究院联合"一带一路"沿线一流智库和大学，由具体城市的大学商学院和研究机构进行该城市主体产业大数据分析，

---

① 王兴国. 商业银行服务"一带一路"实践与路径研究. 经济纵横. 2018（30）.

打造"一带一路"国家城市大数据产业链，通过金融科技赋能跨境信用建设。商贸信用方面，跨境电子商务平台及进出口融资平台积累了大量的国内外采购商、借贷企业的交易信息，能够帮助银行有效评估国内外企业的信用评级，从而为商贸融资提供信用基础。

2. 赋能科技型跨境支付结算体系建设

金融科技能够直击目前跨境支付结算体系中效率低、数据不透明、支付信息易遗漏等痛点，赋能科技型跨境支付结算体系建设。一是依靠大数据决策模式，能够大量简化运营流程、压缩运营时间，实现资金极速到账，为客户降低汇率波动风险；二是通过云平台模式实现传输信息上云，便于支付链条上的各方实时追踪支付信息，实现支付费用透明化，并了解各节点银行的扣费明细；三是区块链的不可篡改性能够保证支付报文准确无误，解决信息传递过程中的信息遗漏问题。

目前，SWIFT已运用金融科技启动全球支付创新（GPI）服务，165家银行（其中含10家中资银行）已上线加入该服务，每年通过GPI服务实现的跨境支付流量占据SWIFT总额的25%，未来份额还将继续走高。除银行系统外，专业汇款公司、第三方支付公司也在积极探索运用金融科技赋能跨境支付结算体系建设。

我国可充分发挥大数据、人工智能、应用程序编程接口（Application Programming Interface，API）等技术在跨境支付结算体系建设方面的作用，引导"卡组织专注转接清算、发卡行专注支付结算、收单机构专注场景拓展"，最终形成以CIPS为核心，以银联、网联等为纽带，连接商业银行、支付机构、商户及新兴市场参与方的新一代移动支付生态体系。[1]

3. 建立线上金融监管合作模式

在"一带一路"双边监管合作谅解备忘录基本框架下，可以互联网技术为依托，建立线上监管合作模式，完善"一带一路"沿线金融安全环境。线上模式有助于提高双边日常跨境监管沟通效率，完善跨境风险应对和危机处置制度安排，快速协助解决我国银行业在服务"一带一路"建设业务开展中遇到的政策障碍。线上模式还能够高效开展与"一带一路"沿线国家监管当局和金融机构的交流和培训，以进一步增加了解和互信。同时，加快推动沿线尚未正式与我国建立监管合作机制的国家上线联网，延伸双边监管合作

---

① 李伟. 金融科技赋能支付服务提质增效. 中国支付清算. 2018（12）.

范围。

（二）拓展"一带一路"金融服务格局

1. 金融服务线条得以延伸

"一带一路"沿线大部分国家受落后的金融基础设施及经济水平限制，少有我国银行业金融服务的触达，"金融抑制"问题凸显。随着这些地区生产、生活的逐步互联网化，相关经营、生产、生活、行为数据呈海量增长的态势。在大数据分析技术支持下，银行能够有效观察和分析某国、某地、某企业及某人的实时生产经营及生活状况，缓解信息不对称问题，协助银行快速找到沿线国家金融需求点，促进金融供给与需求的有效对接。在金融科技支持下，我国银行业服务格局有望向中亚、中东欧等地区延伸，扩大服务范围。

2. 普惠金融需求获得释放

将金融科技运用到普惠金融中，能有效解决"一带一路"沿线国家尤其是欠发达国家面临的信用评价、风险管控等问题，有效释放沿线国家小微企业、中低收入人群等弱势群体的金融服务需求，从而使银行服务深入普惠大众，拓展服务格局。例如利用互联网技术有效对接小微企业的贷款需求，为"一带一路"沿线地区正处于发展阶段的小微企业提供资金支持；运用大数据技术分析小微网商经营行为和消费者消费行为，评估信用风险，为其提供信用评级、小额信贷、保险等金融服务。

例如蚂蚁金服在印度和泰国的农村地区着力推进"数据化产融模式"，通过和农业龙头企业合作，基于农户在农业生产过程中的量化信息建立大数据模型，为农户授信。数据化产融模式可避免跨境人工尽调中的"人为干预"因素，同时能大幅提升贷款效率，降低风控成本。此模式让蚂蚁金服的触角延伸至传统金融服务难以触达的广袤农村，有效扩大在"一带一路"沿线的服务格局。

3. 金融服务模式更加开放

随着金融科技的发展，金融服务提供者可以利用开放 API 或 SDK（Software Development Kit，软件开发工具包）等技术，接入"一带一路"沿线企业门户网站、资源计划管理系统、微信小程序、合作伙伴 APP 等各种平台，融入"一带一路"沿线国家和地区的社会生活、生产、管理等各个环节，开放式地提供金融服务。在开放性金融模式下，"一带一路"沿线客户可按需与银行服务进行对接，银行的金融服务将更加多元化和个性化。

（三）提升"一带一路"金融服务能力

1. 缓解"一带一路"金融服务痛点

"一带一路"金融服务具有参与方多、交易流程长、信息交互复杂等特点，因此存在金融对接成本高、服务流畅度低、信息传递存在安全隐患等痛点。金融科技能够有效缓解"一带一路"金融服务的上述痛点。在前端，数据挖掘、计算等技术能够快速分析、连接、触达"一带一路"沿线客户，为银行节省大量营销时间；在中端，生物识别、电子印章、电子签名等技术突破传统的纸质交互模式，跨境线上化交互模式能够提升"一带一路"金融服务的顺滑度；在后端，利用分布式账本技术，可实现去中心化存储，且具有数据不可伪造和篡改的特性，为"一带一路"建设中的跨境支付提供了可能和安全保障，能够有效提高清算和结算效率。

2. 提升"一带一路"贸易融资服务水平

通过金融科技在银行典型的贸易融资业务中发挥作用，可提升银行在"一带一路"建设中的跨境业务服务水平。

（1）供应链金融。物联网技术可通过射频识别系统、红外感应系统、全球定位系统、激光扫描仪等信息传感设备，按约定的协议把物品与互联网连接起来，形成一个物品与物品相互连接的分布式网络，从而实现智能化物品识别、物品定位、物品跟踪、物品监控和管理。银行借助物联网技术开展供应链金融业务，可以将物流、商流、信息流、资金流有效统一起来，并实现智能监控、动态反馈。同时，将区块链应用到供应链金融业务中，可有效防止信息篡改，降低供应链金融风险水平。

（2）福费廷。通过区块链将福费廷买入行与卖出行双方在链上连接，从而将交易单据电子化、交易过程可视化，可实现交易询价报价在线撮合、流程在线操作等功能，能大幅缩短福费廷业务时间，提升业务安全性，优化业务操作体验。

（3）国际保理。将基础贸易的双方同时纳入区块链，并通过智能合约技术实现对合格应收账款的自动识别和受让，全程交易达到可视化、可追溯，可有效解决当前保理业务发展中面临的报文传输烦琐、确权流程复杂等操作问题，对防范传统国际保理业务中的欺诈风险、提升客户体验具有积极意义。

（4）国际信用证。利用区块链技术使银行和买卖方统一上链，以信用证电开代替信开，交单、承兑、付款的过程更加透明可追踪，交易各方能实时跟踪信用证业务的办理流程，并随时查看业务主要信息，业务效率和透明度大幅提高，且能有效避免信息传输错误或欺诈行为，极大提升用户体验和安全性。

（四）助力"一带一路"金融风险防控

1. 建立大数据风险预警平台

通过收集政府部门的监管数据、产业的经营数据、互联网平台的开源数据，利用大数据、云计算技术，深化关联分析、综合利用，制定"一带一路"国家数据标准体系，可研究并建立个人和产业领域的大数据风险预警模型。

例如，产品检验检疫局可与天猫国际、亚马逊等跨境电商战略合作，双方共同设立"一带一路"跨境电子商务产品质量安全风险信息采集平台，以监督抽查、消费者投诉、跨境电商企业报告、境外通报等多种途径和形式获取质量安全风险信息，从而实现双方共享国内外产品质量风险预警，逐步建立"一带一路"跨境电商产品质量安全"大数据"监测模式，帮助银行甄别生产企业水平和商品质量，降低金融风险。

2. 运用监管科技强化自身风控水平

随着监管科技（Regtech）的发展，银行自身风控水平可得到有效提升。云技术、数据湖（Data Lake）、数据处理器等技术可以帮助银行快速收集、计算、储存与"反洗钱"（AML）和"了解你的用户"（KYC）相关的数据，提高银行风险识别度；人工智能及其他自动化分析技术能够对偏离合规要求的交易行为自动发出警报，有效帮助银行提前预警；应用程序接口（API）开发帮助银行主动对接监管机构，通过统一协议交换数据和生成报告，提高检查、反洗钱欺诈监测效率。

## 三、金融科技公司助力"一带一路"建设的典型案例及启示

近年来，国内金融科技公司充分发挥在国内市场积累的经验，将成熟的金融科技技术和商业模式打包输出，征战海外市场。其中，"一带一路"沿线国家成为金融科技公司重要拓展目的地。通过总结金融科技公司布局"一带一路"沿线地区的主要规律，可以为银行运用金融科技服务"一带一路"提供借鉴启示。

（一）金融科技公司服务"一带一路"典型案例

1. 阿里巴巴

（1）"一带一路"战略规划。阿里巴巴具有清晰的"一带一路"发展战

略规划，其目标是建立一个能够推动小企业在"一带一路"高效发展的电子化平台，该平台是一个集合了物流、融资和海关服务的"自由贸易区"。为此，阿里巴巴有着明确的布局方向，其战略投资主要集中在四个方面：在线支付、数据中心、线下物流、电商平台，分别对应了阿里巴巴的蚂蚁金服业务、阿里云业务、菜鸟网络业务和集团业务。

（2）主要业务发展。在线支付领域，阿里巴巴旗下蚂蚁金服通过收购当地支付公司、与当地银行合作等方式，已将"支付宝"深入印度、泰国、印度尼西亚、菲律宾、韩国等多个国家。数据中心领域，与迪拜米拉斯控股集团成立合资技术公司，共同建设迪拜数据中心，为中东、北非地区的企业以及政府机构提供云计算服务。物流配送领域，阿里巴巴先后参股了新加坡邮政、澳大利亚邮政、巴西邮政，并为俄罗斯提供了专营物流渠道，同时其收购占股的印度尼西亚 Lazada、印度 Paytm 都在自建物流系统。电商业务领域，阿里巴巴在打造不同语言版本的 AliExpress（全球速卖通）的同时，先后入股收购了东南亚电商平台 Lazada、印度电商平台 Flipkart 和 Snapdeal；与泰国泰京银行签订合作协议，支持泰国中小企业发展电子商务渠道，包括提供培训、推荐和解决各种问题。

2. 腾讯

（1）"一带一路"战略规划。腾讯公司充分发挥在云计算和大数据等领域的互联网基础设施优势，以及在 QQ、微信、腾讯游戏等海量业务的互联网服务能力，以"技术＋业务"双轮驱动模式服务"一带一路"建设。

（2）主要业务发展。腾讯云为"一带一路"沿线国内外企业和开发者提供安全稳定的云计算服务，涵盖云服务器、云数据库、云存储、视频与 CDN、域名注册等全方位云服务和各行业解决方案。腾讯旗下公司"腾讯企点"携手跨境电商 B2B 平台敦煌网联手打造跨境电商社交化应用系统，服务"一带一路"电子商务发展。此外，腾讯企点借助其领先的科技实力，与大申网打造"智慧企业"，打通传统、线上、线下、政府、腾讯各方的跨界链接，为"一带一路"企业打造社会化大营销产业链。

3. 京东

（1）"一带一路"战略规划。京东的海外布局紧跟国家"一带一路"倡议，通过建立海外分公司、合资公司等方式，在印度尼西亚、泰国、越南等东南亚国家和地区展开投资与合作，促进中外品牌的双向流动。

（2）主要业务发展。京东数科（原京东金融）与泰国尚泰集团有限公司成立合资公司，运用京东数科全球领先的移动支付技术，结合泰国消费实际，提供更加本地化的支付产品和服务，然后向消费金融、供应链金融、保险、理财等多个互联网金融领域拓展。京东与泰国最大零售商 Central Group 与 Provident Capital 成立两家合资公司，为电商合资公司提供人工智能、云计算技术服务，以及电商和物流领域的技术支持。京东物流与哈萨克斯坦国家铁路公司达成战略合作，双方在物流、电商及互联网金融等领域展开深度合作，共同建设以跨境物流为载体的"一带一路"国际供应链网络。

4. 捷信

（1）"一带一路"战略规划。捷信是国内规模较大的消费金融服务提供商，将消费金融作为促进"中国制造"向"一带一路"沿线地区输出产品和服务的利器，并着力提升"一带一路"沿线地区消费水平，帮助新兴市场实现消费金融化、金融生活化。

（2）主要业务发展。捷信在多个东南亚市场与中国手机厂商合作（部分为独家合作），提供贯穿支付、征信体系建设、消费、贷款的消费金融解决方案，并首创零利率的金融购机支持政策，为当地消费者提供最长 6 个月的无息消费信贷，帮助中国手机厂商迅速开拓东南亚等"一带一路"沿线新兴市场。目前，捷信消费金融业务已延伸至越南、菲律宾、印度等地。

5. 其他

除上述典型金融科技企业外，近年来国内还有大量金融科技企业发挥自身技术和资源优势，结合"一带一路"沿线地区相关资源，快速布局"一带一路"沿线国家。例如宜信立足新加坡，以房地产金融、第三方服务商业务模式展开服务；闪银、银联商务在印度尼西亚、巴基斯坦、哈萨克斯坦等国展开智能支付服务等。

**表3　　　　国内金融科技公司在"一带一路"沿线地区布局情况**

| 金融科技公司 | 服务领域 | 布局国家或地区 |
| --- | --- | --- |
| 百度金融 | 智能支付 | 泰国 |
| 宜信 | 房地产金融、第三方服务商 | 新加坡、以色列 |
| 闪银 | 智能支付 | 印度尼西亚、新加坡 |
| 银联商务 | 智能支付 | 巴基斯坦、哈萨克斯坦、越南、老挝、缅甸 |
| 点融网 | 网贷 | 新加坡 |
| 新联在线 | 财富管理 | 新加坡、柬埔寨 |
| 中新控股 | 金融科技 | 新加坡 |

| 金融科技公司 | 服务领域 | 布局国家或地区 |
| --- | --- | --- |
| 玖富 | 消费金融 | 新加坡、印度尼西亚、越南 |
| 掌控金服 | 金融科技 | 印度尼西亚 |
| 福米科技 | 金融科技 | 新加坡 |
| 积木盒子 | 金融科技 | 新加坡 |

资料来源:亿欧网,中国民生银行研究院整理。

（二）金融科技公司服务"一带一路"建设对银行的启示

1. 区域选择要充分研判当地经济、金融和数字化发展程度

从金融科技公司布局分布的情况来看,东南亚地区成为最抢手的争夺市场。蚂蚁金服先后进入菲律宾、印度尼西亚、马来西亚、新加坡市场打造当地版支付宝;陆金所成立"陆国际"金融资产交易所,落户新加坡;捷信也在越南、菲律宾、印度等国落地。扎堆落脚东南亚的原因在于,一是东南亚普惠金融需求较大。由于征信体系较为薄弱,东南亚信用卡、网络支付等渗透率较低,中小企业难以获得金融服务;二是东南亚互联网普及率快速提升。以泰国为例,该国移动互联网用户数超过66%,智能手机普及率超过60%;三是东南亚具有良好的客户基础。在东南亚地区6亿人口中,有4.2亿40岁以下的年轻人,对于金融科技的接受程度较高。同时,东南亚的"中产阶级"正在快速崛起,会带来巨大的消费潜力。

2. 以金融基础设施构建为基础,搭建互联网金融产品体系

金融科技公司海外布局的主要规律为,首先以支付、数据中心、云平台、电商系统等金融基础设施打开"一带一路"沿线地区市场,嫁接起国内外金融服务的桥梁;再通过互联网金融产品,提供增值服务,扩大客户范围,打牢客户基础,增强客户黏性。

3. 收购与共建并举,充分发挥"一带一路"沿线地区当地资源优势

并购与共建是金融科技公司布局"一带一路"最常用的方式。蚂蚁金服、新联在线、中国信贷科技等众多金融科技公司均通过收购当地机构或与当地机构共建的方式快速抢占移动支付、在线理财、在线信贷投资等业务领域。收购与共建能够快速、直接地结合自身的技术优势与"一带一路"本土化的市场优势,达到"1+1>2"的效用。

**四、银行业运用金融科技服务"一带一路"建设的策略**

通过分析金融科技助力"一带一路"建设的主要路径,总结借鉴金融科

技公司布局"一带一路"的典型做法，可从四方面着力，充分发挥金融科技作用，提升银行业对"一带一路"建设的服务水平。

（一）制定国际战略指引，形成科技赋能型国际化发展理念

紧跟"一带一路"倡议步伐，树立"金融科技＋一带一路"的新型国际化发展理念，推动行内科技资源与"一带一路"业务布局相结合，支持"一带一路"相关建设。

1. 推动"一带一路"倡议布局

党的十九大报告指出，要以"一带一路"建设为重点，形成陆海内外联动、东西双向互济的开放格局。银行应主动与国家规划、地方规划相衔接，紧密对接、提前介入，围绕国家战略主动作为，为"一带一路"建设提供稳定、可持续、风险可控的金融保障体系。明确"一带一路"工作牵头机构，协调总分行、分行间、境内外的日常联动，确保机制通畅。对外加强与国外相关政府部门沟通，为推动"一带一路"项目落地培育良好的外部环境，为"一带一路"基础设施建设、商贸往来、国内企业"走出去"、国外企业"引进来"搭建金融桥梁。

2. 重视金融科技与"一带一路"布局相结合

建议银行强化金融科技发展理念，深入理解金融科技支持"一带一路"沿线地区业务发展的重要性，用金融科技思维指导银行国际化发展战略，为"一带一路"建设提供科技型金融支撑。一是加大金融科技投入规模，为行内基础科研、跨国系统开发、跨境业务发展提供技术支撑；二是完善"一带一路"沿线机构间、行内外、部门间的合作机制，打通各个数据节点，保证金融科技发展流程顺畅；三是加强"科技＋金融"复合型人才建设，为金融科技指导"一带一路"建设发展提供人才储备。

（二）完善设施产品体系，提升"一带一路"金融服务能力

通过金融科技重塑银行基础设施、产品体系竞争力，完善网点布局，提升银行"一带一路"建设金融服务能力和水平。

1. 优化"一带一路"沿线地区金融基础设施建设

一是通过金融科技重构云平台、数据中心、分布式架构等硬件基础设施，为银行科技型"一带一路"发展打牢核心竞争力；二是以科技引领支付结算体系建设，紧密配合 GPI 银行、CIPS 二期等系统开发建设，构建以银行为主体的，涵盖"一带一路"沿线国家、重要机构的支付结算网络，同时加强手机银行、电话银行等新型支付工具的发展，探索与第三方支付公司共同开拓

"一带一路"沿线新兴市场；三是加快与政府、电子商务平台、金融科技公司合作，通过大数据、云计算等技术共同搭建"一带一路"沿线地区智能化征信平台，实现征信信息跨国界、跨机构的智能化互联互通。

2. 为"一带一路"沿线地区提供智能化的互联网金融服务

一方面，将金融科技运用到传统的供应链金融、福费廷、国际保理等跨境业务中，提升业务效率和精准性；另一方面，搭建智能综合服务平台，为跨境企业提供集结算汇兑、跨境支付、贸易融资、信息查询及商流管理于一体的一站式服务，为"一带一路"沿线地区跨境贸易、投资活动提供本外币、境内外、离在岸、投商行在内的全方位的跨境金融服务。

3. 完善"一带一路"网点布局

一是深入研究"一带一路"官方大数据报告，综合考虑"一带一路"沿线国家的经济环境、金融环境、营商环境、数字化发展环境等指标，结合本行情况，有针对性地在排名较好的国家布局网点机构；二是充分挖掘大数据公司、跨境电商平台的海量数据，研判"一带一路"沿线新兴市场潜在金融服务需求，延展网点布局范围；三是利用互联网技术，搭建手机银行、电子银行、直销银行、远程银行等渠道网络，通过互联网普惠金融，开发"一带一路"沿线地区长尾客户人群。

表4 "一带一路"沿线国家相关指标排名

| 指标 | Top5 国家排名 |
| --- | --- |
| 经济环境 | 越南、印度、以色列、韩国、孟加拉国 |
| 金融环境 | 沙特阿拉伯、卡塔尔、也门、东帝汶、马尔代夫 |
| 营商环境 | 新加坡、新西兰、阿拉伯联合酋长国、以色列、卡塔尔 |
| 数字化环境 | 新加坡、俄罗斯、韩国、马来西亚、泰国 |

资料来源：《"一带一路"大数据报告2018》，中国民生银行研究院整理。

（三）搭建多元合作平台，优化"一带一路"金融生态环境

1. 加强多边金融合作

国际方面：加强与世界银行、亚洲开发银行、亚洲基础设施投资银行、金砖国家开发银行等多边开发金融机构合作，建立项目数据库，充分了解"一带一路"项目储备，前瞻性研究"一带一路"建设动向。国内方面：加强开发性、政策性、商业性金融协同，利用各自领域内的资源、体系、服务能力和技术、经验等，共同攻克"一带一路"沿线地区跨境业务技术难点，

共同搭建基于区块链、人工智能等新型技术的高效的跨境融资、支付、结算等业务体系。

2. 建立政府信息资源库

加强与中央银行、外汇局、税务总局、海关总署、出入境检验检疫局的联系，通过大数据技术合作搭建"一带一路"建设项目审核平台，充分运用官方信息为项目背景审核提供信息和技术支持，从而安全、高效地开展金融服务。

3. 建立科技合作共同体

一是与国内及"一带一路"沿线国家的研究机构、高校等智库平台合作，深入研究当地实际情况，合作开发大数据平台，实现投资、信用、风险信息共享；二是与金融科技公司合作，运用其成熟的支付、风控等产品打开"一带一路"沿线市场；三是通过开放 API 或 SDK 技术，以开放银行模式与互联网平台公司合作，获得流量数据和用户。通过上述方式，建立起科技合作共同体，实现从点对点合作向数字化生态合作演进。

（四）运用新型科技手段，打造"一带一路"风险防控体系

1. 加强风险预警

将各项金融指标信息透明化，加强与国内监管部门、"一带一路"沿线地区管理机构的大数据风控平台合作，建立合理的金融风险预警与监管平台。通过大数据分析、人工智能等技术实时、动态预警，实现银行与沿线国家及地区风险信息无障碍共享。

2. 主动管理风险

银行应积极探索监管科技的相关应用，切实提高在"一带一路"沿线地区的风险管控能力和水平。一是研究并使用云技术处理 AML、KYC 相关的大量数据，打牢合规管理的基础设施；二是运用人工智能及其他自动化分析技术对大量的交易文件、报告进行智能化处理，有效满足合规要求，并实施动态监管；三是运用区块链等其他分布式技术提高合同透明度，减少结算和系统风险；四是尝试应用 API 开发，主动对接监管机构，通过统一协议交换数据和生成报告，提高检查、反洗钱欺诈监测效率。

附件 1：

# 商业银行运用金融科技支持"一带一路"建设案例

## 一、招商银行

为解决用户在"一带一路"沿线地区的支付痛点，招商银行首发"全币种"信用卡产品，提供持卡人更便利、更多样的境外支付解决方案。根据自身在境外交易市场中的优势与特点，招商银行制定了更贴近消费者，且覆盖消费者"一带一路"沿线地区出行全阶段的信用卡服务策略，如"非常系列"以及"出行精选计划"等。用户可以在掌上生活 APP 或官方微信上及时获取"一带一路"沿线国家的旅游资讯和刷卡优惠，并在"旅游海购"频道一站式享受签证、租车、Wi－Fi、机酒和度假等多种出行必需的增值服务。此外，在额度与境外用卡安全方面，招商银行信用卡还首推全景智额与一键锁卡功能，为用户提供额度与安全的双重保障。

对公业务方面，招商银行推动跨境金融进入 2.0 时代。2.0 更加注重线上化、智能化的跨境综合服务，依托完善的 UBANK 网上企业银行平台，嵌入企业日常交易场景，以 GCM、CBS－TT、跨境直联等 FINTECH 产品赋能传统跨境金融升级转型，打造跨境资金管理平台，助力企业紧跟科技发展时代，服务"一带一路"倡议。招商银行为"一带一路"重点客户定制的金融服务方案为银企合作提供了更加广阔的空间，助力中国企业在"一带一路"倡议中更好地迎接国际化的发展和挑战。

## 二、平安银行

平安银行积极响应"一带一路"倡议，以科技赋能金融，以金融服务实体经济，正逐步走向海外。随着平安区块链、人工智能等多项全球领先的科技项目在"一带一路"沿线国家落地，平安银行尝试为更多用户提供金融科技服务，并积极为亚太地区乃至全球的贸易融通、资金畅通作出努力。

2018 年 11 月 19 日，平安银行旗下金融壹账通新加坡子公司正式开业。该科技服务平台旨在为新加坡及东南亚区域的客户提供一体化端到端的金融服务解决方案。金融壹账通在区块链和人工智能等领域的技术应用，如人脸识别、声纹识别、智能风控等产品，已经受到来自新加坡、泰国、菲律宾、越南和马来西亚客户的密切关注。新加坡地区的独立数据中心即将完工，印度尼西亚的业务也即将落地，并将在当地设立本地数据中心。

### 三、建设银行

建设银行的跨境 e＋平台，可以为"一带一路"沿线地区客户提供全线上一站式贸易金融服务；基于大数据技术开发的贸易金融风控预警平台为"一带一路"沿线地区客户提供了有效的非现场贷后检测手段，同时也把大数据技术运用在客户精准营销和产品设计方面。此外，建设银行为"一带一路"建设打造的区块链贸易金融平台也已粗具规模，涵盖了福费廷、国内证、国际保理等贸易金融重点产品。下一步，建设银行考虑将区块链贸易金融平台向产业链及物流金融领域进行拓展。

附件 2：

## 我国主要银行支持"一带一路"建设的进展

### 一、国家开发银行

（一）业务特点

作为服务国家战略的开发性金融机构和中国最大的对外投融资合作银行，开发银行在以开发性金融支持重大基础设施建设、推进国际合作方面积累了丰富经验，在服务"一带一路"建设中发挥了独特作用。

（二）支持情况

在 2017 年 5 月召开的"一带一路"国际合作高峰论坛上，国家开发银行宣布会提供 2 500 亿元等值人民币专项贷款，其中，1 000 亿元等值人民币用于基础设施，1 000 亿元用于国际产能合作，500 亿元用于金融合作。截至2018 年第一季度末，国家开发银行"一带一路"专项贷款已承诺金额折合人民币 1 624 亿元，占专项贷款的 65％。

在服务"一带一路"建设的过程中，国家开发银行作为境内金融企业中唯一一家国家高端智库培育单位，充分发挥与国际市场、国际金融组织的联系和对话合作机制，通过这些合作，用国际语言，国际方式传播中国在"一带一路"倡议中的声音，传播开发性金融机构在服务国家战略当中的一些做法。

### （三）重点领域和项目

国家开发银行支持了柬埔寨暹粒机场、印度尼西亚金光集团纸业板块收购巴西埃尔多拉多浆厂、阿曼财政部综合授信等一批重大基础设施、产能合作和金融合作项目。重点支持了中哈产能合作、埃及苏伊士经贸合作区、中白工业园区的建设，推动设立中哈产能合作 150 亿美元、中国匈牙利合作 10 亿欧元、澜沧江—湄公河国际产能合作 50 亿美元专项贷款，正在推动斯里兰卡科伦坡港口城作为一个海外仓等方面的工作。

### （四）金融合作

国家开发银行与世界银行共同寻求在非洲及其他有关地区再造中国深圳的发展模式。发起设立了上合银联体，东盟银联体，中阿银联体和非洲银联体的工作，加强与这些国家、地区的同业合作，在基础设施、产能合作、金融合作、民生领域凝聚"一带一路"建设方面发挥动力。

## 二、进出口银行

### （一）业务特点

进出口银行作为政策性银行，依托国家信用支持，围绕服务国家战略，具有定位明确、业务清晰、功能突出、资本充足、治理规范、内控严密、运营安全、服务良好、具备可持续发展能力特点。在"一带一路"建设、外经贸发展和跨境投资、国际产能和装备制造合作，科技、文化以及中小企业"走出去"方面发挥重要作用。

### （二）支持情况

在国家明确的"一带一路"重大标志性项目中，进出口银行参与近半。在进出口银行提供的"两优"贷款中，也有半数投向了"一带一路"沿线。截至 2018 年第一季度末，进出口银行支持"一带一路"建设贷款余额超过8 300 亿元，占全行表内贷款余额的 28%。覆盖 56 个沿线国家。

### （三）金融模式

通过主权借款、主权担保、金融机构转贷款等模式与"一带一路"沿线政府、企业开展大量合作。通过信贷、投资、担保、结算、租赁、贸易金融并举的一揽子金融服务，加大对重点国家和地区的资金投入。发起设立多个投资合作基金，以股权投资方式整合和撬动社会资本，以政策性金融引导和调动商业性金融，吸纳多边机构及国际资金，形成金融支持合力。在服务"一带一路"建设的过程中，进出口银行加大了基金的支持力度。目前，进出口银行在"一带一路"区域主要发起设立或出资参与了中国—东盟投资合作基金、中国—中东欧投资合作基金、中国—欧亚经济合作基金、丝路基金和中非产能合作基金等。

（四）重点领域和项目

涉及经贸合作、能源资源合作、基础设施互联互通、产业投资等重要领域，特别是融资支持建设了一大批"一带一路"重大标志性项目。在 2017 年"一带一路"国际合作高峰论坛成果清单中，进出口银行成果数量占整个清单的 1/9，位居金融机构之首。其中贷款协议 28 项，贷款总金额约 425 亿元，涉及铁路、公路、桥梁、港口、电信等基础设施联通项目 10 个，火电、风电、水电、输变电、卫星、轮胎、采矿、工业园等经贸与产能合作项目 18 个。

（五）金融合作

2017 年 8 月，进出口银行与工商银行双方签署《中国进出口银行与中国工商银行股份有限公司支持"一带一路"建设合作协议》，双方发挥政策性银行与商业银行各自优势，积极落实"一带一路"国际合作高峰论坛成果。

## 三、中国银行

（一）业务特点

中国银行国际化程度较高、信用评级较高、国际投资者基础广泛，具有全球化网络、综合化平台以及专业化产品优势。2014 年末，中国银行党委提出打造"一带一路"金融大动脉的战略要求，这是中国银行对"一带一路"倡议做出的正式宣言。

（二）支持情况

近年来，中国银行积极配合企业"走出去"步伐，加快在"一带一路"沿线国家的机构布局。2018 年以来，中国银行科伦坡分行、中国银行智利分行、中国银行（墨西哥）有限公司相继开业，中国银行海外机构已覆盖全球 56 个国家和地区，其中包括超过 20 个"一带一路"沿线国家，继续领先中资银行同业。截至 2018 年 6 月末，中国银行共跟进"一带一路"建设重大项目逾 600 个，在"一带一路"沿线国家共实现授信新投放约 1 159 亿美元；"一带一路"主题债券总规模已高达百亿美元，涉及中国银行亚、欧、非等 12 家分支机构，计价货币包括美元、人民币等 7 种货币。2018 年 2 月 1 日，中国银行作为牵头主承销商兼牵头簿记管理人，协助沙迦酋长国在中国银行间债券市场成功发行 20 亿元人民币熊猫债。该笔债券是中东地区发行人进入中国银行间债券市场发行的首只主权熊猫债。2018 年 3 月 20 日，中国银行作为牵头主承销商兼簿记管理人，协助菲律宾在中国银行间债券市场成功发行 14.6 亿元人民币债券，境外投资人通过"债券通"参与本次债券发行，境外获配占比 88%，该笔债券是菲律宾进入中国银行间债券市场发行的首只主权熊猫债。

（三）重点领域和项目

基础设施、能源资源开发、国际产能合作、境外合作园区等重点项目。

（四）金融合作

2017 年 6 月，中国银行与中国出口信用保险公司（以下简称中国信保）签署《服务"一带一路"战略专项合作协议》，双方将重点加强对"一带一路"沿线重点国别区域的市场开发，大力支持国际产能合作、基础设施建设和资源能源开发以及高新技术服务等领域项目融资，持续开展产品对接与创新、客户和项目资源共享、风险管理等领域业务合作。

2018 年 4 月，中国银行与花旗集团签署合作谅解备忘录，围绕"一带一路"倡议在各自领域探索潜在的合作渠道，包括但不限于公司融资、金融产品、贸易、代理、信托、资本市场等方面；尤其是在基础设施、铁路、电力和能源、电信、石油和天然气、农业等行业领域，以及与社会发展相关的教育、社会问题、环境和中小企业等可持续发展项目上。

## 四、农业银行

（一）业务特点

作为一家面向"三农"的大型国有银行，农业银行近年来在国际化方面发展较快。在服务"一带一路"建设方面，农业银行充分利用农业金融领域的专业优势，以农业国际合作和金融技术援助为重点方向，支持中国农业"走出去"，为涉农"走出去"企业提供跨境金融综合服务，发挥金融支持"一带一路"建设的催化剂、助推器作用。

（二）支持情况

早在 2015 年，农业银行就根据"一带一路"倡议，制定了《中国农业银行落实"一带一路"建设的实施意见》，成立了专项工作领导小组，画好"规划图""施工图"，推动"一带一路"倡议在农业银行落地。

截至目前，农业银行已在 17 个国家和地区设立了 22 家境外机构和 1 家合资银行，其中有 6 家机构布局在"一带一路"沿线国家，初步形成了涵盖主要国际金融中心及周边合作密切国家和地区的境外经营网络。此外，该行还进一步完善法人客户全球统一授信管理机制，以更好地满足跨国企业境内外融资需求；建立总分行、境内外的联动服务体系，在资源共享、客户互荐、信息沟通等方面形成了较为有效的境内外合作和沟通机制。

截至 2018 年上半年，农业银行累计为"走出去"客户办理项目贷款、保函、境外发债等业务 1 540 亿美元，其中涉及"一带一路"国家 45 个，业务总额达 126 亿美元。2016 年至 2018 年上半年，农业银行服务企业与"一带一路"沿线国家贸易往来 2 100 亿美元。

（三）重点领域和项目

农业银行在"一带一路"的重点支持领域为国际农业合作和产业发展、基础设施互联互通、能源资源投资合作、经贸合作等。

（四）金融合作

农业银行在推动边贸结算和人民币在周边国家使用等方面成效显著。在广西、云南、内蒙古等沿边省（区），陆续设立了中国—东盟跨境人民币业务中心、泛亚业务中心、对蒙跨境人民币业务中心等，通过搭建国际金融合作平台，便利"一带一路"相关国家贸易和投资。与中信保签署服务"一带一路"建设支持农业对外合作专项合作协议，为涉农企业"走出去"提供跨境金融综合服务；2014 年 9 月，农业银行与塔吉克斯坦农业投资银行签署了《支持农业领域合作协议》，新疆生产建设兵团分行将金谷农业作为重点合作项目。

## 五、工商银行

（一）业务特点

工商银行是我国金融市场业务的先行者和重要参与者，是银行间债券市场最大的投资者、结算商与做市商，是非金融企业债务融资工具最大的承销商，是国际金融市场具有重要影响力的积极参与者。工商银行具有强大的资金实力、集约化的资金营运体系和经验丰富的交易团队。

（二）支持情况

工商银行遵循市场化、商业化的原则参与"一带一路"建设，并通过银行间常态化合作机制等方式与同业加强合作。截至 2018 年 6 月末，工商银行已在"一带一路"沿线 20 个国家和地区设立了 129 家分支机构，支持境外

"走出去"项目393个，累计承贷金额约1 028亿美元。其中2018年上半年新承贷"一带一路"建设项目50个，承贷金额110亿美元。

（三）金融模式

为"一带一路"倡议提供资金结算、配套贷款等商业银行产品，及银团贷款、发债融资等投资银行服务，协助跨国企业解决跨国资金联通、资金集中管理以及合理规划投融资安排。

（四）金融合作

工商银行在国家有关部门的指导下，建立了"一带一路"银行家圆桌会议平台，并在2017年4月成功召开了准备会，得到了全球几十家银行的积极响应。工商银行借"一带一路"国际合作高峰论坛举办之机，推动建立沿线银行的常态化合作机制，并与国际金融同业一道，在投融资、资产负债跨币种的风险规避、国际结算、清算等方面进一步加强合作，加快提升整个银行业服务"一带一路"建设的效率，更好地推动"一带一路"倡议的落实。工商银行与多家新加坡政府机构合作，并与本地商会保持良好的沟通和联系，共同拓展"一带一路"建设中的相关业务机遇。

## 六、建设银行

（一）业务特点

建设银行以"综合性经营、多功能服务、集约化发展、创新型银行、智慧型银行"为发展方向，在基础设施建设融资领域具有传统优势。因其国资背景，通常更能获得政府、事业单位等政府端客户的青睐。

（二）支持情况

建设银行将"一带一路"金融服务纳入"中国建设银行转型发展规划"中，制定《支持"一带一路"建设综合金融服务方案》，完成金融助力"一带一路"顶层设计。截至2017年第一季度末，累计为俄罗斯、巴基斯坦、新加坡、阿拉伯联合酋长国、越南、沙特阿拉伯、马来西亚等18个"一带一路"沿线国家的50个海外重大项目提供了金融支持，建设银行签约金额约合98亿美元。其中，涉及基础设施建设领域的重大项目有25个，投资金额约合470亿美元，建设银行签约金额为65亿美元。累计储备重大项目200多个，融资需求约合1 100亿美元，涉及40个国家和地区，半数以上项目集中在铁路、公路、航运、能源、电力等基础设施建设领域。

（三）金融模式

涉及出口信贷、跨境并购、项目融资、国际债券、国际银团、金融租赁等多元化结构性融资产品；积极开展跨境贸易及投资并购、全球授信、投资银行、现金管理等产品创新。

（四）重点项目和领域

铁路、公路、航运、电站等基础设施建设领域。

## 七、交通银行

（一）业务特点

交通银行始建于 1908 年，为了赎回京汉铁路路权和办理铁路、轮船、电报、邮政四政的款项收付而成立，这使交通银行在"交通"建设具有丰富经验。综合化服务、一体化经营是交行的经营特色。目前，除银行主体业务外，交通银行业务服务范围涵盖信托、金融租赁、基金管理、保险、证券等领域，是国内综合化经营程度最高的大型银行之一。

（二）支持情况

交通银行将对接"一带一路"的工作思路概括为"统筹资源配置、创新产品机制、健全协同联动"18 个字。依托交通银行国际化、综合化的竞争优势，发挥跨境、跨业、跨市场的协同联动能力，对接"一带一路"项目建设。

在境内，截至 2016 年末，交通银行已向境内逾千个"一带一路"项目累计投放贷款超过近 3 000 亿元人民币。投放金额占比排在前列的行业分别为交通运输、仓储和邮政业，水利、环境和公共设施管理业以及租赁和商务服务业。在境外，通过内保外贷、海外银团、双边贷款等方式，为客户提供综合金融服务，2016 年向 37 个重点项目提供信贷支持，支持客户当地业务发展。

（三）金融模式

交通银行充分整合各子公司平台，灵活运用信托、租赁、证券、基金、保险等多种业务手段，为"一带一路"沿线企业的跨境投融资、跨境贸易等提供综合金融服务方案。

（四）重点领域和项目

交通银行全力支持重要基础设施互联互通，积极参与沿线主要枢纽的优质铁路、公路、港口及航空项目；围绕交通基础设施建设，积极跟进配套通讯基础设施、能源基础设施项目。

（五）金融合作

交通银行是首家与金砖国家新开发银行开展境内贷款项目联动的商业银行，积极探索境内外联动业务合作模式，开发包括"一带一路"沿线国家和地区在内的基础设施项目，促进双方境内外各类资源的共享。2016年末，交通银行还与国家开发银行签署《全面合作协议》，共同合作以深入贯彻落实"一带一路"等国家经济金融战略和政策。

## 八、中信银行

中信集团积极践行国家"一带一路"倡议。截至2017年上半年，中信旗下的中信银行、中信证券等金融子公司通过对"一带一路"项目提供信贷支持、设立"一带一路"基础设施基金、与沿线有关国家合作设立直接投资基金等方式，已累计为国内外"一带一路"项目提供资金支持约150亿美元。

## 九、浦发银行

浦发银行持续加快国际化、综合化经营发展步伐。目前已在境内外设立41家一级分行、近1 700个营业网点，架构起全国性商业银行的经营服务格局。

近年来，浦发银行重点梳理了通路通航、基础设施产业链、能源电力、信息产业、通商文化五大主题行业机遇，围绕国家发改委重点项目加快推进落地，实现了较好的成效。

根据企业"走出去"发展历程，浦发银行将企业需求提炼为"五个层次需求"，即跨境贸易需求、境外贸易平台建立及运用需求、境外实体投资与平台搭建需求、全球资金管理需求和全球资产配置需求，并在此基础上推出了"五个层面配套"，内容涵盖结算、投融资、并购、担保、资金管理、风险控制、境外上市、境外发债、财务顾问等诸多领域。

此外，浦发银行加强与亚投行、丝路基金、国开行、进出口银行等政策性金融机构的合作深度和广度。未来，浦发银行将积极参与"一带一路"沿线基础设施投融资项目的金融服务，通过参与银团贷款、项目融资、债务融资工具承销、境内托管、代理清算等方式介入"一带一路"重点项目。

2019年1月，浦发银行和渣打银行在上海签署《"一带一路"战略合作备忘录》。双方表示，将在"一带一路"倡议下加强合作，尤其在亚洲、中东和非洲地区，着眼于服务两家银行客户的国际化发展需求，通过银团、联合债券承销、贸易融资、全球现金管理及金融市场等业务合作，力推人民币国际化，共同支持"一带一路"领域项目。

## 十、兴业银行

截至 2016 年末，兴业银行共建立代理行 1 593 家，其中，覆盖"一带一路"沿线 46 个国家的 260 家银行。凭借代理行的资源优势以及跨境金融合作的丰富经验，兴业银行通过香港分行、自贸区分行、境内分行三位一体的跨境金融服务体系，发挥集团化多牌照资源优势，为近 1 万户企业提供"本外币、离在岸"一体化的全链条金融服务，涵盖跨境结算、融资、供应链、投资、汇率避险、财务顾问等在内的综合化跨境金融服务方案，助力构建"一带一路"金融大动脉。

近年来，兴业银行积极把握"一带一路"建设发展机遇，加强代理行跨境合作，紧贴企业"走出去"跨境金融需求，积极参与国际银团项目，持续提升专业服务能力。仅 2017 年，兴业银行参与国际银团项目就达 40 余个，并多次担任国际银团贷款牵头簿记行、牵头行及代理行等角色，投放国际银团贷款超过人民币 300 亿元。

未来，该行将充分发挥"银银平台"连接超 1 200 家境内中小银行的独特优势，逐步建立国际银团业务分销网络，促进国际银团业务二级流转市场发展，加强境内外金融同业合作，拓宽"一带一路"建设资金来源，在合规前提下加强金融产品与服务创新，大力发展 FICC 业务，完善风险对冲机制，为"一带一路"倡议全面落地提供更加有力的金融支持。

# 国　別　篇

# 亚洲主要国家概况、投资机遇及风险分析

# 印　　度

## 一、印度概况

### （一）基本情况

印度是南亚次大陆最大的国家、世界面积第七大国，国土面积 298 万平方千米。印度在西北部和巴基斯坦接壤，北部和中国、不丹、尼泊尔接壤，东部和缅甸接壤。印度是世界第二人口大国，有 100 多个民族，其中印度斯坦族约占总人口的 30%。世界各大宗教在印度都有信徒，世界三大宗教之一的佛教即产生于此，印度教和穆斯林教教徒分别占印度总人口的 80.5% 和 13.4%。

印度实行议会制共和制，是不结盟运动创始国之一，历届政府均强调不结盟是其外交政策的基础。近年来，印政府继续推行全方位大国外交战略，高度重视印中关系，优先发展与美关系，巩固印俄传统关系，推进与欧洲、日本等主要发达国家的关系。印度资源丰富，有矿藏近 100 种。云母产量世界第一，煤和重晶石产量居世界第三。印度农业生产技术落后，工业基础相对薄弱，服务业相对较发达，在国民经济中所占比重较大。海洋产业、信息产业、纺织业、汽车业、医药与健康科学、银行业是印度经济的优势产业。

### （二）经济状况

2018 财年印度经济增长 6.8%，较上财年下降 0.4 个百分点，为五年来的最低水平，但这一增长水平仍领先于全球平均增速和亚洲新兴经济体的平均水平。在莫迪政府不断推动国内改革以及较低油价等因素驱动下，未来印度仍有保持中高速增长的潜力。金融环境方面，2015 年 1 月 15 日，印度中央银行宣布下调基准利率 25 个基点至 7.75%，货币政策转向宽松。此后两年多时间内，印度中央银行多次降息。2019 年 6 月 6 日，印度中央银行将该国关键利率从 6.00% 下调至了 5.75%，为年内连续第三次降息。该中央银行同时还将政策立场从"中立"转变为"宽松"，以求抵御全球贸易纠纷带来的下行风险。财政收支方面，印度财政部将 2018/2019 财年中央财政赤字占 GDP

比重不超过3.3%作为目标。由于印度总理莫迪领导的印度人民党希望能争取到更多农村选民的支持，预算案将大量增加对农村地区的支出。贸易及国际收支方面，2012年经常账户逆差达到峰值后开始大幅度减少，国际储备从2013年起开始回升，到2015年达到3 467.4亿美元。2018年4月底，印度外汇储备为4 204亿美元，可支撑12个月的进口。

（三）政策环境

发展规划方面，印度政府在其"十二五"计划（2012/2013财年至2016/2017财年）中提出，"十二五"的经济发展目标是实现更快的、可持续的和更富包容性的增长。货币政策方面，自2016年1月的货币政策会议开启降息周期至今，印度中央银行已累计降息2.25个百分点。印度中央银行希望金融机构能够降低贷款利率，以应对公司信贷减少的问题。财政政策方面，印度GDP一直保持高速增长，这部分得益于印度谨慎的财政政策和发展实体经济的宽松环境。印度2018财年预算提出要继续重点扶持农村和农业发展，同时加大对基础设施的投入。

（四）国际机构评级

2017年标普、穆迪和惠誉三大评级公司对印度的长期主权评级分别为"BBB－"级、"Baa3"级和"BBB－"级，评级展望分别为"稳定""正面"和"稳定"。在世界银行发布的《2019年全球营商环境报告》中，印度在190个国家及地区中排名第77位。在世界经济论坛发布的《2018年全球竞争力报告》中，印度在140个经济体的排名中位于第58位，比上一年上升5位。

（五）与我国经贸往来

自1950年中印建交以来，前40年两国贸易往来一直在低水平上徘徊。20世纪90年代中期以后，随着两国关系的改善以及两国领导人和人民之间友好往来的增加，经贸合作步伐有所加快。进入21世纪以来，随着中印两国经济的快速增长，经济互补性进一步增强，促进了双方经贸合作的持续发展。2015年，我国已取代美国和阿拉伯联合酋长国，成为印度第一大贸易伙伴和第一大进口来源地。受我国经济增速放缓和美元兑卢比汇率走高等因素影响，近年来，印中贸易逆差呈现出逐步扩大的趋势。目前，我国已位列印度第一逆差来源国。

## 二、中资工商业企业在印度的投资机会及风险分析

目前，中国资本已经成为印度外商直接投资最为活跃的外国资本之一。2017年中国企业对"一带一路"沿线国家和地区并购项目76起，并购金额162.8亿美元，占并购总额的13.6%。其中印度尼西亚、阿拉伯联合酋长国、新加坡、印度等国家吸引中国企业并购投资超10亿美元。目前中资企业在印投资行业主要以制造业和基础设施建设相关行业为主，主要是由于印度未经历工业革命大发展阶段，制造能力相对薄弱，基础设施相对落后，因此这些领域对中资企业市场机会较多。同时，印度政府推动的"印度制造"政策也推动了中国企业更多地向印度制造业进行投资。

（一）投资机遇

在全球经济需求不振、增长疲软、地区经济分化不断加剧的大环境下，印度经济重拾升势，在投资提速、低油价和一系列经济改革的推动下，展现强劲复苏势头，成为全球经济少有的亮点。印度巨大的市场潜力、得天独厚的成本优势、不断改善的营商环境，恰逢中国着力推动企业"走出去"、提出"一带一路"倡议和国际产能合作，为中印经贸合作打开了广阔空间。同时，中印产业结构互补，经贸合作已有相当基础，在基础设施、节能环保、高技术等领域合作日益深入。未来，中资企业应持续重点关注以下行业：一是信息技术产业。印度拥有世界领先的信息技术产业，软件工程师和出口都位居世界第一，但硬件相对落后。企业可在印度建立研发中心，利用印度软件研发人员优势开发软件产品，学习开发管理经验，同时还可以投资设厂，满足印度硬件产品需求。二是可再生能源。印度一直面临缺电困扰，莫迪2014年上台后计划在五年任期内让全国家家户户都"至少亮起一盏灯"，这给企业在新能源特别是太阳能领域的合作带来契机。同时，面对国际减排压力和国内日益严重的空气污染，加快开发清洁能源已不再是解决印度能源短缺的一个替代性选择，而将成为解决方案中不可或缺的部分。三是矿产资源开发。印度矿产资源丰富，而且近年来印度政府也加大了改善矿业投资环境的力度，中资企业可以与印度当地企业在市场、技术、地质勘探、矿产开发等诸多方面进行全方位的合作。四是医药健康行业。在印度的"十二五"规划中，医疗制药行业是重点发展领域。印度医疗制药行业的需求以及政府的大力支持，为投资印度医疗行业，如医院、医疗设备等"硬件"方面以及教育、研发等"软件"方面创造了良好的条件。

（二）面临风险

受政治体制、特有的宗教文化，以及我国企业"走出去"经验欠缺等影响，我国对印度投资仍面临多项风险。一是政治风险仍存。对内方面，在野10年的印度人民党以绝对优势赢得大选胜利，印度政局发生新的变化；对外方面，印度和周边国家矛盾很多，其中影响最大的是和巴基斯坦纠缠不休的克什米尔问题，造成了双方长期严重对立。中国和印度之间也一直存在边界纠纷等不易消除的矛盾。二是贸易风险较高。印度政府为对本国市场实行贸易保护，频繁对外国进口产品发起反倾销调查。印度已成为近年来世贸组织成员中对外发起反倾销调查最多的国家，也是对中国反倾销立案最多的发展中国家。三是营商环境仍不完善。印度征地缓慢、环评手续烦琐等情况仍存，企业注册、人员签证办理也较为困难。四是投资成本较高。印度基础设施较落后，工业配套能力不足，高技能人才短缺，特别是近年来房地产价格大涨，这些因素造成在印度投资的商务成本较高。五是对中国投资仍有歧视性条款。印度政府屡屡以"安全威胁"为由限制中国企业在印度承包工程项目。尽管2006年中印两国政府签订了《双边投资保护协定》，两国政府将鼓励双方的相互投资，但在印度外汇管理法规中有两项针对中国等几个特定国家的特殊限制仍未解除。

### 三、中资银行业务发展机遇及风险分析

总体而言，目前工商银行、建设银行、中国银行等国有大型商业银行都有业务人员在印度从事相关的金融信贷工作，但是唯有中国工商银行拥有印度中央银行批准的经营牌照。在业务方面，中国工商银行孟买分行能够为在印中资企业提供存款、贷款、贸易融资、国际结算以及担保等多种业务。根据中资企业在印度工程承包企业的特点，中国工商银行孟买分行还开展了当地转开保函业务，为中资企业在印度高效参与本地项目应标提供担保支持。此外，国家开发银行也设有驻印度工作组，目前正在筹备在印度设立分支机构。

（一）政策监管环境

印度储备银行为印度中央银行，其职能包括货币发行、制定和执行货币政策、管理外汇储备、维持币值稳定、监管银行系统等。印度中央银行对银行和货币市场进行监管。其中，金融监管委员会（BFS）是中央银行负责监管的机构。金融监管委员会又下设银行监管部（DBS）和非银行监管部

（DNBS）两个部门，通过现场检查和非现场监管形成综合的监管体系。外汇管理方面，印度政府放开了外汇管制，经常账户内的卢比可以自由兑换，外商直接投资获得的利润、股息和出售投资所得收益均可全额汇回。对外资银行政策方面，多年以来，外资银行通过设立分行的模式在印度开展银行业务。2013 年 11 月，印度储备银行发布了外资银行在印度设立全资子公司的最终指导方针，将印度外资银行转变成全资子公司（WOS）的模式。

（二）中资银行机遇

政策机遇方面，中国的"一带一路"倡议与印度的"香料之路""季风计划"有诸多汇合点，中印两国领导人共同提出的孟中印缅经济走廊建设与印度"向东看""东向行动"高度契合；印度政府提出的"印度制造""智慧城市""技能印度""数字印度""清洁印度"等一系列发展战略和行动计划，与中国的《中国制造 2025》和"创新发展、协调发展、绿色发展、开放发展、共享发展"及"建设智慧城市"等有很多相通之处。市场机遇方面，一是基础设施建设对信贷需求量较大。2018 年莫迪政府新财政年度总预算案显示，将扩大对农村、基础建设和消除贫穷等领域的投资。鉴于中国在基础设施建设方面的成功经验，中印之间的基础设施建设合作具有广泛的合作空间。我国金融机构可以把握印度经济发展中政府加大基础设施建设投资力度这一契机，借助中国企业在印度的良好品牌形象，联合国内建筑企业、工程机械生产商等，积极参与投标印度公路、桥梁等工程项目。二是金融科技领域合作潜力大。目前看来，印度的 P2P 还处于初始阶段，民众的支持与拥护度也为印度电子支付市场发展提供了良好的基础性环境。未来中印两国可以借助各自的技术、市场优势，在金融科技领域深入开展合作，进一步促进两国的商贸活动，改善中小企业的经营环境。

（三）中资银行面临的挑战

中资银行在印度的业务发展面临着一系列困难和问题，主要体现在以下三个方面：一是开设分行受限制。工商银行进入印度市场选址在孟买，主要考虑到孟买是印度的金融中心，并且金融监管机构也在孟买。但在随后的业务开展中，工商银行发现，印度首都新德里有印度国内众多的大企业，也有部分中资企业。为便于工作开展，工商银行申请在新德里开设分行。然而碍于印度中央银行规定"一行一址"，因此尽管工商银行孟买分行早于 2015 年 7 月将申请上报至印度储备银行，但截至目前申请上报已近两年，仍未得到批复。

二是外派人员受限制。印度为保证国内就业的实现，希望外企尽量本土化，多用印度籍员工。针对工商银行孟买分行，印度中央银行规定，在印总部外派人员不得超过 6 人，支行不得超过 4 人。按照该要求，孟买分行现有外派人员 10 人。随着中资企业进入印度发展的数量逐年增加，加上印度本土企业的快速发展，工商银行有增开网点、进一步扩大服务范围的现实需求，但受制于人员数量的限制，相关工作无法开展。

三是开展业务受限制。一方面，为保证国内一些相对落后产业的发展，印度中央银行规定，银行在所有贷款构成中，必须有 40% 的贷款发放在钢铁、农村等印度的"优先产业"中。而印度银行业呆坏账比例偏高，也恰恰与这一规定密切相关，这大大增加了外资银行的贷款风险。另一方面，关于资本金的认定也限制了银行的业务开展。印度中央银行规定，单一贷款的风险敞口不得超过注册资本金的 15%，集团用户不得超过 40%。例如，工商银行孟买分行在印度注册资本金为 1 亿美元，这就意味着工商银行孟买分行给集团用户发放贷款最多只能为 4 000 万美元。对一些大企业来说，这一贷款数量很难满足需求。

## 四、对策建议

随着中印之间经济金融联系的深化，未来我国政府、企业、银行在与印度加强经贸合作和业务往来的同时，还应特别注意相关风险的防范。

一是密切关注莫迪经济政策走向。莫迪政府的改革触及了印度经济的结构性顽疾，因此对印度未来走向有着深远影响。一方面，莫迪的"二次改革"是印度经济持续增长的主要动力；另一方面，改善投资环境是莫迪新政的重要目标。因此，莫迪新政能够顺利推进是印度投资环境得到根本改善的主要希望，而相关政策的变动也与投资者的投资权益息息相关。

二是借鉴中国商业模式，创新开拓印度市场。印度投资环境与中国二三十年前十分相似，同时印度政府也在高调学习中国经济发展模式，加强对外开放，加大吸引外资力度。因此，在印度市场中求生存、谋发展的过程中，中国企业可以考虑更多地借鉴中国商业模式，结合印度市场内外部环境，创新复制适合中资企业在印度发展的商业模式，并随着客观环境的变化不断改进发展。

三是筛选印度合作伙伴，有效切入本地市场。在印度开展业务过程中，通过与熟悉本地市场规则、有较高市场影响力的本地企业结成合作伙伴关系，将会给中资企业开发印度市场带来很大的便捷。因此，选择好的合作伙伴是中资企业进入本地市场的有效途径之一。

四是警惕防范安全风险。印度整体安全局势趋于稳定，但国内安全威胁难以从根源上解除，街头政治、宗教极端势力和东北部分裂势力等传统威胁及周边恐怖主义活动外溢的风险仍持续危害印度的社会安宁。因此，中资企业应加强对项目所在地的安全形势审查，建立健全安全制度，切实提高安全意识。

五是深入了解当地法律环境和投资环境的特殊性。一方面，印度法律法规规范严格，监管部门监管要求多且复杂，有些法案和法规要求的更新频率高、内容变化大，因此中资企业应及时了解相关信息，有效防范法律风险。另一方面，印度是联邦制国家，地方各邦拥有较大的自治权，各邦投资环境差异较大，这就要求中资企业重视地区投资环境的差异性，加强对当地市场的针对性研究。

# 印度尼西亚

## 一、印度尼西亚概况

### （一）基本情况

印度尼西亚位于亚洲东南部的太平洋和印度洋之间，横跨赤道，与巴布亚新几内亚、东帝汶、马来西亚接壤，与泰国、新加坡、菲律宾、澳大利亚等国隔海相望。2018年印度尼西亚总人口数为2.65亿，约87%的人口信奉伊斯兰教，是世界上穆斯林人口最多的国家，印度尼西亚语为通用语言和官方语言。

印度尼西亚是单一的共和制国家，实行总统内阁制，总统既是国家元首，也是政府首脑，同时掌管三军。2019年5月，现任总统佐科·维多多成功获得连任。佐科承诺，除了继续推动大型基础设施建设项目外，将大力开发人力资本，通过建立更多职业学校为国家发展储备充足的技术人才；加快推进"工业4.0"计划，扶植本地制造业，降低印度尼西亚经济对大宗商品出口的依赖；在民生方面，提高社会福利支出。

印度尼西亚自然资源丰富，一向有"热带宝岛"之称，富含石油、天然气以及煤、锡、铝矾土、镍、铜、金、银、铀、铬、锰、金刚石等矿产资源，是世界最大的棕榈油生产国和出口国，世界第4大煤炭生产国、全球最大多种煤炭产品出口国，世界第2大锡生产国和最大锡出口国，以及第3大可可生产国。印度尼西亚有世界上最多的地热资源，镍和铝土矿储量分别占世界第4位和第7位。矿业在印度尼西亚经济中占有重要地位，产值占GDP的10%左右。

### （二）经济状况

近年来，印度尼西亚经济保持稳定增长的积极态势，GDP年增长率稳定在5%左右。2018年，印度尼西亚GDP实际同比增长5.2%，位居G20国家第3位。

金融环境方面，利率水平上升。为跟随美联储加息措施和稳定印度尼西亚卢比汇率，2018 年印度尼西亚中央银行累计上调存贷款利率 175 个基本点至 5. 25% 和 6. 75% 。

财政收支方面，财政结构性问题较为严重，公债规模保持平稳。印度尼西亚政府面临许多结构性的财政问题，如逃税现象严重、支出分配无效率和资本支出的执行不力等。2018 年印度尼西亚政府负债率约为 30% ，处于安全水平，低于印度尼西亚财政法规中所规定的债务比率不超过 60% 的上限。

贸易及国际收支方面，经常账户逆差扩大，国际储备充足。2018 年印度尼西亚经常账户赤字为 311 亿美元，环比增加 149 亿美元。截至 2018 年末，印度尼西亚国际储备额为 1 207 亿美元，可以提供充足的缓冲保障。

债务状况方面，外债负担较重，偿债压力大。近年来，印度尼西亚外债规模上升迅速，主要原因是私人借债（包括国有企业）规模的增长和汇率的贬值幅度较大。2018 年，印度尼西亚外债余额为 3 776 亿美元，占 GDP 的比重为 36. 3% 。

（三）政策环境

货币政策方面，为缓解外部经济风险尤其是美国货币政策调整对印度尼西亚金融稳定的压力，2018 年印度尼西亚货币政策从"整体中性"往"倾向从紧"方向调整，印度尼西亚中央银行累计上调基准利率——7 天反向回购利率 175 个基本点至 6. 00% ，同时分别调高存贷款利率至 5. 25% 和 6. 75% 。

财政政策方面，印度尼西亚政府采取审慎可持续的财政政策，同时加快了结构性改革，继续深化预算结构改革，包括优化财政收入，增加基础设施建设和社会福利保障项目的支出。

（四）国际机构评级

标准普尔对印度尼西亚长期主权评级为"BBB－"级，短期外债评级为"A－3"级，评级展望为"稳定"。惠誉确认印度尼西亚主权评级为"BBB"级，前景展望"稳定"。穆迪将印度尼西亚的主权信用评级从投资级别的"Baa3"级上调至"Baa2"级，维持前景为"稳定"。中信保将印度尼西亚国家主权信用风险评级定为"BBB"级，展望"稳定"。科法斯对印度尼西亚的国家风险评级、营商环境评级分别是"A4"级和"B"级。

（五）与我国经贸合作关系

中国不仅是印度尼西亚第 1 大出口市场，也是其第 1 大商品进口来源地。2017 年，印度尼西亚对中国双边货物贸易额为 585. 7 亿美元，增长 23. 1% 。其中，印度尼西亚对中国出口 228. 1 亿美元，增长 35. 9% ，占印度尼西亚出口总额的13.6%；印度尼西亚自中国进口357.7亿美元，增长16.1%，占印度尼西亚进口总额的22.8%。印度尼西亚对中国的贸易逆差为129.6亿美元，下降7.5%。

## 二、中资工商企业在印度尼西亚的投资机会及风险分析

2017年，中国对印度尼西亚直接投资流量达16.8亿美元，涉及领域包括能源、金融业、基础设施建设和制造业等。截至2017年末，中国对印度尼西亚直接投资存量为105.4亿美元。

（一）投资机遇

重点招商引资的行业和项目：梭隆经济特区。梭隆主要发展加工业，四类工业最具发展潜力，即从事木材加工的林业、促使农产品下游化的农用工业、为采矿提供服务的物流业和海洋渔业。阿伦洛司马威经济特区。印度尼西亚总统佐科签署了2017年第5号关于阿伦洛司马威经济特区政府条例。该经济特区位于苏门答腊岛亚齐省，总面积2 622.48公顷，特区业务范围包括：出口加工、货物运输及转运、工业品制造、能源加工和旅游等。阿伦洛司马威经济特区自政府条例生效后最迟3年内建成并运作。未来将有25个经济特区。印度尼西亚政府拟在已有的11个经济特区基础上再增加14个经济特区，至2019年全国有25个经济特区，吸引669万亿盾的投资，并吸收625 583名员工。政府发展经济特区主要目的在于加速爪哇岛外的经济发展，均衡发展全国经济，以及加强各地互联互通，并通过这种互联互通关系改善全国各地的物流供应系统。六大经济走廊。印度尼西亚按照总体规划部署和各地区自然禀赋、经济水平、人口状况等特点，重点发展"六大经济走廊"，即爪哇走廊——工业与服务业中心；苏门答腊走廊——能源储备、自然资源生产与处理中心；加里曼丹走廊——矿业和能源储备生产与加工中心；苏拉威西走廊——农业、种植业、渔业、油气与矿业生产与加工中心；巴厘—努沙登加拉走廊——旅游和食品加工中心；巴布亚—马鲁古群岛走廊——自然资源开发中心。2017年8月，商务部表示，支持中国企业参与印度尼西亚"外岛综合经济走廊"建设，助力当地工业、互联互通、旅游、电力发展；创造条件共同实施好雅万高铁等两国重大基础设施合作项目；加强对话和沟通，促进两国农渔业合作。

重点关注行业：一是工程机械。印度尼西亚是东盟经济总量和人口最大的国家，也是东南亚最大的工程机械市场之一。印度尼西亚由于基础设施落

后，物流成本高，严重制约了经济的进一步发展。为解决这一问题，印度尼西亚政府于 2011 年颁布《2011—2025 年加速与扩大印度尼西亚经济发展总体规划》，制定了建设六大经济走廊的宏观发展战略，并确定了 396 项基础设施建设项目，总投资额超过 4 000 亿美元。随着基础设施建设工程不断实施，印度尼西亚对重型机械的需求迅速增长。由于全球大宗商品价格下跌，印度尼西亚矿产开采和种植园生产活动也受到影响，本地重型机械制造商门可罗雀。中国工程机械产品价格低廉、质量较好，性价比较高，在印度尼西亚市场具有较强的竞争优势。二是汽车制造。由于经济保持稳定增长、中产阶级持续增加、汽车领域投资逐年攀升和政府陆续制定鼓励汽车业发展政策等有利因素，印度尼西亚成为东盟各国中汽车工业发展最快的国家，2019 年印度尼西亚成为东盟最大汽车市场。印度尼西亚政府欲将印度尼西亚打造成东盟汽车生产基地。其中环保汽车将是主要发展方向之一。印度尼西亚机动车工业联合会（Gaikindo）预计廉价环保汽车的销售量每年有潜力达到 15 万辆。三是基础设施建设。印度尼西亚交通运输基础设施建设落后，严重制约了印度尼西亚的资源传输和经济发展效率，为此印度尼西亚政府积极招商引资，提高其基础设施配套建设水平，计划兴建水坝、现代化港口、机场、高速公路、铁路。这给中资企业提供了巨大的投资机会。四是手机及电子产品制造。印度尼西亚是世界上最大的群岛国家。由于国土面积较大、岛屿众多，使得通信固网在印度尼西亚发展困难较多，印度尼西亚现代通信以无线为主。印度尼西亚在智能手机市场占有越来越重要地位。在这种趋势的驱使以及劳动力成本低廉和新政策等因素的影响下，很多当地和国外的品牌手机厂商纷纷在印度尼西亚建厂生产，抢占印度尼西亚市场。

（二）面临风险

"21 世纪海上丝绸之路"倡议与印度尼西亚的"全球海洋支点"规划高度契合。印度尼西亚作为东南亚地区最大的经济体、二十国集团中唯一的东盟国家，在东南亚乃至亚太地区都有着重要的影响力。随着"一带一路"倡议的不断推进，印度尼西亚更成为"海上丝绸之路"的重要枢纽，为中国企业提供了大量潜在机会。但与此同时，去印度尼西亚投资也面临着诸多挑战。

一是基础设施比较落后。其公路、铁路、航空、港口、电力、通信、供水等以及其他生产生活配套设施都较落后，成为经济发展和引进外资的瓶颈。印度尼西亚政府已经意识到了这一不足，正着力改善。

二是印度尼西亚政策较为多变，缺乏规范和透明的法律体系。印度尼西亚法制环境差且许多法律规定都不尽合理，有法不依，执法不严的现象严重。外资企业在印度尼西亚若遇到纠纷想通过当地司法解决几乎不可能。

三是政府腐败现象严重，行贿受贿成风。尽管印度尼西亚政府为打击政府部门和机构的腐败问题，颁布过详细的指南，但政府一直没有明确要求企业建立内部行为准则，或实施有效的内部控制等以防止贿赂政府官员行为的发生。

四是知识产权保护不力。走私、仿造品流入增加，尤其是纺织品的走私流入已正常化，经营正规产品的企业的市场份额受到侵害。

五是存在投资壁垒问题。如对一些外资投资领域的控股限制，以及很多行业禁止外资进入。外商独资企业自投产和商业运营 15 年后必须向印度尼西亚国民出售一部分股权等。

### 三、中资银行业务发展机遇及风险分析

目前在印度尼西亚开展业务的中资银行主要有工商银行、中国银行和建设银行，另外还有国家开发银行和进出口银行两家政策性银行，其中规模最大的是工商银行。中国工商银行（印度尼西亚）有限公司（简称"工银印尼"）是工商银行在 2007 年 9 月 28 日收购整合印度尼西亚哈利姆（Halim）银行后设立的。中国银行雅加达分行始建于 1938 年，2003 年 4 月 15 日根据中国印度尼西亚两国政府及中国人民银行与印度尼西亚中央银行签订的双边协议恢复营业，持有全能银行业务牌照，可经营印度尼西亚国内及国际的所有银行产品及服务。建设银行进入印度尼西亚的时间比较晚，2017 年 2 月建设银行印度尼西亚股份有限公司（"建行印尼"）在雅加达举行正式揭牌仪式。

（一）政策监管环境

印度尼西亚金融服务管理局于 2013 年 1 月 1 日起正式运行，履行原印度尼西亚资本市场和金融机构监管局的资本市场和金融机构监管职能，以及原印度尼西亚中央银行银行监管的职能。银行业监管方面，印度尼西亚实行中央银行监管体制，由印度尼西亚中央银行从市场准入、资本监管、监督检查和风险评级对商业银行和村镇银行进行监管。资本监管方面已经逐步符合巴塞尔协议的要求。外汇管理方面，印度尼西亚实行相对自由的外汇管理制度。印度尼西亚盾可自由兑换，资本可自由转移。印度尼西亚盾实行自由浮动汇率政策，印度尼西亚中央银行采取一揽子货币汇率定价法，根据印度尼西亚主要贸易伙伴货币汇率的特别提款权的汇率变化来确定印度尼西亚盾的对外

比价，每日公布汇率。保险管理方面，印度尼西亚保险市场由财政部下属的保险委员会负责监管。2014 年 9 月，印度尼西亚众议院撤销了保险法案中对外资控股印度尼西亚当地保险企业设限的条款。根据新的保险法案，外国投资者依然可以在证券交易所通过买卖股票的方式，控股保险公司。

（二）中资银行机遇

一是金融渗透率低使得银行业具备巨大的潜在上涨空间，同时较高的利差环境使得银行获利相对容易。印度尼西亚的金融渗透率是地区最低的国家之一，印度尼西亚银行业的净利差是全球最高的国家之一，印度尼西亚银行业的坏账率并不特别突出，银行业的风险依然可控。长期来看印度尼西亚的银行业仍有极大的发展空间，是东南亚最具吸引力的市场之一。

二是同外国银行合作意愿浓厚。印度尼西亚银行业的风险主要在于印度尼西亚国内的总体经济发展状况。同时印度尼西亚金融管理机构对外资持股规定的不确定性，印度尼西亚银行业专业人才短缺也是投资印度尼西亚银行业的风险。对中资银行来说，投资印度尼西亚银行业面临的机遇也是显而易见的。为了提高印度尼西亚银行业的区域竞争力，印度尼西亚中央银行和金融服务管理局力推银行兼并和重组，以降低管理成本并提高效率，这给外资通过并购进入印度尼西亚金融市场提供了机遇。基于削减成本并提高运营效率的考虑，印度尼西亚本土银行在寻求与经验和实力强大的外国银行合作上意愿浓厚。目前印度尼西亚的银行体系相对落后，银行业正处于快速的科技转型期，科技也成为印度尼西亚银行在未来多年改革的主要推动因素。中资银行在网络支付等领域早已位居全球领先水平，有能力在推动印度尼西亚银行业转型中起到积极作用。

三是基础设施建设计划需大量信贷。由于印度尼西亚国有银行和财政资金的限制，印度尼西亚政府积极鼓励私人企业参与基础设施建设计划，提升了市场对基建信贷的需求。这为中资银行参与印度尼西亚国内的互联互通发展提供机遇。"一带一路"项目，目前主要由国开行参与，例如海螺西巴水泥项目、青山集团苏拉威镍铁西冶炼项目、山东魏桥西加氧化铝冶炼项目等，中资商业银行的参与较少。

（三）中资银行面临的挑战

合并银行面临极大挑战。为了创建一个更加强劲和有效的银行业，印度尼西亚金融服务管理局大力鼓励印度尼西亚银行业的重组与合并，并制定了在未来 10 年到 15 年将印度尼西亚的银行数量从约 120 家压缩到 60～70 家的目标。由于印度尼西亚银行业的估值从 2012 年的顶峰不断下降，外资银行特别是来自中、日、韩的投资者对并购印度尼西亚银行的兴趣很大。2012 年 7 月印度尼西亚中央银行颁布关于商业银行单一股东持股上限的规定，要求单一银行或金融机构投资者持股比例不得高于 40%（在某些特殊条件下，经中央银行批准持股比例可达 40% 至 99%）；单一非金融机构投资者的持股上限为 30%；个人投资者的持股上限为 20%。另外，为了防止单一股东同时控制 2 家或以上的银行，印度尼西亚在 2006 年推出了"单一存在政策"（The Single Presence Policy，SPP），要求相同受益人旗下的控股银行有义务合并或出售，以提升行业透明度并鼓励兼并。中资银行在印度尼西亚银行的持股比例不能超过 40% 并且无法在印度尼西亚控股一家以上的印度尼西亚银行。如果中资银行想控股一家银行，必须放弃其对其他银行的控股权。考虑到印度尼西亚商业银行的硬件系统老旧，合并银行面临极大挑战，这对中资银行在印度尼西亚的进一步壮大产生影响。

## 四、政策建议

印度尼西亚正处于经济发展起飞阶段，但政府财政实力不足、总体债务融资管理水平较低、政策不稳定以及较为严重的腐败等问题成为吸引外资促进经济发展的主要障碍。我国政府、企业、银行要特别注意评估潜在风险，做好防范和规避措施，对于投资中可能遇到的政治风险、经济风险等做好充分准备。

一是密切跟踪研究佐科政府的经济刺激计划。佐科政府的经济刺激计划不是一个全面的综合规划，而是以打包方式陆续放出的提振经济的若干改革措施。这些佐科执政方针、执政理念的综合体现，预示着印度尼西亚下一步国家发展的重要方向，应对其密切关注。

二是充分做好企业注册准备。在印度尼西亚投资设立公司注册手续繁多，审批时间较长。虽然政府修订了相关法律，完善了配套措施，推行"一站式"审批服务，以促进和吸引外国投资，但执行效并果不理想。因此企业注册时，可以聘请专业律师、公证员、投资顾问等专门人员代为办理，同时要注意甄选和审核，防止法律文件和手续出现瑕疵。

三是充分核算税负成本。虽然印度尼西亚的税收体制比较复杂、企业税负成本较高，但印度尼西亚税法对中小微企业和一些产业有税收优惠政策。因此投资者要认真研究相关法律规定，用足用好优惠政策，降低税负成本。

　　四是抓住市场机遇。1997 年金融危机之后,印度尼西亚的基础设施建设基本停滞,近年来随着经济逐步恢复,政府加大了对基础设施建设的投入力度。中企应发挥已有优势,进入印度尼西亚市场,并以此为基础逐步拓展东盟市场。

# 沙特阿拉伯

## 一、沙特阿拉伯概况

### （一）基本情况

沙特阿拉伯位于亚洲西南部的阿拉伯半岛，国土面积 225 万平方千米。截至 2017 年末，沙特阿拉伯总人口约 3 261 万。沙特阿拉伯主要民族是阿拉伯族，在外来人口中，主要以亚洲和阿拉伯国家人口为主。沙特阿拉伯全民信仰伊斯兰教，属于政教合一的君主国。沙特阿拉伯官方语言为阿拉伯语，通用英语。

沙特阿拉伯是君主制国家，其内政外交政策偏温和。沙特阿拉伯几任君主的统治都比较开明，王位的继承主要在国王的几位同父异母的兄弟之间展开，政局相对比较稳定。但 2015 年萨勒曼接任国王后，对沙特阿拉伯政坛进行了重大结构调整，先是颁布了一系列行政职务变更任命，又两次更换新王储，打破了沙特阿拉伯王室历时数十年的"兄终弟及"的继承制度，给沙特阿拉伯政局带来不稳定因素。

沙特阿拉伯奉行独立自主的外交政策。重视发展同阿拉伯、伊斯兰国家关系，积极参与地区事务；重视发展对美关系，同时开展多元化外交，加强同中国、欧盟、俄罗斯、日本关系，积极发挥石油大国作用。目前沙特阿拉伯已经同 130 多个国家和地区建立外交关系。沙特阿拉伯现任国王萨勒曼承诺将保持能源和外交政策的连续性。

沙特阿拉伯石油剩余可采储量居世界首位；天然气剩余可采储量居世界第 4 位；金、铜、铁、锡、铝、锌等矿藏十分丰富；是世界上最大的淡化海水生产国，其海水淡化量占世界总量的 20% 左右。

### （二）经济社会发展概况

经济增速回升。沙特阿拉伯经济增长高度依赖石油出口，工业基础薄弱。得益于油气领域优异的市场表现，2018 年沙特阿拉伯实际 GDP 增速为 2.2%，较上年回升 1.4 个百分点。

货币金融方面：利率水平不断上升。由于沙特阿拉伯货币里亚尔盯住美元，因此货币政策需要跟美国同步。2016 年末至 2018 年 9 月，沙特阿拉伯跟随美联储加息步伐，金融总局将逆回购利率从 0.50% 上调至 2.25%，将基准政策利率从 2.00% 上调至 2.75%。

财政收支方面：赤字大幅减少。2018 年前三个季度，沙特阿拉伯财政赤字为 490 亿里亚尔，比上年同期减少六成，这既有油价上涨原因，也得益于成功采取多项举措提升了非油部门收入和财政支出效率。沙特阿拉伯政府计划在 2023 年实现财政收支平衡。

贸易及国际收支方面：经常账户由逆转顺，国际储备较充足。随着 2017 年后国际油价企稳回升，沙特阿拉伯经常账户由逆差转为顺差。截至 2018 年末，沙特阿拉伯国际储备余额为 1.86 万亿里亚尔，同比微增 0.03%，位列全球较高水平。

产业结构方面：沙特阿拉伯国民经济支柱产业是以石油为主的能源产业。2018 年，沙特阿拉伯石油部门产值 12 852 亿里亚尔，占 GDP 的 43.8%；非石油部门产值 16 491 亿里亚尔，占 GDP 的 56.2%。

（三）政策环境

货币政策方面：2012 年至今，沙特阿拉伯货币总署坚持审慎的货币政策，维持金融和价格稳定，监控国内外经济发展和货币流动性，在必要时采取干预措施。

财政政策方面：2016 年 12 月，沙特阿拉伯发布财政报告，详细规划在 2020 年实现国家财政收支平衡。一是减少政府部门财政支出及民众补贴；二是扩充税源以增加政府收入，逐年提高对外籍员工以及家属的征税；三是大力推动私营部门经济发展。但是，由于油价持续低迷，沙特阿拉伯偏紧缩的财政政策并未达到预期效果，反而导致国民经济增长动力不足，因此政府决定推出一系列经济刺激计划。2017 年 12 月，内阁会议把此前"2020 年实现财政收支平衡"的计划推迟到 2023 年。

（四）评级概况

标准普尔对沙特阿拉伯长期主权评级为"A－"级，短期外债评级为"A－2"级，评级展望为"稳定"。惠誉对沙特阿拉伯长期主权评级为"A＋"级，展望为"稳定"。穆迪对沙特阿拉伯主权信用评级为"A1"级。科法斯对沙特阿拉伯国家信用评级为"B"级，营商环境评级为"B"级。中信保对沙特阿拉伯国家主权信用风险评级为"A"级，展望为"稳定"。

（五）与我国经贸合作关系

沙特阿拉伯是阿拉伯国家中与中国建交最晚的国家，1990 年建交之初中沙双边贸易额仅有 2.96 亿美元，之后两国经贸和能源合作迅速发展，2018 年中沙双边贸易额达 633.3 亿美元。目前沙特阿拉伯已经连续多年是中国在西亚北非最大的贸易伙伴，中国也是沙特阿拉伯最重要的原油出口市场和贸易伙伴。沙特阿拉伯经济高度依赖油气资源，而中国是世界上最具增长潜力的能源消费市场，中沙双边经贸关系发展潜力巨大。

截至 2016 年末，中国对沙特阿拉伯直接投资流量为 2 390 万美元，存量为 26.1 亿美元。截至 2018 年末，沙特阿拉伯对华累计投资达 120 亿美元。

## 二、中资工商企业在沙特阿拉伯的投资机会及风险分析

（一）中资企业的投资机遇

重点招商引资的行业和项目：一是油气和石化领域。中国与中东国家的石油合作已经从单纯供给转向了全产业链的合作模式，双方在炼化和服务方面的合作不断加深。二是基础设施建设领域。沙特阿拉伯政府大力发展基础设施建设，建筑市场容量很大，已成为当前中国最具增长潜力的海外工程承包市场之一。三是可再生能源行业。由于沙特阿拉伯电力需求巨大，但电厂效率低下、能源消耗量大，急需发展可替代能源以助力增加油气出口和改革经济结构，因此高度重视发展核能、可再生能源等低碳技术。

重点关注行业：石油深加工新领域、基础设施建设、水务项目、新能源项目、汽车工业。此外，沙特阿拉伯鼓励投资的行业包括：以能源为基础的产业、运输物流、信息通信技术产业、医疗卫生、生命科学、教育。

（二）中资企业面临的风险

政治风险。虽然沙特阿拉伯政局较为稳定，王室对政治的控制力较强，但也面临权力向下一代转移的继承问题。尽管沙特阿拉伯大概率将顺利实现权力过渡，但从长远看，将对其政策的稳定性带来影响。

安全风险。一是外部安全环境恶化。近来沙特阿拉伯外交政策逐步由温和稳健转向强硬积极，将给地区安全环境带来挑战。二是存在一定的恐怖主义威胁。虽然自大力打击"基地"组织运动以来，沙特阿拉伯遭受恐怖袭击的威胁大大减少，但恐怖主义带来的安全风险依然存在。

社会风险。沙特阿拉伯国内社会形势存在潜在不稳定性，有一定的内乱风险。其一，贫富差距悬殊；其二，近年来沙特阿拉伯实施的财政紧缩政策

容易引发社会不稳；其三，沙特阿拉伯籍人员失业率居高不下。

商业环境风险。一是特定行业存在投资限制。二是劳工政策限制。为提高本国就业率，沙特阿拉伯政府实行"沙特化"分级制度，要求所有在沙特阿拉伯经营的企业根据所处行业及企业规模不同，必须雇用一定比例的沙特阿拉伯籍员工，并根据各企业的完成情况给予一系列的激励政策或惩罚措施。三是腐败问题严重，给外国企业进行投资活动带来困难。

法律风险。按照沙特阿拉伯《外国投资法》的规定，外资可以在沙特阿拉伯国内成立全资子公司或分公司，享受沙特阿拉伯当地法人公司的同等待遇。但在实际运作中，中资企业不易享受到实际意义上的同等待遇。此外，虽然沙特阿拉伯投资业运作较为规范且法律严格，但沙特阿拉伯国内仲裁机构偏袒当地人的情况时有发生。

### 三、中资银行业务发展机遇及风险分析

工商银行利雅得分行于 2015 年 6 月 3 日正式开业，这是沙特阿拉伯境内第一家也是截至目前唯一一家中资银行，是工商银行继迪拜、阿布扎比、多哈和科威特之后在中东地区设立的第 5 家分行。工商银行利雅得分行目前仅开办公司业务，可以提供公司客户的存款、贷款、汇款及保函、信用证等结算业务。主要客户群体为沙特阿拉伯政府机构、本地大型公司及在沙特阿拉伯经营的中资公司。

（一）政策监管环境

沙特阿拉伯货币总署是沙特阿拉伯中央银行，负责监管银行和其他金融机构，出台货币政策，监管金融体系和保险业。沙特阿拉伯银行业的市场准入采用行政许可制，营业牌照由内阁依据金融大臣和中央银行审核颁发，但并没有明确的审批条件。

外汇管理方面，沙特阿拉伯外汇管理没有具体立法，但货币总署会采取措施控制货币的数量和流通。对外资银行的政策方面，沙特阿拉伯金融监管环境严格：一是数据不能出境，银行实质业务不能外包；二是关键岗位任职必须聘用本国人；三是贷款投放有严格要求，对于涉及投放境外的贷款业务需逐笔报沙特阿拉伯中央银行审批等。伊斯兰金融方面，从理论上讲，沙特阿拉伯境内的所有金融交易均必须符合伊斯兰教法，其最突出的特点就是信贷不计利息。但沙特阿拉伯没有将国内银行业区隔为传统银行业和伊斯兰银行业两部分，同时也没有颁布出台任何统一的监管细则或指导意见，导致银

行业界对于每项业务与伊斯兰教法兼容与否存在意见分歧。从实际操作来看，当地商业银行的相当数量业务并未与伊斯兰教法要求保持一致，被模糊处理的传统银行信贷模式已较为广泛地为当地商业银行所接纳。

（二）中资银行的发展机遇

一是双方发展战略契合对接形成"天时"。在习近平主席、萨勒曼国王近年来成功实现互访后，将中沙双边关系提升至全面战略伙伴关系，并建立了高级别委员会机制，未来合作前景广阔。金融合作作为较高层次的领域合作，对中沙双边合作具有"一子落而满盘活"的整体牵引和拉动作用，如规划得当则有望夯实两国在能源、贸易、基建、产能、航天、核能、可再生能源、军工军贸等领域的合作根基，进而加固利益纽带、提升政治互信。

二是双边传统合作急需纾困创造"地利"。中沙经贸合作互补性强，但近年来，由于国际油价长期低位徘徊，沙特阿拉伯财政捉襟见肘，国内实体经济发展面临较为严重的资金短缺问题，并逐渐蔓延影响至中方对沙贸易、承包工程、产能合作等领域。与此同时，沙特阿拉伯过去数十年所积累的"石油美元"财富仍具备强烈的对外投资意愿和能力，却受制于投资经验不足、盈利渠道缺失等短板而未能充分发挥作用，因此对外国资本及金融服务需求迫切。在此背景下，推动中资金融机构开拓沙特阿拉伯市场有助于发挥自身的银行业规模、经验优势，打通双边金融合作脉络，引导和利用中沙两国金融资本服务双方实体经济，为双边经贸合作突破当前瓶颈继而转型升级创造必要条件。

（三）中资银行面临的挑战

一是信用风险。虽然国际三大评级机构坚信沙特阿拉伯能够继续抵御国际油价长期低位徘徊带来的风险，将其主权信用评级维持在"投资级"。但近年来沙特阿拉伯经济增速持续放缓，已严重影响到了该国政府及企业的偿付能力，当地企业资金链断裂现象时有发生，信用违约风险加大。

二是市场风险。目前中资金融机构在沙特阿拉伯银行业主要面临的市场风险就是流动性风险。沙特阿拉伯货币总署采用《巴塞尔协议Ⅲ》标准，要求各商业银行的流动性覆盖率必须达到100%，如在经营中出现亏损，必须第一时间补足营运资金。

## 四、对策建议

1990年中沙两国正式建交以来，两国友好合作关系稳步发展，各层次往来不断，合作领域日益拓宽，经贸关系进展顺利。2017年，中沙关系提升为全面战略伙伴关系。沙特阿拉伯支持中国"一带一路"倡议，愿积极参与"一带一路"框架下互联互通建设，中沙双方签署了关于共同推进"一带一路"建设和开展产能合作的谅解备忘录，为今后中沙创造了合作共赢的契机。在沙特阿拉伯开展投资过程中，要特别注意做好以下几点，预防相关风险发生。

一是事前调查、分析、评估相关风险，事中做好风险规避和管理工作，切实保障自身利益。企业在沙特阿拉伯开展投资、贸易、承包工程和劳务合作的过程中，要做好对项目或贸易客户及相关方资信的调查和评估工作，做好对项目所在地的政治风险和商业风险的分析和规避工作，做好对项目本身实施的可行性进行分析的工作等，并积极利用保险、担保、银行等保险金融机构和其他专业风险管理机构的相关业务保障自身利益。

二是充分了解当地投资范围。根据《外商投资法》，沙特阿拉伯允许设立外商独资或合资企业。外资企业可以投资除《禁止外商投资目录》规定以外的其他行业，其中农业项目最低投资额为2 500万里亚尔（约合5 333万人民币），工业项目为500万里亚尔（约合1 066万人民币），服务项目为200万里亚尔（约合427万人民币）。外资独资企业可向"沙特阿拉伯工业发展基金会"申请贷款。

三是全面了解沙特阿拉伯的优惠政策。外商直接投资可享受沙特阿拉伯政府颁布的一系列优惠政策措施，特别是在沙特阿拉伯政府规划的六座经济城（拉比格阿卜杜拉国王经济城、麦地那经济城、吉赞经济城、哈伊勒经济城、塔布克经济城、阿赫萨经济城）、全国24座已建成的和在建的工业城以及朱拜勒、延布两个专属工业区内投资则可享受到沙特阿拉伯政府提供的更加优惠的地区性投资优惠待遇，包括廉价能源供应、廉价项目用土地、优惠劳工措施、减免企业所得税、免除原材料及器械进口关税等。

四是尊重当地风俗习惯。伊斯兰教法规定，斋月期间除病人、孕妇、哺乳妇女、幼儿以及日出前开始旅行的人外，均应当全月斋戒。封斋从黎明至日落，期间戒饮食、戒房事、戒丑行和秽语。中资企业、人员斋月期间应尊重当地宗教信仰和风俗习惯，白天切忌在公共场所饮食、喝水、吸烟，避免伤害当地人宗教感情。

# 泰　国

## 一、泰国概况

### （一）基本情况

泰国位于亚洲中南半岛中部，东南临泰国湾（太平洋），西南濒安达曼海（印度洋），疆域沿克拉地峡向南延伸至马来半岛，与马来西亚相接，其狭窄部分居印度洋与太平洋之间。泰国属热带季风气候，全年分为热、雨、旱三季，年均气温24℃～30℃。泰国国境大部分为低缓的山地和高原，从地形上划分为四个自然区域：北部山区丛林、中部平原的广阔稻田、东北部高原的半干旱农田，以及南部半岛的热带岛屿和较长的海岸线。全国分中部、南部、东部、北部和东北部五个地区，共有77个府，府下设县、区、村。

泰国历史悠久，泰国政府很重视维护本民族的文化。泰国文化一般分三种，即语言文化、宫廷文化和传统文化。佛教是泰国的国教，95%的人信奉佛教，泰国的礼仪都沿用佛教的礼仪。泰国被誉为"微笑之国"，佛教的宽容祥和塑造了泰国人的性格。截至2017年末，泰国人口为6 619万，与我国湖南省总人口接近。全国共有30多个民族，泰族为主要民族，占人口总数的40%，其余为华族、马来族、高棉族，以及苗、瑶、桂、汶、克伦、掸、塞芒、沙盖等山地民族。泰族人曾称"暹罗人"，属汉藏语系壮傣语族民族，和中国的傣族、壮族族源相近。

泰国为君主立宪制国家。国家立法议会负责制定法律，行使国会和上、下两院职权，现任立法议会主席蓬佩。第二次世界大战后军人集团长期把持政权，政府一度更迭频繁。2014年8月21日，立法议会选举"国家维稳团"主席、陆军司令巴育为新总理。

泰国奉行独立自主的外交政策。重视周边外交，积极发展睦邻友好关系，维持大国平衡。泰国是东盟成员国，与除菲律宾外的其他8个东盟成员国建立了内阁联席会议机制。倡建泰、老、柬、缅、越五国经济合作战略（ACEMC），推动泰马、泰缅、泰老边境经济区发展。泰国积极参与澜沧江—

湄公河合作与大湄公河次区域经济合作。发起并推动亚洲合作对话（ACD）机制，积极参加亚太经济合作组织（APEC）、亚欧会议（ASEM）、世界贸易组织（WTO）、东盟地区论坛（ARF）和博鳌亚洲论坛（BFA）等国际组织活动。积极发展与穆斯林国家关系。

泰国自然资源丰富，主要有钾盐、锡、褐煤、油页岩、天然气，还有锌、铅、钨、铁、锑、铬、重晶石、宝石和石油等。

（二）经济社会发展概况

泰国经济发展保持中等速度。在私人消费需求旺盛的带动下，2012 年泰国经济增速曾达到 6.5%。但从 2013 年第四季度开始，泰国经济显现衰退苗头，全年 GDP 增长 2.7%。2014 年泰国经济增速下降至 1.0%，2015 年大幅回升至 3.1%，随后逐年回升至 2018 年的 4.1%。

货币金融方面，利率水平有进一步降低的可能性。纵观 2000—2011 年泰国政策基准利率的走势，最高为 2006 年 6 月的 5%，最低为 2009 年 4 月的 1.25%。2011 年以来，泰国基准利率开起降息周期，由 3.5% 的高点逐步下调，至 2015 年 4 月停滞在 1.5% 的低点。为应对日益增长的房地产投机问题、2019 年 2 月大选的市场不确定性以及避免长期低利率带来的风险，2018 年 12 月，泰国中央银行将基准利率从 1.5% 升至 1.75%，为 2011 年以来首次加息。

财政收支方面，财政支出受政治影响较大，赤字持续上升。泰国政府利用财政政策刺激经济增长，大量的财政支出使财政赤字呈现上升趋势。2018 年，财政支出占 GDP 的比例为 21.6%。

贸易及国际收支方面，经常账户盈余扩大。随着泰国政局趋于稳定，旅游收入得以恢复，出口贸易也得以改善，从 2013 年至 2017 年，泰国经常账户顺差不断扩大，2018 年所有收窄。2018 年泰国经常账户盈余 352 亿美元，资本账户赤字 −6.1 亿美元，金融项目赤字 219 亿美元，国际收支总体盈余 72.7 亿美元。

产业结构方面，泰国属外向型经济，依赖美、日、中等外部市场，实行自由经济政策。农产品是外汇收入的主要来源。20 世纪 80 年代，电子工业等制造业发展迅速，产业结构变化明显。2017 年泰国 GDP 构成中，农业占 8.7%，工业占 35.1%，服务业占 56.3%。

（三）政策环境

货币政策方面，泰国货币政策由货币政策委员会制定。2018 年末，泰国中央银行加息旨在遏制金融风险，而不是因为货币波动或通货膨胀失控。由于泰国国内需求继续增长，2019 年家庭支出和投资前景相对稳固，该行未来仍有进一步加息可能。

财政政策方面，在确保经济增速维持在 4% 以上的中长期目标下，泰国政府决定采取更加积极的赤字财政政策，将 2020 年赤字额同样设定在 4 500 亿铢的水平，政府年度财政预算总额为 3.2 万亿铢。尽管政府财政赤字政策规定的跨年度预算绑定不得超过 2 年，但政府已经做好了长期赤字的心理准备，直到国家经济增长转型获得阶段性成功，财政收入实现新的平衡。如果政府的赤字政策照计划推进，泰国较长一段时间内的年通货膨胀率预计将在 1%～2% 浮动，经济增长也将在 3.5%～4.5% 波动。财政部预计，2019 年政府财政总收入为 2.55 万亿铢，2020 年为 2.750 万亿铢。

（四）评级概况

2017 年科法斯对泰国的国家风险评级为"A4"级，营商环境评级为"A4"级。标普、惠誉及穆迪认为泰国主权信用风险中等偏低，未来展望为"稳定"。中信保对泰国国家风险的评定为中等，未来风险展望为"稳定"。在世界银行发布的《2019 年营商环境报告》对 190 个国家及地区的营商环境进行了排名，泰国排名第 27 位，比上年下降 1 位。在世界经济论坛发布的《2018 年全球竞争力报告》中，泰国的全球竞争力指数在 140 个国家和地区中排名第 38 位，比上年提高 2 位。

（五）与我国经贸合作关系

中国是泰国最大贸易伙伴，泰国是中国在东盟国家中第四大贸易伙伴。1985 年两国成立部长级经贸联委会。2003 年 6 月升格为副总理级，迄今已举行五次会议。2004 年 7 月，吴仪副总理与差瓦利副总理在北京共同主持联委会首次会议。2016 年 12 月，王勇国务委员同泰国副总理颂奇在北京共同主持联委会第五次会议。

随着中泰两国政治互信不断加深，在中国—东盟自贸区建成并不断深化，以及"一带一路"倡议全方位推进的大背景下，两国经贸合作已进入历史最好时期。中国企业在泰投资质量稳步提升，经济影响与日俱增，越来越多的大企业在泰投资建厂，一批大型项目相继投产。中泰之间的投资合作已逐步形成多层次、多渠道、全方位的合作格局。

泰国政治局势目前总体保持平稳，政府将发展经济、改善民生作为施政重点。同时，泰国政府大力推进吸引外资和公共基础设施建设，不断推出新的经济政策和举措，并积极开展与中国的友好合作。泰国的发展规划及战略与中国推动的"一带一路"建设和产能合作战略具有高度的契合性，中资企业在泰发展面临新的历史机遇。

## 二、中资工商企业在泰国的投资机会及风险分析

自 2010 年建立中国—东盟自由贸易区以来，中国在泰国的投资稳步增长。

### （一）中资企业的投资机遇

近年来，泰国政府相继推出泰国 4.0、数字泰国、东部经济走廊等发展战略，聚焦转变经济发展方式，构建以创新驱动为主的新的经济发展模式，这同"一带一路"倡议发展理念、方式和目标高度契合。泰国总理巴育表示，泰国欢迎并愿积极参与"一带一路"等重大合作倡议，推进铁路、农业、旅游等各领域合作，促进人员往来，增进传统友谊。

2016 年 12 月，中泰经贸联委会第五次会议在北京举行，双方一致同意在"一带一路"倡议和泰国 4.0 战略基础上，将基础设施、产业集群、电子信息通信技术、数字经济、科技和能源列为未来五年双方经贸合作重点领域，双方在发展战略和政策理念上实现全面对接。未来，"一带一路"倡议将给两国企业合作带来更多机遇，给两国民众带来更多实惠，也将推动中泰各领域务实合作提质升级。

### （二）中资企业的面临的风险分析

政治风险方面，泰国 2017 年宪法颁布后，政党权力和生存空间遭到极大压缩，泰国政党和政治团体与军人集团的博弈随之展开，未来可能出现大型政治集会和示威游行，从而影响到泰国社会稳定。宗教矛盾也是泰国社会安定发展面临的严峻挑战。佛教中法宗派与大宗派、挺法身寺派和倒法身寺派的矛盾仍然存在并不断激化。因此，中国企业在对泰国进行投资的过程中，应该充分考虑到泰国的政治风险。

安全风险方面，泰国市场对外开放较早、法律法规相对健全，绝大多数在泰国的中资企业能够做到遵纪守法、规范经营，与当地各方面机构和人员建立起比较和谐的社会关系，总体不存在大的风险。但近几年，伴随中国对泰投资的飞速增长及企业数量的急剧增加，泰国媒体和非政府组织对中国的关注度有所提升，一些夸大渲染甚至不实报道偶有露头，对中资企业和中国国家形象造成了一定的负面影响。另外，中资企业在环保、竞争方式以及扩

张速度等方面与当地及其他国家投资企业偶尔爆发利益冲突。

市场风险方面，泰国的市场竞争较为激烈。一方面，泰国企业自身投资能力较好，另一方面，在泰国的主要投资来自日本、美国、欧洲、韩国、新加坡以及中国台湾和中国香港等国家和地区，外资企业对赴泰国投资多数看好。传统优势的产业投资市场几乎均已被先期投资者占领，从市场布局、资金实力、技术水平和国际投资经验等方面看，都对我国企业的进入形成很大挑战。

### 三、中资银行业务发展机遇及风险分析

目前，在泰国的中资银行有有中国银行曼谷分行、工商银行（泰国）有限公司。工银泰国是泰国机构数量最多、业务规模最大的中资银行，持有泰国最高等级的本地银行牌照。中银泰国共在泰国设立了9个实体分支机构和1个电子分行，提供的金融服务包括公司存款、贸易金融、外汇资金、公司贷款及人民业务综合服务等以及个人存款、个人汇兑、银行卡等业务。

（一）政策监管环境

泰国中央银行主要负责监管国内的金融体系、维护金融体系的稳定、制定货币及汇率政策、发行货币等。泰国的商业银行系统是泰国金融体系的支柱，提供现金管理、资金运营、投资、大中小企业业务、零售业务金融服务，还涵盖证券、保险、租赁、租购、保理、基金管理和私人财富管理金融产品等全能金融服务，由泰国银行（BOT）负责监管。2008年修订《泰国银行法》，赋予中央银行更多独立性，加强系统性风险控制。

外汇管理方面，泰国外汇管制法规定对所有居民持有的外汇在携带入泰国时没有数量限制，但在带入境后的7天内须出售或存入泰国的商业银行。对投资者带入泰国的外汇如投资基金、离岸贷款等没有限制，但这些外汇需在收到或进入泰国7天内出售或兑换成泰铢，或存入一家授权银行的外汇账户。外资公司向其海外总部汇出利润将征收10%的汇款税，汇出款项的公司在汇款7天内须付清税金。

（二）中资银行的发展机遇

一是泰国政局相对稳定，营造了深度合作的良好外部环境。泰国政府稳定政局的一系列努力有所成效，2015年末至今，泰国政治局势保持相对稳定，这将为中泰深度合作营造良好外部环境，促进旅游、商业和对外经贸关系正常、有序开展，带动双方经济发展水平提升，经济发展所创造的各领域

资金需求将为两国银行业深度合作提供持续性发展动力。

二是泰国政府管制逐步放宽，法律和监管健全，强化合作内在基础。近年来，随着市场经济的发展，泰国政府适度放开管制，实行银行市场化运作，提升经营管理水平，增强银行市场竞争力。近年来泰国银行法律制度不断放宽外国银行管制标准。新制度旨在增强竞争力，提高泰国金融系统运作效率，为外国银行在泰国经营创造更好的条件，将有效提升中泰双方银行业未来深度合作过程中的信息沟通、共享和交叉核实，及时发现问题或不良发展趋势，及时预警和惩戒，促进双边互设分行的合法、稳健经营。

三是持续增加的中资企业带来商业良机。作为东盟的重要国家之一，泰国具有政治和经济环境相对稳定、国内市场容量大、生产成本相对较低等优势，成为中国国内企业对外投资的重要选择。中国—东盟自由贸易区建设的启动、"走出去"战略的实施以及私营经济主体的不断壮大，使得国内企业赴泰投资的前景较为乐观，进一步为中国银行业拓展东南亚市场带来商业良机。

（三）中资银行面临的挑战

一是中资银行在泰国存贷款增长乏力，利润率有待提高。近年来，中资银行泰国分支机构的存贷款总额均存在较大幅度的下降趋势。2016年工商银行泰国分行客户贷款同比下降4%，2015年同比下降7.5%；2016年存款额同比仅增长0.9%，2015年则同比下降7.7%。2016年中国银行泰国分行客户贷款同比下降48%，存款额同比下降12%。中资银行的境外存款业务增长速度普遍低于境外贷款业务增速，境外贷款业务存差较小，制约银行利润空间。

二是中资银行多元化服务能力有待提升。中资银行的境外业务以信贷业务为主，且多以"走出去"企业为主要客户，业务单一化程度较高。而一些泰国本土银行可为中资企业投资泰国提供完善服务，业务涵盖行业调查、合作伙伴介绍、量身定制金融工具等全方位的服务，这对中资银行的相同业务构成较大竞争。

## 四、对策建议

随着中泰之间经济金融联系的深化，我国企业、金融机构在与泰国加强经贸合作和业务往来的同时，还应特别注意相关风险的防范。

一是对政治风险做好预案。泰国总理巴育2017年10月称，2018年政府会宣布下一届大选日期，不会有任何推迟。但对企业与前政府签署的合同，新政府有可能不予认可，或取消项目或调整后重新招标，将给企业带来较大损失。鉴于基础设施项目大多投资大，建设周期长，因此在泰国局势明朗前，中国企业应制定好市场开拓策略，做好防范风险的预案，并及时就局势发展征询有关部门的意见。

二是主动调整经营方式。泰国市场不同于一般的亚非拉市场，具有准高端市场的特点，中国企业可主动调整经营方式，如在电力工程等有一定收益保障的项目上，可探讨以投资方式开展合作；在市场选择上，可由施工向设计、咨询等上游产业链拓展，带动中国标准"走出去"，重点跟踪超高层建筑、大型桥梁、隧道等技术含量高、增值空间大的项目；在属地化经营方面，可与本土企业建立稳定的合作关系，泰本土企业信息灵通，人脉资源丰富，拿项目能力强，但也需要中国企业在技术、资质和资金上提供支持，双方合作互补性强，是中国企业开拓泰国市场的重要渠道。

三是维护有序的市场竞争局面。随着泰国市场的发展，以及中泰铁路合作的开展，中国企业开拓市场的步伐加快，越来越多的企业开始准备进入市场。为避免市场开拓阶段形成中国企业间直接竞争的局面，需要相关商会统一做好市场规划和协调工作，引导中国企业有序参与该地区基础设施建设项目，以维护好市场秩序，降低经营风险。

四是承担必要的社会责任。中国企业在泰国开展投资合作，不仅要努力发展业务，还要承担必要的社会责任，如关注业务发展带来的资源、环境、劳工、安全以及社会治理等问题，以免引起当地居民的反感和抵制。同时要增强安全生产意识，强化基础管理，尤其是在建筑、矿山、危险化学品等高危行业中的中资企业，一定要做好防范，避免安全生产事故发生。中国企业和工作人员，要知法守法，入乡随俗，不做违反当地法律和社会公德的事情，对民族形象、企业声誉和品牌建设负责。

# 阿拉伯联合酋长国

## 一、阿拉伯联合酋长国概况

### (一) 基本情况

阿拉伯联合酋长国位于阿拉伯半岛东部,北濒波斯湾,海岸线长约1 318千米,西北与卡塔尔为邻、西和南与沙特阿拉伯交界、东和东北与阿曼毗连,是一个以产油著称的西亚沙漠国家。阿拉伯联合酋长国由7个酋长国组成:阿布扎比、迪拜、沙迦、哈伊马角、阿治曼、富查伊拉、乌姆盖万。2018年,阿拉伯联合酋长国人口为930万。其中外籍人口占88.5%,主要来自印度、巴基斯坦、埃及、叙利亚、巴勒斯坦等国。阿拉伯联合酋长国信仰自由,76%的居民信奉伊斯兰教,9%信奉基督教,另有约15%信奉印度教等其他宗教。

阿拉伯联合酋长国是君主制国家。联邦最高委员会是最高权力机构,由7个酋长国的酋长组成。阿拉伯联合酋长国奉行温和、平衡、睦邻友好和不结盟的外交政策,主张通过和平协商解决争端,维护世界和平。重视发展同美国等西方国家关系,近年来推行"东向"政策,发展与中国、日本等亚洲国家关系。阿拉伯联合酋长国石油与天然气资源丰富,位居世界前列。此外,还有丰富的海洋水产资源,当地椰枣树也很知名。水资源匮乏,需要进口大量用水。经济结构以石油生产和石油化工工业为主,同时注重发展经济多样化。近年来,阿拉伯联合酋长国政府一直致力于减少对石油资源的依赖,批发零售、加工制造、建筑业、金融业、新能源、旅游业、航空业、纺织服装业等非石油产业在经济增长中的比重不断提高。

### (二) 经济状况

随着政府出台推动非石油部门发展的措施和更高的财政支出,阿拉伯联合酋长国经济增长加速。2018年GDP实际增长率为1.73%,较2017年提升0.9个百分点,主要得益于石油收入增长和非石油部门活跃的拉动。阿拉伯联合酋长国政府于2018年出台了一系列推动非石油经济蓬勃发展的政策措施,经济有望继续改善。世界银行预计 2019 年和 2020 年阿拉伯联合酋长国经济增长率分别为 3.0% 和 3.2%。金融环境方面,阿拉伯联合酋长国一直采取本币盯住美元的汇率政策,没有独立的货币政策,利率基本上跟随美国调整。阿拉伯联合酋长国金融业发展水平较高,银行弹性较好,存贷款业务发展较快。2017 年第三季度起,阿拉伯联合酋长国摆脱了信贷负增长局面开始步入稳定增长,尤其是在建筑、贸易和制造业领域。财政收支方面,多年来的高油价使联邦政府积累了巨额的石油财富,财政预算基本保持平衡。由于油价下跌以及联邦政府预算支出增加等因素影响,阿拉伯联合酋长国连续数年维持财政赤字状态。不过,得益于油价回升和财政改革,2018 年阿拉伯联合酋长国财政已转为盈余。贸易及国际收支方面,2011 年开始,随着经济的逐步复苏,阿拉伯联合酋长国国际收支经常账户顺差出现猛增势头,顺差规模不断扩大。但 2015 年经常账户顺差骤降,主要原因在于全球原油价格走低引起的贸易条件恶化。2018 年,阿拉伯联合酋长国经常账户顺差增至 379 亿美元,占 GDP 的 9.6%,主要源于油价上涨带来的石油收入增加。大量的石油出口为阿拉伯联合酋长国积累了充裕的外汇储备,截至 2019 年 3 月,阿拉伯联合酋长国中央银行持有的国际储备总额为 1 023.6 亿美元。

(三)政策环境

发展规划方面,2010 年阿拉伯联合酋长国内阁制定《阿拉伯联合酋长国 2021 远景规划》,为建国后首个针对全国的总体建设规划,包括文化传统、联邦建设、经济发展和人民生活四部分。目标是到 2021 年建国 50 周年之际建成"世界最美好的国家之一"。货币政策方面,阿拉伯联合酋长国货币政策目标是保持国民经济发展和币值稳定。阿拉伯联合酋长国中央银行通过最低法定准备金、互换安排、银行的贷款和透支便利、审慎监管等几项工具,对银行的流动性进行管理。财政政策方面,阿拉伯联合酋长国联邦预算逐年大幅增长。2019 年联邦预算为 603 亿迪拉姆(约 164.3 亿美元),创下历史新高,较 2018 财年增长了 17.3%,其中 42.3% 用于社会发展项目,17% 用于教育部门。

(四)国际机构评级

2018 年,标准普尔对阿布扎比酋长国本外币主权信用评级维持在长期"AA"级和短期"A-1"级的水平;穆迪维持对阿拉伯联合酋长国"Aa2"级的主权信用评级,未来展望为"稳定";2017 年,惠誉维持对阿布扎比酋长国的主权债券评级"AA"级,未来展望为"稳定"。在世界银行发布的

《2019 年全球营商环境报告》中，阿拉伯联合酋长国在 190 个国家及地区的排名从 2018 年的第 21 位继续上升到第 11 位。在世界经济论坛发布的《2018 年全球竞争力报告》中，阿拉伯联合酋长国在 140 个经济体中排名第 27 位。

（五）与我国经贸往来

中阿自 1984 年 11 月建交以来，双边经贸合作取得了令人瞩目的成就。2012 年中阿建立战略伙伴关系，进一步将双方各领域的友好合作推上了新台阶。近年来，中阿双边贸易发展迅速。2018 年，中阿双边贸易额为 459.18 亿美元，同比上升 12.06%。我国向阿拉伯联合酋长国主要出口机电、高新技术、纺织和轻工产品，主要进口液化石油气、原油、成品油、铝及铝制品等。我国连续多年成为阿拉伯联合酋长国第一大贸易伙伴，阿拉伯联合酋长国也是我国在阿拉伯世界最大出口市场和第 2 大贸易伙伴。

## 二、中资工商企业在阿拉伯联合酋长国的投资机会及风险分析

随着"走出去"战略的推进以及"一带一路"倡议的加快落实，中国企业赴阿拉伯联合酋长国投资设点步伐加快。2017 年我国对阿拉伯联合酋长国对外直接投资流量为 6.61 亿美元，对外直接投资存量为 53.73 亿美元。从投资流量看，阿拉伯联合酋长国成为 2017 年我国在西亚北非地区最大的投资目的地。目前，中国对阿拉伯联合酋长国投资主要领域为能源、钢铁、建材、建筑机械、五金、化工等，其中主要投资项目包括天津钢管厂在迪拜杰拜勒·阿里自由区设立分公司、中化公司开发阿拉伯联合酋长国油气田项目等。我国在阿各类企业 3 800 余家，主体为数十家大中型工程承包类企业。

（一）投资机遇

2015 年，阿拉伯联合酋长国经济部确定 14 个具有发展前景吸引外资的行业，包括制造、维修、交通、运输、仓储、旅游、金融服务、医护、医院、大学、电子、咨询、工程设计、有线及无线通信。未来，中资企业应持续关注以下两个方面的投资机遇：一是"一带一路"框架下的中阿多领域合作。中阿合作从公元 7 世纪以珍珠、贝壳为主的商贸往来，到目前能源领域的战略性合作，已成为中国同"一带一路"倡议沿线国家的合作的主要动力。阿拉伯联合酋长国处在亚非欧的核心位置，将打造成为"一带一路"建设中天然的物流和商贸中心，努力实现"一带一路"倡议沿线国家的互利共赢。二是重点关注油气、电信业、新能源、旅游业等行业的潜在投资机遇。

（二）面临风险

根据现行法律，阿拉伯联合酋长国不仅对外资可以进入的行业领域有明确的法律限制，而且对外商投资的持股比例有明确的规定，即外方持股不能超过49%。外方投资者可以设备、技术、物资的形式投资，也可以现汇投资。在税收上，外国合资、独资企业与当地企业在法律上是平等的。

阿拉伯联合酋长国于2018年10月已颁布实施的新外资法将将企业大致划分为三类：一是负面清单，所列企业将继续限制外资股比；二是正面清单，所列企业将提高外资股比，阿拉伯联合酋长国将对这类行业做出更为具体的定义；三是尚未明确的中间地带。希望中资企业关注新法规的颁布实施，并可根据新法规对股权做出相应调整。

## 三、中资银行业务发展机遇及风险分析

目前，工商银行、中国银行、建设银行、农业银行均在阿拉伯联合酋长国设有分行或分支机构，分别为工商银行迪拜国际金融中心分行、工商银行阿布扎比分行、中国银行迪拜分行、中国银行阿布扎比分行、建设银行迪拜国际金融中心分行、农业银行迪拜分行。其中，农业银行在阿拉伯联合酋长国设立首个人民币清算中心，工商银行成为迪拜纳斯达克上市债券第一大海外发行机构。这些银行在阿拉伯联合酋长国提供包括项目融资、贸易融资、资产管理、投融资咨询与安排等在内的多种公司金融服务。国家开发银行和中国出口信用保险公司等政策性金融机构也在阿设有工作组。

（一）政策监管环境

阿拉伯联合酋长国中央银行前身是货币发行局（UAE Currency Board），成立于1980年。主要职能包括：发行货币，并确保货币汇率稳定及自由兑换；制定和实施信贷政策，确保国家经济稳定发展；监测银行系统；管理政府外汇储备和黄金储备等。外汇管理方面，阿拉伯联合酋长国外汇不受限制，可自由汇进汇出，但须符合阿拉伯联合酋长国政府的反洗钱规定。一般情况下，外商投资资本和利润回流不受限制；外资银行在将其利润汇出境外前，必须事先获得阿拉伯联合酋长国中央银行的同意，并将其纯利润的20%作为税收缴纳给阿拉伯联合酋长国政府。阿拉伯联合酋长国对外国人携带现金出入境无规定。对外资银行政策方面，阿拉伯联合酋长国中央银行允许外资银行在阿设代表处、全资子行或分行，并不限制外资银行在阿申请全商业银行牌照，但考虑到金融市场容量有限，阿拉伯联合酋长国中央银行对外资银行

颁发全商业银行牌照时十分谨慎，目前尚无中资银行取得全商业银行牌照。外资银行在阿拉伯联合酋长国本地的运营面临着诸多限制。例如，在零售业务端，外资银行的分行设立以及数量受到严格限制，往往不能主导银行利率的设定，对于迪拉姆（阿拉伯联合酋长国本币）业务的发展也有一系列准入门槛。

（二）中资银行机遇

政策机遇方面，阿拉伯联合酋长国地处联结亚、非、欧三大洲的交通要道，也是"一带一路"沿线重点国家。近年来，阿拉伯联合酋长国实施经济多元化政策，努力扩大贸易，加强基础设施建设，发展第三产业。随着迪拜取得2020年世博会的主办权，赴阿拉伯联合酋长国旅游人数年增长率预计将达10%。这些因素使阿拉伯联合酋长国成为海湾地区乃至中东地区经济发展的佼佼者，也为银行业提供了良好的发展环境。市场机遇方面，成熟规范的金融环境、稳定的政治环境和繁荣的经济环境为银行提供了广阔的市场空间：阿拉伯联合酋长国是中东地区最重要的金融中心之一，既有独立性极高的金融自由区迪拜国际金融中心，也有活跃的交易所迪拜金融市场，还有来自世界各国的银行和其他金融机构，银行业抗风险能力强；中国与中东国家合作范围扩大，为中资银行开展相关项目金融服务提供了广阔空间；阿拉伯联合酋长国对于"一带一路"倡议具有战略意义，中资银行可以在资金支持、投资项目推介咨询等方面发挥更大的作用；抓住阿拉伯联合酋长国金融业重组兼并机遇。

（三）中资银行面临的挑战

中资银行在阿拉伯联合酋长国发展面临的主要困难主要包括以下两个方面：

一是阿拉伯联合酋长国周边中东地区国家风险较大。随着中东地区局势的复杂化，一些地区国家的国别风险有所加大（如卡塔尔断交事件导致多国对卡限制增加），国际油价下跌导致中东国家财政收入缩减，致使中资银行在航空、能源等行业领域发展面临的风险加大。

二是阿拉伯联合酋长国金融监管环境趋严。阿拉伯联合酋长国中央银行的监管政策战略目标是建设良好和繁荣的金融机构体系，保护消费者，促进金融机构审慎发展。2014年1月新推出了对货币兑换业务的监管规定，2015年1月开始实施巴塞尔协议Ⅲ，对本地银行的资本充足率和流动性监管等提出了要求。迪拜国际金融中心的监管主体为迪拜金融服务局（DFSA）。近年来，DFSA 监管的主要变化趋势为：加强对商业经营的管控力度，减少监管政策中的"灰色领域"；进一步强化反洗钱相关规定和政策；加强对金融机构的投资政策管控，尤其对外国基金的投资政策管控；强化各金融机构对 DFSA 的汇报机制；鼓励"金融科技"发展。

## 四、对策建议

阿拉伯联合酋长国是"一带一路"倡议的重要沿线国家，也是连接东西方文明的重要纽带。我国一方面可凭借阿拉伯联合酋长国在亚、欧、非三大洲航运枢纽的位置，扩大与亚、欧、非国家及地区的经贸合作；另一方面，可借助阿拉伯联合酋长国在中东地区的辐射作用，带动与"一带一路"沿线中东国家经济的深度融合。

一是加强"一带一路"框架下的中阿务实经济合作。我国应开辟多条渠道增进阿拉伯联合酋长国各界对中国的了解，并加强对"一带一路"的正确宣介，进而推动在常规和可再生能源、基础设施、科技、金融、人文等领域与阿拉伯联合酋长国开展深入合作。一方面充分发挥我国在水泥、炼铝、建筑材料、农业科技等领域的传统优势，另一方面推进我国与阿拉伯联合酋长国科技创新和知识经济发展战略的对接，共同建立战略投资基金，积极开拓核电、航天、可再生能源、通信等新兴高科技领域的市场空间，以高度互补的经济合作实现合作共赢。

二是注重投资风险管理。在阿拉伯联合酋长国开展投资、贸易、承包工程和劳务合作的过程中，要特别注意事前调查、分析、评估相关风险，事中做好风险规避和管理工作，切实保障自身利益，包括对项目或贸易客户及相关方的资信调查和评估，对投资或承包工程国家的政治风险和商业风险分析和规避，对项目本身实施的可行性分析等。企业应积极利用保险、担保、银行等保险金融机构和其他专业风险管理机构的相关业务保障自身利益，包括贸易、投资、承包工程和劳务类信用保险、财产保险、人身安全保险等，银行的保理业务和福费廷业务，各类担保业务（政府担保、商业担保、保函）等。

三是全面客观了解阿拉伯联合酋长国的优惠政策。为鼓励外国投资，阿拉伯联合酋长国整体赋税水平较低。阿拉伯联合酋长国在联邦层面对企业和个人基本上实施无税收政策，无所得税、增值税、消费税和中间环节的各种税收；从法律上讲，外国合资、独资企业与当地企业平等。从各个酋长国层面看，各酋长国关于各自区域内的自由贸易区政策成为吸收外国投资的基本优惠政策框架。需要注意的是，在不同酋长国进行投资活动要视酋长国规定情况做决定，企业在进行投资前需要进行相关调研。

四是密切跟踪阿拉伯联合酋长国政府政策变化。阿拉伯联合酋长国政府将推行行政管理改革，精简政府部门，提升行政效率，并进一步加大对大型资本账户投资的监管。建议关注政府最新动向，密切跟踪政府政策变化。

五是中资银行在业务开展过程中需继续保持积极、谨慎的态度。首先，与国际化的金融机构合作，如加强与阿拉伯联合酋长国基于亚洲基础设施投资银行的合作，打造互利共赢的基础设施投融资平台，借此关注和发掘地区优质项目，借助国际机构的影响力共同开展业务，从而提高对地区国别风险和市场风险的把控能力，降低风险损失发生概率。其次，对于备受瞩目的国际油价持续下跌，在继续保持对大型优质石油企业支持的同时，还需通过优化客户结构和产品服务来分散和降低行业的整体风险，如在石油行业向炼油和储油等产业下游环节扩展业务，同时进一步开发电信、基础设施建设等行业的客户和机会，努力分散风险，争取收益。最后，与监管部门和驻在国使领馆、经商处（室）加强沟通联系，及时分析排查可能存在的风险，做好国别风险和系统性风险的识别、防范工作，降低经营风险损失。

# 新　加　坡

## 一、新加坡概况

### （一）基本情况

新加坡位于马来半岛南端、马六甲海峡出入口，北隔柔佛海峡与马来西亚相邻，南隔新加坡海峡与印度尼西亚相望。截至 2018 年 6 月，新加坡总人口为 564 万，其中华人占 75% 左右。新加坡是全球领先的金融中心之一，也是众多跨国公司的所在地，社会治安状况总体良好，是世界上犯罪率最低的国家之一。新加坡立足东盟，致力维护东盟团结与合作、推动东盟在地区事务中发挥更大作用；面向亚洲，注重发展与亚洲国家特别是中、日、韩、新加坡等重要国家的合作关系；奉行"大国平衡"，主张在亚太建立美、中、日、印战略平衡格局；突出经济外交，积极推进贸易投资自由化。

新加坡自然资源匮乏，主要工业原料和生活必需品依赖进口。新加坡属外贸驱动型经济，高度依赖美国、日本、欧洲和周边市场。三大产业中，服务业是新加坡经济增长的龙头产业；农业方面，由于新加坡属城市经济国家，因此其农产品不能自给；工业方面，制造业和建筑业是新加坡经济发展的两大支柱；服务业方面，零售与批发贸易、饭店旅游、交通与电信、金融服务和商业服务等均是国民经济的支柱产业。

### （二）经济状况

新加坡的经济增速放缓。由于新加坡外向型经济易受到外部需求形势放缓以及大宗商品价格降低等因素的影响，其制造业和服务业活动放缓，尽管失业率仍保持低位，但已出现通货紧缩，经济增速近年来也有所放缓。2018年新加坡经济增长 3.1%，较上年下降 0.6 个百分点，这一增长水平仍低于全球平均增速和亚洲发达经济体平均水平。金融环境方面，由于新加坡是全球最开放经济体之一，其货币政策管理是以管理新元汇率来控制通货膨胀，目标是让中长期通货膨胀率保持稳定，而不是通过调控利率来控制通货膨胀，因此新加坡各项利率一直保持稳定。2016 年 4 月，金管局将新元名义有效汇率（NEER）区间斜率调整为零，货币政策进一步宽松。2018 年 4 月和 10 月，新加坡金管局时隔六年先后两次小幅上调 NEER 区间斜率，收紧货币政策以应对贸易争端给宏观经济带来的不确定性。2017 年，新加坡 M2 同比增速由上年的 8.0% 降至 3.2%，2018 年末起稳步上升，至 2019 年 4 月升至5.2%。财政收支方面，新加坡实行谨慎的财政政策，该国宪法要求每一届政府都必须基本实现预算平衡或略有盈余。近年来，虽然新加坡政府财政支出略有增加，但财政收支仍保持稳健平衡并略有盈余。贸易及国际收支方面，经常账户顺差扩大，国际储备充足。2017 年新加坡国际储备 2 850 亿美元，支付能力有足够保障，并且无对外债务。

（三）政策环境

发展规划方面，2017 年 2 月，新加坡未来经济委员会发布报告，提出七大战略勾勒出未来五至十年经济发展愿景：一是深化并扩展国际联系，二是掌握并善用精深技能，三是加强企业创新与壮大的能力，四是增强数码能力，五是打造机遇处处的蓬勃互通都市，六是发展并落实产业转型蓝图，七是携手合作促进创新与增长。报告为未来十年设定的经济增长目标为每年增长2% 至 3%。2019 年 4 月，面对全球增长前景恶化和低通货膨胀的局面，新加坡金管局决定维持货币政策不变，将汇率区间的斜率、宽度和中点都维持不变，认为这一立场与汇率区间"温和、渐进的升值路径一致"。财政政策方面，2017 财年新加坡政府盈余 299 亿新元，未来财政仍将保持稳健平衡。

（四）国际机构评级

2017 年标普、穆迪和惠誉三大评级公司对新加坡的长期主权评级分别为"AAA"级、"Aaa"级和"AAA"级，评级展望均为"稳定"。在世界银行发布的《2019 年全球营商环境报告》中，新加坡在 190 个国家及地区中排名第 2 位，仅次于新西兰。在世界经济论坛发布的《2018 年全球竞争力报告》中，新加坡在 140 个经济体中排名第 2 位，仅次于美国。

（五）与我国经贸往来

自 1990 年中新建交以来，两国长期保持着密切的贸易关系。2017 年双边贸易额为 792.43 亿美元，增长 12.4%。其中，我国对新加坡出口 450.20 亿美元，增长 1.1%；自新加坡进口 342.23 亿美元，增长 31.6%；中方顺差107.97 亿美元。以单个国家/地区计，新加坡为我国第 14 大货物贸易伙伴，在东盟内为我国第 4 大贸易伙伴。我国继续为新加坡第 1 大贸易伙伴、第 1 大出口市场和第 1 大进口来源，所占比重分别上升至 14.18%、14.48% 和

13.84%。两国双边货物贸易中，机电产品为最大类别，占60%；矿产品占10%左右；其次为塑料橡胶、化工品、纺织服装、玩具和家具等。

## 二、中资工商业企业在新加坡的投资机会及风险分析

自2007年起，中国为新加坡对外投资第1大目的国。2013年以来，新加坡成为中国第1大外资来源国、第3大外派劳务市场，2015年成为中国第2大对外直接投资目的国。同时，新加坡在中国全球货物贸易和服务贸易伙伴中，均排名第10名左右，其中中新货物贸易额已超过中国与英国、俄罗斯、印度、巴西等国的双边贸易额。优越的地理位置和良好的投资环境吸引了众多中资企业到新加坡投资，新加坡已成为中资企业"走出去"的首选目的地之一，也成为中资企业国际化的一个重要平台。截至2017年末，中国累计对新直接投资445.7亿美元，2017年达63.2亿美元。2017年新加坡对华投资占"一带一路"沿线60多个国家和地区对华投资总额的85%，中国对新投资占中国对"一带一路"沿线国家和地区投资总额的29%。目前中资企业在新加坡投资行业主要包括制造业、租赁和商务服务业、采矿业、批发和零售业、电力/热力/燃气及水的生产供应业、金融业、建筑业、农/林/牧/渔业、房地产业及交通运输/仓储和邮政业。

（一）投资机遇

新加坡主要是企业融资地和总部所在。为了更加集约有效利用稀缺的国土资源，并通过海外投资租赁飞地的方式带动经济增长，新加坡设立了商业园和特殊工业园、自由贸易区以及海外工业区等特殊经济区域，以促进商业贸易发展和产业集群形成。未来，中资企业应持续重点关注以下行业：一是生物制药。该行业新加坡近年重点培育的战略性新兴产业，享受政府优惠政策，吸引了世界顶尖的生物制药公司前来投资。二是物流仓储。新加坡拥有全球最繁忙的集装箱码头、服务最优质的机场，航空、海运、陆路物流及仓储业发达，是亚洲物流网的中心之一。三是电子工业。电子工业是新加坡传统产业之一，占新加坡制造业产值的1/4以上，且逐年增加。电子工业覆盖范围广，发展潜力大，一直以来都是外来投资的集中领域。四是石化工业。新加坡是世界第三大炼油中心和石油贸易枢纽之一，也是亚洲石油贸易定价中心，汇集了壳牌、美孚等知名化学公司及中石油、中石化等石化企业。五是精密工程业。精密工程是新加坡发展高增值制造业的关键，全球70%半导体线球形焊接器是从新加坡运往世界各地，全球10%的制冷压缩机产自新加

坡。新加坡的制造和研发实力，以及亲商环境使它在亚洲精密工程领域占有领先地位。六是旅游业。新加坡环境优美、文化多样，旅游资源丰富，吸引了年均千万计的外国游客。旅游业市场巨大、产值高，是吸引外资的重要领域。七是资讯通信。新加坡政府提出"智慧国2015"发展蓝图，将资讯通信业列为提升新加坡知识竞争力的关键行业之一，政府政策优惠，鼓励外国投资。八是基础设施建设。近年来，新加坡推出轨道交通建设计划，在地铁网络扩展、高速公路系统建设等加大力度。此外，港口、机场等基础设施的整修、重建、搬迁等也提上议事日程，前景广阔。九是宇航业。新加坡提出"宇航业生产力合作计划"，通过征求合作计划书的方式，邀请合作团队申请拨款基金，鼓励外资进入，宇航业成为新加坡吸引外资的又一重要领域。

（二）面临风险

中资企业在新加坡的投资风险主要体现在四方面。一是资源较为匮乏。新加坡自然资源短缺，主要工业原料和部分水、气资源均需依靠进口，因此相关企业运营受国际能源价格影响较大。二是土地可强制征用。新加坡《土地征用法》规定，凡为公共目的所需的土地，政府都可强制性征用。外资企业可以在新加坡参与土地交易，但需经过新加坡土地管理局批准，并详细了解土地交易的拍卖、招标、有价划拨和临时出租等方式以及政府征地的程序、操作流程和土地补偿标准等。三是劳动力成本趋高。由于劳动力供应不足，新加坡外籍劳务需求量大，约占新加坡劳动力的三分之一，并且受政府此前收紧外籍劳务政策影响，近几年新加坡外籍劳务人数增长速度降至可持续新低，并且劳动力成本逐年增加。四是环保准入标准高。新加坡对进口商品检疫标准和程序十分严格，对境内企业的环保标准设定也很高，触犯相关规定的惩罚力度极大。根据新加坡政府要求，企业在新加坡开展投资项目，业主需委托有资质的第三方咨询公司进行污染控制研究分析。

### 三、中资银行业务发展机遇及风险分析

新加坡目前共有8家中资金融机构，分别是中国银行、工商银行、建设银行、农业银行、交通银行、招商银行、中信银行和浦发银行。其中，中国银行和工商银行持有特准全面银行执照。中国银行新加坡分行成立于1936年，迄今已有80年历史，是当地历史最为悠久的商业银行之一，其余几家国有银行的分行成立于20世纪90年代。近年来，股份制银行逐渐开始在新加坡设立分支机构，如2014年招商银行新加坡分行成立，2016年浦发银行新加

坡分行正式获得牌照。

(一)政策监管环境

监管机构方面,新加坡本国的外汇管理分属三大机构。其中,金融管理局负责固定收入投资和外汇流动性管理,用于干预外汇市场和作为外汇督察机构发行货币;新加坡政府投资公司(GIC)负责外汇储备的长期管理;淡马锡控股利用外汇储备投资国际金融和高科技产业以获取高回报。金融监管方面,新加坡金融管理局对金融业实施全方位监管,其监管具有两项特点:一是严格监管,二是注重保护本国银行业发展和新元稳定。外汇管理方面,新加坡无外汇管制,资金可自由流入流出,企业利润汇出无限制也无特殊税费。但为保护新加坡元,1983年以后新加坡实行新加坡元非国际化政策,主要限制非居民持有新加坡元的规模。融资条件方面,新加坡银行的融资成本低,因而较具备竞争力。外资企业可通过新加坡本地银行、外资银行或中资银行、各类金融机构申请融资业务,并由银行或金融机构审核批准。

(二)中资银行机遇

环境机遇方面,一方面,由于新加坡面积小、人口少、资源匮乏,因此吸引外资是其经济增长的重要保障,外资准入政策相当宽松,对外资企业实行无差别的国民待遇;另一方面,新加坡是全球第3大金融中心、第3大外汇交易中心和第2大财富管理中心,同时是亚洲美元中心市场,其金融服务业不仅成熟发达,并且竞争充分、总体有序。市场机遇方面,一方面,在建设21世纪海上丝绸之路的过程中,新加坡将扮演更重要的角色,发挥其辐射东盟、熟悉东西方文化的独特优势,在筹融资中心、技术服务支持、人员培训等方面为"一带一路"建设提供支持,这给本地中资银行提供了发展机遇;另一方面,新加坡良好的国家品牌形象、高效透明的经商环境、便利的金融环境以及世界联通性既有利于中国企业对新投资合作,也有利于通过设立区域总部进军国际市场、实施跨国并购、构建全球贸易网络,开展对第三国的投资合作。

(三)中资银行面临的挑战

中资银行在新加坡的业务发展面临着一系列困难和问题,主要体现在以下三个方面:一是中资银行加入本地ATM网络的限制。受本地银行ATM网络排他性等因素影响,中资银行不能加入本地ATM网络,发行的银行卡在本地他行的ATM上不能使用。根据监管要求,最高级别的外资银行牌照,能够开设的网点和离行ATM合计不能超过25家,因此中资银行发行的银行卡在新加坡 ATM 使用空间很窄，个人客户便利性体验和业务拓展受到极大制约。

二是人民币清算行税率问题。为鼓励和引导新加坡本地参加行开展人民币清算业务，人民币清算行不断降低业务收费标准，更无偿向本地市场提供 300 亿元人民币日间透支额度，为新加坡人民币业务发展提供流动性支持，并投入大量的人力、物力资源，为新加坡离岸人民币市场的发展做出了突出贡献。然而，根据新加坡金管局监管要求，新加坡人民币清算行需实行独立的财务核算，按照 12% 的税率缴纳公司所得税，税率与商业银行的人民币业务一致。因此，未来仍需向新加坡金管局争取免除或者降低新加坡人民币清算行的营业税收，激励人民币清算行更多投入，以进一步提升和巩固新加坡作为第二大离岸人民币中心的市场地位。

三是其他问题。中资银行在客户基础、资金成本、监管要求和人员招聘等方面与新加坡本地银行相比有一定差距，发展面临较大的瓶颈。在客户基础方面，由于本地客户基础不牢固，零售客户基础薄弱，总体发展规模有限，仍未确立在本地市场的主流银行地位；在资金成本方面，由于缺乏低成本的存款，资金来源主要依赖市场借入，资金成本特别是新加坡元资金成本较高；在监管方面，中资银行面临的监管更加严格；在人员招聘方面，新加坡对招聘非本土员工有一定限制。同时，由于在新加坡的中资银行主要服务中新经贸往来业务，经营中需要大量熟悉中西方文化的从业人员，因此招聘符合条件员工的难度较大。

## 四、对策建议

随着中新之间经济金融联系的深化，未来我国政府、企业、银行在与新加坡加强经贸合作和业务往来的同时，还应特别注意相关风险的防范。

一是加强中新发展合作经验推广。苏州工业园区是中国与新加坡两国政府之间最大的经济技术合作项目，不仅是中国改革开放的重要窗口和国际合作的成功范例，而且是全球发展速度最快、最具有国际竞争力的开发区之一。在这项合作中，中新双方都充分发挥了自身的优势，苏州工业园区的成功可被看作是两个国家经济发展互惠共利的结果。为此，加强中新发展合作经验推广，将园区借鉴新加坡发展经济、城市建设和公共管理的一整套经验发扬光大，将成为有益于双方发展的双赢之举。

二是严守法纪，重信履约。新加坡是法治社会，各项法律法规完善，对各种违法行为均有明确、严厉的处罚。同时，新加坡公民法律意识很强，在商业领域则表现为高度重视并严格依照合同行事。因此，中资企业在与新加坡企业合作或到新加坡投资设立分支机构时，一方面，要切忌弄虚作假、谎报材料，更要杜绝贿赂等犯罪行为，需严格遵守当地法律法规；另一方面，在商务合作中需严格细致地商定合同条款，明确各项权利、义务、免责和救济措施。合同一旦签订，需按照约定认真履行各项义务，做到重合同、守信用。

三是加强环保意识，注意成本核算。新加坡素有"花园国家"的美称，这是新加坡政府高度重视并下大力气加强环境保护的结果。空气清新、环境优美也一直是新加坡人民引以为傲的地方。为保护环境，新加坡政府在吸引国际直接投资时，将重点放在生物医药、高新技术、清洁能源等产业部门，并制定了严格的环保标准和法律法规。因此，中资企业在新加坡投资前，特别是设立生产型企业之前需详细了解新加坡政府关于环境保护的各项要求，做好充分的预算安排和成本核算，并在生产活动及日常生活中严格按照规定做好环保工作。

四是充分调研，防范投资合作风险。尽管新加坡社会以华人为主，在语言、传统文化等方面与中国有许多相近之处，双方更容易沟通为两国企业开展交流合作提供了优势条件，然而，新加坡在社会和法律制度以及商业习惯等方面仍与中国有很大不同。因此，中资企业在新加坡展开投资、贸易、承包工程和劳务合作的过程中，需特别注意事前调差、分析、评估相关风险，始终做好风险规避和管理工作，切实保障自身利益。包括对项目或贸易客户及相关方的资信调查和评估，对评资或承包工程国家的政治风险和商业风险分析和规避，对项目本身实施的可行性分析等。

# 马来西亚

## 一、马来西亚概况

### （一）基本情况

马来西亚位于亚洲东南部，介于太平洋和印度洋之间，国土被南中国海分隔为东、西两部分。截至 2018 年末，马来西亚总人口数为 3 240 万人，国教为伊斯兰教，国语为马来语，通用英语，国内社会环境较好。

马来西亚实行君主立宪联邦制，以马来民族统一机构（简称"巫统"）为首的执政党联盟国民阵线长期执政，是英联邦成员国，东盟 5 个创始成员国之一，也是 77 国集团和不结盟组织的创始成员国，奉行独立自主、中立、不结盟的外交政策，视东盟为外交政策基石，重视发展同大国的关系，积极推进东亚合作。

马来西亚自然资源丰富。橡胶、棕榈油和胡椒的产量和出口量居世界前列，石油天然气储量丰富，此外还有铁、金、钨、煤、铝土、锰等矿产，盛产热带林木，尤其是硬木。马来西亚是世界第二大棕榈油及相关制品的生产国和最大的出口国、第三大天然橡胶生产国和出口国、第三大液化天然气出口国。

### （二）经济状况

马来西亚经济形势总体比较平稳，近几年一直保持中高速增长，其中内需是主要增长动力，通货膨胀低迷，失业率保持稳定。2018 年马来西亚全年经济增长 4.7%。

在货币金融方面，下调基准利率。由于国内外大环境的不确定因素、贸易战和一些商品领域持续低迷，马来西亚中央银行认为经济增长有下行风险，因此 2019 年 5 月 7 日宣布，将基准利率下调 25 个基点至 3%，这是马来西亚中央银行 2016 年 7 月以来首次调整利率。

在财政收支方面，财政状况恶化，债务水平上升。2018 年，马来西亚财政赤字为 533.9 亿林吉特，占国内生产总值的 3.7%，较上年上升 0.7 个百分点；公债规模达到 7 410.5 亿林吉特，占 GDP 的比重为 51.8%，较上年上升 1.1 个百分点。

在贸易及国际收支方面，经常账户顺差持续，国际储备金充足。亚洲金融危机以来，马来西亚的经常账户一直处于盈余状态，积累了充裕的国际储备。截至 2018 年末，马来西亚外汇储备为 1 014 亿美元。

产业结构方面，目前服务业在马来西亚经济中所占比例最大，工业次之，农业最小。2018 年，马来西亚农业、采矿业、制造业、建筑业和服务业在 GDP 中所占比例分别是 7.8%、7.9%、23.0%、4.5% 和 55.5%。

（三）政策环境

发展规划：2015 年 5 月，马来西亚总理纳吉布在国会下议院提交第 11 个马来西亚计划（2016—2020 年），共包括十项主要内容。

货币政策：2019 年 5 月 7 日，马来西亚中央银行宣布将隔夜政策利率（OPR）下调 25 个基点至 3%。自 2019 年初美联储口风转鸽派以来，亚洲各国中央银行也开始纷纷跟风，印度中央银行在 2 月时首先带头宣布降息，而马来西亚中央银行则是亚洲区内第二个宣布降息的中央银行。

财政政策：2019 年，马来西亚继续扩大支出规模以促进经济增长，同时致力于财政整顿，希望能够达到接近平衡的预算。

（四）国际机构评级

标准普尔对马来西亚主权信用评级为"A－"级，展望为"稳定"。惠誉对马来西亚主权信用评级为"A－"级，展望为"稳定"。穆迪对马来西亚主权信用评级为"A3"级，展望为"稳定"。中信保将马来西亚国家主权信用风险评级定为"A"级。科法斯宣布马来西亚的国家信用评级为"A4"级，营商环境评级为"A3"级。

（五）与我国经贸往来方面

中马两国于 1974 年 5 月 31 日正式建立外交关系。建交后，两国在经贸、科技、教育、文化、军事等领域的交流与合作顺利开展。在经贸领域，两国已签署 10 余项经贸合作协议。马来西亚是中国在东盟的第二大贸易伙伴，是中国在该地区最大进口来源国。中国是马来西亚最大的出口市场、最大的进口来源地，以及制造业最大外资来源地。

## 二、中资工商企业在马来西亚的投资机会及风险分析

近年来中国对马来西亚投资热情不断升温。2017 年，中国对马来西亚直

接投资达 17.2 亿美元，涉及领域包括制造业、房地产、基础设施建设等。截至 2017 年末，中国对马来西亚直接投资存量为 49.1 亿美元。

（一）投资机遇

2006 年，马政府提出推行经济发展计划，打造 5 个经济特区，包括依斯干达开发区、北马经济走廊、东海岸经济区、东马沙巴发展走廊和沙捞越经济走廊。截至目前，五大经济特区在吸引外资和创造工作岗位方面取得了巨大成就。

马来西亚鼓励外商投资的领域主要包括农业生产、医药、木材、纺织、钢铁、有色金属、机械设备及零部件、电子电器、医疗器械、科学测量仪器制造、塑料制品、可再生能源、研发、食品加工、冷链设备、酒店旅游等。在制造业领域，自 2003 年 6 月开始，外商投资者投资新项目可以持有 100% 的股权。重点关注行业：一是基础设施行业。随着东盟一体化进程推进，东盟国家将加大互联互通，推进基础设施项目建设，作为东盟交通枢纽、21 世纪海上丝绸之路重要支点国家，马来西亚基础设施建设市场空间巨大。马来西亚具有独特的地缘优势和市场辐射力，政府出台各项优惠政策打造投资环境。马来西亚重视基础设施建设，中马两国在基础设施项目投资合作不断加深，交通基础设施建设、港口、民航、物流和铁路都属于"一带一路"建设框架下中马双方积极合作的领域。二是农用机械行业。近年来，马来西亚国内对重型设备的需求已经由建筑业转向了农业，特别是棕榈种植业和林业。这是由于国际市场对棕榈油和由棕榈油生产而来的生物柴油的巨大需求，导致使得越来越多的田地变为了棕榈种植园。用于农业的工程机械主要是铺路机、挖掘机、推土机和压土机。三是汽车及零部件行业。马来西亚是东南亚第二大汽车市场。2009 年 10 月 28 日，马来西亚国际贸易和工业部公布了汽车产业方面的新政策，这项政策大致分为 18 个方面，在整车、零部件、二手车、关税等各个方面都进行了调整。新政策旨在能利用跨国汽车公司的力量改变马来西亚汽车的现状，以便使马来西亚的汽车产业能先达到然后超越泰国的水平，成为东南亚地区最重要的汽车生产基地。作为过渡政策，在 2015 年前，马来西亚在跨国汽车核准证进行管制，预计在 2020 年 12 月 31 日后，将全面取消这一政策。换言之，从 2015 年开始，马来西亚汽车市场将逐步开放，5 年后，这一市场将全面开放。四是医疗器械。马来西亚已将医疗器械行业列为高成长潜能行业之一。医疗器械制造业为马来西亚经济发展作出了极大贡献，目前，马来西亚医疗设备市场在 10 亿美元左右。在进出口方面，我国医疗器械行业与马来西亚有较多的贸易往来，但是出口产品以低附加值产品为主。五是环保业。马来西亚的绿色科技市场投资潜力巨大，2010年，马政府启动绿色科技融资计划（GTFS），资金规模为35亿林吉特，为绿色科技企业补贴向金融机构支付的2%年息或者利润率，并为企业融资金额的"绿色成本"部分提供60%的政府担保。截至2015年9月，该计划中55%的融资都是使用伊斯兰金融，截至2015年6月，伊斯兰金融已经为188个绿色科技项目提供了总额22亿林吉特的资金。六是科技产业。目前在亚太市场上，马来西亚科技产业增长速度处于前列，急需引入云计算、大数据、人工智能等新技术。公开资料显示，马来西亚中小型企业机构占企业总量的97%，对成熟稳定并且成本普惠的云计算服务具有强烈需求。飞天技术在单位计算能力和计算性价比上远超行业标准，具备将世界级的计算能力变成普惠云计算技术的能力。

（二）面临风险

一是国内党派斗争有所激化。日益激烈的党派斗争，一定程度上为马来西亚的投资环境带来了不确定因素和负面影响。

二是美国对马来西亚政局以及贸易的影响加强。美国提出"亚太再平衡战略"以来，对东南亚的军事援助大幅度增加。这对中马关系都存在着潜在威胁，尽管马来西亚与中国关系一直友好，但作为战略敏感核心地带实力较弱的国家，其外交政策往往受制于美国等大国。此外，尽管马并非美国的重大贸易伙伴，但在特朗普新贸易政策下，双边贸易可能出现变化。

三是马来西亚与邻国菲律宾、文莱、中国都存在着领土争端，其中以菲律宾情况最为严重。沙巴州目前在马来西亚的管辖下，但菲律宾自1962年起便宣布对其拥有主权，双方在沙巴州多次发生武装冲突，尽管马政府称有信心稳定该地区局势，但两国间的领土争端上升至军事冲突增加了投资马国的风险。

四是毒品带来社会治安问题等。马来西亚与金三角距离较近，尽管马来西亚对毒品犯罪的量刑较高（唯一一项触犯死刑的犯罪），但马来西亚的毒品交易仍然猖獗。马政府每年用于反毒运动的财政耗资巨大，对社会经济其他领域的发展也产生了一定的挤压效应。

五是种族关系趋于紧张。当前，种族议题在马来西亚政坛上仍具有相当大的操作空间，华人地位有可能进一步下降。

### 三、中资银行业务发展机遇及风险分析

马来西亚目前共有 3 家中资金融机构。2001 年 2 月 23 日，马来西亚中国银行开业，成为首家进入马来西亚市场的中国金融机构。2010 年 1 月 28 日，中国工商银行马来西亚有限公司成立，是工商银行的全资子公司。2016 年 10 月 1 日，中国建设银行（马来西亚）有限公司注册成立，正式成为一家马来西亚注册的公众公司，也成为中国建设银行在马来西亚的第一家机构，在海外的第 30 家一级机构。

（一）政策监管环境

马来西亚中央银行是国家银行，由马来西亚政府设立及拥有，主要负责维持国家货币稳定，管制和监督银行、金融及保险机构，发行国家货币。在外汇管理方面，马来西亚汇兑管制较为宽松，限制不多。目前，马来西亚对外国资本、利润、利息的流动，进出口贸易汇兑以及货币兑换均没有任何限制，但林吉特兑换只能由马来西亚国内经过政府授权的金融机构来操作，境外投资者需要在经过政府授权的银行开设账户。在对外资银行政策方面，为发展本国银行业，马来西亚政府长时间对包括中资银行在内的外资银行进行严格管理和一定的限制，规定外资银行设立分行不得超过 10 家，发行信用卡、设立分行等都需要经过审批。

（二）中资银行机遇

在环境机遇方面，中国和马来西亚的外交关系于 2013 年提升为全面战略合作伙伴关系，当前两国关系处于历史最好时期。马来西亚是古代海上丝绸之路上的重要国家，也是最早响应"一带一路"倡议的沿线国家，更是共建"一带一路"早期收获最丰硕的国家之一。近年来，两国积极对接 21 世纪海上丝绸之路和马来西亚经济转型计划。两国稳步推进"两国双园"的建设，继续加强基础设施、人文教育、旅游业等领域的合作。

市场机遇方面，相比东盟其他国家，马来西亚政治环境稳定，经济基础良好，金融监管较为谨慎保守，且华人占总人口的 25%，是中资银行走出去较为适宜的目的地。马来西亚的基础设施、物流、科技等领域的发展将为中资银行机构在当地的发展提供广阔的空间。一是马来西亚银行业较发达，银行业受到经济增长的推动。整体而言，马来西亚银行业在东南亚比较发达。马来西亚的 3 000 多万人口中，平均每一万人口有 1.4 家银行机构、4.7 台自动取款机，这一比例在东南亚地区名列前茅；其成年人口拥有银行账户的比

率在东南亚仅次于新加坡。世行预计，到 2020 年马来西亚金融服务有望全面覆盖成年人口。二是基础设施建设对信贷需求量较大。在"一带一路"倡议的背景下，目前中马两国在基础设施领域的合作进展良好。皇京港、马来西亚东部沿海铁路等项目的开展为银行提供了信贷业务机会。

（三）中资银行面临的挑战

一是中资银行的客户范围较窄。中资银行在发展上正面临着瓶颈，客户主要为在马中国公民、华人和中资企业等。在马来西亚经营最久的中国银行的个人客户不超过 3 万个，最新开设的建设银行现阶段并没有个人银行服务。中资银行机构进入马来西亚时间较短，尚未完全融入当地经济社会，当地市场对中资银行机构的认知和接受程度有待进一步提高。在企业投资和融资等方面，中资银行的服务对象也主要是中资企业，由于来马经营和投资的中资企业越来越多，中资银行也无法完全满足企业的要求。另外，一些中资企业所进行的大型收购和并购项目，也需要其他外资银行的参与。

二是马来西亚的金融监管较严格，中资银行难以发挥自身的优势。受限于马来西亚的金融监管规定，中资银行在网上银行、手机银行等新兴银行服务领域上积累的发展优势难以发挥。因此，相对于马来西亚本土银行，中资银行并没有太大的优势。

三是银行的本地化程度不足，尚未完全融入马来西亚社会。在本地化方面，中资银行距离汇丰等主要西方外资银行还有一定差距。中资银行的中下层员工基本都已经是以本地员工为主，但中高层、尤其是领导层现依然以内派人员为主。

## 四、政策建议

近年来，中马双边经贸合作一直处于迅速发展的状态，我国政府、企业、银行与马来西亚的业务往来不断加强。在双方进一步深化合作的过程中，应该特别注意做好以下几点，预防相关风险的发生。

一是坚持优势互补、实现互利共赢。中方在对马来西亚投资时，要结合马来西亚与中国之间的竞争优势和互补性，同时兼顾经济、政治、文化和环保等多领域效益，创新投资方式，选好合作领域，实现双方互利共赢，做到长久发展。

二是对马来西亚进行全面深入了解。要对马来西亚的政治、经济、法律、人文、宗教等情况和出台的财政、税收、金融、进出口管理等方面的优惠政策进行全面深入了解，加强与马来西亚当地税务、法律、会计、市场营销等中介机构的合作。

三是适应马来西亚法律环境的复杂性。中资企业和银行需密切注意马来西亚的法律变动情况，聘请当地有经验的律师作为法律顾问，听取专业律师的意见，处理法律有关事务。另外，由于马来西亚企业注册及申办各类执照的程序时间较长、头绪复杂，投资者也要做好企业注册及申办各类执照的充分准备。

四是充分核算税负成本，争取获得优惠政策。马来西亚税收体系比较复杂，缴纳税务的专业要求高，中国投资者应该认真听取专业税务人员意见，充分核算税负成本，并尽量选择在能获得所得税减免的领域或地区投资。

五是采用人民币结算，规避汇兑风险。考虑到林吉特汇率波动风险和货币汇兑产生的成本，中方应争取利用人民币作为结算货币，最大限度地规避或消除汇率风险，降低经营成本。

# 巴基斯坦

## 一、巴基斯坦概况

### （一）基本情况

巴基斯坦位于南亚次大陆的西北部，东接印度，东北与中国毗邻，西北与阿富汗交界，西邻伊朗，南邻阿拉伯海，海岸线长 980 千米，国土面积为 770 880 平方千米，稍大于我国的青海省，国土面积排名第 34 位。地形西北高，东南低，山区和丘陵地带约占全国面积的五分之三。全国共设四个省、首都伊斯兰堡、巴控克什米尔地区和 7 个联邦直辖部落专区。卡拉奇是巴基斯坦最大城市和商业中心，其他主要经济中心城市包括拉合尔、费萨拉巴德、木尔坦等。

巴基斯坦是多民族国家，全国共计 1.97 亿人（2017 年），是世界第六人口大国，其中旁遮普族占 63%、信德族占 18%、帕坦族占 11%、俾路支族占 4%。在巴基斯坦华人华侨约 8 000 人，主要集中在经济较为发达的旁遮普省和信德省。根据宪法规定，巴基斯坦的国教为伊斯兰教，伊斯兰教徒占全国人口总数的 95%。此外还有基督教、印度教和锡克教等，但仅占全国人口的 5%。

巴基斯坦实行半总统共和制，联邦议会是最高立法机构，由国民议会（下院）和参议院（上院）组成。联邦政府是最高行政机关，联邦内阁由总理、部长和国务部长组成，各部委由常务秘书主持日常工作。省政府受联邦政府领导，但宪法规定实行省自治。巴基斯坦实行多党制，现有政党 200 个左右。2017 年 7 月，巴基斯坦最高法院以涉嫌贪腐为由取消了时任总理谢里夫的任职资格；8 月，执政党巴基斯坦穆斯林联盟（谢里夫派）候选人沙希德·哈坎·阿巴出任总理。2018 年 8 月，在国民议会选举中，伊姆兰·汗领导的正义运动党成为国民议会第一大党，伊姆兰·汗被选举为巴基斯坦新任总理。

巴基斯坦奉行独立和不结盟外交政策，注重发展同伊斯兰国家和中国的关系；致力于维护南亚地区和平与稳定，在加强与发展中国家团结合作的同时，积极发展同西方国家的关系；支持中东和平进程，主张销毁大规模杀伤性武器；呼吁建立公正合理的国际政治经济新秩序；重视经济外交，要求发达国家采取切实措施，缩小南北差距。目前，巴基斯坦已同世界上 120 多个国家建立了外交和领事关系。

巴基斯坦的主要资源储备有煤炭、铁、铝土、铜、铬、铅、锌、金、大理石和宝石等，其中煤炭、铜、铬、大理石、煤和宝石储量丰富。

（二）经济金融情况

宏观经济方面，受农业显著复苏、服务业健康发展和大规模制造业产出增加提振，巴基斯坦经济发展较为迅速；同时，由于长期的政府预算赤字和经常账户逆差，巴基斯坦近期面临严峻的国际收支危机。2017—2018 财年（起止时间为自 7 月 1 日起至次年 6 月 30 日止）巴基斯坦 GDP 增长 5.8%，较上财年提高 0.4 个百分点。同期，巴基斯坦大型制造业产出增长 5.1%，人均收入由 2013—2014 财年的 1 389 美元增至 1 652 美元，外国直接投资增加至 27.67 亿美元。

货币金融方面，2017—2018 财年，巴基斯坦中央银行将基准利率由 5.75% 分两次提高至 6.5%，融资成本从 43 年来最低水平开始上升，广义货币供应量（M2）15.76 万亿卢比，同比增长 9.5%，低于前一财年 13.84% 的增长率。巴基斯坦汇率形势严峻。2007 年末以前，巴基斯坦卢比与美元的比价始终保持在 60:1 左右。2008 年至 2013 年末，美元兑卢比的汇率从 1:64 上升至 1:109.75。经历了 2014 年的短暂回升后，2015—2017 年，巴基斯坦卢比兑美元的汇率维持在 105:1 的水平。2018 年开始，巴基斯坦卢比兑美元继续下降至 120:1 的水平。

财政收支方面，2017—2018 财年，巴联邦税务局征税 3.75 万亿卢比，同比增长 11.4%，但仍未达到 3.93 万亿卢比预定目标。税收征管不善加上政府财政纪律松弛、支出扩大推升财政赤字，据初步测算巴财政赤字将达到创纪录的 2.4 万亿卢比，约占 GDP 的 7%。

贸易及国际收支方面，2017—2018 财年巴基斯坦出口总额 247.7 亿美元，同比增长 12.6%，比上一财年有明显改善；进口总额 558 亿美元，较上一财年增长 15%；贸易逆差继续扩大至 310 亿美元。由于贸易逆差扩大，侨汇增长乏力，2017—2018 财年经常账户赤字达到 180 亿美元，同比增长 44.7%，期末外汇储备规模约为 163.84 亿美元。

产业结构方面，2017—2018 财年，巴基斯坦三次产业均有提升。受益于化肥和农药成本下降，信贷和补贴支持力度增大，农业产值同比增长 3.8%，产值约占 GDP 的 24%。在能源供给改善、宽松货币环境和基础设施建设等因素推动下，第二产业增长 5.8%，产值约占 GDP 的 19%，汽车、钢铁和食品等行业增长明显。第三产业同比增长 6.4%，产值约占 GDP 的 57%，是国民经济中贡献最大的产业，批发零售、交通运输和通信等是主要支撑行业。

（三）政策环境

货币政策方面，2018 年以来，巴基斯坦经济面临着卢比贬值、税收上调以及全球市场石油产品和基本食品价格上涨趋势带来的不断上升的通货膨胀压力。汇率方面，卢比兑美元汇率已经从 120:1 下滑至 2019 年 5 月的 150:1；2019 年 4 月通货膨胀率为 8.82%，5 月巴通货膨胀率加速升至 9.59% 的五年高点。2019 年 5 月，巴基斯坦中央银行将基准利率大幅上调 150 个基点至12.25%，创下近 8 年高点。巴基斯坦中央银行警告称，通货膨胀压力可能会持续一段时间。同时，中央银行预计经济增长在 2018—2019 财年将放缓，但在 2020 财年将温和增长。展望未来，随着市场信心改善、农业部门复苏以及政府对出口导向型行业的激励，预计经济活动将逐步复苏。

财政政策方面，2017—2018 财年，巴财政赤字将达到创纪录的 2.4 万亿卢比，约占 GDP 的 7%。根据巴上届政府制定的 2018—2019 财年预算案，财政预算赤字率低于 4.9%。大选换届后新上任的财政部长表示，上届政府制定的预算案"不切实际"，新政府将会根据实际情况向议会重新做出报告，以决定是否重新制定一份预算或者对现有预算案进行修订。2018 年 8 月和2019 年 1 月，巴基斯坦分别公布了本财年第一份和第二份财政预算修正案，意在扩大税收、缩减预算赤字，优化税收系统、限制财政赤字上涨；通过鼓励投资，扩大出口，逐步改善长期存在的国际收支状况恶化、经常账户赤字扩张以及储蓄投资比例不足等结构性问题。同时，2019 年 5 月，经过长达数月的艰苦谈判，国际货币基金组织（IMF）最终同意向巴基斯坦提供 60 亿美元贷款，以帮助后者抵御国际收支危机，巴基斯坦承诺进行更为积极的结构性改革。

（四）国际机构评级

2018 年 6 月，国际评级机构穆迪维持巴基斯坦"B3"级发行人和高级无担保评级，但是将前景由"稳定"调整为"负面"，主要原因是该机构认为巴基斯坦的外部脆弱性风险增加。2018 年 12 月，惠誉评级宣布巴基斯坦的长期外币发行人违约评级由"B"级调整为"B－"级，前景维持"稳定"。此举是对该国债务水平上升的反应，由于其偿还能力较弱，预计债务水平将会上升。2019年2月，由于增长前景减弱以及外部和财政压力增加，标准普尔将巴基斯坦长期主权债务评级由"B"级降为"B－"级，前景维持"稳定"。

世界银行《2018年营商环境报告》对190个经济体的全球营商环境便利程度进行了排名，巴基斯坦排名第147位，较2017年排名下降3位。世界经济论坛发布的2018年全球竞争力指数，巴基斯坦位列所有140个国家和地区的第107位，属于南亚地区垫底水平，腐败问题是在巴基斯坦营商面临的最为严重的因素。这一排名较2017—2018年的第115位已经有所提高，但是相较其他南亚国家，处于最低水平。

（五）与我国经贸往来

中国和巴基斯坦是山水相依的友好邻邦，两国人民有着悠久的传统友谊。早在一千多年前，中国晋朝的高僧法显和唐代高僧玄奘就先后到过巴基斯坦的许多地区。1950年1月5日，巴基斯坦承认中华人民共和国，1951年5月21日两国正式建交，建交以来开展了全方位合作。1963年1月，两国签订第一个贸易协定。1982年10月，两国成立了中巴经济、贸易和科技合作联合委员会，迄今已召开了14次会议。2006年，两国签署自由贸易协定并于2007年7月开始实施。2009年2月，两国签署《中巴自贸区服务贸易协定》，当年中国成为巴基斯坦第2大贸易伙伴。

2019年4月28日，国家主席习近平在人民大会堂会见巴基斯坦总理伊姆兰·汗。习近平指出，总理先生去年11月访华期间，双方就中巴关系发展达成一系列重要共识。当前，中巴经济走廊建设、金融、贸易等方面合作都取得了重要进展。下阶段，中巴双方要继续努力，把全天候的战略合作不断推向前进。

受益于中巴良好政治关系和经济走廊项目的持续推进，中巴经贸关系发展迅猛，双边贸易快速增长。目前，中国是巴基斯坦最大的贸易伙伴，双方贸易存在较强互补性。巴基斯坦对华出口商品主要集中在棉花制品、谷物（大米）、矿砂、矿渣及矿灰、服装成衣、光学、照相、医疗等设备及零附件、石灰水泥、动物皮革等产品。中国对巴出口商品主要为：电机、电气、音像设备及其零附件，核反应堆、锅炉、机械器具及零件，钢铁，化学纤维长丝，有机化学品，钢铁制品，塑料及其制品等产品。中巴双边贸易额从

2006—2007 财年的 40 亿美元增至 2017—2018 财年的 132 亿美元。

## 二、中资工商企业在巴基斯坦的投资机会及风险分析

巴基斯坦国家银行公布的数据显示，2017—2018 财年巴基斯坦吸引中国投资达 15.8 亿美元，占巴外国直接投资比重达到 57.3%，连续 5 年排名巴外资来源国第 1 位。从投资领域看，除传统能源、基础设施领域外，我国资本还继续向通信、家电、金融等领域稳步扩展，特别是中巴经济走廊建设已成为巴基斯坦经济发展的新动力。

（一）投资机遇

巴基斯坦与我国是全天候战略合作伙伴。中巴关系非常密切，合作十分默契，在大多数问题上，巴基斯坦都能站在中方的角度考虑，双方互相支持，结成最高级别的伙伴关系。受益于此，中国企业在巴投资可以在一定程度上规避一些政治、安全风险。此外，巴基斯坦政府对西方国家企业的投资心存疑虑，出于国家安全、双边互信以及中国在基础设施建设和运营管理的丰富经验等方面考虑，在诸多领域将中国视为首选合作对象。

中巴经济走廊的早期项目主要集中在能源和基础设施建设领域，涉及煤电、风电、水电、公路、机场、输变电线路、天然气管道等。这些项目的逐步完成能够显著缓解限制巴经济发展的能源短缺以及交通问题，改善巴投资环境，降低投资成本和投资风险，从而为后期的产业合作铺平道路，吸引更多中国企业来巴投资。

（二）面临风险

一是经济下行风险。虽然巴基斯坦利率、通货膨胀率以及外汇储备等宏观经济指标总体向好，但经济增长内生动力不足，出口竞争力下降，未来仍面临债务、汇率等不确定性。

二是营商环境风险。巴基斯坦政府部门行政效率较低，行政审批时间较长，相关手续烦琐，从而提高了企业投资的制度性交易成本。另外，巴基斯坦税负较高，水、电、燃气等基础设施不完善，总体营商环境有待进一步改善。

三是劳动力市场风险。由于巴基斯坦国内局势长期不稳定，大量受高等教育的巴基斯坦人才持续流出，在巴基斯坦开展商业活动，需要做好应对劳动力短缺以及开展当地员工技术培训的准备。

四是能源短缺风险。巴基斯坦能源短缺，在部分地区，一天约有 12 个～

18 个小时电力供应不足，全国商业和经济中心卡拉奇也深受能源短缺的困扰，对经济发展形成制约。

五是交通等基础设施不完善。巴基斯坦全国高速公路网络落后，不足其公路总里程的 50%，大约 70% 的主干道是单行道，绝大部分公路缺乏维修和养护。铁路运输同样匮乏，使得大量运输依靠陆运和水运。因此，在巴基斯坦开展商业活动需要考虑频繁出现的货物延误的情况。

### 三、中资银行业务发展机遇及风险分析

近年来，中巴两国银行业合作发展较快。目前，巴基斯坦有中国工商银行、中国银行两家对外营业的中资商业银行。另有国家开发银行和中国进出口银行在巴基斯坦设立有工作组，负责各自在巴基斯坦项目的营销与贷后管理等工作。

（一）政策环境

巴基斯坦实施"混业经营，分业监管"的金融监管模式，由巴基斯坦国家银行行使中央银行和银行业监管双重职能。由于多年面临通货膨胀、外汇短缺、国际收支不平衡等挑战，巴基斯坦中央银行以维护金融体系稳定作为核心任务，并由此形成"严格管制、严密监管"的合规监管主导思路。"严格管制"主要体现在对商业银行外汇业务、离岸业务、支付结算、信用风险敞口管理等方面实施较多政策限制，如不得直接发放或获取中长期外币贷款、普通账户不得留存外汇、或有负债余额不得超过净资产 10 倍等。

外汇管理方面，根据《2001 年外汇账户（保护）法案》，巴没有对外汇实施管制。在巴居住的外国人、在巴境内设立的含有外资成分的公司以及在国外登记但在巴经营的外国公司，可以在有外汇经营资格的银行开立、使用外汇账户。这些账户可以自由汇入、汇出外汇，也可在本地自由存取现金。巴允许外国投资者将全部资本、资本所得、红利和利润汇出，上述款项的汇出将征收 10% 的代扣税。2013 年 7 月 23 日，巴基斯坦国家银行出台关于货币兑换管理的新规定，进一步强化对外汇业务的管理，具体要求包括：所有对外交易保留相关文件复印件；超过 2 500 美元的交易需要特殊签章，且客户需出示数字化公民身份证、公民身份证、侨民身份证、原籍证、外国人居住证、护照（含有效签证）等相关身份证件；超过 10 000 美元的交易需要提供税号；超过 25 000 美元的交易须通过支票、汇票或支付凭证方得进行等。

（二）面临风险

政治方面，巴基斯坦继续面临多种内部和外部冲突。虽然国内恐怖主义的发生率有所下降，但是极端主义情绪在增加，对多样性的容忍度在下降。此外，巴基斯坦还面临着日益严重的债务危机和经济方面长期的贸易不平衡。国际上，巴基斯坦与邻国印度和阿富汗的高调争端也定期导致暴力并继续构成对区域和国际安全构成威胁。

安全方面，恐怖袭击是巴基斯坦安全形势的最大威胁。宗教极端势力、民族分裂势力和有组织犯罪集团等实施的恶性治安事件对巴安全形势构成严重威胁。巴基斯坦安全形势自2014年下半年军方和政府加大反恐力度以来总体呈现好转态势，表现在恐怖袭击事件数量和频率明显下降，但恶性恐怖袭击事件仍时有发生。

经济方面，大规模的政府财政赤字以及卢比走低，使巴基斯坦难以改变通货膨胀水平持续走高的预期。一旦美国与巴基斯坦的紧张关系升级，美有可能暂停对巴的经济援助，将导致巴陷入更大规模的财政危机，在巴投资企业可能面临偿付风险和更加严格的外汇管制风险。同时，政策多变是中资企业在巴经营中经常遇到的问题之一。外企税收是巴基斯坦税收的主要来源，巴基斯坦试图通过取消税收豁免权来提高税收收入。税收政策随时会变，并且不可预知，在巴基斯坦开展商业活动需要时刻关注税收政策变化。

## 四、对策建议

随着中巴之间经济金融联系的深化，我国企业、金融机构在与巴基斯坦加强经贸合作和业务往来的同时，还应特别注意相关风险的防范。

一是深入推进中巴经济贸易制度性合作。巴基斯坦是"一带一路"沿线重要国家，也是我国加快实施自贸区战略的重要合作伙伴。中国—巴基斯坦自由贸易协定于2006年签署，2007年生效实施，有效推动了经贸关系快速发展，目前巴基斯坦已成为我国在南亚地区的第2大贸易伙伴。未来，我国需要以"一带一路"建设为契机，推进中国—巴基斯坦自由贸易协定升级谈判，扩大开放领域，提升合作水平，实现中巴经济优势互补和共赢发展。

二是扎实做好风险防控工作。在巴基斯坦开展投资、贸易、承包工程和劳务合作的过程中，要特别注意事前调查、分析、评估相关风险，事中做好风险规避和管理工作，切实保障自身利益，特别是做好项目及贸易客户及相关方的资信调查和评估，有效规避项目所在地的政治风险和商业风险。

　　三是加强与当地政府的沟通。长期以来，我国海外企业遇到纠纷时，往往通过中国使馆、驻外机构协调或施压，给当地留下不好的印象。我国商务部曾多次强调，企业应加强与东道国政府、企业之间的交往，积极融入当地社会，寻求决策者的支持。

　　四是积极为对巴基斯坦投资企业提供有力的智力支持。针对大量企业缺乏海外国情了解和政策法律知识的情况，我国需要加强相应智库体系建设，一方面可以提供政策法规解读、项目咨询、投资建议等相关服务工作，另一方面可以加强与东道国的研究机构或智库的合作，从而影响当地政策，为我国企业走出去创造更为有利的政策环境。

# 越　　南

## 一、越南概况

### （一）基本情况

越南位于中南半岛东部，北与中国（广西、云南）接壤，西南与老挝、柬埔寨交界，东面和南面面临南海，扼太平洋、印度洋海上交通要冲，战略地位十分重要，素有中南半岛的"前沿屏障"和"重要门户"之称。2018年，越南人口9 466.6万，同比增长1.06%。越南是多民族国家，共有54个民族，京族（也称越族）占总人口86%。主要宗教为佛教、天主教、和好教与高台教。

越南是一党制国家，政局比较稳定，实行人民代表大会制度。越南奉行独立、自主、和平、合作与发展、全方位、多样化外交路线。2015年以来同美国关系发展迅速，同欧盟合作扩大，同日本、俄罗斯等大国关系良好，同东盟成员国的合作加强。越南资源丰富，种类多样，矿藏资源分为能源类、金属类和非金属类3种，煤、铁、铝储量较大，铬矿储量居世界第2位，石油储量在东南亚地区仅次于印度尼西亚和马来西亚，居世界第25位。越南是传统的农业国；油气工业是重要支柱产业和出口产业；同时将在配件、服装及纺织品、高科技设备等重点领域发展配套工业；重视发展服务业，尤其是银行和金融、海运和物流、石油和天然气、航空、医疗保健、审计和咨询、旅游业。

### （二）经济状况

2018年，越南实际GDP同比增长7.08%，超过国会设定的6.5%至6.7%的增长目标，也高于世界银行预测的6.8%增速，较2017年的6.81%提升0.27个百分点，连续两年回升，保持稳中有进态势，是全球经济增速最快的国家之一，主要驱动力是剔除了建筑业的工业强劲增长。2019年以来越南经济稍有放缓，但总体保持稳定快速发展，第一季度GDP增长6.79%，低于2018年同期的7.38%。越南国会将2019年经济增长目标设定为6.6%至

6.8%。在金融环境方面，越南2016—2017年实施积极的货币政策，2018年受美元大幅度升值、国内通货膨胀等压力导致货币政策收紧。越南信贷增长较快，但2018年有所放缓。2018年M2余额同比增长12.7%，低于2017年1.6个百分点；国内信贷约增长14%~15%，低于2017年3个~4个百分点，为2014年来最低的信贷增长率。信贷与GDP之比为134%，高于其他发展水平相当的国家。2019年信贷增长率目标为14%左右。财政收支方面，由于越南在基建和社会福利上支出锐增，财政支出增长率远超出GDP增长率，财政收支连年赤字。贸易及国际收支方面，2018年，越南贸易顺差约72.1亿美元，较2017年增长了51亿美元，2016年以来贸易顺差连年增加。截至2018年末，国际储备约为558.68亿美元，整体水平仍较低，但已有明显改善。

（三）政策环境

发展规划方面，越南《2016—2020经济社会发展五年规划》提出了五年经济社会发展目标，包括5年内GDP年平均增速6.5%~7%、到2020年人均GDP达3 200~3 500美元等。货币政策方面，为了强化货币政策和有效控制通货膨胀，2019年越南将以主动灵活和谨慎的态度来调控货币政策，灵活地调整利率、汇率，以符合宏观平衡、市场发展和管理需求，同时将信贷集中在生产领域，尤其是优先生产领域。财政政策方面，2019年越南实施严格的财政政策，加强财政和预算纪律，继续推进公共投资、国有企业以及信贷机构重整改组，使财政赤字率低于GDP的3.6%。力争到2019年末，公共债务约占GDP的61.3%，政府债务约占GDP的52.2%，外债低于GDP的49%。

（四）国际机构评级

2019年，标普将越南信用评级从"BB-"级上调至"BB"级，评级展望调至"稳定"；惠誉将越南国家信用评级维持在"BB"级不变，国家信用评级展望由"稳定"上调至"积极"；2018年，穆迪将越南主权评级由"B1"级升至"Ba3"级，评级展望由"正面"调整至"稳定"。在世界银行发布的《2019年全球营商环境报告》中，越南在190个国家及地区的排名从2018年的第68位小幅回落至第69位。在世界经济论坛发布的《2018年全球竞争力报告》中，越南在140个经济体中排名第77位。

（五）与我国经贸往来

自1991年11月中越关系正常化以来，两国经贸合作关系得到迅速恢复和发展。特别是自1999年后，双边经贸合作步入全面深入发展的新阶段，双边贸易保持较快增长，经济合作与工程承包进入正常发展轨道，中国对越南直接投资增势强劲，对越南援助项目进展顺利，两国政府间商定的项目取得了一定进展。截至 2018 年，中国已连续 14 年成为越南的第一大贸易伙伴，越南在 2016 年也首次成为中国在东盟的最大贸易伙伴。今后，中越双方将进一步把握好对接"一带一路"与"两廊一圈"的重要契机，深化中越全面战略合作伙伴关系，提升贸易层次，扩大产能与投资合作，深化教育、卫生、文化、农业、旅游合作。

## 二、中资工商企业在越南的投资机会及风险分析

近几年来，中国对越直接投资增长迅速。2018 年，中国对越投资总额为 24.6 亿美元，在当年外资来源地中排名第 5 位。2019 年前 4 个月，中国对越投资新注册资金达 13 亿美元，名列各国对越投资榜首。截至 2018 年 9 月末，中国对越投资项目累计 2 041 个，投资总额达 127.8 亿美元，在 126 个投资越南的国家和地区中排名第 7 位。目前，中国企业在越南投资最多的是工程承包类企业，此外，机械制造、金属冶炼、建筑材料也是中企在越南投资的热点。中国企业于 1992 年进入越南工程承包市场，经过多年经营，越南已成为中国在东南亚最大的工程承包市场。

（一）投资机遇

越南希望与中国进行产能合作对接。2016 年 3 月 25 日，由越共中央经济部在河内举办有关"中国和越南产能合作与发展战略对接主张""关于中国—越南跨境经济合作区总体规划"等提案征求意见座谈会提出，中越应在建材、辅助工业、机械设备、电力、再生能源等领域进行产能合作对接。未来，中资企业应持续关注以下两个方面的投资机遇：一是"一带一路"框架下的中越多领域合作。中越两国领导人已表示将开展"一带一路"和"两廊一圈"框架内合作，共同推动经贸、产能与投资、基础设施、货币金融领域合作持续健康稳定发展。越南表示欢迎中国企业到越投资建设当地所需的基础设施、制造业、清洁能源等领域的高水准大项目。二是重点关注交通基础设施、物流服务业、可再生能源、工程机械、农用机械、汽车零部件、医疗器械、化工产业、优质农产品和现代种业、环境保护等行业的潜在投资机遇。

（二）面临风险

我国对越南投资主要面临以下风险：一是越南基础设施薄弱。产品配套能力低，交通运输、电力供应等方面欠缺，直接制约了制造业发展。二是越

南市场容量不大。人口有 9 400 多万，人均工资只及中国广西的三分之一到二分之一，人均购买力低。三是近年来越盾兑美元汇率不稳。越盾兑美元大幅贬值，同时人民币兑美元波动增加，由于包括中资企业在内的在越外资企业均广泛使用美元计价结算，这使在越南的中国企业面临双重汇率风险。四是越南劳动力虽然丰富，但有技能的熟练工人相当缺乏。近年来，在通货膨胀高涨的压力下，越南罢工潮愈演愈烈。罢工成为外国投资者在越南面临的突出问题之一，直接影响到投资企业的日常生产。五是越南素来政策多变，比如会突然提高关税壁垒，对某些货物的进出口实行限制等，让企业措手不及。另外，一些行业准入门槛会否抬高也值得关注。六是越南政策法律透明度不高，法律基础相对薄弱，政府部门行政效率低，执法不严和政府干预行为难以消除。越南政府已制定了大量法律法规，但其法律体系仍处在不断完善的过程中，法律法规在执行方面尚显宽松，政策透明度低。投资审批程序严格、费时，人为操作的因素很多。此外，腐败案件时有发生。七是越南物流业整体竞争力仍较低，物流费用较高。越南每年物流成本约占 GDP 的 25%，远高于美国、中国和泰国等国家。每年物流成本 370 亿~400 亿美元，其中 300 亿~350 亿美元由外资企业实现。八是越南自然灾害频繁。洪水、台风、干旱等自然灾害经常光顾。九是禽流感等传染病多发。

### 三、中资银行业务发展机遇及风险分析

目前共有 5 家中资银行在越南设立了分行，分别为中国银行胡志明市分行、中国工商银行河内分行、中国建设银行胡志明市分行、中国交通银行胡志明市分行和中国农业银行河内分行。这些分行的业务范围包括存款、贷款、项目融资、贸易融资、国际结算、资金交易及代理行业务等。此外，国家开发银行在越南设有工作组，主要办理融资和贷款业务；中国进出口银行在越南也有多宗贷款业务，但没有设立机构。

（一）政策监管环境

越南银行金融体系的主管部门包括越南国家银行、财政部、国家证券委员会。其中，越南国家银行是越南的中央银行，为政府机构，履行国家对货币和银行经营活动的行政管理职能；财政部履行国家对保险业的行政管理。外汇管理方面，外国投资者可根据越南外汇管理规定，在越南金融机构开设越南盾或外汇账户；可向从事外汇经营的金融机构购买外汇，以满足项目往来交易、资金交易及其他交易的需求。越南在美元贷款方面有严格限制，规

定企业申请的美元贷款必须用于支付商品或劳务进口且有能力用自有外汇收入支付还款。对外资银行政策方面，根据越南在加入世界贸易组织（WTO）时的承诺，2007年4月1日起，外国投资者将允许在越南成立纯外资银行。截至2015年12月30日，越南有49家外国银行分行、4家合资银行、8家外国全资子银行和50家外国银行代表处，以来自日本、韩国、中国大陆和中国台湾地区的银行为主。

（二）中资银行机遇

政策机遇方面，中国"一带一路"倡议与越南的"两廊一圈"计划、经济特区计划对接，将大幅增加中国对越投资，改善越南基础设施，吸纳当地就业人口，为越南经济发展、提高人民生活水平带来切实好处。中方应重视通过大项目和前沿技术的合作，提升对越投资的水平和质量，这一过程中，离不开中资银行对投资越南的中资企业的金融支持。市场机遇方面，越南政局稳定，社会经济发展保持了长期较快发展，未来发展趋势仍然向好。为深化中越全面战略合作伙伴关系的进程，需要以经贸投资作为促进两国关系的推进器和压舱石，这离不开中资企业在越南投资建设大项目，更离不开中资行为中资企业提供信贷支持及多方面金融服务。越南的基础设施、能源、制造业等领域的大项目建设方兴未艾，为中资银行在当地拓展业务提供了市场机遇。

（三）中资银行面临的挑战

越南在外资银行准入方面并没有明文的限制条款，但设制了多项业务规定，防止外资银行在越南做大，挤压国内银行的发展。中资银行面临的主要困难包括以下三个方面：一是对外资银行机构数量的限制。越南金融政策规定，外资银行只能在越南设立一家分行，因此中国工商银行和中国农业银行只在河内设立了分行，另外几家中资银行则在胡志明市设立了分行，在其他城市设有办事处，但不能进行存储等业务。由于分行的金融风险由母行承担，因此外资银行进入如采取分行的形式，就只能在越南设立一家；如果不由母行承担，则由自己筹措资金在越南设立银行。在外资银行总量上，虽然不能进行明文的限定，但越南采取了拖延"战术"，外资银行设立分行的申请往往需要漫长的等待时间。

二是对外资银行贷款业务的限制。越南外资银行监管法规规定，外资银行对于单一客户的贷款，不能超过注册本金的15%。因此，一些贷款量需求在1亿美元以上的大项目如果要向中资银行贷款，需要寻求多家银行的共同贷款。此外，中资银行吸引越南本地货币，即越南盾的数目有限，进行越南盾的贷款较为困难，主要业务是进行美元贷款业务。而越南金融业的法律规定，只有同时拥有进口和出口两项资格的企业，才能进行美元贷款。

三是长期存在的南海争端带来一定政治风险。两国的南海问题争端会影响企业的长期投资与贷款选择，相应影响中资银行在越发展的前景。此外社会风险对包括银行在内的中资企业未来投资决策有一定负面影响，如2014年"五一三"针对中国企业的打砸抢事件。

### 四、对策建议

中越为一衣带水的近邻，且同为处在深化改革进程中的社会主义国家，有着巨大的合作空间。应全面深化中越投资与经贸合作，推动两国经济共同健康稳定发展。在深化合作的过程中，也要特别注意做好风险调查评估与规避管理工作。

一是深化两国在"一带一路"框架下的互补合作。在新形势下，应着力开展"一带一路"倡议与越南"两廊一圈"的战略对接，推进大项目合作，提高两国互联互通水平，促进两国投资和经贸合作。应借助我国充足的资金以及先进的技术装备与管理经验，结合越南的人口红利优势、市场潜力和基础设施发展空间，一方面加快两国在基建、电力、生产制造及工业园区建设等方面的国际产能合作，另一方面逐步拓展电信、电商、物流、金融等服务业合作，以务实合作实现优势互补、互利共赢。

二是防范政府违约风险。越南政府违约风险较大。为了有效预防违约风险，中国企业在越南投资或者安排项目融资时，应确保获得越南政府及相关合作方的书面保证，并由越南政府及合作方承担合约变更的法律风险。一旦发生政府违约的情况，可通过双方协商或者仲裁、上诉的形式来挽回自身经济损失。

三是慎重选择合作企业，加强风险管理，防止遭受损失。越南现有国营企业1 500多家，私营企业超过20万家，外资企业1万多家，其中国营企业主要分中央企业和地方企业。越南中央直属国有企业在各行业中占有重要地位，实力相对较强，资金较有保障，与其合作风险相对较小；私营企业数量多，信誉不一，虽经营方式灵活、决策快，但规模较小，抗风险能力弱，有个别企业在与中国企业合作过程中有恶性欺诈行为，在合作中应注意甄别，降低风险。此外，越南通货膨胀压力较大，银行贷款利率高，企业融资困难，拖欠货款和工程款的现象较多，应采取应对措施，避免人为损失。

四是中国企业进入越南需做好本地化。用本地人管理本地人，尊重越南习俗，在生产和销售一线招募本地员工，并培养当地人进入公司和工厂管理层。此外应知法守法，主动大胆地与政府管理部门直接打交道。

五是中资银行进入越南市场应注重策略。越南虽然已加入世贸组织，表面上对外资银行的进入并没有太多限制，但在实际操作上，对机构设置和业务选择采取了诸多防控措施。由于竞争激烈，中资银行在越南发展应更注重策略，与越南银行进行实质性的合作，打消其"狼来了"的念头，为中资企业"走出去"提供更好的金融服务，展现出中资银行促进越南经济社会发展的实力。

# 哈萨克斯坦

## 一、哈萨克斯坦概况

### （一）基本情况

哈萨克斯坦位于亚洲中部，是中亚地区面积最大的国家。北邻俄罗斯，西濒里海，东连中国，南与乌兹别克斯坦、土库曼斯坦、吉尔吉斯斯坦接壤。面积272.49万平方千米，略小于我国新疆和西藏面积之和，居世界第九位，为世界最大内陆国。哈领土横跨亚欧两洲，国境线总长度超过105万千米，其中陆路国境线超过1 200千米。欧亚次大陆地理中心位于哈萨克斯坦，哈萨克斯坦约有15%的土地为欧洲部分，被称为"当代丝绸之路"的"欧亚大陆桥"横贯哈萨克斯坦全境。

截至2019年3月，哈人口数量达1 844.9万，略少于我国北京市人口规模。哈萨克斯坦有140多个民族，主要有哈萨克族（64.7%）、俄罗斯族（23.7%）、乌克兰族、乌兹别克族、日耳曼族和鞑靼族等。哈萨克人民过去长期过着游牧生活，风俗礼仪也基本上反映出了游牧民族的主要特点，50%以上居民信奉伊斯兰教（逊尼派）。1991年12月10日改国名为哈萨克斯坦共和国，同年12月16日正式宣布独立，12月21日加入独联体。哈教育基础较好，全国基本无文盲，5～24岁人群受教育率达到85%。

哈萨克斯坦为总统制共和国，1991年独立以来实行渐进式民主政治改革。国家政权以宪法和法律为基础，根据立法、司法、行政三权既分立又相互作用、相互制约、相互平衡的原则行使职能。哈萨克斯坦实行高度集中的政治体制，总统集大权于一身，纳扎尔巴耶夫自苏联解体哈宣布独立以来一直担任总统，并在2015年4月以压倒性优势赢得总统选举，再次连任，本届任期至2020年。但纳扎尔巴耶夫在2019年3月意外宣布辞去总统职务，总统正式选举在6月举行，托卡耶夫正式当选总统。

哈萨克斯坦奉行全方位、平衡务实的多元外交，积极扩大其在地区和国际事务中的影响。俄罗斯、中国、中亚、美国、欧盟以及伊斯兰国家依然是哈萨克斯坦的外交重点。同时，哈萨克斯坦也在逐步扩大与亚太及拉美国家的交往。1994年5月哈萨克斯坦加入北约"和平伙伴关系计划"。俄罗斯是哈萨克斯坦外交的首要方向，哈萨克斯坦与俄罗斯的关系被置于最优先地位，是"战略性的"和"最主要的"关系；哈萨克斯坦与中国关系较好，2011年6月两国签署共同宣言，宣布建立全面战略伙伴关系；独联体是哈萨克斯坦外交的优先方向；美国是哈萨克斯坦多元平衡外交的重要方向；哈萨克斯坦也积极发展与欧洲国家的合作，旨在全面提升哈欧关系；哈萨克斯坦与伊斯兰国家外交继续保持活跃势头，积极参与伊斯兰世界的各种活动，推动伊斯兰和西方国家的对话。

哈萨克斯坦自然资源非常丰富，铀矿、铜矿、铅矿、锌矿、钨矿以及石油和天然气储量较为丰富，可耕地面积广阔。

（二）经济社会发展概况

哈萨克斯坦经济形势向好。2015—2016年全球石油价格持续走低对哈萨克斯坦经济发展造成了不利影响，2017年以来，外部环境改善、贸易扩张、投资活动、国内需求恢复以及经济多元化的努力已推动经济增长显著回暖。哈萨克斯坦2013—2018年的GDP实际同比增速分别为6.0%、4.2%、1.2%、1.1%、4.1%和4.1%，2019年第一季度GDP实际增速为3.8%。亚洲开发银行对其2019年的经济增长预测为3.8%。

货币金融方面，各项利率由高点回落。2015年开始，为了治理日益严重的通货膨胀和货币贬值问题，哈萨克斯坦中央银行开始紧缩货币政策，持续提高各项利率，存款利率从2011年的0.6%上升至2015年的10.1%。2016年初开始，哈萨克斯坦的通货膨胀放缓，2016年哈萨克斯坦中央银行两次下调利率，使基准利率从17%下降至13%；2017年经过四次调整后，哈萨克斯坦基准利率下调至10.25%。截至2019年6月，哈萨克斯坦基准利率为9%。哈萨克斯坦中央银行称，中央银行密切跟踪外部市场和国内经济变化趋势，充分评估关键因素对哈萨克斯坦产生影响的多种可能。一旦形势恶化，中央银行拥有确保实现既定目标的所有必要工具。

财政收支方面，财政赤字持续扩大。2008年金融危机后，哈萨克斯坦的财政余额从盈余开始转向赤字。哈萨克斯坦2018年起开始削减财政赤字，2018年国家预算赤字占GDP的比例由2.7%下降至1.4%。

贸易及国际收支方面，经常账户从顺差变为逆差，商品贸易顺差下降是主要原因。2010—2014年，石油、天然气等能源价格持续走高，哈萨克斯坦的经常账户持续保持顺差状态。但近几年来，大宗商品价格持续走低以及外部需求疲弱，贸易顺差规模下降明显，经常账户开始转为逆差。2018 年以来，全球原料市场价格有利行情带动出口实质性增长，哈萨克斯坦贸易顺差大幅增加，导致经常账户逆差大幅减少，2018 年经常账户逆差占 GDP 的比重为 0.03%，到 2019 年第一季度实现经常账户顺差 8 亿美元。2018 年，哈萨克斯坦贸易顺差 357.5 亿美元，同比增加 36.7%；2019 年第一季度贸易顺差 71 亿美元，同比增长 14.4%。截至 2019 年 4 月 1 日，储备资产（不包括国家基金资产）估计为 270 亿美元。

产业结构方面，2018 年哈萨克斯坦农林渔业、工业和建筑业、服务业占 GDP 的比重分别为 4.6%、36.9% 和 58.5%。2018 年，哈萨克斯坦工业生产同比增长 4.1%；农业生产同比增长 3.4%。吸引投资最多的领域依次为采矿业、运输及仓储业和不动产业，分别占投资总额的 40.4%、12.7% 和 12.8%。

（三）政策环境

货币政策方面，虽然国际金融危机使世界经济一度陷入低迷状态，但哈萨克斯坦经济始终保持增长。除国际市场原材料价格的拉动作用外，哈萨克斯坦中央银行通过适时调整贷款和再融资利率等金融手段也在一定程度上影响了哈萨克斯坦经济走势。利率方面，哈萨克斯坦中央银行自 2019 年 4 月下调基准利率以来，维持 9% 的基准利率，浮动区间为 ±1。哈萨克斯坦中央银行 2019 年 4 月表示，未来 12 个月的预期通货膨胀率为 4.5%，处于较低水平，有利于未来通货膨胀率保持稳定；商业活跃度和居民收入水平持续增长；建筑、贸易、采矿业、交通和农业均呈增长态势；居民实际收入增长、银行消费贷款持续增加有助于进一步扩大内需。外部市场条件稳中向好，原油价格高企；国际货币环境对哈萨克斯坦市场影响保持中性；中国和欧盟国家通货膨胀率低于预期；货币信贷政策保持在中性水平。汇率方面，从放弃与美元挂钩到 2015 年末，坚戈贬值幅度超过 50%。为抑制坚戈过度波动，哈萨克斯坦中央银行决定干预汇率。不过，由于哈萨克斯坦国内银行体系基础较为薄弱，加上国际储备量也相对较少，支持坚戈升值的资源有限，短期内预计难以改变坚戈贬值的大趋势。

财政政策方面，哈萨克斯坦政府中期预算政策的主要任务是：保持宏观经济稳定；预算支出将集中在经济社会发展的优先方向；提高预算资金的使用效率；有限使用石油收入和继续增加国家基金的资金；降低哈萨克斯坦预算对石油收入的依赖性。为了保障宏观经济稳定和国家金融平衡，在新的预算政策构想规定的赤字额度内形成哈萨克斯坦预算政策。如果世界经济和哈萨克斯坦经济形势发生改变，将采取有效和灵活措施调整预算政策。

（四）评级概况

前几年国际大宗商品价格持续低迷，导致哈萨克斯坦经济增速大幅下降。同时，国际评级机构认为哈财政仍具有很强不确定性和不可预见性，并且哈国家权力过于集中，货币政策灵活性受限。因此，各国际评级机构对哈的评级普遍较低。在世界银行发布的《2019年全球营商环境报告》中，对190个国家及地区的营商环境进行了排名，哈萨克斯坦营商环境的排名第28位，较2018年上升8位。2018年10月，在世界经济论坛发布的《2018年全球竞争力报告》中，在140个经济体排名中，哈萨克斯坦排名第59位。

（五）与我国经贸合作关系

1991年，哈萨克斯坦独立后与中国经济关系日益紧密。1991年，哈总统纳扎尔巴耶夫访问新疆签署了《哈萨克斯坦和新疆的经济和贸易合作促进框架协议》。1995年，哈萨克斯坦同意向中国全面开放市场，允许进行边境贸易。1997年哈萨克斯坦和中国签署了《中国向哈萨克斯坦石油和天然气领域的投资框架协议》，投资总额为11亿美元。中国34家大型公司投资哈萨克斯坦，包括中国国家石油公司、华为公司、邓肯公司、天山公司、中国银行等。20世纪90年代中哈贸易规模不大，且发展较缓慢，哈萨克斯坦对中国的贸易始终处于贸易逆差状态。90年代两国贸易量从1992年的6.18亿美元扩大到1999年的8.39亿美元。

2000年以来，哈萨克斯坦与中国的经济关系发展加快，两国的双边贸易额从2000年的8.24亿美元增长到了2018年的198.85亿美元。从两国贸易量来看，2000年到2006年双边贸易发展速度缓慢，2006年后，双边贸易发展步入良性的"快车道"。2018年，中国为哈萨克斯坦第2大出口目标国和第1大进口来源国。据中国海关统计，2018年中哈贸易额198.85亿美元，较上年增长10.47%。其中，中国对哈萨克斯坦出口113.5亿美元，较上年减少2.5%；自哈萨克斯坦进口85.35亿美元，较上年增长28.15%。

## 二、中资工商企业在哈萨克斯坦的投资机会及风险分析

近年来，中哈经贸合作关系发展势头良好。哈萨克斯坦已经成为中国在中亚地区的第一大贸易伙伴和"一带一路"建设第一大投资对象国。

（一）企业的投资机遇

哈萨克斯坦是中亚地区经济发展最快、政治局势相对稳定、社会秩序相

对良好的国家，人文条件好于其他中亚国家，是中国在该地区最大的投资对象国。哈萨克斯坦也是中国与"一带一路"沿线国家进行产能合作的重要对象。中哈产能合作具有良好的互补优势，已经成为两国经济合作的重要抓手，互联互通、高科技、新能源、交通、加工业、电力、农业等领域都将成为投资的重要领域。中哈双方就产能合作已建立了常态化合作机制，2018 年 11 月 22 日，中哈双方共同确认中哈产能与投资合作第十五轮重点项目清单，重点项目共计 55 个，双方总投资约 274 亿美元，一大批重大项目已经开花结果。

哈萨克斯坦与中国同处于工业化进程中，两国在重点产业发展、吸引投融资、推进产业国际合作等方面的政策契合度较高。具体来看，基础设施建设、汽车制造、农业、石油天然气行业可以成为中国企业来哈投资的重点领域。

（二）企业面临的风险

首先，在政治方面，哈萨克斯坦面临政权交替风险。纳扎尔巴耶夫担任哈萨克斯坦最高领导人近 30 年，其突然辞职后的接班问题成为哈萨克斯坦政局的一个不确定因素。如果未来哈萨克斯坦政治方面的连续性和继承性得不到保障的话，可能会对国家各个领域带来一定冲击。

其次，在安全方面，地缘政治环境日益复杂，民族问题存在隐患。哈萨克斯坦处在欧亚大陆的中心地带，自古以来就是连接欧洲和亚洲的重要交通和文化枢纽。苏联解体以来，中亚区域一直是大国争夺之地，无论是美国、俄罗斯或中国，均在这个区域拥有自己的经济和政治利益，而哈萨克斯坦在这个问题上始终保持中立，并坚持选择有利于本国发展的外交政策。此外，多民族因素既是哈萨克斯坦极大的优势，同时也是其极大隐患。

最后，在法律方面，哈萨克斯坦法律法规变化较多，缺乏稳定性，法律政策制度不尽完善，有法不依现象普遍，行政政策作用有限。哈税法、劳动法、海关法以及其他的法律和规章制度每年都会有不同程度的变化，而且多数外资企业表示，对这种变化进行预测的难度非常大。因而，法律和规章制度的变化多端已成为来哈投资的企业最主要的外部风险之一。此外，国家提出的扶持投资者政策较多，但其执行力较差。

## 三、中资银行业务发展机遇及挑战

总体而言，中资银行在哈萨克斯坦银行体系里的体量比较小，未来增长潜力巨大。目前，中国银行在哈萨克斯坦努尔苏丹和阿拉木图设有分行，工商银行在阿拉木图设有分行。此外，2017 年 6 月，在习近平主席对哈萨克斯坦进行国事访问期间，中信银行股份有限公司联合中国烟草总公司下属中国双维投资有限公司在阿斯塔纳与哈萨克斯坦人民银行签署了股权交易协议，中信银行成为国内首家在哈收购银行的股份制商业银行。

（一）监管环境

哈萨克斯坦国内实行高度集中的金融监管体制，国家银行作为中央银行，独自行使金融监管职能，监管范围包括银行、保险公司、证券公司及其他非银行金融机构。哈萨克斯坦国家银行的基本目标是确保哈萨克斯坦共和国物价稳定。

外汇管理方面，哈萨克斯坦经常账户和资本账户均实行有条件的可自由兑换。具体来说，经常账户下的交易应在 180 天完成，如到期不能完成可延期。资本账户下，只要双方有协议，在办理了一定的手续后，资本即可自由进出。从 2007 年 7 月 1 日起，哈外汇管理制度执行欧洲国家标准，取消外汇业务许可制度，实行通报制度。企业在缴纳了各项应缴税费后，可以自由汇出利润，除银行收取的必要汇费外，无须缴纳其他费用。个人和法人均可通过银行向境外汇出其合法的外汇收入，但必须提供相关证明。

对外资银行政策方面，哈萨克斯坦法律规定外资银行资本份额不得超过其国内所有银行总资本的 25%，外资银行监事会中必须至少有 1 名具有 3 年以上银行工作经验的本国公民，并且必须有至少 70% 以上员工为哈萨克斯坦公民。

（二）中资银行的发展机遇

首先，哈萨克斯坦经济增长为金融体系的发展打下了较好的基础。经过多年的私有化及金融制度改革，哈萨克斯坦金融体制已基本完善，在中亚五国的金融体系中处于相对领先的地位。目前，哈萨克斯坦已加入统一经济空间、欧亚经济联盟、上海合作组织等。中哈经贸合作已有 20 多年的历史，随着两国经济的发展，双方经贸合作不断向纵深发展，对中哈金融合作的需求日益增强，中哈金融合作具有相当广阔的发展空间。

其次，哈萨克斯坦银行业发展潜力较大。虽然哈银行体系逐渐建立健全，但哈萨克斯坦金融机构在金融服务质量、服务速度、风险控制等方面与中国境内的外资银行相比仍存在较大差距。具体表现在服务自动化方面欠缺，网上银行、手机银行及电话银行等发展滞后；国内储蓄率较低，银行融资高度依赖国际金融市场，从而导致其易受国际金融危机的冲击；资产业务较单一，多以贷款业务为主，市场违约风险加大时，无法从其他资产业务的收益中得到补偿。

最后，基础设施建设对信贷需求量较大。哈萨克斯坦对基础设施领域的高度重视，使全球领先的跨国公司看到了商机，纷纷在哈萨克斯坦投资建厂。哈萨克斯坦要实现基础设施发展计划需要强大的资金做后盾，这为银行提供了丰富的信贷业务机会。

（三）中资银行面临的挑战

中资银行在哈萨克斯坦的业务发展面临一系列挑战，主要体现在以下三个方面：

首先，哈萨克斯坦金融体系抵御外来风险能力较弱。哈萨克斯坦在独立之后，努力将经济体制从计划经济向市场经济过渡，接受了西方发达国家自由市场经济发展的模式。但是哈萨克斯坦又具有小国特点，其国民收入的增长很大程度上依赖于石油、资源类产品的输出。为了促进外汇流入，哈萨克斯坦选择了自由浮动的外汇管理制度，积极引进外国投资，同时为了促进国内信贷，鼓励国内商业银行从国际金融市场融资。哈萨克斯坦对外资依赖度高对其经济及金融市场的发展已经带来了一些问题。

其次，资本市场发展缓慢，银行业继续面临压力。2008年国际金融危机期间，哈银行业遭受重创，大规模的政府救助也未能完全修复遭受资产质量急剧下降的资产负债表，一些大型银行仍然资金不足，仍需进一步国家扶持。由于需要建立资本缓冲，贷款增长依然疲软。政府欲将退休金制度重新私有化，出售一些主要国有企业的股份。然而，资本市场的发展可能比计划进行得更慢。

最后，外资银行开设分行易受到哈国内法律、制度、政策的制约。哈萨克斯坦法律规定外资银行资本份额不得超过其国内所有银行总资本的25%，外资银行监事会中必须至少有1名具有3年以上银行工作经验的本国公民，并且必须有至少70%以上员工为哈萨克斯坦公民。对于保险业，哈萨克斯坦法律规定，合资非人寿保险公司总资本份额不得超过哈萨克斯坦国内非人寿保险市场总资本的25%，合资人寿保险公司的总资本份额不得超过人寿保险市场总资本的50%。

## 四、政策建议

随着中哈之间经济金融联系的深化，我国企业、金融机构在与哈萨克斯坦加强经贸合作和业务往来的同时，还应特别注意相关风险的防范。

一是密切跟踪哈萨克斯坦政局变化及行政效率治理。政权交接的不确定性给哈国内政治稳定带来隐患。此外，哈萨克斯坦一直以来存在较为严重的官僚主义问题，政府机构的腐败现象比较普遍，政治和商业领域裙带关系遍布，严重影响国家商业环境和投资环境。哈政府已宣布大幅精简政府，以提高公共治理的效率，效果尚待观察。

二是密切关注哈萨克斯坦汇率走势及经常账户变动。哈萨克斯坦货币坚戈自2015年实行浮动汇率以来大幅贬值。在大宗商品价格继续下跌的情况下，哈萨克斯坦中央银行虽采取了干预措施，但效果有限，坚戈贬值的趋势依然未得到有效控制。同时，大宗商品的价格下降以及外部需求疲弱也使得哈经常账户转为逆差，对由此引发的风险需高度关注。

三是高度注意投资风险防范。哈萨克斯坦法律体系较为完备，对境外投资有相应的法律给予保护，但法律规定仍然存在一些不完备之处，同时司法体系效率不高。因此，有意在哈萨克斯坦投资的中资企业需要重点关注投资项目的商业风险问题。企业在投资前应认真做好项目可行性调研，尤其是充分了解目标市场状况、竞争对手情况、项目运营成本、企业融资条件、人力资源要素等各项内容。如果考虑通过并购方式投资哈萨克斯坦，需要对并购对象做好尽职调查。

# 斯里兰卡

## 一、斯里兰卡概况

### （一）基本情况

斯里兰卡是南亚次大陆以南印度洋上的岛国，西北隔保克海峡与印度相望，有"印度洋上的明珠"之称。国土面积为 65 610 平方千米，海岸线长 1 340千米，大陆架 200 海里。地形起伏，全国约有 2/3 的国土是平均海拔 300 米左右的高原。由于接近赤道，年平均气温 28℃，受印度洋季风影响，西南部沿海地区湿度大。斯里兰卡共分为 9 个省和 25 个区，首都科伦坡是其政治、商业、文化中心，世界重要商港之一。

2018 年斯里兰卡总人口数为 2 167 万，且分布极不均衡，占国土面积 14%的西南部潮湿地区和中部高山地区集中了全国 50%以上的人口。斯里兰卡为多民族国家，以僧伽罗族、泰米尔族和摩尔（穆斯林）族为主，分别占人口总数的 74.9%、15.4% 和 9.2%。斯里兰卡 70% 的人信奉佛教，16% 的人信奉印度教。僧伽罗语、泰米尔语同为官方语言和全国语言，上层社会通用英语。

斯里兰卡是总统制国家，总统为国家元首、政府首脑和武装部队总司令，享有任命总理和内阁其他成员的权力。2015 年 1 月 9 日，迈特里帕拉·西里塞纳当选总统。

斯里兰卡奉行独立和不结盟的外交政策，支持和平共处五项原则，反对各种形式的帝国主义、殖民主义、种族主义和大国霸权主义，维护斯里兰卡独立、主权和领土完整，不允许外国对斯内政和外交事务进行干涉；关心国际和地区安全，主张全面彻底裁军，包括全球核裁军以及建立国际政治、经济新秩序；坚决反对国际恐怖主义。目前，斯里兰卡已经同 140 多个国家建立了外交关系。

中斯两国在许多重大国际和地区问题上拥有广泛共识，保持良好合作。中国一直在人权问题上坚定支持斯方。斯政府在台湾、涉藏、人权等问题上一贯给予中国坚定支持。

斯里兰卡主要矿藏有石墨、宝石、钛铁、锆石、云母等,其中石墨、宝石、云母等已开采,渔业、林业和水力资源丰富。

(二)经济社会发展概况

经济增速有所放缓。2006—2012 年,斯里兰卡平均经济增长率高达6.7%,是亚洲经济增长最快的经济体之一。但近几年,经济增速有所放缓,2013—2017 年,经济平均增速在 4.2% 左右。2018 年,斯里兰卡经济增长率降至 3.2%。

货币金融方面,利率水平降低。为了稳定通货膨胀和刺激经济增长,2018 年 11 月 10 日,斯里兰卡中央银行发布声明,决定下调附卖回利率,由原本的 9.5% 降至 9%,附买回利率则由原先的 7.5% 降至 7%,加入全球降息行列。2019 年 5 月 31 日,斯中央银行将常备贷款利率下调至 8.5%。

财政收支方面,财政赤字有所增长,外债规模不断扩大。2018 年斯里兰卡财政赤字较上年增加 317 亿卢比。近年来,斯里兰卡外债规模一直持续增长,负债率和债务率均超过国际警戒线。截至 2018 年末,斯里兰卡外债总额升至 523 亿美元,占 GDP 的比重为 58.8%。其中,短期外债占比较小,偿债率保持在较低水平,短期偿债压力不大;但中长期债务占比较大,长期债务偿还集中,存在长期偿债能力不足的潜在风险。

贸易及国际收支方面,经常账户持续逆差,外汇储备不足。2017 年,斯经常账户逆差 23.1 亿美元,较上年增加 5.7 亿美元。2017 年,斯储备资产为79.6 亿美元,能够偿还的外债份额为 15.2%,总体仍然处在较低的水平,外债风险敞口较大。

产业结构方面,斯里兰卡服务业占 GDP 比重最大。2018 年,斯里兰卡GDP 构成中,农业占 7.8%,工业占 27.1%,服务业占 65.1%。优势产业主要包括旅游业、信息产业、海洋产业、教育产业、文化产业。

(三)政策环境

货币政策方面,中长期内,斯里兰卡中央银行表示,货币政策的实施将建立在一个合适的框架基础上,即灵活的通货膨胀目标(FIT)框架,以保持价格稳定为目标,在汇率灵活性的背景下,适当关注实际部门的稳定。低通货膨胀和财政整顿为斯里兰卡在中期内平稳过渡到该框架创造了有利的环境。与此同时,斯中央银行正与国际机构合作,实施必要的立法和业务改革,以促进这一进程。

财政政策方面，斯里兰卡政府中期财政战略的重点是通过缩减财政赤字和政府债务，以维持财政稳定。政府计划到 2020 年将预算赤字降低到 GDP 的 3.5% 左右，将政府债务减少到 GDP 的 70% 左右。

（四）评级概况

标准普尔对斯里兰卡的长期外币主权信用评级和长期本币信用评级为"B+"级，前景展望为"负面"。惠誉对斯里兰卡的长期主权债务评级为"B+"级，前景为"负面"。穆迪对斯里兰卡国家主权评级定为"B1"级，前景为"稳定"。中信保对斯里兰卡国家主权信用风险评级定为"CCC"级，前景为"稳定"。科法斯对斯里兰卡的国家信用评级为"B"级，营商环境评级是"B"级。

（五）与我国经贸合作关系

中斯两国自建交以来，经贸关系在平等互利的基础上发展顺利，贸易额逐年增长。特别是近几年，两国在各领域互利合作不断扩大，双边贸易保持较快增长势头。目前中国是斯里兰卡第 1 大进口来源地和第 8 大出口目的地。

随着中斯两国经贸合作水平不断提高，中国对斯里兰卡投资快速增长，是斯里兰卡的主要外国投资来源国之一。受全球经济前景不明朗以及美联储加息等因素影响，2016 年中国对斯里兰卡直接投资流量出现负增长，为 -0.6 亿美元。截至 2016 年末，中国对斯里兰卡直接投资存量达 7.8 亿美元。

## 二、中资工商企业在斯里兰卡的投资机会及风险分析

（一）中资企业的投资机遇

中资企业在斯里兰卡投资项目主要集中在港口、水利等基础设施领域。斯里兰卡 90% 以上的大型项目和 50% 以上的基建项目都有中资和中国公司参与其中。这些项目切实改善了当地人民的生活水平，提高了农业生产能力，并创造了更多的经济效益。

斯政府无力投资基础设施项目的建设，目前进行的建设主要依靠国际金融机构或双边援助来实施，同时政府鼓励本国私人或外国投资者以 BOO 或 BOT 参与其建设。斯吸引外资的重点领域包括公路、桥梁、电力、供排水等基础设施建设，以及信息技术产业、农业发展、畜牧和水产养殖业等。

（二）中资企业面临的风险

政治风险方面，斯里兰卡政治生态并不稳定，中国目前在斯里兰卡的投资几乎都集中在基础设施领域，一旦政权更替，变数极大，有必要进行多样

化的投资。

安全风险方面，斯里兰卡国内民族和宗教问题较为复杂。近年来，少数的极端分子试图离开斯里兰卡前往叙利亚或伊拉克参加伊斯兰国（IS），使得斯里兰卡面临的恐怖主义威胁有所增加。统一国民党和斯里兰卡自由党组成的执政联盟在议会中占据了多数席位，其他党派很难通过议会表达自己的政治诉求，只能通过领导游行示威等方式寻求扩大政治影响力，加之斯里兰卡政府为缓解债务压力，在国际货币基金组织领导下采取了一系列改革，损害了斯国内相关集团的利益，从而被国内政治反对派和利益集团利用，导致游行示威和罢工活动增多。

经济风险方面，近年来，斯里兰卡经济增长逐步放缓，加之经济总量较小，容易受外部环境的冲击和影响，未来斯国内经济受全球经济减速、贸易摩擦升级等影响，存在继续下行的风险。

法律风险方面，斯里兰卡的法律体系是原英国殖民者留下的，整体较为完善，但法律诉讼程序冗长，且偏袒保护本国人，因此投资中有必要遵循当地的法律要求。斯里兰卡司法系统容易受到政治和官员个人因素影响，不能完全实现独立，执法过程易受政府政策干扰，斯官僚机构中索贿受贿现象比较普遍。目前斯里兰卡政府已经展开司法体系改革，致力于维护司法机关的独立性。

商业环境风险方面，税收制度的不确定性将影响外资投资。目前斯里兰卡税种主要包括企业所得税、预提税、个人所得税、增值税、经济服务税、关税、印花税等，且税收监管严格，税收政策经常变化，不确定性较大。居留签证较难获得。斯里兰卡政府为保护本国就业，对外来人员工作居留签证管理严格，较难通过正常渠道获得。

### 三、中资银行业务发展机遇及风险分析

目前已有三家中资银行进驻斯里兰卡。其中，中国银行已经得到斯里兰卡中央银行的临时许可，在首都科伦坡设置一个中心网点，2017 年末正式对外开业，资本金规模 8 000 万美元。中国银行将提供存款、贷款、境内外结算、资金业务等产品，未来视业务发展情况再增设机构。进出口银行和国家开发银行也已经在斯里兰卡设立了工作组。

（一）政策监管环境

斯里兰卡中央银行是斯里兰卡最高金融机构，由 5 人组成的货币委员会

监管，中央银行行长任委员会主席，此外还包括财政部常秘，以及由总统任命、财政部推荐、宪法委员会同意的其他3名成员。斯里兰卡中央银行负责货币发行与管理，负责确保斯里兰卡核心经济目标、价格稳定及金融系统稳定。

外汇管理方面，斯里兰卡对外汇进行管制，外币可以自由兑换成斯里兰卡卢比，但斯里兰卡卢比不能自由兑换成外币，需要得到斯里兰卡外管局的批准。外资企业因业务发展的需要可在当地开立外汇账户，原则上允许在斯里兰卡的外资公司将银行账户上的外币汇回境外的母公司。在年度会计期末，该外资公司与母公司的资金往来明细账的余额需显示该外资公司从境外母公司调入的资金大于该外资公司汇回境外母公司的资金，否则税务局将要求该外资公司就该部分超额汇往境外母公司的资金纳税或者提供完税证明，外资企业适用的税率为10%，汇出外汇资金另外需要交纳0.1%的借记税。

保险管理方面，目前斯里兰卡总计有22家合法的保险公司。新监管条例规定，截至2015年，所有综合保险公司必须完成业务分拆，法定资本金必须增加；截至2016年，所有保险企业均实施强制性公开上市。随着新监管条例的实施，预计会有部分企业退出当地市场，规模较小企业的重组合并现象也会频频出现。斯里兰卡的寿险人均保单仅为0.1张，保险渗透率还处于相对较低的水平。此外，当地的一般保险渗透率也处于较低水平，保费收入仅占GDP的0.7%。

（二）中资银行的发展机遇

市场机遇方面，"一带一路"倡议与斯里兰卡"大西部省"战略构想不谋而合，配套项目实施将切实促进斯里兰卡国民经济发展，改善城市配套基础设施服务，提升国民幸福感，有助于其实现2030年"斯里兰卡成为高收入发达国家"的愿景。

环境机遇方面，近年来，中斯两国金融合作不断加深，两国银行业高层签署了多份协议与谅解备忘录，多家中资银行陆续到斯里兰卡开展业务。2014年8月，中国人民银行与斯里兰卡中央银行签署了《中国人民银行代理斯里兰卡央行投资中国银行间债券市场的代理投资协议》；同年9月，中国人民银行宣布与斯里兰卡中央银行签署了规模为100亿元人民币/2 250亿卢比的双边本币互换协议，有效期三年，经双方同意可以展期。斯里兰卡大力支持由中国主导的亚洲基础设施投资银行，是亚洲21个亚洲基础设施投资银行的意向创始成员国之一，并于2014年10月在北京与其他意向创始成员国共同签署了《筹建亚投行备忘录》。

（三）中资银行面临的挑战

一是汇率风险。近几年，斯里兰卡卢比基本维持贬值趋势。币值的不稳定会对中资银行汇兑损失，同时也加大了市场风险。

二是用工风险。根据斯里兰卡移民局的规定，外资银行在创立初期仅能从国内招聘三名管理人员。因为银行具有业务产品复杂、条线管理程度高、业务系统依赖性高等特点，仅仅三个人很难满足正常运营的需要，必须招聘当地员工。而两国在文化上、习俗上、观念上存在巨大差异，给管理工作提出了挑战。

三是信用风险。目前标准普尔、惠誉、穆迪、中信保、科法斯均对斯里兰卡主权信用评级较低，当地政府及企业履约还款的能力存在着一定的不确定性。随着斯里兰卡国际储备连续下降和外债规模持续上升，导致信用级别面临继续下调，主权信用风险较高。

## 四、对策建议

在斯里兰卡开展投资过程中，要特别注意做好以下几点，预防相关风险发生。

一是事前调查、分析、评估相关风险，事中做好风险规避和管理工作，切实保障自身利益。积极利用保险、担保、银行等保险金融机构和其他专业风险管理机构的相关业务保障自身利益，包括贸易、投资、承包工程和劳务类信用保险、财产保险、人身安全保险等，银行的保理业务和福费廷业务，各类担保业务（政府担保、商业担保、保函）等。

二是适应当地法律环境。在斯里兰卡，基本上所有的协议都需要律师起草后到政府部门备案，缴纳印花税合同后才真正生效。因此在投资付款之前，必须保证所签协议既有律师的签字盖章，也有政府相关部门的备案许可。斯里兰卡法律严格限制雇用外籍劳工。由于国内劳工数量较多，政府为了保护本国劳工的权益，除外资企业的高级管理人员外一般不允许外国的普通劳工进入斯里兰卡工作，在开放领域上，也只允许工程承包项目或投资项目协议规定的外籍劳务人员在境内工作，其他领域基本上不允许外籍劳务人员进入。且外资对当地企业进行收购、兼并时不得随意开除工人，解雇职工必须征得工会的同意，否则解雇无效。

三是防范斯里兰卡因国际收支风险上升可能带来的不利影响。近年来，斯里兰卡外债规模不断扩大，外汇储备不足，国际收支风险上升。未来斯政府为应对国际收支危机，可能会采取加税等措施来增加财政收入，从而导致海外投资成本增加。

四是密切关注中斯自贸谈判进程。斯里兰卡是中国"一带一路"倡议的重要支点，目前两国正进行双边自贸谈判，但谈判进程遭遇重大障碍，主要原因是斯方要求在十年后拥有重新审查自贸协定的权利，而中国为确保协议长期稳定不愿同意这一要求。另一个分歧点是，中国希望两国90%的商品实行零关税，而斯里兰卡仅希望对50%的商品实施零关税，在今后20年内再逐步扩大范围。应密切关注后续谈判进程，避免在两国未完全达成协议前对投资项目做出高估的判断。

# 老　挝

## 一、老挝概况

### （一）基本情况

老挝是位于中南半岛北部的内陆国家，北邻中国，南接柬埔寨，东临越南，西北达缅甸，西南毗连泰国。2017 年老挝人口总数为 691.64 万，国教为佛教，通用老挝语，国内社会环境较好。老挝实行社会主义制度，人民革命党是该国唯一政党，坚持"少树敌、广交友"的外交政策，保持同越南的特殊团结友好关系，加强与中国全面战略合作，与东盟国家睦邻友好，积极争取国际经济和技术援助。老挝已同 138 个国家建交，并于 1997 年 7 月加入东盟。

老挝有丰富的矿产、水力、森林资源，开发潜力大。老挝经济规模小，以农业为主；工业基础薄弱，没有重工业；服务业基础薄弱，起步较晚。执行革新开放政策以来，老挝服务业取得很大发展，尤其是旅游业，已成为经济发展的新兴产业。农业、水电业、矿业和旅游业均是老挝经济的优势产业。

### （二）经济状况

老挝的经济形势总体比较平稳。近些年来均能保持中高速增长，其中投资和私人消费是主要增长动力，通货膨胀压力不大，失业率总体较低。2017 年老挝经济增速为 6.9%，较上年下降 0.1 个百分点，为 2004 年来的最低水平，但这一增长水平仍领先于全球平均增速和亚洲新兴经济体的平均水平。未来老挝仍有保持中高速增长的潜力。在金融环境方面，M2 增速处于较高水平，但近年显著回落，2018 年已降至 8.4%，为 2006 年来的最低水平。在财政收支方面，从 2012 年开始出现财政赤字，且规模逐渐增大，预算赤字、内外负债已成为其可持续发展的负面因素。在贸易及国际收支方面，经常账户大额逆差，国际储备处于较低水平，目前仅能覆盖 2.6 个月的进口需求。外债规模较大，但短期外债占比较低，风险相对可控。

### （三）政策环境

在发展规划方面，老挝于 2016 年 1 月通过了 2030 年愿景规划、第八个五年（2016 年至 2020 年）社会经济发展计划等。2016 年 11 月，第八届国会第二次会议批准了调整经济发展目标的提案，即 2017—2020 年，老挝年均经济增长率为 7.2%，四年累计 GDP 约为 730 亿美元，人均 GDP 在 2020 年末达到 2 978 美元。货币政策方面，老挝中央银行通过非直接的货币政策工具，特别是政策基准利率、存款准备金率及公开市场操作来保持国内物价的稳定，并每天公布指导汇率以引导商业银行和外汇相关机构。在财政政策方面，财政部正与老挝中央银行一起，通过贷款、发行债券来维持资金流动性、应对预算支出的需求。老挝面临的主要挑战是预算支出的需求高于国家发展所需的财政收入能力。为增加财政收入，老挝财政部考虑提高土地、道路使用方面的税率，并通过使用电子支付系统等方式，提升、便利税收工作。

（四）国际机构评级

标普、穆迪和惠誉尚未对老挝进行评级。中信保 2016 年对老挝的国家主权信用风险评级为"CCC"级，法国评级机构科法斯集团 2017 年对老挝国家风险评级、商业环境评级均为"D"（风险最高）。2019 年世界银行将老挝营商环境在 190 个国家及地区中列为第 154 位，2018 年世界经济论坛将老挝的全球竞争力指数在 140 个国家中排名第 112 位，较上年下降 2 位。

（五）与我国经贸往来

自 1989 年实现关系正常化以来，中老两国传统友谊和友好合作关系得到全面恢复和发展。老挝变"陆锁国"为"陆联国"战略与我国"一带一路"倡议高度契合，使两国共同发展的命运更紧密结合在一起。中国是老挝的第一大援助国、最大外资来源地和第二大贸易伙伴，老挝是中国在东盟国家中第二大投资目的地。

## 二、中资工商业企业在老挝的投资机会及风险分析

我国企业对老挝投资热情不断升温，目前老挝已成为中国在全球第八大投资目的国。截至 2017 年末，对老挝直接投资存量占我国对外直接投资存量的 0.4%，在东盟国家中位居第三，仅次于新加坡和印度尼西亚。我国在老挝的重要投资项目涉及经济合作区、铁路、电网、水电站、房地产和通信卫星等多个领域。

（一）投资机遇

老挝的 13 个经济特区和经济专区在制造业、服务业、旅游业领域提供了丰富的商业机会和激励政策。老挝鼓励外商投资的领域主要包括电力开发、

高附加值的农林商品生产和加工、养殖业、加工业、手工业和服务业。未来，中资企业应持续重点关注以下行业：一是交通基础设施。老挝提出变"陆锁国"为"陆联国"的战略设想，随着老中铁路和中国"一带一路"倡议不断推进，老挝已将这一设想上升为国家战略，让交通不便的老挝通过互联互通成为连接周边国家的枢纽，特别是成为中国与东盟地区互联互通的一个重要节点。老挝政府将鼓励国营机构与民间资本联合投资以及申请国际援助来完成这一目标。二是能源。老挝的水能资源极其丰富，除自用外还可出口，内陆河开发效益好，政府计划把老挝打造成为"亚洲的蓄电池"。三是工程机械。随着中国政府对外援建项目的深入，越来越多的中国工程公司参与到老挝的国家建设中，这给中国工程设备制造企业创造了机遇。四是农业机械。中国农机、农具、农药、化肥、农用运输等的生产技术已具有一定的技术水平。老挝每年从中国引进大量的农机、农具、农药和化肥等。中国企业可以将这些相关的生产直接转移到老挝，为企业带来新的竞争优势。五是汽车业。近几年，中国的奇瑞、比亚迪、长城、长安都陆续进入到老挝市场，但份额都较少。考虑到中国车相对于日本车和韩国车来说价格稍低，因此仍有市场空间。六是医疗器械。老挝的医疗卫生事业逐年发展，国家职工和普通居民均享受免费医疗。老挝仍依赖发达国家的政府赠款来购买少量医疗器械产品，但这很难从根本上解决本国医疗卫生事业所需的医疗器械，因此老挝医疗器械市场的开发潜力很大。七是农业、加工制造业。农业是老挝政府鼓励外国企业投资的重点领域之一，也是中老投资合作的重点，投资老挝农业有较大潜力。2016 年以来老挝政府持续推动工业领域特别是手工业和加工制造业的发展，中资企业在老挝发展加工制造业具有良好机遇。八是林业。老挝木材加工业与周边国家相比发展缓慢，老政府正试图通过提升木材工业附加值方式来促进该行业发展，高附加值和高质量的木材加工出口具有较大潜力。九是信息通信产业。老挝政府正在致力于提高电话通信、互联网和网络社交媒体在老挝的普及与人才培养，因此该行业市场空间较大。

（二）面临风险

中资企业在老挝的投资风险主要体现在五方面。一是汇兑限制。根据有关规定，外国投资者可以汇出利润，但在实际操作中仍有障碍。外国投资者将利润汇出境外必须得到老挝国家银行批准。这一审批批准过程等待时间长，不透明和不确定性都很高。二是行政办事效率低下。老挝政府管理体制不顺，机关官僚作风严重，办事效率低下，行业贪污腐败和索贿受贿现象较为普遍。

虽然老挝政府为改善投资环境设立"窗口"式服务，但投资项目审批程序依然烦琐，有可能贻误投资时机。三是陆路、水路、航空和铁路等基础设施落后，主要靠公路、水运和航空运输。几乎所有的设备物资需进口，加大了企业投资建设成本和生产成本及物流成本。老挝政府一直在努力改善交通、通信等基础设施，但尚未全面普及，作为东南亚唯一的内陆国，老挝的基础设施使用成本很高，运输时间长，投资竞争优势不明显。四是劳动力整体素质偏低。老挝文化教育落后，熟悉外经贸业务和专业技术的人员十分缺乏，一些工程项目因缺乏专业技术人员而不得不一再拖延。五是境内存在少数民族问题。老挝社会治安总体良好，但在偏远少数民族地区偶发民族问题，曾出现过针对老挝政府的小规模袭击事件。

### 三、中资银行业务发展机遇及风险分析

老挝目前共有 4 家中资金融机构。中国工商银行万象分行于 2011 年 11 月营业，为首家在老挝投资的金融机构。2012 年，中国银联与老挝外贸银行合作正式开通银联卡业务。2014 年 1 月，云南富滇银行与老挝外贸银行合资成立的老中银行在万象开业，这是国内城商行在境外设立的首家经营性机构。2015 年 3 月，中国银行万象分行开业。2016 年 9 月 8 日，国家开发银行万象代表处在万象挂牌成立。

（一）政策监管环境

老挝国家银行是老挝的中央银行，也是老挝的银行和金融机构管理部门。在外汇管理方面，老挝金融环境相对宽松，外汇管制逐渐放宽。根据老挝外汇管理规定，本币基普为有条件兑换，鼓励使用本国货币，但在市场上基普、美元及泰铢均能相互兑换及使用。在老挝注册的外国企业可以在老挝银行开设外汇账户，用于进出口结算。外汇进出老挝需要申报。对外资银行政策方面，老挝政府鼓励外国金融机构到老挝设立分支机构或成立合资企业。2017年 6 月初，老挝中央银行宣布在 2019 年 2 月 28 日前暂停发放新的金融机构牌照，期间中央银行将对老挝国内现存的金融机构经营状况进行审核。

（二）中资银行机遇

在政策机遇方面，中国和老挝的外交关系于 2009 年提升为全面战略合作伙伴关系，两国政经关系处于历史最好水平。老挝政府制定的"陆锁国"变"陆联国""将老挝建成东南亚的蓄电池"等国策与我国"一带一路"倡议高度契合。中老铁路项目全线开工对"一带一路"倡议的推进和落地起到了积

极示范作用，老挝已事实上成为我国"一带一路"倡议在东南亚地区的先行者与推动者。在市场机遇方面，一是面向中小企业服务的银行业务。老挝金融业发展相对滞后，尽管市场上已有40多家商业银行，但产品和服务都十分单一，尤其是融资业务，资源更多向大型企业倾斜。面向中小企业服务的银行业务在老挝有发展潜力。二是信用卡的推广。老挝信用卡普及程度不高，尚处于市场培育期。老挝是中国对外投资的新兴目的地之一，中国也是老挝国际游客主要来源地。顺应这一趋势，当地的银联卡业务得到较快发展。老挝八成 ATM 和商户都可受理银联卡，满足到访和本地银联卡持卡人的支付需求。三是基础设施建设对长期低息贷款需求量较大。老挝公路运输占全国运输总量的82%。2015年2月，老挝指定8条国道为东盟高速公路，其中只有两条国道符合东盟公路可承受轴重11吨的标准，其余六条国道需要进行改造升级。考虑到老挝没有足够的资金支持，需要通过长期低息贷款或赠款才能完成，这为银行提供了信贷业务机会。

（三）中资银行面临的挑战

中资银行在老挝的业务发展面临着一系列困难和问题，主要体现在以下三个方面：一是外部环境的不确定性导致业务发展存在困难。首先，经济增长缓慢不利于银行业务的发展。其次，老挝相关法律法规的缺失和政策的模糊，提高了银行业务风险。最后，老挝当地银行市场竞争日趋激烈，各类商业银行数量激增。

二是老挝的金融市场发展起步较晚，金融配套设置有一定的局限性，限制了金融机构在商业领域的服务范围，中资行联动协作不足。老挝市场上的金融配套设置有一定的局限性，例如相应的法律法规不尽完备，缺少专业的金融法律服务机构、资产评估机构等，这也给银行在发展信贷业务方面造成一些困难。在老挝的中资商业银行与中资政策性银行、开发性银行联动、协作不够紧密，效率不够高。加之中资银行进入老挝时间较短，尚未完全融入当地经济社会，当地市场对中资银行机构的认知和接受程度有待进一步提高。

三是有效人力资源不足导致中资银行对中方企业服务能力受限。一方面，作为中资控股的商业银行，客户主要为有中方背景的企业和个人，内部业务、技术和管理依靠中方员工，老挝当地能够满足相关要求的人才较少。另一方面，在实际运营管理中，由于存在语言和文化差异，中方员工与老方员工的沟通容易引起理解偏差和分歧。如何用当地员工能够接受的方式进行个体工作的规范、能力培养和提升，以及如何更好地进行团队沟通与协作，成为跨文化管理的一大挑战。

## 四、对策建议

随着中老之间经济金融联系的深化，未来我国政府、企业、银行在与老挝加强经贸合作和业务往来的同时，还应特别注意相关风险的防范。

一是加强中老发展合作经验推广。中国目前已是老挝第一大援助国和最大外资来源地，两国经贸合作日益密切，"一带一路"倡议和和澜湄合作机制也为中老合作开拓了更广阔的合作空间。考虑到我国在老挝的援助和投资项目不仅形式多样，而且都取得了较好的经济和社会效应，因此可选取其中典型的成功项目经验加以宣传和推广，夯实基础设施建设、环境保护和人力培训等领域的社会基础，以此加强未来两国双边可持续发展合作和促进全球范围内更广泛的南南合作。

二是全面客观了解老挝的政策。老挝政府公布的外商投资优惠政策对不同行业、不同地区、不同贡献的企业有不同的标准，要全面、客观了解优惠政策申报条件、时限等，做好科研调查，规避政策风险。进入经济特区、工业园区的投资企业，虽然可享受保税、免税的政策，但企业要自行解决"三通一平"等基础设施的建设投入，需要统筹评估利弊关系。

三是适应老挝法律环境的复杂性。老挝的法律、法规基本齐备，但还未形成公正合理的法治环境，人治环境浓厚，在执行过程中有时存在有法不依、执法不严的问题，需要企业在投资前做好充分调研和咨询，以避免产生纠纷后无法保证合法权益。随着老挝对外开放力度加大，各种法律都在修改完善中，需要不断关注最新法律、法规和政策的出台和修订，可聘用律师事务所和政府部门中的资深法律专家作为法律顾问。

四是国际化经营中需注意成本调查、核算。老挝人口少、市场小，难以规模化生产制造，大部分物资靠进口，成本相对较高，投资经营中需注意成本调查、核算。老挝基础建设条件欠佳，工业较难配套，物流成本较高，运输时间长，煤炭严重缺乏，水电虽丰富，但电网建设跟不上，全国仍有1/6的村不通电。加之老挝交通基础设施落后，运输成本较高，企业如投资较多依赖运输和出口的行业，需仔细计算投入和产出成本，以避免无法收回投资成本。此外，老挝劳动力不足，且素质和技能有待提升，当地雇员一般不愿意加班加点，赶时间、工期的项目执行难度较大。

五是提示赴老挝务工的风险。随着老挝社会经济的发展，越来越多的援助项目、矿产、水电、建筑、加工、农业和服务业等产业将新增大量工作岗位。老挝的劳动力市场明显呈现出供不应求。外籍劳务需求方面，近年来老挝劳务市场出现"两增一减"的趋势，即对高新技术人才、高级经营管理人才、新兴产业和特殊专业技能人才的需求明显在增加，对脏、苦、险行业工种需求增加，对普通工人、简单技工、低层次经营管理人才需求减少。外国人在当地工作应及时了解相关信息，正确评估赴老挝务工的收益与风险，并根据实际情况对个人的工作及生活适时作出调整与安排。

# 欧洲主要国家概况、投资机遇及风险分析

# 德　　国

## 一、德国概况

### （一）基本情况

德国位于欧洲中部，濒临北海和波罗的海，陆地边界全长 3 757 千米，海岸线长 2 389 千米，国土面积 35.7 万平方千米（略小于我国的云南省），居欧盟第 4 位。德国是欧盟人口最多的国家，也是欧洲人口最稠密的国家之一，每平方千米人口密度 236 人。德国以德意志民族为主体，也有为数不多的索布人、弗里森人、丹麦人和犹太人等其他民族。

德国实行议会民主制下的总理负责制。主要政党包括德国基督教民主联盟、基督教社会联盟、德国社会民主党、左翼党、联盟 90/绿党、自由民主党、德国海盗党、德国共产党、德国选择党。2018 年 3 月 14 日，基督教民主联盟主席安格拉·默克尔当选为新一届政府总理，这是她第四次出任这一职位。

德国政府将欧盟和跨大西洋伙伴关系作为外交政策的两大支柱，持续推进欧盟一体化进程和结构性改革，致力于欧盟团结和联合自强；保持与美国的紧密盟友关系，将其视为德国外交政策基石之一；继续利用自身地缘和政治经济优势，深化与中东欧国家关系，维持在该地区传统影响力；重视新兴市场国家作用，加强与中、印等国的协调合作，将中国视为德国和欧洲重要战略伙伴；通过向非洲、拉丁美洲推广德国政经模式，谋求扩大影响。

德国自然资源较为贫乏，除硬煤、褐煤和盐的储量丰富之外，在原料供应和能源方面很大程度上依赖进口，2/3 的初级能源需进口。

### （二）经济社会发展概况

得益于社会市场经济模式、制造业强国战略、审慎的金融体系、稳健的房地产市场、完善的社会保障制度等五个方面的支撑，德国经济社会长期保持稳健发展。

2018 年，德国 GDP 为 33 882 亿欧元，同比增长 1.5%，较 2017 年的

2.2%大幅下滑，全球经济疲软以及汽车业的问题是德国经济放缓的主要原因。

货币金融方面，货币供应与经济发展总体相符，国际储备保持稳定。2017年、2018年德国M2/GDP的值均为0.87。截至2018年末，德国黄金储备约为3 370吨，外汇储备为364亿美元。

财政收支方面，财政状况持续改善，债务水平下降。2018年德国实现财政盈余580亿欧元，相当于GDP的1.7%，连续第5年实现财政盈余；截至2018年末，德国负债总额20 621亿欧元，占GDP的比重为60.9%，较上年减少0.9个百分点。

贸易与国际收支方面，经常账户顺差持续。2018年德国进出口额均有增长，但增速均不及2017年，国际贸易摩擦和世界经济增速放缓对德国对外贸易影响明显。2018年外贸总额为23 134亿欧元，其中出口额15 956亿欧元，同比增长2.4%，进口额13 619亿欧元，同比增长3.4%，顺差2 337亿欧元。

产业结构方面，作为高度发达的工业国，德国侧重重工业，汽车和机械制造、化工、电气等部门是支柱产业。食品、纺织与服装、钢铁加工、采矿、精密仪器、光学以及航空与航天工业发达，主要工业部门产品一半以上销往国外。

（三）政策环境

货币政策方面，欧中央银行在2019年6月的议息会议上宣布维持三大利率不变，继续保持宽松，新一轮再融资操作（TLTRO）主要利率为0.1%，并将加息时点预期由2019年末推迟至2020年上半年，为半年内第二次推迟，这意味着欧中央银行在未来12个月内不会降息。为安抚市场情绪，会后欧中央银行行长德拉吉表示，如果需要，欧中央银行可以降息。如果降息，有可能使用利率分级制度。欧中央银行距离政策正常化仍旧遥远，因为经济情况距离正常仍旧有一段距离。适度的货币宽松政策是必要的，欧洲中央银行仍有相当大的QE空间。

财政政策方面，德国2020年财政预算为3 626亿欧元，比2019年增加了1.7%，计划2020年至2023年不再增添新的负债。德国将政府投资重点放在社会福利保障以及科技发展方面。政府将加大在儿童福利方面的投资，尤其是对于中低收入家庭儿童的关怀。在技术发展方面，政府将投资用于学校的数字化教育以及人工智能发展，并期望通过税收政策来刺激技术创新。

（四）国际机构评级

标准普尔对德国长期主权评级为"AAA"级，短期外债评级为"A－1＋"级，评级展望为"稳定"。惠誉确认德国长期主权评级为"AAA"级，前景展望为"稳定"。穆迪确认德国"AAA"顶级信用评级，前景展望为"稳定"。科法斯对德国的国家信用评级为"A1"级，营商环境评级为"A1"级。

（五）与我国经贸合作关系

1972年10月，德意志联邦共和国和我国正式建立外交关系。近年来，中德关系保持高水平发展，双方高层互访频繁，全面务实合作持续深化，有力地推动了中德及中欧经济贸易发展。2014年3月，两国宣布建立全方位战略伙伴关系，同年10月，中德发表了《中德合作行动纲要：共塑创新》，建立互信互利共赢的创新伙伴关系，开展工业、金融、研发、城镇化和交通体系、农业和食品等多个领域的创新合作。

在创新伙伴关系定位的引领下，合作重点是德国"工业4.0"和"中国制造2025"的对接与交流。2016年，两国有关部门分别发表《中国战略》《德国战略》，开创了大国科技合作的先例，两国合作建设的首条"工业4.0"示范线在沈阳落地。与此同时，遍布沈阳、青岛、芜湖、揭阳、太仓等城市的中德产业园区成为中德创新合作的新高地，也是"中国制造2025"与德国"工业4.0"对接的果实。

## 二、中资工商业企业在德国的投资机会及风险分析

近年来，中国对德投资呈明显上升趋势。2017年，中国对德直接投资达27.2亿美元，占当年中国对外直接投资流量的1.7％，涉及领域包括制造业、金融业、租赁和商务服务业、批发和零售业等。截至2017年末，中国对德直接投资存量为121.6亿美元。

（一）投资机遇

自2013年提出"一带一路"倡议以来，德国在欧洲国家中最先表态支持"一带一路"建设。在亚洲基础设施投资银行57个创始成员国中，德国是出资最多的域外国家。2014年，李克强总理出访德国，同德国总理联合发表《中德中长期合作行动纲要》。中国在法兰克福设立欧元区首个人民币清算中心，成都、郑州、兰州等城市相继开通中欧班列，"丝绸之路经济带"战略为两国贸易的未来发展提供更大的平台。2016年6月，在德国总理默克尔第

9 次访华期间，中德双方签订了 150 亿欧元的经济大单，并提出要加快德国"工业 4.0"对接"中国制造 2025"。

重点关注的行业：一是汽车与汽车配套工业。德国是世界汽车制造强国。近 5 年来，德国汽车工业研发投入千亿欧元，创历史纪录，占整个工业研发投入的三分之一。二是机械设备制造工业。德国是世界第一大机械设备产品出口国，出口额约占世界机械出口总额的 19%。在机械设备业 32 个产品领域中，德国产品在 18 个领域是世界出口第一，在其余领域内也均处于世界前列。三是电子电气工业。德国拥有世界领先的电子电气工业，产品达 10 万余种，是德国第三大支柱产业。四是化工及制药业。德国是世界最大的化工产品出口国，是欧洲首选的化工投资地区，拥有完善的基础设施、研究机构和高素质劳动力。五是航空航天工业。航空航天是德国最具创新精神和表现最出色的行业之一，德国民用与军用飞机制造商给投资者，尤其是在飞机内部、引擎、轻量构造或是专用航空领域的投资者带来丰富机会。六是信息与通信技术产业。从销售规模、产业范围、成长潜力、研究实力和员工素质看，德国信息与通信技术产业在欧洲位居第一，在世界市场位居第三。七是可再生能源。德国在太阳能、风能、生物质能、地热能、水利发电等开发利用方面居世界领先水平。

（二）面临风险

近年来，德国经济总体保持稳健，但受公共消费增速放缓、人力资源短缺、能源转型约束增强等因素影响，德国经济下行压力加大，将对中资企业发展构成一定挑战。一是公共消费增速放缓。2017 年以来，随着难民人数的下降，公共消费将会放缓。二是人力资源出现短缺。尽管德国宏观经济形势保持稳定，但人力资源短缺问题日益凸显，特别是人口减少以及女性生育等因素将影响德国就业人数。另外，因缺乏大量受高等教育的学生，造成工程师和研究人员供给不足，将阻碍德国未来创新发展。三是能源转型导致产能损失。德国推进能源转型的过程中，一方面将会推高能源成本，致使相关产业特别是制造业产能下滑；另一方面德国可再生能源分布不均衡，输电过程中将造成能耗损失，从而降低能源供给，致使其他产业产能下滑。

**三、中资银行业务发展机遇及风险分析**

目前，工商银行、农业银行、中国银行、建设银行、交通银行五大中资银行均在德国设立了分支机构。其中，中国银行在法兰克福、汉堡、杜塞尔多夫、柏林、慕尼黑、斯图加特设有 6 家分行，业务规模最大；工商银行在法兰克福、杜塞尔多夫、慕尼黑、汉堡、柏林设有 5 家分行；其余三家中资银行均进驻法兰克福。

（一）政策监管环境

德国金融监管机构由德国联邦金融监督局和德国联邦银行组成。其中，德国联邦金融监管局是具有法人资格的联邦金融监管机构，直接对财政部（内阁成员）负责，主要职能是对德国银行业、证券业和保险业相对集中统一的监管；德意志联邦银行是德国的中央银行，负有维护金融体系稳定的责任，在统计和发布金融部门和对外部门的数据方面发挥着核心的作用，并与联邦金融监管局密切合作，共同担负对德国银行业的全面监管职责。

外汇管理方面，德国自 1958 年起实行货币自由兑换制，因而不存在任何形式的外汇管制，企业和个人可以自由持有和买卖外汇。政府对企业或个人的外汇汇出也没有限制，企业或个人可通过银行将其账上的存款汇出德国，但超过 12 500 欧元的汇款（进出口业务除外），负责汇款的银行必须向州银行申报，并说明汇款理由。

对外资银行政策方面，外资银行获取德国联邦金融监管局的许可证，必须满足以下条件：一是新机构必须有其拥有最低初始资金的记录；二是该机构必须有至少两名高级管理人员（执行董事）；三是申请人必须向相关机构申报重大参与权益持有人及其所参与权益的份额；四是申请许可还必须提交一份业务计划，以说明拟定业务的性质、组织结构和拟定的内部控制制度；五是机构成立后由联邦金融监管局持续监督；六是如果高层管理人员缺乏必要的资格，联邦金融监管局可能会要求监事会开除该管理人员并以一位特殊专员来取代之。

（二）中资银行的机遇

政策机遇方面，"一带一路"倡议和中德经贸合作发展为中资银行发展提供了广阔市场。当前，中德关系发展势头良好，中德交流合作紧密程度超过历史任何时期。中德贸易占据中欧贸易三分之一，中国广阔的市场发展空间对于德国企业一直有着巨大的吸引力，而德国企业的品牌和技术能力在中国市场有着良好的口碑。中资银行在德国努力顺应国际国内金融形势和客户需求的变化，为中德企业提供有力支持。另外，英国"脱欧"后，外界普遍预期法兰克福将承担部分伦敦现有金融职能，这将为法兰克福金融机构的业务发展带来难得机遇。市场机遇方面，人民币国际化为中资银行拓展当地业务提供重要机遇。随着人民币国际化的进一步发展,中资银行在人民币业务领域的优势将进一步显现,也为中资银行积极参与当地银行业竞争提供了有利条件。中资银行作为德国当地人民币清算行,在人民币清算业务上具有巨大发展潜力,应把握人民币加入 SDR 历史机遇,积极培育当地人民币市场。

(三)中资银行的挑战

中资银行在德国的业务发展面临的挑战主要体现在以下三方面:一是受欧中央银行负利率政策拖累,银行利差不断收窄,中资银行作为欧元清算渠道,大量沉淀资金带来较高成本,增加了成本管理难度,制约了盈利水平。二是德国监管当局"子行化"监管未有松动,限制了中资在德国分行资产规模的扩大,国际金融监管趋严,屡现天价罚单,推高了海外分行合规成本。三是监管政策存在歧视。德国监管对待不同国家和地区的金融机构采用不同监管标准,也显示了其监管偏见和不公平,如对中资银行分行,总行资本金不被监管承认,但美国、日本和澳大利亚银行在德分行均可享有总行资本金。

## 四、政策建议

近年来,我国企业对德投资数量快速增长,投资范围不断扩大,投资层次不断上升,其中既有成功的经验,也有失败的教训。我们需要总结相关企业的经验教训,为其他企业提供经验借鉴和业务指导。

一是通过科技创新、扶持中小企业夯实实体经济基础。我国一方面需要加快实施创新驱动战略,通过创新集群效应引领科技创新和新兴产业发展,形成企业、大学、研究机构以及融资和咨询机构共同构成的开放式创新集群,构建研发合作网络,形成分工有序、相互协作的创新发展格局;另一方面需要加大中小企业扶持力度,确保中小企业在融资、贸易和税收等方面的平等机会,充分保护中小企业的利益,使其形成稳定和长期的预期,夯实实体经济基础。

二是深入了解并用好德国投融资支持政策。我国最早对德投资的企业以实力雄厚的国企为主,随后一些著名的民营企业也选择投资德国。大量企业在投资过程中,往往忽略了德国低息贷款、财政补贴等一些投融资优惠政策。近年来,我国越来越多的中小企业开始对德国投资,需要深入了解德国的投资政策,积极争取德国政府对中小企业的扶持资金,减轻投资初期的资金压力。

三是积极通过促进当地就业获得税收优惠。德国政府高度重视就业问题,各国企业的投资只要可以促进当地就业，德国政府就会给予税收优惠等支持，甚至免费为企业进行员工的培训。我国企业对德投资时，可以适当增加就业岗位，积极争取更多优惠政策。

四是通过投资学习德国先进的制造工艺和管理经验。在供给侧结构性改革的背景下，我国产业技术升级步伐加快，相关企业可以加大对德技术密集型产业的投资力度，通过产业集群的知识外溢，学习德国先进的技术、管理等，提高产品质量和附加值，并通过逆向技术溢出效应，将其转移回国，最终助推国内产业结构调整和技术升级。

五是严格遵守德国法律。由于中德文化存在差异，加之对德国法律了解不够，中国企业对德投资面临着很大的挑战。我国企业在投资德国前，可以向熟悉投资国且信誉良好的咨询机构进行咨询，全面了解和吸纳德国当地文化，并自觉遵守德国的法律法规。

六是关注并规避德国签证风险。虽然目前我国企业对德投资获得很多优惠和支持，但德国签证问题仍然困扰着很多对德投资的中国企业。2005 年德国实行新移民法后，对来自欧盟外的劳务人员采取了更加严格的限制措施，这些规定严重阻碍了中国企业对德的投资经营。中国企业在投资德国前，需要全面了解德国的签证、居留许可和工作许可证等政策规定，积极和德国相关部门沟通，采取措施规避风险，避免在德国投资后陷入被动局面。

# 英　国

## 一、英国概况

### （一）基本情况

英国位于欧洲西部，由大不列颠岛（包括英格兰、苏格兰、威尔士）、爱尔兰岛东北部和一些小岛组成，总面积24.41万平方千米，与我国江苏省相当。英国分为英格兰、威尔士、苏格兰和北爱尔兰四部分。2017年，英国人口总数为6 565万，主要由四大民族构成，即英格兰人、苏格兰人、威尔士人和爱尔兰人，居民多信奉基督教新教。

英国是联合国安理会常任理事国，是欧盟、北约、英联邦、西欧联盟等120个国际组织的重要成员国。英国主张同美国加强关系，重视发展与其他大国的关系，努力改善与中、俄、印、日等大国的关系，努力维系同英联邦国家的传统联系，保持和扩大在发展中国家的影响。英国是欧盟中资源最丰富的国家，主要资源有石油、天然气以及矿物质等。服务业是英国主导产业，占GDP比重最大，同时也是英国就业人数最多的部门。金融服务业、能源、旅游业以及创意产业是英国经济的优势产业。

### （二）经济状况

英国是全球第六大经济体，也是全球最开放的经济体之一。长期以来，英国经济保持高增长、低通货膨胀的发展态势。2008年金融危机使以金融业为主的英国经济遭受重创，随后开始缓慢复苏。2014年经济增速达到3.1%，是危机以来的最高水平，近几年一直保持在2%以上，但脱欧将使英国经济不确定性加大。2018年GDP实际增速较上年显著下降0.4个百分点至1.4%。金融环境方面，利率水平缓慢提高。2017年11月，在经济出人意料地加速增长的基础上，英国中央银行宣布十年来首次加息，将基准利率由0.25%上调至0.5%，维持国债购买规模4 350亿英镑不变，维持企业债购买规模100亿英镑不变。2018年8月，英国中央银行再度加息25个基点至0.75%，维持资产购买规模不变。国内信贷逐渐恢复增长。财政收支方面，英国保守党赢得 2015 年大选并单独组阁以来，英国新政府采取了一系列财政紧缩政策，财政状况正逐步改善。2018 年英国政府计划继续实行稳定、可持续、负责任的财政政策，通过优化税收、打击逃税和避税行为、减少政府支出等手段恢复财政平衡，短期内将结构性赤字降低到 2%。贸易及国际收支方面，英国的商品贸易保持大量逆差，是经常账户逆差的主要来源，英国国际储备规模逐年增长。

（三）政策环境

发展规划方面，为应对脱欧挑战，英国政府将提高生产率作为提振经济的重要措施。2016 年末，英国宣布设立一项总规模为 230 亿英镑的国家生产率投资基金，用于在未来 5 年进行基础设施和创新方面的投入，并制定有利于科技创新的税收体制。2017 年 4 月起，英国将企业所得税下调至 19%，并承诺 2020 年进一步下调至 17%，这将是二十国集团中最低的税率。货币政策方面，英国中央银行制定的货币政策目标是保持消费价格稳定，并以此支持英国政府的一系列经济目标的实现。利率方面，英国中央银行 2019 年 5 月 2 日宣布维持基准利率在 0.75% 不变，并表述如果此后英国经济表现的符合中央银行预期，那么基准利率的上调可能会比市场预期的更加频繁。汇率方面，英国实行自由浮动汇率制度，英镑汇率由外汇市场的供求决定，英国中央银行通过公开市场操作对英镑汇率进行干预。但是自 2014 年以来，英国中央银行都没有对英镑汇率进行过干预。在 2016 年 6 月退欧公投结果公布后，英镑汇率一度承压，但中长期看英镑的实际有效汇率变化可能不大。财政政策方面，保守党独立组阁以来的主要经济政策包括推进财政整固计划、改革税收体系、推动公共资源平衡分配、重点加强和中国的贸易投资合作等。

（四）国际机构评级

英国公投脱欧后，三大评级公司纷纷下调对英国的评级。标准普尔首次对拥有"AAA"级最高评级的英国连降两级，并将前景评为"负面"，还警告不排除进一步降级的可能；穆迪也将英国信用评级展望从"稳定"下调至"负面"；惠誉也把英国信评由"AA＋"级降至"AA"级，并将英国未来两年经济增长预测由早前的 2% 大幅下调至 0.9%。在世界银行发布的《2019 年全球营商环境报告》中，英国在 190 个国家及地区的排名为第 9 位。在世界经济论坛发布的《2018 年全球竞争力报告》中，英国在 140 个经济体的排名中位于第 8 位，比上一年下降 2 位。

（五）与我国经贸往来

自 1972 年中英两国签订大使级外交关系联合公报以来，中英关系虽历经波折，但总体上朝着积极稳定的方向发展。2015 年，英国向中方提交了作为意向创始成员国加入亚洲基础设施投资银行的确认函，成为首个申请加入亚投行的主要西方国家。2016 年 9 月，习近平主席会见了来华出席二十国集团领导人杭州峰会的首相特里莎·梅，双方再次确认了坚持中英关系"黄金时代"的大方向。随着中英确立构建面向全球的全面战略伙伴关系，两国经贸关系日益密切，合作内容更加丰富。英国是中国在欧盟内的第二大贸易伙伴，中国则是英国在欧盟外的第二大贸易伙伴。

## 二、中资工商业企业在英国的投资机会及风险分析

中国对英直接投资经历了 2007 年小高潮后略有下降，但自 2012 年起开始出现大幅增长，近几年来更是延续了强劲的上升势头。过去十年间中国在英投资的年均增长率达到 58%，英国已是中国在欧投资的最大目的地。2017年，中国对英国直接投资流量达 20.7 亿美元，存量达 203.2 亿美元。我国对英国投资主要以资本输出为主，跨境并购业务较多，主要涉及房地产、能源行业、制造业、文化产业等行业。

（一）投资机遇

2014 年，英国提出了北部振兴计划，拟通过北部振兴计划，将英格兰北部打造成与伦敦并驾齐驱的第二个经济中心，改变英国经济过度集中于伦敦和英格兰东南部地区的状况，使英国各地区经济趋于平衡发展。在推行北方经济增长区计划过程中，基础设施建设是重中之重。英国政府将重点发展该地区的交通运输领域，并成立北方交通运输部负责制定和执行北方交通发展政策。中国在基础设施建设等方面拥有技术、资金、人才优势，管理经验丰富，是英国北方经济增长区发展计划的理想合作伙伴，被英方各界所看好。

英国是西方国家中呼应"一带一路"倡议最早的国家之一。英国致力于与中国加强有关"走出去"项目的合作，其中关键是"一带一路"建设的相关合作。未来英国将鼓励更多英国企业参与其中，与中国加强协调以确定适合双方合作的项目。英国参与"一带一路"建设主要有四大方式：一是战略对接。英国主动提出将英格兰北部振兴计划与"一带一路"倡议对接，向世界发出非沿线国家也可积极参与"一带一路"建设的积极信号。二是国际产能合作。英国是工业革命发源地，基础设施不仅存在老化的问题，还面临数

字化的任务，这为中英产能合作提供广阔空间。三是共建海上丝绸之路。英国在国际航运规则制定上拥有关键性话语权，是海上丝绸之路建设的重要伙伴。中英若能打造海洋伙伴关系，不仅具体落实中欧和平、增长、改革、文明四大伙伴关系，也将大力推动海上丝绸之路建设。四是合作开发"一带一路"沿线国家市场。英国对第三方市场合作的理解比中国更丰富，包括法律、保险服务等内海，这对于推动"一带一路"建设从"走出去"到"走进去"，实现中国制造、中国建造、中国服务在"一带一路"沿线当地化弥足珍贵。

（二）面临风险

英国是世界上最早的资本主义国家之一，有着悠久的议会民主传统，政治制度成熟稳固，政权更迭、党派竞争不会动摇国家上层建筑。高增长、低通货膨胀、低失业率的英国经济目前正处于历史最好发展时期。不过，英国脱欧将给英国经济以及中资企业在英投资带来一系列冲击。首先，英国经济不确定性加大。脱欧可能对贸易、投资、金融等经济部门和劳动力市场产生消极影响，这些消极影响相互叠加将对英国经济增长极为不利。其次，脱欧将给英国贸易带来负面冲击。欧盟是英国的第一大出口目的经济体，同时也是英国第一大进口来源经济体。如果英国脱欧，英国经济赖以运转的许多协议、规定和法律依据将被打破，经济将发生剧烈震荡。中期经济影响主要取决于英国能与欧盟协商达成的新贸易协定。此外，脱欧后英国在欧盟贸易政策上的话语权也将减小。最后，脱欧导致汇率风险加大。伦敦的定位是国际金融中心，一旦脱离欧盟，这一地位将受到很大冲击。英镑可能受到挤兑。对于一个需要填补巨额海外赤字、没有资本管制的国家而言，英镑挤兑将是一个重大风险。

### 三、中资银行业务发展机遇及风险分析

总体而言，在英中资银行规模和发展程度较其他海外市场领先。虽然目前中资银行在英国银行体系里的体量仍然比较小，但未来增长潜力非常大。截至目前，中资国有大行和股份制银行大都在伦敦设立机构。其中，中国银行、建设银行、工商银行、交通银行和招商银行在伦敦设有分行，农业银行在伦敦设有子行，浦发银行等也设立了代表处。各家银行因为实力有差异，业务实力和规模有别，中国银行经营既有零售业务，也有批发业务，其他银行多以批发业务为主。

（一）政策监管环境

英格兰银行是英国的中央银行，它通过货币政策委员会对英国国家的货币政策负责。2013 年 4 月，英国实行新的金融监管体系：以英格兰银行为核心，统一负责全面的金融稳定，设立金融行为监管局（FCA）和审慎监管局（PRA）。其中 PRA 是英格兰银行的附属机构，负责对各类金融机构进行审慎监管；FCA 为新设独立监管机构，取代金融服务监管局（FSA），监管金融机构的业务行为，促进市场竞争，保护消费者，直接对英国议会和财政部负责。外汇管理方面，1979 年 10 月英国取消外汇管制，无汇兑管制，对外汇汇进或汇出无限制，对公司利润（支付海外的红利）汇出既无限制也没有预提税。对外资银行政策方面，2014 年，英格兰银行下属的审慎监管局（PRA）出台多项严格措施，限制非欧盟国家银行在英国开展业务。非欧盟国家银行需要满足一系列严格条件才能继续在英国设立分支机构经营业务，如果未能按规定达到要求，将有可能被永久禁入英国市场。

（二）中资银行机遇

英国政局稳定，社会经济保持了长时间快速发展，未来发展趋势仍然向好。中英两国在众多领域互补性突出，合作潜力巨大。能源、基础设施、金融服务业等领域将为中资银行机构在当地的发展提供广阔的空间。中国经济的国际化，中国企业的国际化，中国货币、人民币的国际化，给了中资银行国际化，与西方主流银行进行竞争和比拼的绝佳历史机遇。由于中国企业走出来进行境外投资，给了中资银行一定的客户基础的先发优势；由于人民币的国际化、人民币相关产品的使用得到比较快速的发展，给了中资银行一定的产品基础的先发优势。如果中资银行能够很好地利用这些先发优势，不断加大对基础设施建设，包括人力、系统、流程改造的投入，产品能力就会由人民币相关产品向外币产品拓展，客户的基础就会由中国走出来企业向当地客户，特别是与中国有业务联系的当地客户拓展，最终可以在产品和服务能力与客户基础方面比肩西方大银行，实现中资银行由大向强的升级和转换。

（三）中资银行面临的挑战

中资银行在英国的业务发展面临着一系列困难和问题，主要体现在以下五个方面：一是金融产品与客户的广度和深度不足。银行比拼的最终是产品的数量和质量以及客户的广度和深度。在境外市场，中资银行与西方大银行相比，还是有比较大的差距，即产品的质量和数量与外资银行有一定差别。由于有这种差别导致客户基础、服务客户的深度和广度都不够。

二是业务模式的东西方差异。中资银行的组织架构和业务模式主要脱胎于国内市场，历史上银行本身有"半官半商"的特质，同时国内利率和汇率的市场化程度不算很高，资本市场相对封闭，金融脱媒也是在近年才得到比较快速的发展。在这样的市场环境下，以这样的组织架构，中资银行所培育的产品和服务能力具有比较突出的中国特色。

三是银行布局理念的差异。中资银行的国内架构体系更多地比照各级行政单位，但是在国外开设分行，思路既要突破地域的简单划分，还需要参考资本的因素，例如资本的力量，资本的习惯等。例如伦敦和卢森堡一直是银行界的必争之地，葡萄牙和西班牙在银行业的全球版图上具有重大意义等。

四是商业生存环境的差异。一般来说，国内银行业的利差一般在2%～5%，但是在欧洲，利差可能是0.01%～0.5%，这样低的利差环境如何生存，是中资银行需要考虑和适应的问题。

五是业务经营的差异。传统业务方面，欧洲本土银行广泛采用经纪人制度，贷款业务和存款业务均与经纪人合作，银行给经纪人支付酬金。这一点在国内可能并不允许。欧洲本土银行贷款业务多采用银团贷款的方式，风险共享，银团为标准化产品，大多数在银团创建阶段，留给各个参加行的时间为一周到两周，可以实现银团审批的高效。对于新兴业务来说，欧洲银行一般为全牌照银行，投资银行和资金业务是其盈利主力，例如发债券、发股票、资产重组、全球现金管理，全球汇率管理。银行有集团旗下处理各种业务的平台，例如基金、资产管理、财富管理等。综合来看，这种差距的背后实际上反映的是管理体系、运营能力、IT系统的差距。

## 四、对策建议

随着中英之间经济金融联系的深化，我国企业、金融机构在与英国加强经贸合作和业务往来的同时，还应特别注意相关风险的防范。

一是全面客观了解英国的政策环境。在英国开展投资、贸易、承包工程和劳务合作的过程中，要特别注意事前调查、分析、评估相关风险，事中做好风险规避和管理工作，切实保障自身利益。建议相关企业积极利用保险、担保、银行等保险金融机构和其他专业风险管理机构的相关业务保障自身利益。

二是密切关注英国脱欧后的政策安排。英国脱欧不仅对英国，对整个欧元区经济都有较大影响。一方面，英国为了维护其国际金融中心的地位，与中国加强金融合作的意愿可能进一步加强；另一方面，其金融业务很可能在欧洲没有通行权，跳板作用将无法实现，中资将可能无法再通过英国的金融企业进入欧洲市场，原有存量投资也将面临新的制度安排与调整。对此，应给予密切跟踪与高度关注。

三是高度注意投资风险防范。对于有意在英国投资的中资企业而言，最需要注意的是投资项目的商业风险问题。企业在投资前应认真做好项目可行性调研，尤其是充分了解目标市场状况、竞争对手情况、项目运营成本、企业融资条件、人力资源要素等各项内容。

# 法　国

## 一、法国概况

### （一）基本情况

法国位于欧洲西部，国土总面积 63.3 万平方千米。2018 年初，法国总人口达到 6 722 万人，其中法兰西民族约占总人口的 90%。占全国人口 65% 的居民信仰天主教。法国为全球第六大移民国，移民占总人口的 8.8%。法国官方语言为法语，英语在知识分子阶层和大企业界较普及。法国社会治安状况总体良好，警方对社会治安防控能力较强，城市地区的街头犯罪、暴力犯罪相对较少。

法国是典型的半总统制半议会制的民主共和制国家。法国是联合国安理会常任理事国、欧盟创始国及北约成员国，也是第一个同中国正式建交的西方大国。两国在政治、经济、文化、科技、教育等各个领域的合作富有成果。

法国铁矿蕴藏量约 10 亿吨，但品位低、开采成本高，煤储量几近枯竭，所有铁矿、煤矿均已关闭，所需矿石完全依赖进口。有色金属储量很少，几乎全部依赖进口。能源主要依靠核能，约 76% 的电力靠核能提供。此外，水力和地热资源的开发利用也比较充分。森林面积约 1 615.4 万公顷，覆盖率 29.4%。

### （二）经济状况

2018 年，在全球经济放缓和消费能力降低的背景下，法国经济增速放缓，GDP 实际同比增长 1.7%，较上年回落 0.6 个百分点。

金融环境方面，利率水平不断降低，信贷增速不断提升。法国属于欧元区，法兰西银行是欧央行的成员，参与欧洲统一货币政策的制定和执行。近年来，为刺激经济，欧央行持续扩大量化宽松规模，并将购债范围扩大至非银行企业债券。受此影响，法国的市场利率水平不断降低。2019 年 4 月，法国 M2 增速升至 7.4%，同比提高 1 个百分点。

财政收支方面，财政状况持续好转。2009 年以来，法国财政赤字总额占国内生产总值的比重持续下降，2018 年占比降至 2.5%，较 2017 年下降 0.3个百分点。

贸易及国际收支方面，经常账户逆差不断缩小，国际储备规模适中。2018 年，法国经常账户逆差占国内生产总值的比重约为 0.3%，处于欧盟规定的逆差占比低于 4%、顺差占比低于 6% 的合理区间；截至 2018 年末，法国官方外汇储备总额为 1 527 亿欧元。

债务状况方面，外债规模不断扩大，负债率不断提升。截至 2018 年末，法国政府部门负债率已升至 98.4%。由于法国的公共债务主要是长期性的，且公共债务的 80% 以上是债券，属于典型高收入 OECD 国家的债务结构特征，因此偿债压力相对较轻。

（三）政策环境

发展规划方面，2015 年 5 月 18 日，法国经济、工业与就业部发布"未来工业"计划，作为"工业新法国"二期计划的核心内容，主要目标是建立更具竞争力的法国工业。

货币政策方面，欧央行在 2019 年 6 月的议息会议上宣布维持三大利率不变，继续保持宽松，新一轮再融资操作（TLTRO）主要利率为 0.1%，并将加息时点预期由 2019 年末推迟至 2020 年上半年，为半年内第二次推迟，这意味着欧央行在未来 12 个月内不会降息。

财政政策方面，为应对"黄背心"危机，法国政府 2019 年紧急拨出 100亿欧元，这导致公共赤字将略微超过 3% 大关，突破欧盟限制，因此打算2020 年继续节约预算，尤其准备大幅削减住房和失业保险开支，力争 2020 年公共赤字降到 2%。

（四）国际机构评级

标准普尔对法国长期主权评级为"AA"级，短期外债评级为"A-1+"级，评级展望为"稳定"。惠誉确认法国"AA+"级，前景展望"稳定"。穆迪确认法国"AA2"级，前景展望从"稳定"上调到"正面"。中信保将法国国家主权信用风险评级定为"AAA"级，评级展望为"稳定"。科法斯对法国的国家信用风险评级为"A2"级，营商环境评级为"A1"级。

（五）与我国经贸合作关系

自中法 1964 年建交以来，经贸关系发展迅速。目前，法国是中国在欧盟内第 4 大贸易伙伴、第 4 大实际投资来源国、第 3 大投资目的国和第 4 大技术引进国；中国是法国亚洲第 1 大、全球第 5 大贸易伙伴。展望未来，双方合作基础良好，发展潜力巨大。

## 二、中资工商企业在法国的投资机会及风险分析

近年来我国企业对法国的投资热情不断升温。法国商务投资署发布报告称，按可创造就业的投资项目数量计算，2015 年法国已经成为中国在欧洲范围内的第 2 大投资目的国，第 1 为英国。

（一）投资机遇

2017 年 5 月，马克龙就任法国总统。马克龙支持自由贸易，主张发展新兴产业，明确提出投资 100 亿欧元设立创新型产业基金，并将清洁能源、生态保护和有机农业列为重点建设的项目。中法双方可以在"一带一路"框架下，巩固核能、航空航天等传统领域合作，拓展金融、数字化、可持续发展、农业食品等新兴领域合作，寻求发展战略的对接，培育新的增长点。

重点关注行业：第一是能源行业。能源行业是法国的拳头产业。李克强总理在 2015 年与来访的法国总理会谈中提到，希望中法能够有更深入的，从上游到下游全方位的核能合作。第二是海运行业。中远海运集装箱法国公司位于法国勒阿弗尔市中心。中远海运集团涉及"一带一路"倡议的业务主要有三大块：一是海上丝绸之路的船舶运输业务；二是陆上丝绸之路的综合物流业务，重点是跨越亚欧大陆的海铁联运；三是"一带一路"沿线港口码头投资业务。2016 年 4 月 20 日，中远海运、香港东方海外、台湾长荣海运和法国达飞共同宣布组建海洋联盟。海洋联盟的组建具有战略意义，将对全球海运格局带来重大影响。联盟的 4 家公司中，3 家为中国公司。海洋联盟的建立必将为"21 世纪海上丝绸之路"建设发挥重要作用。第三是马赛国际商贸城。马赛市利用优越的地理位置与地中海港口优势，计划打造地中海周边最大的贸易批发商城—马赛国际商贸城。据马赛市政府评估，国际商贸城项目对振兴马赛至关重要，将大大促进马赛市北部与马赛港的经济发展，也将促进马赛大都会的投资与就业。第四是文化领域。2015 年 6 月 12 日，诺曼底—中国论坛在法国鲁昂市举行。来自中法企业的代表共同探讨双方在"一带一路"建设、贸易投资、食品安全和生态出行等领域的合作前景及发展新机遇。《中国日报》举行了法语版创刊仪式，与法国鲁昂诺欧孔子商学院签署合作协议并宣布建立战略合作伙伴关系。

（二）面临风险

一是法国劳资关系紧张，有强大的工会组织。法国工会组织能力强大，

能够协调大规模罢工和示威，对全国范围的企业有较大影响。裁员、工厂倒闭、劳动法改革以及削减补贴和预算引发的罢工和企业抗议风险呈上升态势。

二是法国经济安全环境较差。2016 年，风险分析预测公司 Verisk Maplecroft 称，法国的经济安全环境比南非、阿根廷、巴西甚至阿富汗等新兴市场更为脆弱，被判断为"高风险"的唯一发达经济体。后"英国脱欧"时代，由于在法国极易受到业务中断的影响，许多迁出英国的公司也不愿意搬至法国。

三是法国的劳工和税务法律特别。法国非常注重保障企业雇员权益，对雇员的合同有严苛的规定，且雇员人均保费很高。2017 年 8 月 31 日，法国公布劳工法改革法令，主要围绕扶持发展微型企业和中小型企业、强化劳资谈判、保障劳务关系等方面展开。劳工法改革法令共有 36 条措施，旨在通过给劳资双方更多协商空间来吸引投资、增加就业机会。

### 三、中资银行业务发展机遇及风险分析

目前中国四大银行除农业银行外，中国银行、工商银行、建设银行均在法国巴黎设有分行。此外，中国进出口银行和交通银行也在巴黎设有分行。中国银行巴黎分行成立于 1986 年，是最早进入法国的中资金融机构。工商银行巴黎分行于 2011 年 1 月正式开业；2013 年 10 月，中国进出口银行巴黎分行成立，是该行在海外的首家分行；2015 年 7 月 1 日，建设银行巴黎分行开业；交通银行（卢森堡）有限公司巴黎分行于 2016 年 11 月成立。

（一）政策监管环境

中资银行分行在法国经营，接受法国金融市场管理局（AMF）的监管。金融市场管理局全面监管金融市场，具有监管和处罚的双重职能。作为一个具有独立法人资格的公共权力机构，金融市场管理局的职能均由国家的法律法规确定，这使其具有独特的法律地位和执法优势。金融市场管理局具有广泛的公共权力，如监督调查、单独裁决、制定条例、发布禁令以及实施处罚等。外汇管理方面，法国的银行可为外资企业开立外汇账户，外资企业可自由汇入、汇出外汇。但在实际操作中，中国企业在法国银行开立外汇账户往往由于提供的中文资料的有效性得不到法国银行的确认，加之法国银行对中国企业的情况了解甚少，进而妨碍中国企业在法国开立外汇账户。保险管理方面，由 AMF 监管。外国保险公司只有在原国被批准营业才能在法国申请开业，母公司在欧盟以外国家的保险公司在法国建立子公司时，需要得到特别

批准和行政批准。

（二）中资银行机遇

"一带一路"倡议和中法经贸合作发展为中资银行发展提供广阔市场。在中国深化对外开放、拓展"一带一路"大市场以及人民币国际化的大背景下，中资企业加快"走出去"步伐，进入从贸易全球化到投资全球化的阶段，给中资银行的金融服务带来很大需求。

法国出台减税、快速审查等措施吸引外企落户。由于英国脱欧导致伦敦金融中心地位不保，一直希望"做大做强"的法国马上宣布减税、快速审查等几项重要措施，以吸引金融机构落户巴黎，迈出争夺欧洲金融中心的第一步。

人民币国际化为中资银行拓展当地业务、开辟投融资新渠道提供重要机遇。随着人民币国际化的进一步发展，中资银行在人民币业务领域的优势将进一步显现，也为中资银行积极参与当地银行业竞争提供了有利条件。近年来，欧洲人民币业务发展迅速，市场规模不断扩大，产品种类不断丰富，成为金融机构新的业务增长点。与此同时，中国不断提高支付清算效率，推动产品研发和市场建设，促进离岸人民币业务发展。中资银行作为法国当地人民币清算行，在人民币清算业务上具有巨大发展潜力。应把握人民币加入SDR历史机遇，积极培育当地人民币市场。

在"一带一路"建设中，可发挥金融机构跨境合作的作用。商业银行可以通过贸易融资、银团贷款、项目融资等方式为"一带一路"建设提供支持。而这些领域，欧洲金融机构具有天然的优势。中欧金融机构可以开展融资合作，共享信息、整合资金，实现优势互补。

（三）中资银行面临的挑战

一是受欧央行负利率政策拖累，银行利差不断收窄，中资银行作为欧元清算渠道，大量沉淀资金更是带来较高成本，增加了成本管理难度，制约了盈利水平。欧中央银行在2019年6月的议息会议上将加息时点预期由2019年末推迟至2020年上半年，加之为安抚市场情绪。会后欧央行行长德拉吉表示，如果需要欧央行可以降息，这意味着欧央行的负利率政策还将保持一年以上。

二是法国对外国企业经营金融保险业务设置了保护门槛。如果非欧盟国家的外国企业投资法国银行业，需要特别许可和法国银行的介入。

三是面对全新的经营管理环境、不同的法律税务架构，中资银行面对要配备专业的管理团队和顾问团队，才能适应复杂的环境。

四是语言方面的障碍。中法两国企业文化不同及语言障碍，可能导致中资银行对法国的了解远不如英美国家。中资企业要有足够的心理准备和技术储备，建立国际视野和国际心态，要符合经济形势与行业发展的宏观趋势和发展周期。要提升跨文化管理能力，加强国际化人力资源管理水平，正视文化融合问题。

## 四、政策建议

在法国开展投资、贸易、承包工程和劳务合作的过程中，我国政府、企业、银行要特别注意事前调查、分析、评估相关风险，事中做好风险规避和管理工作，切实保障自身利益。

一是对项目实施的可行性进行深入分析。包括对项目或贸易客户及相关方的资信调查和评估，对投资或承包工程国家的政治风险和商业风险分析和规避。企业应积极利用保险、担保、银行等保险金融机构和其他专业风险管理机构的相关业务保障自身利益，包括贸易、投资、承包工程和劳务类信用保险、财产保险、人身安全保险等，银行的保理业务和福费廷业务，各类担保业务（政府担保、商业担保、保函）等。

二是了解法国当地法律环境。目前中国在法国的直接投资规模和数量相对有限，许多公司在法国的投资业务仍处于起步阶段，对法国关于外国直接投资的法律、税收、劳动和社会保障体制等尚缺乏系统了解。为避免和防范不必要的风险，中国企业进入法国市场开展投资合作或企业并购前，均应预先详细了解有关法律法规，聘请法国的律师、会计师深入研究、评估和分析投资或并购业务的可行性，并委托事务所办理相关法律、财务、注册等手续。

三是注意经营管理团队的组成与建设。一方面，由于中法两国企业文化不同和语言障碍可能导致交流不畅，在法国投资经营过程中，中国企业应特别注意经营管理团队的组成与建设；另一方面，由于法国移民当局对外国投资企业的员工工作许可和长期签证办理时间过长，中国企业应考虑到相关不利因素对企业经营可能带来的不便，做好相应预案对策，避免派往法国的重要管理人员因不能及时到位导致企业管理出现困难。此外，投资方不要随意雇用或辞退法国雇员，一旦发生劳资纠纷将耗时、耗力、耗财，并给企业带来不必要的损失。

四是特别注意法国的企业文化问题。包括资方与企业工会组织、行业组织、当地政府的公共关系，如果该问题处理不当，可能对企业经营造成很大风险。

# 意 大 利

## 一、意大利概况

### （一）基本情况

意大利位于欧洲南部，主要由靴子形的亚平宁半岛和地中海中的西西里岛和萨丁岛组成。意大利领土面积为 30.1 万平方千米，欧盟排名第 8 位。北部同法国、瑞士、奥地利及斯洛文尼亚等国接壤，边境线全长大约 1 900 千米，其余的领土边界均为海域，海岸线全长 7 200 多千米。意大利大部分地区属亚热带地中海型气候。全国划分为 20 个行政区（包括 15 个普通自治行政区以及 5 个特别自治行政区）、110 个省、8 092 个市（镇）。人口 6 054 万（2017 年），居欧盟国家第 4 位，世界第 23 位。

意大利实行议会共和制，立法、行政、司法三权分立，并相互制衡。两院权力相等，可各自通过决议，但两院决议相互关联。总统为国家元首及武装部队统帅，代表国家的统一，由参、众两院联席会议选出。总理行使管理国家职责，由总统任命，对议会负责。2018 年 3 月 5 日，意大利进行大选。五星运动党获得 32% 的席位，大幅超出大选前的民调预期，极右势力成为这次政选举中势头最强劲的力量。2018 年 5 月 31 日，"五星运动"和联盟党当天达成新的组阁协议，此前被推选为总理的孔特再次被任命为总理，意大利组阁成功。

意大利预算问题持续升温。五星运动和联盟党都支持反紧缩政策，高水平的基础设施和社会福利支出，以及对低收入意大利人的减税。两党组阁形成的联合政府提出的 2019 年预算赤字相当于 GDP 的 2.4%，是上届政府的目标的 3 倍。欧盟委员会曾于 2018 年 10 月 23 日驳回了意大利的预算草案，这是欧盟有史以来第一次驳回成员国的预算草案。意大利政府表示拒绝修改此前提交的 2019 年度预算草案，罗马和布鲁塞尔之间的冲突激化。报道称，意大利因未能控制债务，可能面临欧盟高达 35 亿欧元的罚款。2019 年 6 月，欧盟委员会表示，意大利在依照欧盟财政规定减少债务方面未取得足够进展，因而"有必要"启动惩戒程序。这标志着围绕意大利预算问题的争端进一步升级。

在外交方面，意大利同120多个国家建立了外交关系，其对外政策的基本点是立足欧洲、积极参加欧盟建设、促进欧洲一体化进程。意大利重视发展跨大西洋盟友关系，主张联合国安理会改革，但坚决反对增加常任理事国，强调联合国在建立国际新秩序和解决地区冲突中的主导作用，积极参加联合国框架下的维和与人道主义救援行动。意大利主张世界多极化和加强地区性合作，认为应对现行国际金融体制进行改革，加强全球经济治理，主张通过对话解决地区冲突和南北差距，主张减免债务和增加对第三世界国家的援助，关注巴尔干半岛局势和地中海事务，积极推动中东和平进程，拓展同亚太地区国家的关系，强调维护人权。

意大利自然资源贫乏，仅有水力、地热、天然气等能源和大理石、黏土、汞以及少量铅、铝、锌和铝矾土等矿产资源。本国生产的石油和天然气产量仅能满足4.5%和22%的国内市场需求，能源和主要工业原料供给依赖进口。

（二）经济社会概况

经济增长疲软。受全球经济危机以及欧债危机冲击，2008年至2013年，意大利GDP平均每年萎缩1.5个百分点。2014年以来，在全球经济回暖以及相对温和的财政政策、扩张性的货币政策刺激下，意大利经济恢复增长，2017年GDP增速曾达到1.7%，2018年增速回落至0.9%。意大利仍是经济合作与发展组织（OECD）成员国中少数几个经济产出尚未回到金融危机前水平的国家之一。

货币政策较为宽松。意大利隶属于欧元区，货币政策由欧元区央行统一制定执行。欧央行于2014年9月首次实行负利率政策，2015年12月下调隔夜存款利率10个基点至 −0.3%，2016年3月再次下调至 −0.4%，同时扩大量化宽松规模至每月800亿欧元，并将购债范围扩大至非银行企业债券。2019年6月，欧央行宣布维持隔夜存款利率在 −0.40% 不变，维持主要再融资利率在零不变，维持隔夜贷款工具利率至0.25%不变。决议声明，预计将维持当前利率水平至少直到2020年上半年，这是半年来欧央行第二次修改利率前瞻性指引。

财政收支方面，财政赤字率有所下降。2014年以来，意大利开始推行结构性财政紧缩政策，在一定程度上缓解了财政压力，预算赤字从2014年的3%下降至2018年的2.1%。欧盟委员会2019年5月在其春季经济发展预测报告中表示，意大利财政赤字 2019 年将升至 2.5%，2020 年则为 3.5%。2018 年末，意大利公共债务与 GDP 比重约为 132.2%，仅次于希腊，处于欧元区最高水平。

贸易及国际收支方面，经常账户持续顺差。据意大利中央银行数据显示，2018 年意大利国际收支经常账户顺差 453 亿欧元，资本账户为 - 13 亿欧元，金融账户 338 亿欧元。意大利经常账户自 2013 年开始出现顺差，并呈现逐年增长的态势，原因在于意大利商品贸易出口形势向好，同时能源和耐用消费品进口降幅较大使得商品贸易出现持续顺差。

产业结构方面，意大利产业的结构特点是农业占比很低，服务业占据主导地位。2016 年，农业、工业和服务业在意大利 GDP 中的占比分别为 2.17%、23.39% 和 74.44%。

（三）政策环境

利率方面，目前，欧元区经济形势较为脆弱，欧元区经济增长引擎德国经济增长放缓，意大利预算问题僵持不下，英国脱欧持续发酵。2019 年 6 月 6 日，欧央行召开货币政策会议，决定保持政策利率不变，并称当前的利率水平将至少持续至 2020 年上半年，比其原先预计延长了半年。这是最近 6 个月里，欧央行第二次修改利率前瞻性指引。

汇率方面，2017 年，欧元强势上涨，涨幅达到 14.1%，主要得益于欧元区的经济复苏强劲，失业率持续下降，且欧央行正考虑在合适时机退出宽松的货币政策。2018 年以来，由于欧元区经济放缓、英国脱欧以及意大利预算问题等因素影响，欧元持续下行，截至 2019 年 5 月末跌幅约为 7%。

财政政策方面，2018 年 10 月，意大利政府提交 2019 年预算，预算赤字相当于 GDP 的 2.4%，是上届政府的目标的 3 倍。在这份扩张性的财政预算中，意大利政府提高了福利支出，降低了退休年龄，导致赤字大幅提高。这一变化和欧盟监管机构的呼吁背道而驰，欧盟希望意大利和其他类似的高债务国家能将赤字稳步收窄至零。欧盟委员会驳回了意大利的预算草案，这是欧盟有史以来第一次驳回成员国的预算草案，罗马和布鲁塞尔之间的冲突激化。

（四）国际机构评级

标普、穆迪和惠誉三大评级公司对南非的长期主权评级分别为"BBB"级、"Baa3"级和"BBB"级，评级展望均为"负面"。在世界银行发布的《2019 年全球营商环境报告》中，意大利在 190 个国家及地区中排名第 51

位，较上一年度下降 5 位。在世界经济论坛发布的《2018 年全球竞争力报告》中，意大利的全球竞争力指数在 140 个经济体中排名第 31 位，处于世界上游水平。

（五）与我国经贸往来

意大利是中国在欧盟重要的经贸合作伙伴。据欧盟统计局统计，2018年，意大利与中国的双边货物贸易额为 518.7 亿美元，增长 9.4%。其中，意大利对中国出口 155.4 亿美元，增长 1.8%，占其出口总额的 2.8%，下降0.2 个百分点；意大利从中国进口 363.3 亿美元，增长 13.1%，占其进口总额的 7.3%，提升 0.2 个百分点。意方贸易逆差 207.9 亿美元，增长 23.3%。

## 二、中资工商企业在意大利的投资机会及风险分析

中意经济技术合作发展迅速。截至 2019 年 2 月底，意在华投资项目共计6 134 个，实际使用投资 73.6 亿美元。2018 年，意对华新增投资项目 276 个，实际使用投资 2.3 亿美元。截至 2019 年 2 月底，中国对意直接投资存量 23.8亿美元，主要涉及能源、高端制造、化工、体育等领域。

（一）投资机遇

意大利鼓励企业在南部投资，意大利引进外资及企业发展署负责落实意大利"发展合同"基金补贴。目前在坎帕尼亚、普利亚、卡拉布里亚和西西里 4 个大区投资超过 3 000 万欧元以上的项目可以申请补贴，而且投资必须是新建工厂、设备，并且外资企业在意大利拥有可信的投资实体。"发展合同"可以给予外资企业 30% 的项目投资补贴。由于意大利南部经济发展水平低，基础设施等配套项目不齐全，中资企业在意大利南部投资很少，主要是一些光伏发电项目。

应意大利总统马塔雷拉邀请，习近平主席于 2019 年 3 月 21 日至 24 日对意大利进行国事访问。访问期间，习近平主席同马塔雷拉总统和孔特总理举行会谈，双方签署政府间关于共同推进"一带一路"建设的谅解备忘录，意大利成为同中国签署"一带一路"倡议合作谅解备忘录的首个七国集团国家。谅解备忘录的签署将使意大利真正参与到"一带一路"倡议中，也将使意大利能够就这一倡议同中国继续开展深入对话，"一带一路"倡议将为两国经贸领域创造重要发展机遇。

（二）面临风险

一是国内派出人员难以申领意大利签证、居留许可。由于意大利签证体

制和政府工作效率问题，中国企业派驻意大利的员工在申请签证的过程中经常遇到被拒签或等候时间过长等问题。虽经中国政府多方努力，情况有所改观，但仍不够理想。签证问题已成为制约中国扩大对意投资和加强中意企业合作的瓶颈，准备赴意大利开展投资合作的中国企业对此要做好准备，预留好申领签证的时间。

二是中资企业在意融资较难。受经济危机影响，意大利企业融资环境不断恶化。意大利商会协会数据显示，无法获得银行贷款融资的企业数量不断增长，主要原因是为应对债务危机蔓延可能对银行业造成冲击，意大利各大银行纷纷收紧了信贷条件，致使三分之一的企业无法获得业务发展所需的资金。意大利金融体系对外国企业给予融资更是难上加难，中资企业很难从意大利金融机构获得融资。

三是中资企业对当地法律法规不够熟悉，受负面宣传影响较大。中资企业大多守法经营，但由于意大利法律体系复杂，加上语言障碍的困扰，中资企业很难真正了解、熟悉当地法律，在经营中也遭遇了不少法律纠纷，一些企业因此遭受了一定损失。此外，近几年中意贸易摩擦不断，意大利民众对中国产品和中国企业有一定的抵制情绪。同时，意大利媒体大肆炒作中国产品质量问题和中国食品安全问题，使意大利公众对中国企业和中国产品产生了不良印象。这些负面因素客观上损害了中国企业的形象，并对中资企业的经营产生了一定的影响。

### 三、中资银行业务发展机遇及风险分析

意大利的中资银行大多获得了意大利全能银行牌照，既可以提供传统商业银行产品和服务，也能够提供一定的投资银行服务。中资银行的客户群体较为广泛，既包括面向个人客户的零售业务，也包括面向机构客户的对公业务。

（一）政策环境

意大利银行是意大利的中央银行，也是欧央行和欧元体系的一部分。意大利国家证券委员会负责监督确保银行面对投资者的信息公开披露和中小投资者的权益保护。

外汇管理方面，意大利国内不存在外汇管制，实行资本账户开放，允许资本在国际间自由流动，利润在缴纳所得税之后可自由汇出。外国人携带现金出入境不得超过1万欧元。

（二）发展机遇

一是意大利经济企稳，中资企业投资不断增加。中资企业在意大利的投资快速增长，2015 年中资企业在意大利的投资已经达到 78 亿美元，同比增长将近六成，而在这些大型并购案的背后离不开中资银行意大利分支机构的身影。由于中资企业进入意大利程序上比较复杂，对于在意大利的收购、投资中资企业大多相关经验不足，因此需要金融领域的协助支持。随着中资企业在意大利投资的进一步深入，意大利中资银行将在中资企业在意融资并购等业务中提供更广泛、深入的服务。

二是英国脱欧为米兰成为金融中心创造了机遇。米兰曾经是欧盟银行业管理局（EBA）选址时颇为中意的候选城市，但 EBA 最终落户伦敦。在英国开启脱欧程序之后，各城市将再次启动竞选欧盟银行业管理局总部的所在地，米兰也再次面临机遇。因此，在众多欧洲重要的监管主体和金融机构搬迁离开伦敦的过程中，米兰有较大机会提升其作为欧洲区域金融中心的地位。

（三）面临挑战

一是意大利银行业仍旧脆弱，财政体系债台高筑。意大利在所有欧洲国家中不良贷款比率排名第 5，仅次于塞浦路斯、希腊、斯洛文尼亚和葡萄牙。但由于经济体量规模的差异，意大利银行业拥有全欧洲最多的不良资产。据瑞士银行统计，截至 2016 年 4 月，意大利整个银行系统一共积累了 3 300 亿欧元不良贷款，相当于该国 2015 年名义 GDP 的 20%，不良贷款率达到 34%，每年银行体系相当部分的利润用于坏账核销，严重损害了银行的盈利能力。意大利政府 2016 年 12 月 23 日紧急颁布了《银行业储蓄保护政令》，该政令计划向国会申请 200 亿欧元的国债，意政府有权在紧急情况下出面为银行融资提供担保，并通过预防性再注资方式强化银行资本金。意大利政府执行这项法令所需的资金将由其新创立的"银行纾困基金"来提供，该基金通过发行欧元国家债券来募集，基金可动用资金达 200 多亿欧元，其规模大约相当于意大利国内生产总值的 1.2%，有可能导致意大利政府违反欧盟预算规则关于债务管理的承诺。目前，中资银行在意大利的资产规模不大，整体风险可控，但需高度关注意银行及财政体系相关风险。

二是中资银行面临金融监管与合规风险。中资银行在意大利展业过程中通常会遇到金融监管及合规风险。2015 年 8 月，意大利检方以涉洗黑钱案为名，控告中国银行米兰分行以及涉案的 297 名中国人。意大利佛罗伦萨检方将这桩案件的调查行动称为"金钱之河"。检方宣称，在 2006 年到 2010 年，

住在佛罗伦萨和附近的普拉托的 297 名中国人洗钱超过 45 亿欧元（相当于
47.8 亿美元），而一半的洗钱行为是通过中国银行米兰分行来操作的，都汇
往了中国。检察官称，这些非法所得款项来自逃税、卖淫、剥削非法劳工及
处理假货。中国银行于 2017 年 2 月 17 日同意支付 60 万欧元的罚金，就该行
米兰分行的洗钱案达成庭外和解，4 名中行员工因为洗钱罪获刑 2 年，缓期
执行。但中国银行声明称，中行没有任何犯罪行为，支付罚金也不代表承认
罪名，而只是为了结束这桩案件，并节省时间成本。

## 四、对策建议

一是密切关注意大利预算问题进展。2018 年意大利大选中，反建制的
"五星运动党"获得了罗马等意大利南部地区的支持，而中右翼政党获得了
北方地区的支持，南北阵营分化明显。由于没有出现得票数超过 40% 的党
派，意大利将出现"悬浮议会"。"悬浮议会"的一种组合是联盟党脱离中右
翼联盟，与五星运动党组成反建制联盟，但这意味着意大利将从中左翼转向
右翼；另一选项是中右翼联盟或五星运动党组成少数党政府，但这样政府将
高度不稳定；剩下的选项是组建一个临时政府然后举行新一轮选举。错综复
杂的政治局势将给意大利经济复苏和结构化改革的推进带来极大挑战。

二是全面客观了解意大利的政策环境。意大利官僚作风盛行，政府效率
低下。有调查表明由于意行政部门的官僚作风、缺乏效率，企业为此增加了
137 亿欧元的额外成本，相当于 GDP 的 1%，平均到每个企业的费用高达
1.16 万欧元，在欧盟国家中仅稍好于希腊。因此，对于有意在意大利投资的
中资企业，在投资前应认真做好项目可行性调研，尤其是充分了解目标市场
状况、项目运营成本、企业融资条件以及政府行政手续等各项内容。

三是高度注意投资风险防范。在意大利开展投资、贸易、承包工程和劳
务合作的过程中，要特别注意事前调查、分析、评估相关风险，事中做好风
险规避和管理工作，切实保障自身利益。包括对项目或贸易客户及相关方的
资信调查和评估，对项目所在地的政治风险和商业风险分析和规避，对项目
本身实施的可行性分析等。建议相关企业积极利用保险、担保、银行等保险
金融机构和其他专业风险管理机构的相关业务保障自身利益，包括贸易、投
资、承包工程和劳务类信用保险、财产保险、人身安全保险，银行的保理业
务和福费廷业务，各类担保业务（政府担保、商业保险、保函）等。

# 俄 罗 斯

## 一、俄罗斯概况

### （一）基本情况

俄罗斯横跨欧亚大陆，领土面积约 1 707.54 万平方千米，是世界上领土面积最大的国家，与 14 个国家接壤。俄罗斯海岸线长 33 807 千米，濒临大西洋、北冰洋、太平洋等。俄罗斯幅员辽阔，气候复杂多样，大部分地区处于北温带，以大陆性气候为主，温差较大。截至 2017 年，俄罗斯人口为 1.47 亿，共有民族 194 个，其中俄罗斯族占 77.7%。

外交方面，在对华关系上，苏联解体后，1991 年 12 月中俄两国解决了两国关系的继承问题。目前，中俄两国确立了全面战略协作伙伴关系。

俄罗斯自然资源丰富，种类多，储量大，自给程度高。由于地质构造复杂，俄罗斯矿产资源十分丰富，已开采的矿物囊括了元素周期表上所列的全部元素。产业结构方面，2017 年，俄罗斯第一产业（农、林、牧、渔业）产值占 GDP 比重为 4.4%，第二产业产值（采矿业、制造业、电力、燃气及水的生产和供应业、建筑业）占比为 33.4%，第三产业产值占比为 62.2%。俄罗斯工业基础雄厚，部门齐全，以机械、钢铁、冶金、石油、天然气、煤炭、森林工业及化工等为主。俄罗斯服务业主要包括批发零售、交通运输、金融保险、旅游通信等行业，其中比重最大的是传统批发零售贸易，其次分别是运输、通信及房地产业，金融业发展相对滞后。

### （二）经济状况

经济复苏势头强劲。2017 年经济企稳回升，GDP 同比增长 1.7%，结束了连续两年的负增长。2018 年以来，俄罗斯 GDP 同比增速连续四个季度上行，2018 年第四季度 GDP 同比增长 2.8%，为 2012 年第三季度以来新高。货币金融方面，中央银行频频降息。2015 年 1 月，俄罗斯中央银行大幅降息 200 个基点，其后多次大幅降息。2017 年，俄罗斯中央银行先后六次降息，使得基准利率低至 7.75%。中央银行表示，若经济发展符合预期，

2019 年将可能降息，货币政策重返宽松立场。汇率稳步回升。2019 年 3 月，俄罗斯中央银行决定维持关键利率 7.75% 不变。2014 年以来，令人失望的经济表现、美联储逐步退出量化宽松政策、对克里米亚地区派遣武装力量导致的经济制裁以及国际油价大幅下跌等因素使得卢布承压并多次大幅贬值，俄罗斯中央银行开始允许卢布自由浮动。财政收支方面，反危机计划的大量投入以及石油价格的下降带来财政赤字的增加。2014 年以来，俄罗斯政府采取了大量的反危机计划来支持战略性银行和企业。尽管政府同时减少其他支出来限制财政缺口，但财政赤字仍不断扩大。2017 年，俄罗斯政府财政收入为 15.1 万亿卢布（约合 2 587 亿美元），支出 16.4 万亿卢布（约合 2 815 亿美元），赤字约 228 亿美元，赤字率 1.4%。贸易及国际收支方面，经常账户持续实现顺差。俄罗斯中央银行统计数据显示，近年来，俄罗斯经常账户持续实现顺差，这主要来源于商品贸易顺差。2017 年，俄罗斯经常账户顺差 332.7 亿美元。

（三）政策环境

货币政策方面，俄罗斯中央银行在 2019 年 4 月底的例会上表示，考虑到通货膨胀已达顶峰，短期通货膨胀风险已经减弱，为降低利率提供空间，有可能在第二季度至第三季度下调利率，最早可能会考虑在 2019 年 6 月降息。财政政策方面，2017 年 11 月，俄罗斯国家杜马审议通过了 2018—2020 年三年联邦预算草案。依据该草案，2018 年俄罗斯预算收入为 15.257 万亿卢布，支出为 16.529 万亿卢布，赤字为 1.271 万亿卢布；2019 年赤字将缩减至 8 191 亿卢布；2020 年收入约为 16.285 万亿卢布，支出约为 17.155 万亿卢布，赤字增至 8 700 亿卢布。

（四）国际机构评级

在世界银行发布的《2019 年全球营商环境报告》中，对 190 个国家及地区的营商环境进行了排名，俄罗斯排名第 31 位。在世界经济论坛发布的《2018 年全球竞争力报告》中，俄罗斯的全球竞争力指数在 140 个经济体中排名第 43 位，比上一年上升 2 位。

（五）与我国经贸合作关系

自 1991 年建交以来，中俄政治关系持续发展。近 20 年来，中俄经贸合作呈现快速发展势头，双边贸易额快速增长。2017 年，中俄贸易额达 840.7 亿美元，同比上升 20.8%。中国对俄罗斯出口 428.76 亿美元，同比增长 14.8%；中国自俄罗斯进口 411.95 亿美元，同比增长 27.7%。中国继续保持俄罗斯第一大贸易伙伴地位。中国对俄罗斯出口商品主要类别包括机械器具及零件，电气设备及零件，皮毛、人造皮毛及制品，服装及衣着附件，鞋靴、车辆及其零附件，塑料及其制品，钢铁制品，光学、照相、医疗等设备及其附件，玩具、运动制品及附件，家具灯具等。中国从俄罗斯进口商品主要类别包括矿物燃料、矿物油及其产品，木材、木浆及木制品，水产，镍及其制品，矿砂、矿渣及矿灰等。

## 二、中资工商企业在俄罗斯的投资机会及风险分析

2017 年，中国对俄罗斯的直接投资流量 15.5 亿美元。截至 2017 年末，中国对俄罗斯直接投资存量 138.72 亿美元。投资主要分布在采矿业、农/林/牧/渔业、制造业、批发零售业、租赁和商务服务业、金融业等领域。

（一）中资企业的投资机遇

从双边贸易前景来看，中俄都有全方位发展经贸关系的愿望，希望进一步深化能源合作，加强工业、农业和投资合作，扩大贸易本币结算范围和额度。此外，跨境电子商务等新兴贸易方式的蓬勃发展以及"一带一路"建设对俄罗斯等沿线国家的吸引力都为中俄贸易稳健增长带来新机遇。中俄元首于 2015 年 5 月在莫斯科发布《中华人民共和国与俄罗斯联邦关于丝绸之路经济带建设和欧亚经济联盟建设对接合作的联合声明》，指出要实施大型投资合作项目，共同打造产业园区和跨境经济合作区等。在此背景下，以自贸区为代表的跨境经济合作区与产业园将成为丝绸之路经济带与欧亚经济联盟对接的主要平台。

（二）中资企业面临的风险分析

尽管中俄合作潜力巨大，但俄罗斯市场仍存在一些值得关注的风险问题。

一是中俄关系将对中资企业产生影响。中俄两国间的关系是影响中资企业在俄罗斯的经营处境、决定中资企业面临社会政治风险高低的重要因素。近年来由于欧美对俄罗斯进行制裁，促使俄罗斯积极面向中国寻求合作，并使得对华经贸关系出现热络的局面、中俄关系也处于历史上最好的时期。中资企业经营环境也有所改善，投资和贸易领域受限情况也随之减少。未来，若中俄关系有所降温，将可能对中资企业经营环境和待遇产生影响。

二是经济政策具有多种限制性条款。俄罗斯不仅垄断行业多，而且对外资投资领域也有诸多限制，包括关税和非关税壁垒限制，对外商投资和经营

构成阻力。例如，俄罗斯规定公共采购和政府预算项目要优先采购本国产品、要求对进口车辆及工程机械征收报废税、出台的汽车信贷支持政策将外国汽车排除在外等。

三是法制环境仍有待改善。俄罗斯法制环境仍有待改善，不仅存在腐败、行政效率低下以及灰色许可等现象，而且政策法规多变，国家法律、政府条例缺乏连续性，特别是针对外来投资方面的政策不够稳定。出于国家利益或者某个集团的利益，俄罗斯常出现修改法律或政策调头的情况，导致外资利益受损，甚至出现财产剥夺的情况，包括征收和没收财产等。

### 三、中资银行业务发展机遇及风险分析

近年来，中国银行、工商银行、农业银行、建设银行、国家开发银行、进出口银行等都在俄罗斯银行开设了代理账户。中国银行、工商银行、建设银行和农业银行采用的都是在莫斯科设立全资子行的形式。此外，中国银行和工商银行还开设了分行。除四大国有银行外，国家开发银行和进出口银行两家政策性银行也在俄罗斯设立了代表处。

（一）政策监管环境

俄罗斯联邦中央银行（Central Bank of Russia，CBR）负责履行监督俄罗斯信贷机构的职能，制定和执行货币政策，发行法定货币，担任最后贷款人，负责管理包括国际储备、外汇规则、支付体系，以及对宏观经济的研究。

外汇管理方面，根据俄罗斯《外汇调节监管法》，外国人可以在指定银行自由开立外汇账户，存入带进、汇进的资金，接受经营或投资收益、利息等；也可使用账户内的资金支付商品和劳务，用于储蓄生息。账户内的资金可不受限制地汇出境外，包括投资收益和分红。利润为税后部分，可以自由汇出。2006 年 7 月，俄罗斯取消了对外汇资本流动的有关限制，允许居民自然人和法人开立境外账户，并取消自然人向境外账户汇款不能超过 15 万美元的限制。

（二）中资银行的发展机遇

中资银行在俄罗斯的业务发展面临的机遇主要体现在以下三个方面。

一是更加稳定的中俄关系将为中资银行带来更多发展空间。随着"一带一路"倡议的深入推进，中俄关系稳定增长，2017 年 11 月梅德韦杰夫总理更表示中俄关系处在"历史最高点"。中俄在金融领域更加紧密的合作关系也已经展开，包括中俄银行间互设代理行账户数量稳步增长，中俄本币结算

量不断提升，银联卡在俄受理范围进一步扩大，企业对俄跨境投资越发活跃，中俄银行间同业合作加强，中俄跨境电子商务结算平台建设取得阶段性成果，以及中资银行积极参与俄境内大型项目建设等。预计未来随着中俄金融领域合作的深化，在俄罗斯的中资银行将迎来更多发展空间。

二是俄罗斯发展重心东移，为中资银行在远东地区发展营造了良好的外部环境。普京总统提出在远东地区推行跨越式发展区、符拉迪沃斯托克自由港等新措施，通过出台减让税、开放合作领域、简化入境程序等，力求将远东地区打造成俄对亚太投融资、经贸合作新的增长点。远东地区作为俄罗斯最大的经济区，和我国东北地区接壤，中资金融机构在这一区域设置分支机构，不仅能够服务哈巴边疆区、阿穆尔州、犹太自治州等远东地区的中资企业、华人华侨、俄籍公司及当地居民，而且能够与我国东北地区的境内分支机构形成联动效应。

三是西方制裁使俄罗斯银行业务受限，为中资银行提供了发展机遇。美国对俄罗斯大型银行实施制裁后，在俄罗斯银行业务受限的情况下，众多包括能源企业在内的俄罗斯大型企业日益依赖来自中国的银行贷款。众多俄罗斯企业为了保险起见，开始将资产从西方银行账户转到中国银行的代理账户，并寻求在中国香港等地开户。这为中资银行在当地拓展客户和开展业务提供了新的发展机遇。

（三）中资银行面临的挑战

中资银行在俄罗斯的业务发展面临的挑战主要体现在以下四个方面。

一是中资银行在俄罗斯经营中存款基础较为薄弱。与在中国国内不同，俄罗斯居民对于资金的使用更加倾向于消费而非储蓄，因此俄罗斯的储蓄余额一直不高，而中资银行更是由于营业网点的数量限制，导致负债端的经营压力较大。

二是卢布汇率的大幅波动为中资银行的资产扩张带来压力。2013 年以来，人民币与卢布的汇率波动性大幅增加，这与原油价格的波动有关。在此过程中，如果中资银行贸然增加以卢布计价资产的外汇敞口，可能会带来较大的汇兑损失风险。

三是俄罗斯银行业内部发展结构不均衡使中资银行在竞争中处于不利地位。在俄罗斯银行业中，国有大型银行垄断程度高，私营银行的经营基础较为薄弱，这也抑制了俄罗斯银行业的市场化竞争程度。在俄罗斯前五大银行中，四家属于国有或国家控股银行。因此，中资银行在与这些国有大型银行的竞争中往往处于不利地位。

四是俄罗斯中央银行的监管政策使中资银行发展受限。俄罗斯中央银行对商业银行放贷设有监管指标上的限制，即 N6 指标限制。这一限制要求商业银行对单一客户或单一集团客户发放贷款的额度不能超过这家银行资本的25%，且不考虑外资银行在母国的实力。目前俄罗斯市场对资本的需求量很大，然而由于中资银行在俄罗斯发放的贷款不能超过其总资本的 25%，而且俄罗斯的美元资本金需上缴 7% 给俄罗斯央行作为保证金，造成单个中资银行无法对中资企业在俄项目提供足额的贷款，中资企业融资渠道进一步受限。

### 四、对策建议

随着中俄之间经济金融联系的深化，未来我国政府、企业、银行在与俄罗斯加强经贸合作和业务往来的同时，还应特别注意相关经验的推广和风险的防范。

一是密切关注俄罗斯与西方国家关系走向。欧美国家对俄罗斯的经济制裁是导致俄罗斯经济陷入困境的重要原因之一。短期内，美欧制裁的扩大和延续使俄罗斯外部环境持续受困，地缘政治风险难以改善。因此，俄罗斯与西方国家关系的走向不仅将对中俄关系产生影响，相关政策的变动也与当地中资企业和投资者的权益息息相关。

二是密切关注国际油价走势。考虑到俄罗斯经济对石油等能源出口高度依赖，国际油价的走势对俄罗斯经济的影响将涉及国际财政状况、国际收支、汇率水平、通货膨胀水平以及投资者和消费者信心等各个方面。因此，建议中资金融机构和企业在对俄经贸合作和业务往来中密切关注国际油价变动走势。

三是适应俄罗斯行政和法律环境的复杂性。俄罗斯的制度环境、法律规定和社会文化与中国有较大差异，尽管法律、法规基本齐备，但还未形成严格公正合理的法治环境，官僚主义普遍，腐败盛行，行政效率有待提高。加之当地制定和执行经济产业政策和实际管理操作中，往往根据当时经济的现实情况故意预留一些灰色空间和灰色地带，并且在执行过程中有时存在有法不依、执法不严的问题，需要企业在投资前做好充分调研和咨询，以避免产生纠纷后无法保证合法权益。

四是适当加强属地化经营和本地化生产。俄罗斯民族文化与心理特征表现为对外来人有强烈的防范意识，其强悍的民族个性也造成契约精神和产权观念的缺乏。为防范这一风险，建议中资企业可适当在俄罗斯开展属地化经营和本地化生产，进而规避俄罗斯外籍劳动配额、产业保护政策、外在经营环境维护和中俄文化差异与冲突等问题，使中资企业真正融入俄罗斯社会中去，从而保证企业长期、健康和稳定地发展。

# 荷　兰

## 一、荷兰概况

### （一）基本情况

荷兰位于欧洲西部，东面与德国为邻，南接比利时，西、北濒临北海，地处莱茵河、马斯河和斯凯尔特河三角洲。截至 2017 年末，荷兰人口总量为 1 726 万人，主体民族为荷兰人，占 78.64%。荷兰本土人口 20% 信奉天主教，16% 信奉基督教，11% 信奉佛教和伊斯兰教等其他宗教，53% 无宗教信仰；海外领地居民近 80% 信仰天主教。

荷兰政治体制为议会制及君主立宪制，政局稳定。主要政党有 8 个：自民党、工党、自由党、社会党、基督教民主联盟、六六民主党、基督教联盟、左翼绿党。荷兰为欧盟和北约成员国，对外政策具有大西洋派和欧洲派双重色彩。国家安全、经济利益和民主人权是其外交的三大支柱。荷兰视美国为传统盟友，对参与欧盟事务较为积极，重视联合国等国际组织的作用，重视发展与亚洲国家的关系。

荷兰地势低洼，加之降水丰沛，致使水多为患；此外风力资源丰富，利用风能历史悠久，被称作"风车之国"。荷兰自然资源贫乏，但天然气储量丰富，天然气开发居世界第 4 位，不过近年来天然气开采量总体呈下降趋势。产业结构方面，服务业在荷兰经济中居主导地位，占 GDP 的比重达七成以上，主要集中在金融、批发零售、物流、信息通信等服务领域，工业占 GDP 比重 20% 左右，农业占比最小。优势产业中，花卉业是荷兰最大的农业分支，同时荷兰也是世界上最大的鲜花出口国和第三大营养园艺产品出口国；食品加工业和石油化学工业在世界范围内位列前茅；世界级物流基础设施、战略性地理位置、极具竞争力的税收政策以及高素质劳动力为航空航天业务营造了理想环境。

### （二）经济状况

2018 年，荷兰 GDP 同比增长 2.7%，增速略有下降，但仍高于同期欧元区和欧盟经济增长率。就业增加和固定资产投资增加是 2018 年荷兰经济增长的主要动力。荷兰中央银行 2018 年末发布的 2019 年经济预测报告将 2019 年荷兰经济增速下调至 1.7%。金融环境方面，在欧央行异常宽松的货币政策框架下，荷兰存贷款利率极低，货币市场利率处于负值区域。荷兰国内信贷近几年呈波动态势，2017 年净国内信贷达 1.4 万亿欧元，较 2016 年下降 4.1%；银行部门提供的国内信用占 GDP 的比重为 190.9%，较 2016 年下降 16.3 个百分点。财政收支方面，财政收支状况连续改善，已连续三年保持顺差并不断增加，2018 年财政顺差 113.48 亿欧元，相当于 GDP 的 1.5%。贸易及国际收支方面，荷兰是传统贸易强国，贸易地位领先，经常账户保持顺差。荷兰 2018 年经常账户顺差为 836.6 亿欧元；2018 年贸易顺差为 662.3 亿欧元，较 2017 年小幅下降 24.8 亿欧元，仍保持高位。2018 年第四季度以来国际储备逐渐上升，截至 2019 年 4 月底，官方储备资产为 342.27 亿欧元。

（三）政策环境

发展规划方面，荷兰经济部发布的《荷兰国际经贸合作政策说明》指出，政府将大力扶持荷兰物流、能源、环保、农业、创新、高技术和新材料等优势领域的企业和项目。将中国、巴西、法国、德国、海湾国家、印度、日本、波兰、罗马尼亚、俄罗斯、土耳其、乌克兰、英国、美国、加拿大、越南等国家和地区确定为最具合作潜力市场。货币政策方面，欧元区经济增长前景不明，货币政策正常化进程存在变数，当前仍维持宽松货币政策。欧洲央行在 2019 年 3 月例会上决定将维持现行利率水平的时间点延长至 2019 年末，4 月 10 日表示将继续维持三大基准利率不变，预期在 2019 年末前不会加息。同时欧洲央行已于 2018 年 12 月底结束债券购买计划，并将在 2019 年 9 月开始实施第三轮定向长期再融资操作，持续至 2021 年 3 月。财政政策方面，荷兰将继续保持预算盈余，政府债务占 GDP 比重将下降至 49%。2019 年财政预算案显示，2019 年政府收入为 3 050 亿欧元，开支为 2 950 亿欧元，预算盈余达到 100 亿欧元，预算案中最大的支出将投向教育、研究和创新。

（四）国际机构评级

2018 年，标准普尔确认荷兰"AAA/A - 1 +"级，前景展望"稳定"；2019 年，穆迪确定荷兰长期本外币主体违约等级为"Aaa"级，展望"稳定"；2019 年，惠誉确认荷兰"AAA"级，前景展望"稳定"。在世界银行发布的《2019 年全球营商环境报告》中，荷兰在 190 个国家及地区的排名从 2018 年的第 36 位提升到第 32 位。在世界经济论坛发布的《2018 年全球竞争力报告》中，荷兰在 140 个经济体中排名第 6 位。

（五）与我国经贸往来

1997 年末，荷兰改变涉中人权问题上的立场，中荷关系恢复。近年来，在双方共同努力下两国关系保持稳定发展。"一带一路"倡议的提出，更是赋予了荷兰在中荷双边乃至中欧层面交流合作中更为重要的承载意义，给中荷两国的合作带来了新动力，两国在经贸、科技、教育、文化等领域的交流与合作顺利发展。从 2003 年起，荷兰连续 11 年保持中国在欧盟第 2 大贸易伙伴地位；从 2014 年至今，保持中国在欧盟第 3 大贸易伙伴地位。据欧盟统计局统计，2018 年荷兰与中国双边货物进出口额为 1 126.4 亿美元，增长4.7%。其中，荷兰对中国出口 125.6 亿美元，下降 6.4%；荷兰自中国进口1 000.8 亿美元，增长 6.2%。自 1980 年以来我国对荷兰贸易一直顺差。荷兰对中国出口排名前 3 位的产品是机电产品、食品饮料和烟草，光学钟表和医疗设备。荷兰从中国进口排名前 3 位的商品是机电产品、家具玩具、纺织品及原料。

## 二、中资工商企业在荷兰的投资机会及风险分析

荷兰对华投资起步相对较晚，但发展较快。截至 2017 年末，荷兰对华直接投资 20.7 亿美元，超过德国、英国，在欧盟国家对华投资中列第一。荷兰中央银行数据显示，2018 年荷兰对中国直接境外投资金额较 2017 年大幅增长325%。荷兰在中国的主要投资有电子、采矿、石油、化工以及银行、保险、IT 和运输等。中国对荷投资快速发展。截至 2017 年末，中国对荷兰直接投资存量 185.29 亿美元。投资行业类型中贸易类占多数，此外还有运输、电信、电子、保险、商检、法律、IT 等领域。截至 2018 年，有近 700 家中国企业已在荷兰设立了运营机构，中国对荷投资企业创造就业岗位位列第 3，仅次于美国和英国。但近两年中国对欧洲投资有所下滑，2017 年中国对荷直接投资流量由 2016 年的 11.6 亿美元下滑至 -2.2 亿美元。

（一）投资机遇

2015 年 10 月 26 日，国家主席习近平在同荷兰国王威廉·亚历山大举行会谈时强调，做大做实中荷开放务实的全面合作伙伴关系。习近平主席表示，中荷两国已经实现全方位互联互通，围绕"一带一路"倡议开展合作具有独特优势。未来，中资企业应持续关注以下两个方面的投资机遇：一是"一带一路"框架下的中荷多领域合作。习近平主席表示，双方要继续保持海运领

域的合作优势，着力做大做强铁路和航空运输，为中欧和亚欧大陆互联互通发展提供有力支撑。此外，双方还可以在水利、农牧业等领域广泛深入开展合作，在高端制造、航空航天、生物医药、新能源、智慧城市、"互联网＋"、第三方市场合作等领域深入挖掘合作潜力，打造新的产业合作增长点。荷兰表示愿积极参与中方发起的"一带一路"倡议和亚洲基础设施投资银行倡议相关合作，并支持"一带一路"倡议与欧洲投资计划对接合作。二是重点关注现代农业、信息技术、生命科学与医疗保健等行业的潜在投资机遇。

（二）面临风险

我国对荷兰投资主要面临以下风险：一是法律风险。由于欧盟开始对避税问题展开调查和打击，在荷兰建立用于避税的控股公司以及跨国公司与荷兰税务部门达成税收协议的做法将受到一定影响；欧盟于 2015 年 12 月通过了数据保护新规定（GDPR），对企业保护个人数据提出很多新要求；荷兰《就业与社会保障法案》的内容于 2015 年和 2016 年相继生效，对职工权利保护提出更多严格要求。企业应及时通过律所等专业机构了解相关情况，确保守法合规。二是经济风险。荷兰经济目前呈稳步复苏态势，经济下行风险减弱。由于欧、美货币政策的差异，欧元对美元汇率波动较大，汇率风险有所增加。三是安全风险。近年来欧洲接连遭受暴恐袭击，荷兰面临的风险也有所增加，应注意有关风险防范，做好应急防范准备。

### 三、中资银行业务发展机遇及风险分析

目前共有 4 家来自中国大陆的银行进入荷兰，这一数量仅次于美国、法国和德国。包括工商银行、中国银行和建设银行在内的三家国有大型商业银行分别于阿姆斯特丹和鹿特丹开设了四家分行，北京银行在阿姆斯特丹开设了代表处，也是唯一一家进入荷兰经营的中小银行。此外，来自中国台湾的兆丰国际商业银行也在阿姆斯特丹开设了分行。基于当地监管部门提供的经营许可，中资银行在荷兰的牌照属于全能银行牌照，既可以经营面向个人的零售业务，也能够经营面向机构的对公业务。对公业务主要包括公司贷款、公司存款、贸易金融、外汇资金管理和投资银行业务等；零售业务主要包括个人存款、个人汇兑、银行卡业务和其他服务等。在新一轮金融开放稳步推进的背景下，2019 年 3 月北京银行宣布拟与荷兰国际集团全资子公司 ING Bank N. V. 共同出资人民币 30 亿元发起设立中外合资银行。

（一）政策监管环境

荷兰在 2002 年进行了第一次金融监管改革，明确由荷兰中央银行（DNB）负责实施对银行业金融机构的监管和银行业机构牌照的发放；成立福利金和保险监管局（PISA）负责对保险业金融机构的监管和保险机构牌照的发放。此外，成立专门负责行为监管的机构——金融市场管理局（AFM）负责对金融系统的各类主体进行行为监管。2004 年荷兰将福利金和保险监管局并入荷兰中央银行，将全部的审慎监管职能交由荷兰央行承担，而行为监管继续由金融市场管理局负责，形成了较为明确的"双峰监管"模式。外汇管理方面，荷兰对外汇的管理措施十分宽松，外资企业的利润、资本、贷款利息和其他合法收入汇出不受任何限制，外国投资者可以选择任何一种货币作为支付方式。外国投资者可在荷兰银行开设其他外汇账户，不受外汇管理的限制。各银行须充分考虑反洗钱等因素。对外资银行政策方面，在荷兰开展银行业务的整体规则建立在欧洲的单一监管体制下。欧洲本土银行进入荷兰市场相对容易，可以申请所谓的"欧洲护照"（EU passport），通过向相关欧洲国家递交通知的方式，在其他欧洲国家开展银行业务。非欧洲本土银行则需要进行一个分两步走的牌照申请流程，首先需要按规定向荷兰中央银行提交相关申请材料，在荷兰中央银行评估完成后，将向欧央行提交建议的决议草案，其后由欧央行完成第二步审核过程。

（二）中资银行机遇

政策机遇方面，作为服务型机构，中资银行在荷兰的业务发展空间很大程度上取决于中荷双边经贸关系的发展，从当前情况看，"一带一路"倡议正为中荷双边贸易投资发展提供了难得的契机。交通便利性使荷兰具备"一带一路"沿线独特的战略重要性。作为"一带一路"两端重要起始点的中国和荷兰，未来双边经贸合作还将有长足的发展，从而为荷兰的中资金融机构创造更好的经营发展环境。市场机遇方面，阿姆斯特丹属于全球综合类国际金融中心之一；荷兰成本运营效率具备相对优势；具备相当有吸引力的税收优惠政策；拥有多元化、高质量的人才。

（三）中资银行面临的挑战

中资银行在荷兰发展业务面临的现实困难主要体现在以下三个方面：

一是线下物理网点仍然太少。这是中资银行在荷兰发展的一个瓶颈问题，大大限制了服务客户的能力。目前中资银行已经开始通过应用互联网等高科技手段克服这一瓶颈，例如工商银行在荷兰推出了名为"ICBC DIRECT"的手机客户端，通过直销银行"远程开户＋在线客服"的服务模式延伸服务半径。而这一点荷兰本土银行做得已经相当好，直销银行业务一直是以对公业务著称的荷兰国际银行拓展海外零售市场的重要手段，中资银行可以向这些本土银行的特色业务充分学习。

二是金融合规风险。这是近年来中资银行在海外展业中遇到的新问题。中国银行米兰分行曾被诉涉嫌洗钱，工商银行马德里分行也曾因涉嫌洗钱被调查，农业银行纽约分行也曾因洗钱被处罚金2.15亿美元罚款。此外，包括建设银行在美国、交通银行在韩国都曾经被要求加强反洗钱合规建设。对于海外的中资金融机构而言，未来对于反洗钱、反恐怖融资、反逃税相关的监管体制机制强化和相关合规意识的提高将变得越来越重要。

三是汇兑风险。和其他在海外经营的跨国公司一样，在荷兰展业的中资银行同样要面临汇兑风险问题。荷兰属于欧元区国家，使用的主要货币是欧元。虽然欧元兑人民币汇率自2015年以来波动收窄，但中资金融机构仍然需要未雨绸缪，通过金融衍生产品等管理汇兑风险。

## 四、对策建议

荷兰位于"一带一路"海陆交汇之地，鹿特丹港恰为"一带一路"的欧洲终点，因而荷兰成为"一带一路"在欧洲的关键枢纽和中欧合作的重要桥梁。中荷双方深化多领域合作具有广阔空间和独特优势，应深挖潜力，不断提高贸易与投资合作规模和水平，以中荷全方位互联互通推进中欧、亚欧层面的交流合作。

一是围绕"一带一路"倡议加强中荷全方位务实合作。第一，依托鹿特丹港和阿姆斯特丹史基浦机场及荷兰高度发达的交通网，加强海运、铁路与航空运输合作，推进中荷交通基建互联互通，并为亚欧大陆互联互通提供有力支撑；第二，进一步提升中荷贸易与投资便利化水平，促进中国开放型经济新体制的构建，在现代农业、高端制造、清洁能源、节能环保、新材料、生物医药、信息技术等领域深入挖掘合作潜力，打造新的产业合作增长点；第三，以中荷金融合作为突破口推进中欧资金融通，与荷兰及有关各方一道，将亚洲基础设施投资银行打造成为一个互利共赢、专业高效的基础设施融资平台；第四，推进中荷两国研究机构与企业在技术研发领域开展广泛合作，加快互设研发中心步伐，促进高科技和材料、水治理、现代农业、循环经济、建筑设计等领域的技术合作。

二是中资企业在荷兰开展业务需防范投资风险。中资企业在荷兰开展投资、贸易、承包工程合作的过程中，需注重调查、分析、评估相关风险，并做好风险规避和管理工作。第一，避免高成本低效益。荷兰劳动力及生产资料成本较高，吸收外商投资的领域或项目大多出于增加地区就业或增强本土企业综合竞争力等目的。因此，企业到荷兰进行投资合作，应选择有效益项目，不应只为"走出去"而投资，却不顾项目投资效益。第二，注意产权纠纷。在决定投资前，应注意合作方对项目用地、房屋等不动产的所有权，以免投资发生后出现同一个项目有多个主体对不动产提出所有权的现象。第三，在并购时，务必聘请专业机构在法律程序上予以协助，并做好尽职调查，避免仓促盲目收购。

三是中资银行赴荷兰发展应发挥自身优势，立足本地化经营。中资企业在荷兰发展时，应尽量多聘用本地员工，主动学习当地法律法规与风俗文化，创新适合当地企业和居民需要的金融产品和服务，除了将当地中资企业作为重要支持对象以外，还要积极发展与中国有业务合作的荷兰龙头企业、国际企业等重要客户，以快速融入当地，开拓当地市场，并以荷兰为基点实现辐射欧洲大陆的业务实力。

# 北美洲主要国家概况、投资机遇及风险分析

# 美　国

## 一、美国概况

### （一）基本情况

美国国土面积 937 万平方千米，排全球第 4 位；人口约 3.27 亿，排全球第 3 位；2017 年 GDP 约为 19.39 万亿美元，排全球第 1 位。美国是世界上最大的发达经济体，政治社会稳定，法律制度健全，市场体系完善，基础设施发达，在市场容量、科技实力、教育创新、劳动生产率等方面稳居全球领先地位。

美国是由华盛顿哥伦比亚特区、50 个州和关岛等众多海外领土组成的联邦共和立宪制国家。北与加拿大接壤，南靠墨西哥湾，西临太平洋，东濒大西洋。本土东西长 4 500 千米，南北宽 2 700 千米，海岸线长 22 680 千米。美国共分 50 个州和 1 个特区（哥伦比亚特区），有 3 042 个县。首都华盛顿是美国的政治和文化中心，由美国国会直接管辖，是美国联邦政府机关和各国驻美使馆所在地，也是世界银行、国际货币基金组织以及美洲国家组织等国际组织总部所在地。纽约是美国第一大城市和最大海港，位于美国东北部海岸哈得逊河口，是美国最大的金融、贸易和文化中心。洛杉矶是美国的第二大城市和重要海港，位于加利福尼亚州西南部、洛杉矶河边，是美国西部工商业第一大城。芝加哥是美国第三大城市和美国最大的制造业中心，位于密歇根湖西南岸、芝加哥河河口，处在美国东部工业区和西部农牧区的中心位置，是美国最重要的航空中心和最大的铁路枢纽，也是五大湖地区的重要湖港。美国通用语言为英语。

美国是联邦制国家，政权组织形式为总统制，实行三权分立与制衡相结合的政治制度和两党制的政党制度。总统是国家元首、政府首脑兼武装部队总司令。总统通过间接选举产生，任期四年。美国政治制度中，立法权、司法权和行政权相互独立、互相制衡，以掌握行政和军事权的总统为核心。政府内阁由总统、副总统、各部部长和总统指定的其他成员组成。内阁实际上只起到总统助手和顾问团的作用,没有集体决策的权力。国会是最高立法机构,由参、众两院组成。2017 年 1 月 20 日,唐纳德·特朗普宣誓就任总统。特朗普政府在处理美国国家利益、威胁评估等方面都展现出与奥巴马时代不同的战略思维。首先,对恐怖主义威胁程度的认知发生重大变化,认为反恐战争已不再是美国当务之急,而是国际社会共同应对的"新常态"。其次,对中国的态度更加强硬,明确将中国视为"战略竞争对手"。最后,更加突出美国优先理念,政策均围绕美国利益制定,如美国认为其对海外盟友所承担的防务责任过多,牵扯了太多精力,为此一方面实施全球战略收缩,削减海外军事基地,另一方面要求盟国承担更多的防卫义务,提高防务开支,为驻地美军"买单",这一行为使得美国与欧洲、澳大利亚、加拿大等盟友关系渐趋紧张。

(二) 经济状况

宏观经济方面,2008 年国际金融危机爆发,美国经济严重受挫。2010 年后,美国经济整体企稳回升,2013 年至 2018 年 GDP 增长率分别为 1.8%、2.5%、2.9%、1.6%、2.2%、2.9%。2018 年,GDP 规模达到 20.49 万亿美元。2019 年第一季度 GDP 环比折年增速为 3.1%。美联储预计 2019 年美国 GDP 增长 2.1%,略低于 IMF 预测的 2.3%。美国近年来经济增长加速主要是受益于消费者支出增加、企业补库存以及政府支出增加。但值得注意的是,特朗普政府减税、增加军费开支以及增加对农民转移支付等经济刺激政策在推动经济增长的同时,也极大地推高了美国财政赤字。财政赤字大幅上升将进一步推高美国公共债务水平,一方面将影响美国财政和公共债务的可持续性,另一方面也可能挤出民间投资,对经济增长产生负面作用。因此,美国经济的高增长状态或难长期持续,2019 年可能出现下滑。

金融环境方面,美国利率水平自低位逐渐上升。2008 年金融危机爆发后,美联储通过公开市场购买政府债券实施了三轮量化宽松(QE)政策,美联储资产负债表规模急剧扩张,总资产由危机前的 0.8 万亿美元扩大至 4.5 万亿美元的历史峰值。流动性的大规模宽松使得 Libor 利率一路走低,从危机开始时的 3% 降至接近零利率的水平。2014 年 10 月起,美国宣布停止 QE,美联储的"扩表"进程告一段落。2015 年 12 月,美联储开启加息进程,至 2018 年末已加息 9 次,联邦基金目标利率区间上调至 2.25% ~ 2.5%。美联储于 2017 年 10 月启动了渐进式缩减资产负债表规模进程,至 2019 年 4 月末,美联储总资产负债规模已缩减至 3.89 万亿美元,为 2013 年 11 月以来的最低水平。

财政收支方面，财政赤字呈现上升趋势。2014—2018 财年美国联邦财政赤字分别为 4 860 亿美元、4 390 亿美元、5 873 亿美元、6 657 亿美元和 7 791 亿美元。2018 年，美国联邦债务总额占 GDP 的比例达到 106.1%。特朗普政府推行的减税增支计划将进一步扩大美国联邦政府财政赤字。美国国会预算办公室（CBO）预测，美国 2019 年的预算赤字将达 8 970 亿美元，同比增长 15.1%；从 2022 年起至 2029 年，每年预算赤字都将超过万亿美元。

贸易及国际收支方面，美国经常账户逆差主要来自非能源类商品贸易逆差。从经常账户的结构来看，美国的服务贸易和一次收入持续顺差，经常账户逆差主要源于商品贸易。据美国商务部统计，2018 年全年，美国货物进出口额为 42 067.9 亿美元，比上年增长 8.2%。其中，出口 16 640.6 亿美元，增长 7.6%；进口 25 427.3 亿美元，增长 8.6%；贸易逆差 8 786.8 亿美元，增长 10.4%。美国的前四大贸易逆差来源地依次是中国、墨西哥、德国和日本，2018 年逆差额分别为 4 191.6 亿美元、815.2 亿美元、682.5 亿美元和 676.3 亿美元。近期美国推行的贸易保护主义措施并没有起到削减贸易逆差的作用。2019 年第一季度，美国货物出口额 4 082.2 亿美元，增长 1.4%；进口额 5 984.7 亿美元，下降 0.1%；贸易逆差 1 902.5 亿美元，下降 3.3%。

（三）政策环境

发展规划方面，特朗普经济政策的核心在于通过减税、贸易保护等方式引导产业回迁本土，增加就业岗位。2017 年 4 月，特朗普总统签署行政令，指导美国政府部门"严格监控、执行和遵守'购买美国货'法"，要求公共项目使用本国生产的铁、钢和工业制造品，同时减少豁免和例外。2017 年 12 月，特朗普在白宫签署减税法案，2018 年 1 月 1 日正式生效，税改涉及个人所得税、企业所得税和国际税收三个方面。此外，特朗普总统上台以来，提出 1.5 万亿美元的基础设施建设十年规划，以联邦政府 2 000 亿美元出资为基础，通过发行基建债券、部分国有基建资产私有化等措施，带动未来十年的基础设施建设。

货币政策方面，2008 年 11 月后，美联储实施了三轮量化宽松政策，同时进行"扭曲操作"，主要包括维持 0～0.25% 的超低利率政策，同时大规模购买美国长期国债和抵押贷款支持债券。2014 年 8 月，美联储资产负债表突破 4.5 万亿美元。随着美国经济的逐步复苏，美联储着手退出超常规货币政策，2014 年 10 月结束资产购买计划标志着 QE 退出的开始。2017 年 9 月 20 日，美联储议息会议宣布从当年10月开始缩减资产负债表规模，采取被动缩表方式逐步减少到期再投资，计划2017年10月至12月每月缩减60亿美元国债和40亿美元抵押贷款支持债券（MBS）的购买；缩表上限每3个月调整一次。按照缩表计划，至2018年10月，两项到期再投资上限提升至300亿美元和200亿美元的最高值。根据这一计划，2019年末美联储资产规模将缩减至约3.5万亿美元。

在美国经济和就业持续复苏背景下，美联储于2015年末宣布加息25个基点，将联邦基金利率目标区间升至0.25%~0.5%，长达7年的"零利率"政策宣告结束。此后，2016年12月，2017年3月、6月、12月，2018年3月、6月、9月及12月，美联储继续8次加息，每次加息25个基点。2018年12月19日，美联储12月议息会议决定上调基准利率至2.25%~2.5%，符合市场预期，这是1994年以来美联储首次在股市下跌过程中加息。总体来看，美联储虽如期加息，但无论从对经济的预期、利率预估点阵图还是美联储主席鲍威尔的表态来看，均释放出偏鸽信号，未来美联储加息路径存在不确定性。考虑到减税和财政支出政策红利边际递减、贸易摩擦不确定性令商业信心走弱、金融市场不稳定性增加等因素，美联储继续加息的阻力显著增加，预计2019年美联储加息次数将不超过2次，加息节奏也将同步放缓，可能要到2019年中才会开始下一次加息。

财政政策方面，特朗普总统提出刺激经济增长的扩张型财政政策，包括两个核心内容：以大规模减税为核心的税制改革以及以增加基础设施投资支出为核心的支出政策。特朗普宣称税收改革将会显著促进GDP增长率达到4%的水平，从而通过提高税基的方式维持现有的税收收入不变。在2018年财政预算案中，特朗普政府对未来十年的财政支出进行了规划和预测，打算通过大幅减少社会福利等刚性支出和政府部门的非义务性支出来保证税改政策的实施。2019年3月，白宫公布的2020财年预算案要求增加军费、削减国内福利开支、增加美墨边境隔离墙修建费用等，美国联邦政府支出为4.746万亿美元，收入为3.645万亿美元，联邦财政赤字在2019年和2020年为1.1万亿美元，2021年和2022年将分别小幅收窄至1.07万亿和1.05万亿美元。不过最终预算案还要经过国会审核而定。

（四）国际机构评级

标普、穆迪和惠誉三大评级公司对美国的长期主权评级分别为"AA+"级、"Aaa"级和"AAA"级，评级展望均为"稳定"。据世界银行发布的

《2019 年营商环境报告》显示，美国在 190 个国家中的综合排名为第 8 位，比上一年排名下降了 2 个位次。美国营商环境的整体排名靠前，与其他经合组织（OECD）高收入国家相比也颇具优势，且得分高于区域平均水平。

（五）与我国经贸往来

中美经贸关系一直是中美两个大国关系的"压舱石"和"稳定器"。自 1979 年建交以来，中美双边经贸关系迅速发展，合作领域不断扩大，内涵日益丰富，形成相互依存、利益交融的格局。美国是中国第 6 大进口来源地和第 1 大出口市场，中国是美国第 3 大出口市场和第 1 大进口来源地。近年来，中美高层经贸对话机制成果丰硕。2013 年 6 月，习近平主席在美国加利福尼亚州安纳伯格庄园同奥巴马总统举行中美元首会晤，双方同意共同努力构建中美新型大国关系，相互尊重、合作共赢，为两国关系发展指明了方向、规划了蓝图。2017 年 4 月，应美国总统特朗普邀请，国家主席习近平在美国佛罗里达州海湖庄园同特朗普总统举行会晤。同年 11 月，应国家主席习近平邀请，美国总统特朗普对中国进行国事访问。

但近年来两国经贸摩擦也有所增多。2018 年以来，美国采取单边主义措施挑起贸易战，导致中美之间贸易摩擦和争端不断升级。2018 年 3 月，美国炮制出 301 调查报告；7 月 6 日，美国不顾多方反对，对中国 340 亿美元输美产品加征 25% 关税；8 月 23 日，美国对另外 160 亿美元中国输美产品加征关税。2019 年 5 月 10 日起，美国对 2 000 亿美元中国输美商品加征关税从 10% 上调至 25%。中国政府为维护正当权益，采取了相应的反制措施。美国单方面挑起贸易摩擦，不仅严重威胁中美双边经贸关系，而且对世界经济也将造成一定负面影响。

## 二、中资工商企业在美国的投资机会及风险分析

近年来，中美双边投资保持平稳发展。截至 2018 年末，两国双向投资累计超过 2 400 亿美元，中国已成为美国第二大贸易伙伴和第一大债权国。2018 年，中国企业在美非金融类直接投资 50.6 亿美元，同比下降 33.4%；2019 年 1～2 月，中国企业在美非金融类直接投资 7.6 亿美元，同比下降 6.9%。中国对美直接投资增速明显放缓，这在很大程度上归因于美国监管政策的收紧。中国企业在美国投资领域广阔，涉及能源、制造业、农业、金融服务、信息通信、汽车、保健与生物科技、房地产等近 20 个行业，遍及美国 46 个州。近年来中资民营企业对美国投资迅速增加，2016 年占中国对美国投资总

额近 80%，各类中资民营企业已成为中国对美国投资主力军。

（一）投资机遇

能源产业互补性强。中国和美国早在 1979 年正式建交时，就确定了能源合作为两国政府共同推动的重要合作领域之一。2017 年 11 月，特朗普访华期间，双方签署了总值 2 535 亿美元的经贸合作项目协议，其中能源领域项目金额达到 1 700 亿美元，成为中美经贸合作领域的新亮点。当前，中美在气候变化、清洁能源和环境保护等领域合作项目多数都制定了长期工作计划。天然气是中国近中期能源结构调整的主要方向，大规模进口美国 LNG（液化天然气）对优化中国能源结构、增进进口多元化、降低区域环境影响均有明显推动作用，中美 LNG 合作可成为双方能源合作的重要选项。此外，推动清洁煤、节能减排、电动汽车、建筑节能等领域的合作符合中美两国的共同利益，中美两国将在全球清洁能源转型进程中继续发挥核心引领作用。

农业合作空间广阔。美国是世界主要农业作物出口国，中美两国在农产品及副产品的生产、农业经济产业开发上存在巨大合作潜力。中美两国之间具有较大互补性，原因在于中美两国的资源禀赋差异。美国向中国出口的主要农产品分别是油籽（大豆）、谷物（高粱）、酒糟蛋白、乳制品等；而中国出口的主要包括水海产品及其制品、蔬菜、水果、干果及其制品等。此外生物质能源及农副产品的再利用，尤其是在医药制品方面的转化利用，也吸引了较多中国投资者关注。

参与基础设施建设具有较大潜力。美国国内基础设施整体情况不佳，老化严重。据美国道路交通建设者协会测算显示，美国超过 55 000 座桥梁"结构上存在缺陷"。但美国基础设施投资增支近年来停滞不前。金融危机后，奥巴马政府将重振美国基础设施作为重要政策支柱，然而随着美国政治极化和两党掣肘加剧，奥巴马时期多项涉及增加基础设施投资的相关提案均搁浅于国会。特朗普政府提出加大基础设施投资是"让美国再次伟大"的战略支柱，要求国会批准 1 万亿美元基础设施建设计划，签署行政令批准 Keystone XL 输油管道和达科输油管道，加快国内基础设施项目的环境审查和审批流程。美国政府高官表示"欢迎全世界的资本加盟，当然也包括来自中国的投资"。中美应充分发挥各自比较优势，加强基础设施建设领域的对接，让基础设施建设合作成为打造双方经济关系合作"增量"的途径之一。中资企业可重点关注以下机会：一是参与美国基建投融资，特别是购买美国联邦和地方政府发行的国债和基础设施债券以及进行股权投资；二是工程承包类企业可积极参与美国基建市场招投标；三是轨道交通企业可积极参与美国城市轨道交通建设。

养老产业可采用"走出去"与"引进来"相结合。受人口老龄化推动，美国养老产业发展迅速，目前已形成了产业生态相对完善、融资渠道宽广、运营模式多样化的成熟体系。美国养老产业链多为"险资出资并持有＋开发企业代建＋专业养老运营商托管"的模式，分别对应房地产投资商（REITs）、房地产开发商、养老住宅运营商这三大角色。预计到 2025 年，美国 65 岁以上人口将达到 8 800 万，几乎是当前老龄人口的两倍，养老产业市场前景广阔。养老产业对专业性要求相当高，需要获得联邦、州政府的层层审批，工作人员也必须有相关从业资格，这也是中国投资者进入该市场的最大挑战。此外，要将"走出去"与"引进来"相结合，积极组织有关人员赴美进行交流考察，以美国经验作为借鉴，为我国建立广覆盖、多层次、可选择、高水平的养老服务保障体系提供重要参考，同时也积极吸引美国养老服务企业参与到我国的养老产业发展中来。

（二）面临风险

美国整体经济发展形势良好，营商环境状况良好，但投资美国仍需防范一些潜在风险。

一是美国贸易保护主义抬头，美国对中国企业在美投资一直疑虑较大，认为中国企业的投资具有多重动机，未来中国企业对美并购投资或将面临更严苛的安全审查。

二是美国法律环境高度复杂，成为中国企业赴美投资的重大挑战。美国是判例法国家，对外来投资的规则不仅体现在体系化的法律文本中，还存在于庞杂的司法判例里。对于习惯国内法律环境的中资企业来说，法律理念的冲突是赴美投资的一大挑战。此外，围绕外资审查制度，美国政府出台了一系列的法律和法规，在航空运输、通信、能源、矿产、渔业、水电等部门对外国投资者均设有一定的限制，国家安全审查存在标准模糊、缺乏透明度、审查期过长、歧视性等问题。近十年来，CFIUS（Committee on Foreign Investment in the United States）对中国企业的案件审查数量呈现持续增长的态势，并在 2012 年出现明显的加速，中国企业受审查案件数占 CFIUS 年度审查案件总数的比例迅速攀升。2018 年 8 月，美国总统特朗普签署了《外国投资风险审查现代化法案》，大幅扩大了 CFIUS 对外国投资审查的权限范围，同时对 CFIUS 的审查程序进行了调整。中国投资者应对修订后的 CFIUS 审查标准保持高度警惕，提前做好相应方面的风险控制。

三是美国市场监管非常严格，企业在美国经营须严格遵守当地相关监管规则。近年来，美国政府大幅增加了对经济制裁与出口管制"黑名单"的使用频率，美国财政部、商务部和国务院发布的各类黑名单已从数十页增至数百页乃至上千页，被列入黑名单的公司或个人将可能遭受限制出口、禁止进口及冻结资产等严厉的制裁措施。2018年8月，美国商务部宣布将44家中国企业列入管制实体清单，其中8个为企业，36个为附属机构，同时包括了多家研究所。9月，美国国务院以我军装备发展部与俄罗斯的交易违反《通过制裁打击美国对手法》为由，将我军装备发展部与负责人列入清单，制裁措施包括禁发出口许可、禁止在美国管辖范围内的外汇交易、禁止与美国金融系统的交易等。10月，又将福建省晋华集成电路有限公司列入管制实体清单。11月，美商务部发布通知，对人工智能、芯片、量子计算、机器人、脸部识别技术等14类新兴技术实施出口管制征询公众意见。这一措施目前仍处于征求意见阶段，但一旦出台，势必会对管制清单的更新以及未来新兴技术的竞争合作带来实质性影响。

### 三、中资银行业务发展机遇及风险分析

目前，中国在美国有7家中资银行，银行网点总计24家。中资银行营业网点主要集中在华人聚集的纽约、洛杉矶和旧金山等地。根据美联储数据，截至2018年3月，在美中资银行资产共计1 360.41亿美元。在美中资银行的业务主要针对中美企业的投资、贸易融资和清算服务。

（一）政策监管环境

监管机构方面，美国设有联邦和州政府两级监管机构。联邦政府有5个监管机构：美国货币监理署（OCC）、美国联邦储备体系（FED）、联邦存款保险公司（FDIC）、储蓄机构监管署（OTS）和国家信用社合作管理局（NC-UA）。美国各州政府也设立了银行监管机构。货币监理署隶属财政部，主要负责对国民银行发放执照并进行监管。美国联邦储备体系即美联储，主要负责制定货币政策，并对其成员银行以及金融控股公司进行监管，此外还承担金融稳定和金融服务职能。联邦存款保险公司旨在通过保护银行和储蓄机构的存款、监管投保机构以及对破产机构进行接管等来维持金融体系稳定和公众信心。储蓄机构监理署负责储蓄协会及其控股公司的监管。国家信用合作社管理局负责发放联邦信用合作社的执照并予以监管。联邦金融机构检查委

员会作为上述机关的协调机构，负责制定统一的监管准则和报告格式等。

金融监管方面，1991 年美国国会通过《外国银行监管加强法》和《改善联邦存款保险公司法》，全面收紧对外国银行的监管。《外国银行监管加强法》规定，在美国设立分行、代理行、商业贷款公司或代表处必须经联邦储备局批准，外资银行直接或间接获得一家当地银行 5% 以上的股份要通过联邦储备委员会的审批，外国银行要得到进入美国市场的许可需要在资本充足率、资产质量、风险管理能力、反洗钱措施乃至母国政府的金融监管水平等方面均达到美国的要求。

（二）中资银行机遇

近年来，中美经贸往来日益紧密，越来越多的中国企业赴美国进行投资。中资银行的发展机遇包括：

一是为中资"走出去"企业进军美国市场提供全面金融服务支持。近年来，在美中资银行的业务已从过去的贸易融资、小额贷款拓展到支持大型绿地投资、项目融资和产业并购，客户群涵盖了从中小企业到大型企业，业务项目覆盖率大幅提高，有力支援了众多中资企业客户"走出去"并发展壮大，同时也服务了美国当地企业，为当地经济发展注入活力、创造就业岗位。随着中资企业在美国投资的进一步深入，中资银行可在中资企业在美融资并购等业务中提供更广泛、深入的服务。

二是积极发挥自身比较优势，大力拓展美国市场。美国目前大约有五六千家银行，大部分属于社区银行。在资产规模和利润总额方面，多数不如中资银行。中资银行下一步应发挥自身比较优势，与西方银行拼质量、利润率、风险管理和合规水平以及定量分析能力。

三是加快产品创新，主动经营汇率风险。面对人民币汇率波动风险显著增加的形势，中资银行可主动适应市场变化，逐步从被动的汇率风险防范转向主动的汇率风险经营，把商业银行的汇率风险管理优势转化为利润创造工具。一方面，需要加快金融创新，特别是为客户提供更加丰富的外汇风险管理工具，以帮助市场主体更好地管理资金和汇率双向波动的风险；另一方面，借鉴国际领先银行的先进经验，进一步完善已有的汇率风险计量体系和控制技术，利用金融市场交易对汇率风险进行平衡对冲，实现收益与风险相匹配，从而带动收入的持续增长。

（三）中资银行面临的挑战

经济风险方面，整体来看美国经济保持强劲增长态势，但经济中潜藏的风险与隐忧也不容忽视，主要表现在贸易保护主义、经济过热、赤字扩大以及股市泡沫等几个方面。自特朗普上台以来，美国从全球化的主导力量转而成为反全球化的先锋，"美国优先"意味着全球将面临更加强硬的保护主义和逆全球化冲击。特朗普政府的贸易团队内部也存在分歧，难以形成稳定的贸易政策，使得美国未来的投资和贸易政策存在较大不确定性。此外，由于美国经济增速加快、就业市场已基本达到充分就业水平，特朗普政府在经济周期尾声推出的财政刺激措施可能会造成美国经济过热，产生通货膨胀风险和资产泡沫。

安全风险方面，美国社会治安总体良好，中小城市和乡村地区很少出现严重治安问题。但在一些大城市，如纽约、洛杉矶、芝加哥、圣地亚哥等地，治安问题比较严重，不安全不稳定现象频发。由于历史原因，美国形成了根深蒂固的枪支文化，枪支泛滥成为美国社会难除的毒瘤。近10年来，美国枪击案爆发频率越来越高，枪支暴力事件远超世界上其他发达国家。此外，也需注意抢劫、盗窃等危险因素。

法律风险方面，美国法律体系健全，为外国投资者提供公平、公正和非歧视性的待遇，但对涉及环境保护和国家安全方面的项目审批具有高度政治敏感性。近年来，在"走出去"业务快速发展的形势下，我国与项目有关的企业面临的美国金融制裁有所增多，昆仑银行、澳门汇业银行、长城工业总公司等多家金融或贸易企业都曾被美国列入制裁名单。2018年，中资银行再遭纽约南区法院的长臂管辖，涉及农业银行、中国银行、交通银行、建设银行、招商银行和工商银行六家银行，判决金额高达18亿美元（涉及中国被告的低于本金额）。中资银行对于在美开展业务的法律风险应予以谨慎评估并采取合理防范措施。

监管风险方面，美国监管机构对中资银行在美机构的风险管理理念、制度等提出了较高要求。一是监管理念不断深化，要求中资银行国际化经营的风险管理理念由局部风险管理向全面风险管理发展；二是日趋严格的监管要求促使中资银行进一步完善政策制度和管理流程；三是持续强化反洗钱、金融消费者权益保护、资本监管等监管，尤其是美国司法和监管机构对国际银行的反洗钱处罚力度明显加强，对中资银行公司治理、合规管理和境内机构跨境业务合规发展等方面都提出了更高和更紧迫的要求。

## 四、对策建议

随着中美之间经济金融联系的深化，我国企业、金融机构在与美国加强经贸合作和业务往来的同时，还应特别注意相关风险的防范。

一是密切关注美国贸易保护主义政策演变。短期我国应该采取双边谈判与多边谈判相结合、加强与第三方国家合作、"降关税＋降准＋减税＋加工资＋扩大与产业升级相关投资＋适当增加一二线城市住房供给"的政策组合，适度对冲经济下行压力；长期则应注重合理调整产业布局、推动自主创新和产业结构升级以及进一步加快改革开放，提升有效供给需求。

二是全面客观了解美国的政策环境，强化合规管理。在美国开展投资、贸易、承包工程和劳务合作的过程中，要特别注意事前调查、分析、评估相关风险，事中做好风险规避和管理工作，切实保障自身利益，包括对项目或贸易客户及相关方的资信调查和评估，对项目所在地的政治风险和商业风险分析和规避，对项目本身实施的可行性分析等。中资企业、机构和银行未来在美发展应进一步加强合规经营理念，深化合规管理，确保境外机构稳健经营，需从集团层面研究对反洗钱、税务等普遍性问题的解决方案，提高境内外机构合规经营能力，确保与业务范围、经营规模、风险特征以及监管要求相适应。

三是积极采取有效措施，努力塑造中资企业良好形象。中资企业应积极通过与智库、研究机构、媒体等合作的方式，主动塑造良好形象，建立长期公关机制，提升危机公关能力。尤其要保持与政府沟通渠道的畅通，以缓解美国政客对中国公司进入美国市场的担忧。与美国联邦政府主管部门、项目所在地政府、当地选区的国会议员、州议员和行业协会等保持密切联系，主动争取优惠政策，并就投资过程中遇到的问题积极沟通，认真履行企业社会责任。此外，中国企业在设立注册、日常运营、税务申报、聘用雇员等过程中，也要高度重视诚信和知识产权保护，坚持依法合规经营，尊重当地风俗习惯，主动融入当地社区，重视工会组织，妥善处理劳资关系，积极争取各方支持。

# 加 拿 大

## 一、加拿大概况

### （一）基本情况

加拿大位于北美洲北半部，国土总面积998万平方千米，是仅次于俄罗斯的世界第二大国。加拿大东临大西洋，西濒太平洋，西北部邻美国阿拉斯加州，南接美国本土，北靠北冰洋。截至2018年4月，加拿大全国人口3 707万。外交方面，加拿大一向以爱好和平与倡导平等著称于世。身为经济合作与发展组织（OECD）、七国集团、北约及英联邦成员国，加拿大与欧洲、北美、北约及英联邦的其他成员国均有着非常友好的关系。美国是加拿大的主要盟国，两国关系密切。加拿大同时重视发展与西欧国家的关系以及与亚洲的经济战略关系。亚太地区已成为加拿大重要的贸易伙伴，也是加拿大资金、技术和移民的来源地之一。

加拿大是世界第三大矿业国，已探明的金属和非金属矿物超过60种。加拿大原油储量仅次于委内瑞拉和沙特阿拉伯居世界第三，其中97%以油砂形式存在，基本全部位于阿尔伯塔省。已探明的油砂原油储量为1 732亿桶，占全球探明油砂储量的81%，原油产量居世界第五。加拿大森林资源丰富，森林覆盖面积为440万平方千米，约占全国总面积的44%，仅次于俄罗斯和巴西，居世界第3位，是世界主要软木、新闻纸和木浆出口大国。加拿大外接太平洋、大西洋、北冰洋，内拥五大湖，海岸线长达24.4万千米，占世界海岸线的25%。加拿大85%的水产品用于出口，是世界第七大渔产品出口国。

### （二）经济状况

宏观经济方面，加拿大经济基础整体扎实，是率先走出经济危机影响的国家之一。2018年加拿大经济增长1.8%，较上年显著下滑1.2个百分点。加拿大以贸易立国，对外贸依赖较大，经济上受美国影响较深。考虑到美国经济增速的放缓以及贸易保护主义的冲击，叠加国内高水平的家庭债务及通货膨胀压力，预计加拿大经济增速仍将承压。金融环境方面，为应对经济疲软、消费减弱、加元贬值以及通货膨胀压力，加拿大中央银行打破维持7年的0.5%基准利率，于2017年7月12日、9月6日、2018年1月17日、7月11日四次分别调高利率25个百分点，使基准利率达到1.5%。2018年10月24日，加拿大央行再次宣布加息25个基点至1.75%，基准利率达到十年来最高水平。财政收支方面，财政赤字显著扩大。2015年11月特鲁多就任总理后，提出扩大政府支出，通过赤字财政刺激经济增长。2016—2017财年，加拿大财政赤字规模显著扩大，较上年大幅增加240亿加元至294亿加元。2017—2018财年，加拿大财政赤字为285亿加元。贸易及国际收支方面，经常账户持续逆差。加拿大国际收支受大宗商品价格和美国经济的影响较大，经常账户常年保持逆差。伴随大宗商品价格上升以及美国经济和进口需求增强，经常账户逆差自2016年以来有所收窄。2017年，加拿大经常账户逆差为−632.7亿美元，较上年收窄21亿美元。

（三）政策环境

发展规划方面，加拿大发布的2018年政府预算报告提出，将进行历史性投资以支持下一代研究人员，并为科研人员提供实现科学突破和推动创新所需的尖端设备。在2017年预算提出的"创新和技能计划"的基础之上，政府将着力改变和完善加拿大的创新计划和机制，以更好支持加拿大的创新者。主要措施包括投资加拿大研究人员、资助卓越科研、提高加拿大"首席研究员"计划灵活性、支持大学和理工学院、投资科研基础设施以及实施"数字研究基础设施战略"等。

货币政策方面，目前加拿大货币政策正逐步收紧。自2017年7月以来，加拿大银行已经5次上调基准利率，达到十年来最高水平，之后因经济放缓而暂停加息。2019年5月，加拿大央行连续第五个月维持基准利率1.75%不变，同时表示，全球贸易风险上升，当前利率所提供的货币宽松程度依然是合适的。财政政策方面，以加拿大总理特鲁多为首的自由党竞选时称将以100亿加元左右的财政赤字刺激经济，到2019年左右重新实现财政平衡。根据2018年加拿大财政部最新公布的预算案，2018—2019财年赤字为181亿加元。面对美国大规模减税冲击，加拿大此次预算案并未涉及减税或额外刺激经济措施。加拿大财长表示，财政部会研究美国税收计划，以了解加拿大如何应对，但同时强调减税将导致赤字增加。

（四）国际机构评级

2017 年标普、穆迪和惠誉三大评级公司对加拿大的长期主权评级分别为"AAA"级、"Aaa"级和"AAA"级，评级展望均为"稳定"。在世界银行发布的《2019 年全球营商环境报告》中，加拿大在全球营商便利度排名中从上年的第 18 位下降到第 22 位。在世界经济论坛发布的《2018 年全球竞争力报告》中，加拿大的全球竞争力指数在 140 个国家中排名第 12 位，比上一年上升 2 位。

（五）与我国经贸往来

中加两国自 1970 年 10 月建交并于 1973 年签订政府间贸易协定以来，双边经贸合作保持良好发展势头，中国连续多年成为加拿大的第 2 大贸易伙伴、第 2 大进口来源地和第 2 大出口市场。中加两国产业机构、资源禀赋高度互补，具备进一步扩大双边贸易与投资，深化互利合作的现实条件。2017 年，中加双边贸易额 517 亿美元，同比上升 13%。其中中国对加拿大出口 313.5 亿美元，中国从加拿大进口 203.5 亿美元，中方顺差 110 亿美元。中国是加拿大第二大贸易伙伴、进口来源地及出口市场。植物产品是加拿大对中国出口的第一大类产品，纤维素浆纸张是第二大类商品，矿产品是第三大类商品。加拿大自中国进口的主要商品为机电产品、家具玩具产品和纺织品及原料，2017 年合计进口 357.3 亿美元，占加拿大自中国进口总额的 65.3%。

## 二、中资工商企业在加拿大的投资机会及风险分析

截至 2017 年末，中方在加直接投资存量 109.4 亿美元。2017 年，中方对加拿大直接投资 3.21 亿美元。中国对加拿大投资总体规模不断扩大，投资多元化趋势也进一步凸显，投资领域不仅包括能源、矿产、金融、通信、交通运输、制造业、贸易、林业、农业、餐饮服务等，也包括可再生能源、环保技术、生物制药等高新技术领域。基础设施开发、通信技术研发、高端房地产和以风电为代表的新能源产业正在成为能源、矿产之外新的投资热点。中加两国已成为相互间重要的投资来源地，目前中国 300 多家在加企业投资总额超过 500 亿美元，其中民营企业占到三分之二以上。

（一）投资机遇

"冰上丝绸之路"（指穿越北极圈，连接北美、东亚和西欧三大经济中心的海运航道）的建立，有助于缩短中加物流时间、降低物流成本，促进矿物、能源及农产品等大宗货物往来。中加在智慧医疗、环保设备等领域也有一定

的合作潜力，加拿大在相关领域的技术储备与中国资金的有机结合有助于建立互惠双赢的市场氛围。未来，中资企业应持续重点关注以下行业：

一是能源行业。充沛的油气储量及北极航线的开拓，有助于加强中加能源行业合作。加拿大石油天然气资源丰富，已探明石油总储量位居全球第三，其以油砂开采为基础的非常规油气开采技术、液化天然气出口政策，为中国油气资本在加拿大进行兼并收购提供了良好的基础。

二是矿业。加拿大可观的矿产储藏、完善的监管制度及稳定的商业环境均适宜采矿业拓展。正在完善的基础设施及高水平的从业人员有助于加拿大矿产的开发利用。此外，本土矿业公司与南美矿业关系紧密，在美洲尤其是拉丁美洲的矿产开发方面起主导作用。投资加拿大矿业不仅有助于开拓相关资产，同时也有助于进军南美市场。加拿大的矿业大省提供一系列旨在吸引外国投资的激励计划和服务，从而降低企业税和激励研发。

三是商业航空。2017 年，加拿大航空航天产品出口超过 60%，2011—2016 年行业收入增长了近 20%。加拿大航天航空企业已开发出一系列产品，以及与加工有关的生产设备。随着通用航空业在中国的迅速发展及空域的逐步开放，中国对小型飞行器及飞行员的需求持续增加。加拿大所拥有的小型航空器及支线飞机技术世界领先，投资加拿大航空业可以通过结合当地优势资源合作研发或收并购飞行器制造商，从而实现加速产业融合及优势技术的在中国通用航空市场上的应用。

四是农业。加拿大是世界主要农业作物出口国，海鲜及肉类需求增加有助于中加双边贸易提升。农作物是加拿大出口中国最多的产品之一，但双方农产品贸易额在双边贸易中占比小，上升潜力很大。加拿大有完善的农、林、渔、牧业研究体系及专业技术储备，两国在相关农产品及副产品的合作、农业经济产业开发上存在巨大的合作潜力。

五是互联网行业。加拿大的电信业发展繁荣，市场监管成熟，宽带及互联网用户增长迅速。同时，随着物流业的加强，加拿大物联网市场前景看好。尤其是运营商在网络和机对机通信平台方面的投资将会加速物联网的发展。此外，加拿大政府对云平台及智慧城市、智慧医疗等领域的推广也将进一步增进该国电信市场发展。智能医疗服务及云数据的需求将会有更多的项目外包，同时光纤的需求量也会相应增加。而加拿大政府在区块链技术方面采取的开放态度，不仅会吸引更多的投资者，同时也将会投入更多的电信基建项目改善行业环境。

（二）面临风险

中资企业在加拿大的投资风险主要体现在三方面。一是投资受政治风险影响大。加拿大能源、电信等支柱产业投资项目受国家审查影响高。投资加拿大需防范政治风险，尤其是加拿大长期亲美，美国所持政策对加拿大政府及公众影响广泛，这也导致加拿大政府长期以来对中国流入资本较为谨慎。中资企业投资加拿大面临比其他外国企业更为严格的国家安全审查，中资企业投资相关敏感领域（如国家支柱产业、安全产业等）容易政治受阻。

二是自然灾害频发。加拿大地处北寒带，冬季漫长，大雪、冰雨频繁，行车艰难，事故频发。此外，山火与洪水是在加拿大地区投资需要面临的最常见的自然风险，阿尔伯塔、不列颠哥伦比亚等多省均发生过大面积山火及洪水、风暴潮等灾害，经济损失惨重。而且联邦政府对灾害救援资金审批越发严格。受联邦政府财政紧张常态化的影响，各省市政府从联邦政府获得灾害救援金难度增大，对于没有购买自然灾害保险的受灾人，只能通过申请联邦自然灾害财政援助。受此影响，投资加拿大要谨慎预防自然灾害风险损失，合理购买必需的自然灾害保险。

三是劳动力市场存在风险。由于地广人稀，加拿大技术工人短缺，人工成本非常高。同时，加拿大政府出于选举等需要，经常承诺选民解决就业问题，因此加拿大联邦政府对外国临时劳工的管理非常严格，且政策愈加收紧。中加两国尚未磋商、签署双边劳务准入协定，加之加拿大工会组织实力强大，从中国国内大规模引进劳工几无可能。此外，自 2011 年加拿大联邦政府对"临时外国劳工计划"政策进行调整后，外国劳工在加拿大境内工作总时间被严格限制，不仅临时外国劳工输入困难，就连中国企业派遣的高级管理人员和高级技术人员申请及延续长期工作签证也十分困难。

## 三、中资银行业务发展机遇及风险分析

加拿大目前有近 90 家外资银行。中国银行、工商银行已在加拿大设立了经营网点，国家开发银行设有驻加拿大工作组，建设银行于 2014 年初获准设立多伦多分行。

（一）政策监管环境

监管机构方面，加拿大银行体系长期以来被称为世界上最稳健的银行体系。联邦监管部门由财政部、加拿大银行、金融机构监理署、加拿大存款保险公司、加拿大金融消费者保护局组成。其中，金融机构监理署在联邦监管

的金融机构中发挥核心监管作用，其监管的三大特点为原则性监管、密切接触式监管和保守型监管。加拿大银行是加拿大的中央银行，旨在促进经济和维护加拿大的财政稳定。

金融监管方面，加拿大对外国投资进入其敏感经济领域制定了一些限制政策。这些敏感领域主要包括铀的生产、金融服务、交通服务以及文化产业。对于大型银行（资产达到或超过50亿加元的），其资产必须被"广泛持有"，即不论国籍，任何个人都不得收购该银行超过20%的投票股权或超过30%的非投票股权。任何个人持有中小银行（资产在10亿加元以下）股份的，需要事先得到财政部批准。

（二）中资银行机遇

一方面，更加稳定的中加关系将为中资银行带来更多发展空间。中加两国的政治关系、经济合作日趋稳定，中国巨大的经济规模和较快的经济增速将带动中加国际贸易、直接投资的规模化增长，双方企业的投融资、贸易需求都将为中资银行提供更为广阔的业务空间。加拿大法制健全，社会稳定，科技实力强，信息便捷，金融体系稳健，中介服务发达，整体投资环境良好，吸引了越来越多的中资企业到加拿大投资，仅加拿大中国商会就有一百多家大中型中资企业组成，这为中资银行发展当地业务提供了良好的业务平台和切入点。

另一方面，加拿大企业的人民币结算业务仍有较大拓展空间。中国"一带一路"、丝路基金、亚投行等倡议的实施、人民币国际化战略的推进以及我国企业与居民对外投资的增加，都为中资银行提供了良好的海外发展机遇。随着我国资本账户不断开放、人民币国际化路径逐步明晰，人民币衍生品交易、企业跨境资金集中管理、境外发行人民币债券等领域都将成为中国银行业新的业务增长点。调查结果显示，在受访的加拿大企业中，从事跨境贸易时以人民币结算的比例目前只有3%，在受访的各国企业中排名倒数第二。相比之下，在受访的共1 610家国际公司中，以人民币进行贸易结算的平均比例为17%；在受访的美国企业中，以人民币结算的比例也高达10%。目前加拿大企业的人民币结算比例较低，仍有较大的开发空间。

（三）中资银行面临的挑战

中资银行在加拿大的业务发展面临着一系列困难和问题，主要体现在以下三个方面：一是加拿大银行业务垄断严重。加拿大金融体系比较保守，银行业务垄断严重。加拿大主要的本地五大商业银行加拿大皇家银行、蒙特利尔银行、道明银行、丰业银行和帝国商业银行的市场占有率达到 95% 以上，其中第一大银行加拿大皇家银行的市场份额即占到 50%。外资银行比如美国银行、欧洲银行、亚洲银行所占比例非常小。在此情况下，本地市场的银团贷款基本集中在五大银行手中。由于高度垄断的市场环境，外资银行在加拿大经营普遍感觉市场拓展比较困难，近年来也有外资银行选择退出。中资银行在加拿大市场的认知度尚不高，业务主要集中在中资企业和华人华侨方面，业务面较窄。

二是监管严格提高中资银行发展门槛。中资银行近年来在加拿大发展业务的同时，频繁受到监管当局的各类检查和评估，监管压力明显增强。如向监管当局提请增持分行牌照，即使在沟通较为充分的情况下，仍会被要求补充资料，且审查进展十分缓慢，影响了中资银行业务的正常扩展，无法开展更多的授信业务。此外，加拿大对银行资本充足率、杠杆率的规定都高于全球平均水平，金融危机以前就高于《巴塞尔协议Ⅲ》的规定；加拿大金融监管办公室（OSFI）对这些指标监管非常严格，会不时到访金融机构，提醒或强制其执行对相关问题的改善。此外，加拿大对于大小银行的监管要求完全一致，也不利于小银行的发展。

三是扩大投资审核掣肘中资企业。近几年美国和欧盟等西方国家对来自中国的投资加强了国家安全审查。安全审查的领域和范围有泛化趋势，表现为国家安全的定义被不断扩大，从传统的国防军事领域扩大到能源、电信、航空、集成电路、人工智能、先进材料等关键技术及金融、数据运用和用户信息收集等服务行业。鉴于 2012 年中海油对尼克森收购案给加拿大社会带来的衍生效应，中资企业在加拿大的经营受到更多的关注和审查。海外监管升级的国家安全审查直接和间接地影响着中企的对外投资意愿，进而对中资银行的业务拓展构成不利影响。

## 四、对策建议

随着中加之间经济金融联系的深化，未来我国政府、企业、银行在与加拿大加强经贸合作和业务往来的同时，应特别注意相关经验的推广和风险的防范。

一是密切关注国际油价走势。考虑到加拿大经济对石油等能源出口高度依赖，国际油价走势对加拿大经济的影响将涉及国际财政状况、国际收支、汇率水平、通货膨胀水平以及投资者和消费者信心等各个方面。因此，建议中资金融机构和企业在对加经贸合作和业务往来中密切关注国际油价变动走势。

二是注重环境保护。加拿大的环境保护法律法规完备健全，要求严格。政府和民众对环境保护的意识较强，违法成本高。通常项目在立项或动工之前就需要做环境影响评估，凡是涉及联邦资助或批准使用土地，或者需要联邦政府许可和核准的项目都要进行评估。有些项目需要省一级的环境影响评估，并要举行公开听证会。矿业项目通过环境影响评估最短也要历时 2～3 年，长的甚至花费十几年。因此中资企业尤其是矿业企业在赴当地投资和开展业务前需充分了解当地环保政策法规和基本原则，高度重视并严格遵守当地环境保护法规，把环境当作一项公共财产加以保护。

三是适应加拿大严格的行政和法律环境。加拿大法律体系完善，监管体系严密，在加拿大投资需要遵守联邦及地方两重法律规范。尤其是跨地区投资，更需要遵循所有地域内的地方法规。加拿大对金融业的各类监管指引既全面又细致，且违规成本较高。金融危机后，其审慎的监管风格得到政府、同业的认可，权威性和监管地位得到进一步巩固与加强。因此中资银行在加拿大开展业务一定要认真研读各项监管指引，坚持合规经营理念，做好资产管理，避免无序扩张，大起大落，以合规、稳健作为在加拿大的立行之本，实施长期、有序的发展策略。

四是适当加强属地化经营管理和本地化生产。中资企业可适当在加拿大开展属地化经营管理和本地化生产，聘用加拿大当地人从事人力资源管理和政府关系协调等工作，充分发挥当地人对当地法规和工会情况更熟悉、经验和人脉更丰富的优势，同时规避加拿大外籍劳动配额、产业保护政策、外在经营环境维护和中加文化差异与冲突等问题，使中资企业真正融入加拿大社会中去，从而保证企业长期、健康和稳定地发展。

# 南美洲主要国家概况、投资机遇及风险分析

# 巴　西

## 一、巴西概况

### （一）基本情况

巴西位于南美洲东南部，东濒大西洋，除智利和厄瓜多尔外，与其他全部南美洲国家接壤。国土面积851.49万平方千米，世界排名第5位，是拉美地区面积最大的国家，海岸线长7 400多千米，80%位于热带地区，属热带、亚热带季风气候。

巴西地势西高东低，地形主要是高原和平原，高原分布在巴西南部，平原分布在北部的亚马逊河流域和西部。巴西拥有亚马逊、巴拉那和圣弗朗西斯科三大水系。亚马逊河横贯北部，是世界上流域最广、流量最大的河流。

巴西共分1个联邦区（巴西利亚联邦区）和26个州，首都城市为巴西利亚。巴西有来自欧洲、非洲、亚洲等地区的移民，形成了多重民族多元文化共存的鲜明特色。巴西人口约为2.1亿，世界排名第5位。南非官方语言为葡萄牙语，是南美唯一使用葡萄牙语的国家。

巴西是实行总统制的资本主义国家。总统是国家元首、政府首脑和武装部队最高统帅，任期4年，可连任一次。在2018年10月举行的巴西总统选举中，社会自由党的雅伊尔·博索纳罗获胜，已于2019年1月1日就任总统。

巴西奉行国家独立、民族自决、主权平等、不干涉内政、尊重主权和领土完整、和平解决争端的外交政策。现任特梅尔政府调整了前期的"南南外交"路线，主张恢复与美国的"友好务实关系"，重新强调对美外交的重要性，并愿意与美加强经济合作和国际事务磋商。博索纳罗在当选总统后表示，新政府会保留特梅尔政府包括外交政策在内的诸多政策，保证关乎巴西利益的项目能够在正常状态下顺利推进。

巴西矿产、油气、森林和水资源丰富。锰、铝矾土、铅、锡等多种金属储量占世界总储量的10%以上。铁矿砂已探明储量占世界9.8%，居世界第五位。石油探明储量在南美地区仅次于委内瑞拉。

（二）经济社会状况

经济逐渐复苏。巴西经济逐渐从卡车司机罢工造成的经济放缓和选举的政治不确定性中复苏。2018 年，巴西 GDP 为 68 276 亿雷亚尔，约合 18 679 亿美元，世界排名第 8 位（2017 年），同比增速 1.1%，连续两年实现正增长。2019 年第一季度，巴西 GDP 不变价当季同比增长 0.46%。第二季度以来，制造业景气有所下滑，但仍继续保持扩张态势，服务业景气连续两个月处于荣枯线以下。通货膨胀压力较大。2019 年初以来，通货膨胀有所攀升。广义消费者物价指数同比增速由年初的 3.8% 最高上升至 4 月末的 4.9%，为 2017 年 1 月以来最高值，5 月末广义消费者物价指数同比增速回落至 4.7。

失业率增速放缓，失业人口下降。近几年，由于受经济危机影响，巴西失业率和失业人数一度呈现逐年攀升态势；其后，随着经济复苏企稳，失业率逐渐出现回落。2017 年，巴西失业率达到 12.7%，失业人口为 1 323 万；2018 年，巴西就业市场持续改善，失业率降至 12.3%，失业人口约为 1 220 万。

货币金融方面，基准利率维持不变。2019 年 5 月 9 日，巴西中央银行宣布维持基准利率为 6.5% 不变，为连续第 9 次会议按兵不动。巴西中央银行表示，近期经济活动指数显示巴西经济复苏缓慢，相关机构也不断下调了巴西今年经济增长预期；食品和运输价格的上涨，导致了 3 月和 4 月的通货膨胀率上升；外部环境仍具有"挑战性"，大国之间的贸易摩擦加剧，让全球经济增长前景蒙上了阴影；未来将会根据经济活动、风险评估、通货膨胀预期等因素对货币政策进行调整。

财政收支方面，调整难度较大。巴西财政预算灵活度较差，绝大部分财政支出受法律限制，财政调整的复杂和困难程度较大。根据政府发布的预算草案，2018 年公共账户财政赤字目标为 1 590 亿雷亚尔，2019 年基本预算赤字为 1 390 亿雷亚尔。

贸易及国际收支方面，经常账户逆差有改善趋势。2008 年以来，巴西经常账户常年逆差。2013—2015 年，经常账户逆差占 GDP 比例最高达到 4.3%；2016—2017 年占比有所下降，分别为 1.3% 和 0.35%。2018 年，巴西经常账户逆差 145.09 亿美元，占 GDP 的比重为 0.77%，较 2017 年有所回升。

债务状况方面，国际储备覆盖率有所下降。2017 年，巴西国际储备对总外债的覆盖度下降 10.3 个百分点至 56.9%。2018 年，雷亚尔出现大幅度贬值，国债利差将随着美联储加息而收窄，上述因素将损害政府外币偿债能力。

产业结构方面，巴西农牧业发达，是全球第三大农产品出口国；工业基础雄厚、门类齐全，民用支线飞机制造业和生物燃料产业在世界上居于领先水平；矿业占有非常重要的地位，出口收入占全国出口总收入的三分之一；服务业为产业结构主体，占 GDP 超过七成，旅游业是巴西服务业支柱产业之一。

（三）政策环境

货币政策。利率方面，2019 年 5 月 9 日，巴西央行宣布维持基准利率为 6.5% 不变，为连续第 9 次会议按兵不动。巴西央行表示，未来将会根据经济活动、风险评估、通货膨胀预期等因素对货币政策进行调整。汇率方面，巴西实行浮动汇率制度，有商贸外汇市场和旅游外汇市场两种法定外汇市场，统一由央行进行规范。2018 年初，受到国内政治局势和经济下滑影响，巴西雷亚尔兑美元出现较大幅度贬值；其后，雷亚尔汇率一直处于区间波动态势。

财政政策。自 2014 年 12 月起，巴西政府开始实行紧缩型财政政策。2017 年以来，巴西陷入政治危机且经济复苏缓慢，财政收入未达预期，巴西政府宣布了一系列增税减支措施，以弥补巨大的财政缺口，同时提高 2017—2020 年财政赤字目标。2019 年以来，被市场寄予厚望的各项改革毫无进展。虽然最受关注的养老金改革方案已提交众议院，但目前众议院的焦点却是通过宪法修正案草案减少政府对财政预算的控制。

（四）国际机构评级

标普、穆迪和惠誉三大评级公司对巴西的长期主权评级分别为"BB－"级、"Ba2"级和"BB－"级，评级展望均为"稳定"。在世界银行发布的《2019 年全球营商环境报告》中，巴西在 190 个国家及地区的排名从 2018 年的第 125 位上升到第 109 位。在世界经济论坛发布的《2018 年全球竞争力报告》中，巴西的全球竞争力指数在 140 个经济体中排名第 72 位，较上年排名下降 3 位。

（五）与我国经贸往来

近年来，中巴两国双边经贸合作发展势头良好。截至 2017 年 12 月底，中国已经在巴西进行了 1 170 亿美元的投资，其中 45% 的投资集中于能源、矿业和农业这三个行业。2018 年上半年，中国对巴西落地的累计投资金额为 13.43 亿美元，是去年同期的 4 倍；投资项目数量 9 个，是上年同期的 4.5 倍。中国对巴西投资呈现出明显的多行业布局的特征，基础设施、农业、制造业、服务业开始成为中国投资的重要增长点，公共卫生、物流、农业、信息通信等领域的投资也在快速增长。2018 年中巴双边贸易额为 1 111.8 亿美元，同比增长 27%。

## 二、中资工商企业在巴西的投资机会及风险分析

（一）投资机遇

巴西是"一带一路"倡议向拉美延伸的重要支点。巴西政府认为，"一带一路"倡议有助于将巴中关系提升至新高度，巴中在科技和人文领域的合作还有广泛提升的空间，"一带一路"倡议为此提供了新的契机。

巴西愿意积极参与"一带一路"建设的相关项目并加入各领域合作，欢迎中国企业来投资新能源、高科技、基础设施和农业等多个领域，尤其欢迎中国来投资基础设施和新技术。巴西是中国资本进入南美洲的最佳平台，中国在巴西的投资日渐多样化，在巴西投资汽车和消费品可以利用南方共同市场和南美洲国家联盟的内部税收优势。

（二）面临风险

腐败和效率问题。由于制度缺陷，"掮客"文化盛行以及法律体系的漏洞，巴西贪腐问题较为严重，历任总统都被腐败丑闻所困扰。巴西行政效率较低，工商注册所需要的时间远高于同水平的发展中国家和发达国家。

法律法规问题。巴西法律法规繁多，并且变更频繁。巴西在 2008 年发现大规模深海油藏后出台行政命令，规定政府在所有盐下层油田新项目中持股比重至少达 30%。为将此规定纳入法律，政府暂停了招标许可证的发放，直到 2013 年 5 月新法令出台后才得以重启。

优惠政策问题。巴西虽欢迎外国投资，但除了马瑙斯自由区和一些落后地区给予税收和出让土地优惠外，联邦政府对外资企业并无太多优惠政策。巴西希望引进的是能够减少进口、增加出口、提高产品科技含量和扩大当地就业的项目。

基础设施问题。巴西交通基础设施比较薄弱，港口系统发展相对滞后。由于基础设施投资不足、公路、铁路、水路和管道等通行运载能力不足，造成交货不及时、拥堵、运输成本偏高、物流服务质量难以得到保证。

社会治安问题。巴西经济低迷，失业率长期居高不下，且政府削减相关投资，致使罢工运动时常发生，大规模罢工活动中暴力冲突事件时有发生，造成社会秩序混乱，外国投资者在巴西面临安全风险。

### 三、中资银行业务发展机遇及风险分析

目前，中国五大国有商业银行均已进驻巴西。中国银行与工商银行在当地成立了子行，以巴西企业客户为主。交通银行与建设银行通过收购本地银行进入巴西市场，以中小企业及个人客户为主。农业银行设立了圣保罗代表处。

（一）政策环境

监管机构。巴西中央银行是国家货币委员会的执行机构，设在首都巴西利亚，领导机构由从国家货币委员会中推举的 5 名成员组成。巴西中央银行不办理具体业务，不直接代理国库，而将国库业务委托国营商业银行——巴西银行办理。巴西中央银行不独立于政府。2016 年以来，巴西政府多次讨论中央银行自治权的问题，并计划敦促议会通过一项宪法修正案，以正式落实中央银行的自治权。2018 年 2 月，巴西政府决定将包括巴西央行自治权在内的 15 个项目纳入优先立法议程。

外汇管理。巴西对外汇实行较为严格的管制。雷亚尔是市场上唯一通用的货币。巴西有两种法定外汇市场：商贸外汇市场和旅游外汇市场，由中央银行进行规范，并实行浮动汇率制。外国企业或个人（除有外交特权的单位、个人或经批准的企业外）在巴西银行不能开立外汇账户。巴西中央银行是外汇兑换的管理部门，外汇进出必须通过巴西中央银行。

对外资银行政策。2018 年以来，巴西中央银行为适应全球监管环境的变化，开始逐步向全面实施《巴塞尔协议 Ⅲ》过渡，使其监管规则与国际接轨。

（二）发展机遇

一是中巴贸易与投资配套服务需求潜力巨大。参与中巴双边贸易的企业对于更加便利的贸易结算的需求、对于充裕流动资金的需求都在增长，这些都是中资银行的优势业务，是促进双边贸易的"活水"。中资银行需要在合规经营的前提下，以丰富的金融产品满足企业需求。

二是巴西经济发展带来的大量融资需求。巴西生产大量农产品出口到中国，另外，巴西经济发展也促使其工业和服务活动多样化。银行需要跟上这些融资变化，帮助企业在国际市场上增强竞争力，特别是满足企业在新技术研究方面的融资需求。

三是巴西市场深化所产生的多样化服务需求。中资银行可联合多边机构，

保证供应链金融服务。通过与农产品贸易商合作，为急需资金周转的巴西种植业中小农户提供优惠贷款，与船运公司、保险公司合作，为流动性不足的进出口企业优先提供贴现业务等。类似首届中国国际进口博览会等平台对于中资银行而言都是业务扩展的契机。

（三）面临挑战

一是中资银行市场份额较低。巴西美国商会数据显示，巴西五大银行与巴西政策性银行 BNDES 占银行总资产规模的 81%。中资银行在巴西银行业的市场中占比例不及 0.01%，无论从规模或成本角度，在零售市场上都无法与巴西五大银行相匹敌。

二是税务规定限制规模扩张。巴西联邦税务局规定，来自税务天堂拆借的资金不能超过资本金的 15%，如果超过则加收 50% 利息所得税；来自非税务天堂的资金超过资本金的两倍，要加收 25% 利息所得税。受限于税收限制，尽管母行资金实力雄厚，中资银行无法引进大量资金。

三是巴西市场竞争日益激烈。从银行业来讲，拉美业务已经成为西方银行在危机期间最主要的利润来源，高利润贡献率吸引了越来越多的欧美市场参与者。外资银行在拉美市场已经占据了一定的市场份额，以桑坦德银行和 BBVA 为例，这两家银行在拉美主要国家的存贷款业务领域占据的市场份额领先当地市场。

四是金融业风险有所上升。伴随宏观经济增速放缓，巴西银行业资产质量将在一定程度上有所下降，流动性风险会有所上升。市场风险带来信用风险，受美国货币政策影响，资本市场波动加剧，影响银行资产质量。政策风险带来信用违约风险，近年来巴西资源民族主义与贸易保护主义有所抬头，这些领域违约风险提高。

## 四、对策建议

巴西拥有巨大的市场容量、资源体量和国际市场影响力，经济发展潜力大，是一个值得深耕的市场，但巴西经济又相对封闭，中国企业进入巴西前，必须对可能遇到的障碍和困难有充分的准备：

一是将融入当地市场作为长期目标。融入当地市场，在产品开发、服务种类、管理方式、体制机制等各方面将当地市场需求放在首位，是中国企业在巴西实现国际化经营的可持续发展之路。应根据巴西具体国情和经济发展需要进行产品设计、提供符合本地客户习惯的产品和服务，并积极打造品牌效应，让当地人迅速认识并接受中国品牌。

二是打造拉美业务拓展的人才队伍。面对在语言文化上的劣势，打造出一支具有国际视野和拉美业务拓展能力的人才队伍对于中国企业在拉美的投资活动来说至关重要。在人才结构方面，应培养"小语种加业务"的复合型人才，聘请当地雇员，重视本地雇员的价值，特别是要逐渐培养一支以当地人为主的管理队伍。在人才管理上，应纳入更有包容特征的企业文化和价值观，减少管理体制和管理文化方面的差异和冲突。

三是建立法律专家团队。巴西法律复杂多变，虽然巴西加入一些国际组织和协会，但相关领域的法律却并不与国际组织和协会的规则相一致。应当组建一个精通巴西法律法规和政策、市场惯例、国际条约和国际惯例的法律专家团队，签署合同时应经过律师的审查和确认，增强法律意识，树立法治观念，合法、规范和诚信经营。

四是妥善处理劳资关系。巴西有严格、细致的劳工法律法规，劳工权益保障全面。巴西工会权力较大，有权决定当地所有企业包括外方企业每年工资的上涨幅度、最低工资标准、福利待遇等，对企业有很大的影响力和约束力。应当熟悉巴西的劳动法规，处理好与工会的关系，建立争议协调机制，运用企业文化增强凝聚力。

五是注重环境和安全风险。巴西的环境保护法律法规健全、要求严格，政府和民众环保意识较强。应了解当地环保政策法规和基本原则，把环境当作一项公共财产加以保护。巴西社会治安较差，应当加强对员工的安全培训，提高员工安全意识、加强安全防范。

# 智　　利

## 一、智利概况

### （一）基本情况

智利位于南美洲西南部，安第斯山脉西麓，东邻玻利维亚和阿根廷，北界秘鲁，西濒太平洋，南与南极洲隔海相望。智利是世界上最狭长的国家，国土面积 75.6 万平方千米，海岸线总长约 1 万千米。智利北部多山，为长年无雨的热带、亚热带沙漠气候；中部地区土地肥沃，人口众多，为冬季多雨、夏季干燥的亚热带地中海型气候；南部人烟稀少，为多雨的温带阔叶林和寒带草原气候。智利境内多火山，地震频繁。首都圣地亚哥位于中部，是智利最大的城市，也是全国的政治、经济、文化和交通中心。

截至 2018 年末，智利人口总数为 1 875 万，其中城市人口约占 87%。智利居民多为印欧混血人种，占总人口数的 75%，此外欧洲移民后裔占 20%，其余为印第安人。15 岁以上人口中信仰天主教的占 66.6%，信仰福音教的占 16.5%。智利官方语言为西班牙语，印第安人聚居区使用马普切语。

智利实行单一总统制，自 1990 年军人"还政于民"以来，政局总体稳定。2006 年至今，智利出现了巴切莱特和皮涅拉交替出任总统的局面。现总统皮涅拉于 2018 年 3 月 11 日正式就职，任期 4 年。

智利奉行独立自主的多元化务实外交政策，主张尊重国际法，和平解决争端，捍卫民主人权；大力推行全方位的外交战略，经济外交色彩浓厚，对外交往活跃；优先巩固和发展同拉美邻国和南共市国家的关系，积极推动拉美一体化，重视与美、欧传统关系，积极拓展同亚太国家关系，努力实现出口市场多元化；重视双边自由贸易谈判，目前已同绝大多数拉美国家及美国、加拿大、欧盟、中国、日本、韩国等 64 个国家和地区签署了 26 个自由贸易协定。

智利油气资源较为稀缺，石油主要依靠进口，但拥有非常丰富的矿产、森林和渔业资源。智利是世界上铜矿资源最丰富的国家，又是世界上产铜和出口铜最多的国家，享有"铜矿王国"之美誉。智利盛产温带林木，木质优良，是拉美第一大林产品出口国。渔业资源丰富，是世界第五渔业大国，也是世界上人工养殖三文鱼和鳟鱼的主要生产国。

（二）经济社会发展概况

经济开始复苏。2014 年起，智利每年经济增速均低于世界平均水平 1 个百分点以上，2017 年智利实际 GDP 增长 1.5%，比世界平均水平低 1.7 个百分点。2018 年，智利经济开始复苏，GDP 增长 3.9%，是 2013 年以来的最好表现，这主要得益于食品制造业的突出表现、投资的快速增长以及全要素生产率的提升。

货币金融方面，基础利率稳定，融资成本较低。近几年，智利基础利率水平保持在 3% 左右，在上下 1 个百分点的区间内活动，是拉美地区商业贷款成本最低的国家之一。2019 年 6 月，面对贸易战与经济危机，智利中央银行决定将基础利率大幅下调 50 个基点至 2.5%，这是 2009 年财政危机后最大的一次缩减。

财政收支方面，政府债务逐步升高，但处于健康水平。2013—2017 年，智利政府债务规模虽然快速上升，但总体保持健康水平。2017 年，智利政府债务占 GDP 比重为 23.6%，远低于国际公认的 60% 的警戒线水平。2018 年 5 月，皮涅拉新政府宣布一项长期基础设施投资计划，聚焦于未来 40 年智利基础设施的现代化升级改造，其中每年基础设施领域的投资将增加 10% 左右。因此 2018—2022 年，预计智利的政府债务将继续小幅升高。

贸易及国际收支方面，经常账户逆差增长得到有效控制，国际储备水平稳定。智利自 2011 年开始出现经常账户逆差，但近年来经常账户逆差增长趋势得到了有效控制，国际储备水平持续减少的趋势逐渐得到遏制，总体保持稳定。2017 年末，智利经常账户逆差达 59.6 亿美元，较上年同期有所增加，国际储备为 389.8 亿美元。从经常账户结构可以看出，智利商品贸易长期保持顺差，而服务贸易和一次收入则保持逆差，且逆差额度大于顺差额度。

产业结构方面，三大产业占 GDP 的比重近年来基本保持稳定，服务业占 GDP 的比重最大。2017 年，智利 GDP 构成中，农业占 3.8%，较上年下降了 0.2 个百分点；工业占 30%，较上年提升了 1.1 个百分点；服务业占 66.2%，较上年下降了 0.9 个百分点。

（三）政策环境

货币政策。为保持货币政策对经济推动作用的强度，2017 年 5 月至 2018

年9月，智利中央银行维持基础利率在2.50%的水平。2018年10月，考虑到宏观经济条件的演变使维持货币刺激措施的必要性降低，智利中央银行决定加息25个基点，将基础利率调至2.75%，同时重申其奉行灵活的货币政策，以期在未来两年维持通货膨胀率在3%。2019年1月，智利中央银行再度加息25个基点将基础利率调至3.00%。2019年6月，面对贸易战与经济危机，智利中央银行决定将基础利率大幅下调50个基点至2.50%。

财政政策。智利实行积极的财政政策，扶持中小企业发展，促进就业。2018年9月25日，皮涅拉总统公布了2019年度财政预算。其中公共支出项目达到734.7亿美元，同比增长3.2%，成为自2011年（3.1%）来最低的增长率，同时也低于同年GDP预期增长率（3.8%）。公共支出的低增长率体现了皮涅拉政府削减结构性赤字的决心。

（四）评级概况

标普、穆迪和惠誉三大评级公司对智利的评级展望均为"稳定"。在世界银行发布的《2019年全球营商环境报告》中，智利在190个国家和地区中的综合排名为第56位。在世界经济论坛发布的《2018年全球竞争力报告》中，智利的全球竞争力指数在140个被统计的经济体中排名第33位，较上年排名上升1位。

（五）与我国经贸合作关系

智利与中国于1970年建交，是第一个与中国建交的南美国家。智利长期坚定奉行"一个中国"原则。建交以来，双方高层接触频繁，在国际多边领域保持了良好合作。2004年中智两国建立了全面合作伙伴关系，2012年两国建立战略伙伴关系，2016年11月，习近平主席对智利进行国事访问，中智宣布建立全面战略伙伴关系。2017年5月，时任总统巴切莱特来华出席"一带一路"国际合作高峰论坛。智利是第一个就中国加入世界贸易组织与中国签署双边协议、承认中国完全市场经济地位、同中国签署双边自由贸易协定以及自贸协定升级议定书的拉美国家，中国与智利的合作在拉美国家中具有相当代表性。

## 二、中资工商企业在智利的投资机会及风险分析

（一）中资企业的投资机遇

智利鼓励科技研发和新能源项目开发。对投资不少于200万美元的高科技企业，智利生产促进局对各个研发阶段均可给予不同的经济资助。政府还

推出了各种财政支持措施鼓励新能源的发展，包括便利的贷款条件、战略项目投资前期可行性研究的资金补助等。智利特殊经济区主要有伊基克保税区和麦哲伦保税区，区内的实体企业在自由区制度框架内都可获得一定的税收优惠，例如免缴企业所得税、增值税等。

矿业方面，智利政府将采取包括简化矿业项目各部门审批、矿业安全条例修订、环境影响评价机制改革以及研究制定《国家矿业政策2018—2050》等措施支持矿业发展。基础设施方面，2018年5月，皮涅拉总统在智利建筑行业企业家年会上表示，新政府将扩大基础设施领域的投资，投资目标是年增长率达到10%，特许经营项目投资额应达到20亿美元。能源方面，2018年5月，智利总统皮涅拉宣布了"2018—2022能源之路"倡议，以指导政府在能源领域的工作。根据该倡议，智利能源部门从2018年至2022年间将有7项核心战略任务。

（二）中资企业面临的风险

一是智利经济结构单一、对外依存度高、能源短缺等问题突出。智利是典型的外向型经济体，在石油、天然气等重要能源产品上高度依赖进口，因此其发展很容易受到国际经济周期或是大宗商品价格波动的影响。智利南部和北部地区电力资源的低效输变及电价高企，使在该地区作业的企业承受巨大压力。

二是智利收入分配失衡较为严重，部分社会矛盾较为突出，与印度和哥伦比亚并列全球三大社会环境关系问题高发国家。智利是经合组织成员国中分配最不平等的国家，这种收入差距造成了智利社会中较大的阶层冲突和社会矛盾，存在由个别议题引发较严重社会事件的风险。此外，智利南北部的社会矛盾突出，导致实施工程非常困难。有关统计显示，目前在智利境内执行的建设类项目中，存在116起社群冲突待解决，领域集中于能源和矿产类的公共及生产性基础设施建设。

三是对外籍劳务限制严格。智利法律对外来劳工进行严格限制，规定企业外籍劳务人员不能超过总人数的15%，且外来劳务以本国不能满足的技术性人员为主。对于中资企业而言需注意的是，智利所规定的外来劳务比例与公司规模相关（以公司人数为标准），在雇用中国、智利籍之外的外籍员工时，要注意其工作签证情况，降低用工风险。

### 三、中资银行业务发展机遇及风险分析

中智金融合作起步虽晚，但发展迅速。中国人民银行与智利中央银行签有关于人民币清算安排的谅解备忘录和本币互换协议。2017 年 5 月，中国证监会同智利保险监管机构签署了《中智资本市场信息交流合作谅解备忘录》，迈开了金融监管部门合作的步伐。目前，建设银行、中国银行在智利设有分行，国家开发银行在智利设有工作组，进出口银行未来可能在智利设立分行。

（一）政策监管环境

监管机构。智利中央银行（BCC）根据智利宪法在 1925 年成立，并在监管金融体系、执行资本要求和充当最后贷款人方面发挥作用。智利中央银行是拉美地区最透明的中央银行之一。智利银行的主要监管机构是银行及金融机构监管局（SBIF）。尽管该机构的负责人由总统任命，并可以随意免职，但 SBIF 还是设法保持了自主权，并赢得了拉丁美洲最独立的银行监管机构之一的声誉。

外汇管理。智利比索（CLP）为可自由兑换货币，同时智利还有发展单位（UF）和月度税收单位（UTM）。UF 的货币单位也是比索，是银行作为贷款的可调节单位，价格每天调整。智利中央银行《外汇法》第 14 章对外国投资、外国提供资本及外国信贷进入智利做出了规定：一是须通过一家商业银行向中央银行提出申请；二是投资资金只能是外汇；三是资本进入智利后，可以提出申请进入官方外汇市场购买外汇，也可以汇出，智利中央银行负责审批；四是投资额在 10 万美元以内，或 12 个月内投资少于 10 万美元的不受此限制。外资企业在当地银行设立外汇账户须提交公司章程、官方日报上的注册声明、公司纳税号、股东纳税号等材料。在利润汇回方面，智利要求撤资须在投资完成 1 年后进行，只要符合税收规定，投资利润汇出没有时间限制。汇往海外的资金和利润可由投资者在当地获得授权的外汇交易所自行决定货币种类。撤资金额在投资金额范围以内不需要缴纳任何税收，超出部分须按照税法缴纳税金。利润汇回需要交纳 35% 的所得税及附加税。此外，入境携带现金合计金额超过 1 万美元应向海关申报。

对外资银行政策。20 世纪 80 年代，资本账户开放后，智利金融监管当局根据智利银行法，加强对内外资银行财务状况的监管，提高银行经营管理的透明度，并明文规定禁止外资银行从事股票经纪、投资基金以及财务顾问等业务。1977 年，允许国内银行引入外资。1977 年开始，智利允许外资银行在

智利开设分支网络机构和开展业务，外资银行的市场份额不断扩大。1980年，智利取消了银行外资头寸限制。

（二）中资银行的发展机遇

一是竞争公平且规则透明。智利银行业主要由私人银行主导，目前在智利运营的 20 家银行中，只有一家 BooStabo 是国有银行，这使得私人银行和国有银行通常在一个公平的领域进行竞争。智利国会目前正在审议一项新的银行总法，该法要求所有银行在 6 年的逐步实施期结束前采用《巴塞尔协议Ⅲ》标准。此外，该法还将把 SBIF 与新成立的金融市场委员会（管理保险和证券市场）合并。这项法律获得通过后，将提高智利银行系统内的透明度，并允许该国主要银行对业务进行更严的监督。

二是业务增长空间较大。世界银行报告显示，智利人越来越热衷于正规金融账户的使用，2017 年智利 15 岁以上的人口中 74% 拥有正式的金融账户（单一或联合），这一比例明显高于 2011 年的 42% 和 2014 年的 63%。智利银行业务仍然高度集中在圣地亚哥大都市地区，农村地区具有巨大发展空间。

三是中智双方致力于深化金融合作。2016 年，中智两国签署关于建立全面战略伙伴关系的联合声明，双方同意深化金融合作，充分利用好双边本币互换协议、人民币合格境外机构投资者额度、在智人民币清算安排等作用，更好地带动双边贸易和投资。建设银行智利分行作为中国人民银行指定的南美第一家人民币清算行，为企业提供人民币结算、融资、金融衍生品、债券等全方位的人民币业务，对于推动中智两国乃至中国和南美地区之间的经贸合作与往来，推动智利离岸人民币市场建设都具有深远意义，同时也是推动人民币在南美地区国际化的重要举措。随着中国与拉美国家贸易往来的逐年增加，更多的企业会考虑用人民币作为结算货币，合理规避不必要的汇率风险，拉美国家人民币业务的潜力无限。

（三）中资银行面临的挑战

一是面临语言文化障碍、金融监管严格等问题。目前中资银行在智利面临的最大困难是语言和文化障碍，加之智利金融监管严格，一些指标会对市场上的银行产生影响，比如单一客户风险敞口不能超过资本金的 10%，关联交易不能超过资本金的 5%，对境外资金最高收千分之八的印花税等，且智利监管和验收的要求都非常细致、严格，手续上也比较复杂，智利监管部门还时常"查漏补缺"。

二是市场集中度高，对外资行不利。近年来智利银行业竞争越发激烈，大银行合并频繁，已有外资银行退出。2015 年，智利有 25 家银行，现在只有 20 家，阿根廷国民银行和日本三菱银行均被迫退出。截至 2017 年末，智利排名前十的大银行资产占据银行业资产总额的 96.6%。

三是网络安全不容乐观。2018 年智利发生的一系列信息泄露和盗刷事件显示其网络安全存在问题。国际货币基金组织报告显示，智利政府对金融市场不同行业网络安全方面的法律监管不平等且不完善，相关法规比较原则性，缺乏细节，可能导致具体执行的差异和困难，以及部分受监管机构投资不足。在拉美地区，网络安全情况最差的是巴西，约 30% 的巴西人曾遭遇过网络攻击，其次是洪都拉斯（23.5%）、巴拿马（22.6%）、危地马拉（21.6%）和智利（20.6%）。

## 四、对策建议

智利自然资源丰富、政治局势稳定、市场经济体制完善、法律体制健全，是拉美地区经济发展水平较高的国家。下一阶段，随着中智自贸协定的不断深化和"一带一路"倡议的对接，中国企业"走出去"水平和层次的不断提高，双方有望在矿业、基础设施建设、农业、旅游、电子商务、数字经济等领域拓宽和深化合作。在智利开展投资过程中，要特别注意做好以下三点，预防相关风险发生。

一是事前调查、分析、评估相关风险，事中做好风险规避和管理工作，切实保障自身利益。积极利用保险、担保、银行等保险金融机构和其他专业风险管理机构的相关业务保障自身利益，包括贸易、投资、承包工程和劳务类信用保险、财产保险、人身安全保险等，银行的保理业务和福费廷业务，各类担保业务（政府担保、商业担保、保函）等。

二是适应当地法律环境。智利法制化水平较高，商业和金融等领域诚信体系较为完善，商业信用环境较好，企业和个人普遍重合同、守信用，相关法规对违法商业行为处罚较重，为守法经营者创造了较为公平的竞争环境。在与智利企业开展合作时，最好委托当地律师事务所或咨询机构，了解智利本土商业伙伴的资信情况，也可以通过国际或本地信誉记录系统，事前查询合作方的商业信誉。在与合作方签订合同时，应选择最保险的支付方式，切忌放账。在出现违约时，一般通过非诉讼方式追债或是诉讼追债的方式解决，不过在起诉之前，须查询清楚被告方是否有足够的资产来偿还债务。

三是不断加强网络安全保障工作。面对智利复杂多变的网络安全形势，中资企业要加强实践反思，主动探索网络攻防的新思路、新架构、新方法，增强在网络安全方面的投资力度。与此同时，要加强技术人才建设，避免因人才资源不足导致分析能力匮乏，进而使事件发现和响应处置延误，造成攻击损失。

# 秘　鲁

## 一、秘鲁概况

### （一）基本情况

秘鲁位于南美洲西北部，北邻厄瓜多尔、哥伦比亚，东接巴西，南接智利，东南与玻利维亚毗连，西濒太平洋。国土面积 128.5 万平方千米，居拉美第 4 位，海岸线长 2 254 千米。首都利马是秘鲁的政治、经济、文化和科研中心。秘鲁全境从西向东分为三个区域：西部沿海区为狭长的干旱地带，中部山地高原区主要为安第斯山中段，东部为亚马逊热带雨林区，是秘鲁新开发的石油产区。由于地震及厄尔尼诺现象等自然灾害频发，秘鲁安全风险较高。

2017 年秘鲁人口为 3 123.7 万，居拉美第 5 位，其中印第安人占 45%。秘鲁 96% 的居民信奉天主教，官方语言为西班牙语。秘鲁经济发展不平衡，贫富差距较大，国内偷盗、抢劫等刑事案件频发，犯罪率较高。

秘鲁实行总统共和制。2018 年 3 月 23 日，秘鲁第一副总统比斯卡拉·科尔内霍依照宪法接任总统一职。秘鲁现政府于 2018 年 4 月 2 日成立，新总统比斯卡拉主持部长会议并任命内阁。比斯卡拉就任总统以后将打击腐败、政治改革、重振经济、地方分权和改善民生作为五大工作重点，并如期举办了美洲峰会，获得各方普遍认可。

外交方面，秘鲁奉行独立自主的外交政策，强调外交为经济发展服务。秘鲁支持联合国改革，主张加强联合国权威。地区政策上，秘鲁重视同地区领导国家美国的关系，积极发展同其他拉美国家的关系，支持地区一体化建设，拓展与欧盟及亚太国家联系。秘鲁的核心外交政策目标是在南美地区发挥领导作用。对华外交是秘鲁外交的优先方向之一，两国关系面临持续优化的历史机遇。2010 年 3 月，中秘自贸协定正式生效。目前，中国已经成为秘鲁最重要的贸易伙伴，双方正在开展自贸协定升级的联合研究工作。秘鲁是拉美地区唯一与中国建立全面战略伙伴关系并签署一揽子自贸协定的国家。

秘鲁的矿业资源丰富，是世界 12 大矿产国之一，矿产总量居世界第七，主要有铜、锌、铅、铀、汞、金、钼、银、锡、铁、铋、钒，以及煤、磷块岩、重晶石、硼酸盐等。秘鲁森林覆盖率为 58%，在南美洲仅次于巴西，居世界第 10 位。秘鲁水力资源丰富，但分布不均衡。秘鲁海岸线长，沿海水温适于鱼类繁殖，渔业资源十分丰富，是世界渔业大国之一。产业结构方面，秘鲁是传统农矿业国家，矿业、渔业和农业是秘鲁国民经济的三大支柱产业，其中矿业占 GDP 的比重约为 16%。秘鲁是铜、金等矿产品重要生产国和出口国，工业以轻纺、加工装配业等为主，石油化工、冶金等也有一定发展。

（二）经济状况

经济增速有所下滑。2018 年秘鲁 GDP 同比增长 4.0%，高于全球平均增速和拉丁美洲发展中国家平均水平。货币金融方面，中央银行频频降息。2017 年，秘鲁北部地区遭遇近 20 年来最为严重的洪灾，若干重大基建项目被迫推迟，经济疲软。为刺激经济增长，2017 年 5 月至 2018 年 3 月，秘鲁先后 6 次下调利率，每次 25 个百分点，使基准利率从 4.25% 降至 2.75%，基准利率达到 2010 年 9 月以来最低水平。2018 年 3 月之后的货币政策会议上，中央银行均维持基准利率为 2.75% 不变。汇率小幅波动。2013—2015 年，秘鲁索尔兑美元汇率显著贬值，但 2016—2017 年出现小幅回升。2018 年以来，随着美联储加息，秘鲁索尔兑美元汇率小幅贬值，截至 2018 年末，1 美元可兑换3.37 秘鲁索尔。考虑到秘鲁具有较为充足的外汇储备和长期稳定的资本流入，因此秘鲁索尔大幅贬值的风险较低。

财政收支方面，财政赤字扩大。由于近年来财政收入持续下降和支出扩大，秘鲁 2017 年的基本财政赤字已达到近 17 年来最高水平，占 GDP 的比重为 3.1%。贸易及国际收支方面，经常账户逆差显著收窄。2013—2015 年，秘鲁经常账户逆差占 GDP 的比重分别为 4.7%、4.4% 和 4.8%，经常账户逆差规模较为稳定。秘鲁经常账户逆差主要源于其出口总量变化不大，但进口快速增加，且对主要贸易伙伴多是逆差。2016—2017 年，随着出口快速增长和进口减速，秘鲁经常账户逆差显著收窄，占 GDP 比重由 2.7% 下降到1.3%。国际储备充足。截至 2017 年末，秘鲁官方国际储备为 638.19 亿美元，同比增长 3.3%，黄金储备为 15.45 亿美元，国际储备可覆盖 12.8 个月进口。债务状况方面，债务水平保持合理稳定。2013—2017 年，秘鲁政府债务占 GDP 比重分别为 20.8%、20.7%、24.0%、24.4% 和 25.5%，虽小幅上升，但仍保持在合理区间内，远低于国际公认的 60% 警戒线水平。

（三）政策环境

货币政策。根据 2018 年秘鲁中央银行报告，秘鲁经济活动仍然低于潜在增长水平，与近期商业紧张局势和国际市场不确定性相关的更大金融波动可能会影响秘鲁经济发展。因此，在秘鲁接近预期的经济目标之前，中央银行将继续维持扩张性的货币政策，以促进矿业投资，推动经济显著复苏。

财政政策。2018 年秘鲁政府延续实施了自 2017 年以来采取的扩张性财政政策，以确保 2018 年达到经济增速 4%、年化通货膨胀率 2% 的目标。根据秘鲁财经部 2018 年 4 月发布的报告，2018 年秘鲁财政赤字将占 GDP 的 3.5%，到 2021 年逐步收缩到 GDP 的 1.0%。

（四）评级概况

标普、穆迪和惠誉三大评级公司对秘鲁的长期主权评级分别为 "BBB +" 级、"A3" 级和 "BBB +" 级，评级展望均为 "稳定"。在世界银行发布的《2019 年全球营商环境报告》中，秘鲁在 190 个国家及地区的排名从 2018 年的第 78 位上升到第 68 位。在世界经济论坛发布的《2018 年全球竞争力报告》中，秘鲁的全球竞争力指数在 140 个被统计的经济体中排名第 63 位，较去年排名下降 3 位。

（五）与我国经贸合作关系

1971 年 11 月，中国和秘鲁正式建立外交关系。2008 年 11 月，中秘建立战略伙伴关系。2009 年两国签署自由贸易协定并于 2010 年生效，这是中国与拉美国家签署的第二个自贸协定。2013 年 4 月，两国关系提升为全面战略伙伴关系。截至目前，秘鲁是唯一一个与中国既达成全面战略伙伴关系，又签署自贸协定的拉美国家。2017 年 3 月，秘鲁正式加入亚投行（AIIB）。目前，中国已经是秘鲁全球第一大贸易伙伴、第一大出口市场及第二大进口来源国，秘鲁则是中国在拉美地区的第二大投资目的地国和第四大贸易伙伴，中国近年对秘鲁投资主要涉及矿产、石油开发、基础设施建设等领域。

## 二、中资工商企业在秘鲁的投资机会及风险分析

（一）中资企业的投资机遇

秘鲁对外国投资持欢迎态度，绝大多数一般性的产业领域都对外资开放。给予特别鼓励的行业主要有石油、石油化工、生物燃料、电力和农业。当前，秘鲁对石油、矿业和农业等领域的投资有鼓励政策，对农业、农产品加工业和水产养殖业企业的所得税税率为 15%，仅为其他企业税率的一半。此外，

秘鲁制造业相对薄弱，门类品种较为有限。近年来，秘鲁政府日益重视借鉴国外经验，试图通过建立工业园区带动本国制造业发展。

矿业方面，秘鲁新政府对矿业资本广开大门，比斯卡拉总统多次表达了对该行业的支持，并计划调整环境标准，用以吸引更多的矿业投资。油气开采业方面，为了提升该国的油气产业，秘鲁政府加大了对油气勘探活动的支持力度，并改革了环境许可程序。2015 年 11 月，秘鲁政府降低了石油和天然气生产的使用费率，从 20% 降至 5%，以鼓励勘探和油田开发，尤其是海上油气开发。基础设施建设方面，秘鲁新总统比斯卡拉将基础设施投资作为其主要施政方向之一。政府也将继续推进通过特许经营权吸引私人投资进入基础设施领域，计划加大对交通基础设施、旅游地产、通信及能源基础设施的投资。

（二）中资企业面临的风险

一是政府腐败现象较为普遍。尽管多年以来秘鲁数届政府曾采取多项举措治理腐败问题，但秘鲁在透明国际《2017 年全球清廉指数》的排名中，在全球 180 个国家及地区中仅位列 96 位，显示腐败问题较为普遍。由于政府腐败阻碍了外国投资，尤其是对非矿业部门的投资，这对秘鲁的国内经济成本造成了较大影响，从而限制了经济增长潜力。此外，秘鲁政府未能治理好腐败问题也削弱了人民对政府治理能力的信心，由此可能会损害国内政治的稳定性。

二是矿业矛盾对招商引资构成挑战。矿业在短期之内仍将是秘鲁经济增长的主要支柱，因此如何平衡好秘鲁国内各方的利益仍将是秘鲁新政府面临的重要政治挑战。长期以来，由于矿业繁荣导致的利益平衡问题，秘鲁安全部队与外资企业所获特许经营权地区的土著社会之间经常发生矛盾和冲突。2009 年和 2012 年，秘鲁安全部队采取的严厉措施还曾导致了当地抗议者意外身亡，造成了当地社会的紧张局势，也间接推高了外资企业与当地社会的矛盾，而这类矿业矛盾在秘鲁的亚马逊地区仍尤为突出。

三是犯罪活动推升企业风险。秘鲁主要的犯罪形式为盗窃和抢劫等低烈度犯罪。而在山区等偏远地区从事贩毒活动的犯罪集团可能会推升企业风险。秘鲁地处南美洲"银三角"毒品产区，与哥伦比亚相邻，后者是世界上最大的纯可卡因生产国，未来十年非法毒品贸易恐将继续增长。由于缺乏经济机会、偏远地区政府治理水平低下以及邻国对毒品贸易的强力打击，秘鲁偏远地区的毒品贸易有增长之势。尤其是在反叛组织光辉道路活跃的地区——阿普里马克、埃奈和曼塔罗河谷地带，毒品种植已经规模化，该组织利用毒品贸易的利润为其活动提供资金，对偏远地区的安全形势构成持续性的威胁。阿普里马克地区拥有众多优质矿山，中国五矿集团运营的邦巴斯铜矿项目就位于该地区，包括光辉道路在内的有组织贩毒集团的活动可能会对项目运营带来安全风险。

四是陆路交通相对薄弱。由于投资不足等原因，秘鲁的陆路交通相对比较薄弱，公路和铁路发展水平较低，且发展不平衡，使得交通拥堵和货物运送延迟现象比较普遍。秘鲁仅有 13.3% 的公路完成铺砌，不少公路质量较差，公路表面凹凸不平，无法进行大吨位货物运输。这使得秘鲁许多城市被迫使用一条国道进行货物运输，加重了道路拥堵问题。同时，鉴于地形较为复杂，秘鲁的北部和东部道路网络连接不足，这给不同地区间的企业运输带来不便，特别是采矿业和农业类企业。此外，秘鲁铁路运输网络连接能力有限，覆盖面积不足。秘鲁的铁路仅能连接中部的一些城市和地区，部分北部和南部城市的铁路无法相互联通，其缺乏一条能够贯穿全国的铁路干线。同时，受困于长期投资不足，秘鲁铁路网络运输能力受到限制，影响了运输速度和载运重量的提升。

## 三、中资银行业务发展机遇及风险分析

随着秘鲁政府对其金融体系进行不断改革，其金融业发展环境日益优化，金融企业运营稳定。目前，秘鲁已形成由国家金融机构宏观引导和私人金融机构及外资金融机构自主经营的格局。工商银行、中国银行和国家开发银行三家中资银行已进驻秘鲁。

（一）政策监管环境

监管机构。秘鲁中央银行为秘鲁中央储备银行（BCRP），主要职能是发行货币，调节金融体系内的货币和信贷，管理外汇储备和定期发布金融信息。BCRP 可独立自由管理货币政策以维持金融稳定，其主要目标在于通过控制通货膨胀目标以维持价格稳定。

外汇管理。秘鲁的外汇流动自由度高，外汇管理以市场化调节为主，仅当本币币值波动过大时中央银行才会运用公开市场操作进行有限度的干预。秘鲁对外汇进出境基本没有限制，美元与本币可以在市场上自由兑换和并行流通，货币自由度居世界前列。外国投资者可自由向本国投资者购买股票，自由汇出资产、红利和股息，不受限制地获得当地信贷，但自 2011 年 4 月

起，利润汇出需缴纳 0.005% 的银行交易税。

对外资银行政策。秘鲁在某些特定领域存在有限的资本管制，如私人养老基金经理（AFPs）的投资组合投资于外国证券的比例受到限制。2017 年之前，秘鲁法律禁止同一家大股东在当地同时经营多家银行。2017 年 2 月，秘鲁政府宣布允许属于同一家大股东的一类外国银行在国内同时运营。

（二）中资银行的发展机遇

一方面，更加稳定的中秘关系将为中资银行带来更多发展空间。中秘两国的政治关系、经济合作日趋稳定，中国巨大的经济规模和较快的经济增速将带动中秘国际贸易、直接投资的规模化增长，双方企业的投融资、贸易需求都将为中资银行提供更为广阔的业务空间。秘鲁地理位置得天独厚、资源丰富，但亟须基础设施建设投资。作为连接亚洲与南美洲贸易和投资的重要平台，秘鲁是拉美对华最友好的国家之一，也是中国在拉美国际产能合作重点国家，目前秘鲁已是中国在拉丁美洲投资规模第二大的国家。中资银行在此能够进一步提升对中资企业投资秘鲁能矿、农业、通信、制造等领域的服务能力，有助于搭建中秘企业合作新平台，催生新动力。从长期看，中资银行在秘鲁有着广阔的发挥空间。

另一方面，秘鲁金融政策有助于中资银行拓展业务。作为拉美经济增速较为稳定的国家，秘鲁也在不断改革，持续开放。近年来，秘鲁政府连续出台放宽外国金融机构准入、允许更多外国企业同时参加公共项目招投标、延长矿权期限并降低有关费用、放宽环保标准、重新认定外国国有企业与金融机构关联关系等法令，不断释放政策"红利"，秘鲁投资经营法律环境持续得到改善，吸引更多的中资企业赴秘投资以及更多的中资银行赴秘拓展业务。中资银行"走入"秘鲁，有利于提升双方本币互换额度，增加银行、证券等金融机构在秘鲁设立分行的数量，从而进一步扩大人民币在拉美国家的使用。由于秘鲁外汇管理较为宽松，监管当局对商业银行经营人民币业务没有限制，中资企业可以使用人民币在当地开展跨境贸易和投资合作，并通过在中资金融机构开设人民币账户完成人民币清算结算。

（三）中资银行面临的挑战

一是在传统商业银行业务方面难以取得竞争优势。在对企业提供流动资金贷款、为当地居民提供存款、汇兑业务等传统商业银行业务方面，由于这些金融服务不具备较高的准入门槛，因此秘鲁本土银行均能提供，导致中资银行难以取得竞争优势。此外，中资银行在当地由于缺乏低成本本币筹资手段，因此即使在价格竞争中也容易陷入劣势。

二是合规成本不断增加。国际金融危机之后，全球合规风险防控形势更加严峻，秘鲁的金融监管力度也明显加强。在秘鲁，中资银行需要面对与中国不同的监管要求与执法尺度，管理难度较大，在合规体系建设、客户准入把关、系统开发、数据识别与信息披露等方面都需要进一步增强，合规成本不断增加，对经营形成明显压力。

三是强大的工会使劳务关系更加复杂。秘鲁的工会组织力量较为强大，经常组织罢工以为劳工争取更高的工资，谋求更优厚的福利待遇。这不仅增加了企业面临罢工停运的可能性、降低了雇用和解雇劳工的灵活性，还使企业不得不额外提供更多的福利，增加了企业运营成本。同时，一些工会领导为赚取政治资本，不断组织罢工，其所要求的福利也不断升级，对企业的正常运营造成不利影响。由于秘鲁法律法规缺乏对工会的有效管理和约束，因此当劳资双方发生矛盾时，政府很难调和工会发动的罢工事件，进而令企业蒙受损失。

## 四、对策建议

随着中秘之间经济金融联系的深化，未来我国政府、企业、银行在与秘鲁加强经贸合作和业务往来的同时，还应特别注意相关经验的推广和风险防范。

一是在"一带一路"倡议下加快中资企业"走出去"。秘鲁政府积极响应我国的"一带一路"倡议，我国政府也宣布未来3年将加大对秘鲁交通、电信、能源等领域的基建投资，这将有助于改善该国的基础设施状况，减少投资制约因素，两国未来在基建领域合作前景广阔。同时，中秘两国政府也正在努力进一步升级现有自贸协定的内容，为未来投资秘鲁的中资企业创造更好的营商环境，进一步推动两国商贸往来。此外，秘鲁实行宽松的市场准入政策，外资可进入除部分与国防安全相关的特殊领域外的大部分领域，且无须事先获得授权，这也为中资企业"走出去"提供了有利条件。

二是注重当地环境保护。秘鲁政府对于环保问题非常重视，企业如有威胁环境行为，将被处以预防性措施（如停产整改）；如已造成环境破坏，还将受到严厉处罚。此外，秘鲁环境污染评估用时很长，而且往往会被延期。尽管法律规定环境污染评估需要用时9个月，然而实际上审核过程往往需要两年。因此中资企业尤其是矿业企业在赴当地投资和开展业务前需充分了解当地环保政策法规和基本原则，高度重视并严格遵守当地环境保护法规，合理评估环保合规成本。

三是有效防范融资和汇率风险。秘鲁工程项目资金来源主要是业主自有资金、国外援助或贷款和承包商带资承包（BOT）。前两者工程支付基本上有保障，但带资承包或 BOT 项目，即使是公共项目，政府承担的责任也很少，例如不能提供融资担保，因此企业应充分做好调研，认真研究项目可行性，注意融资风险。同时，虽然秘鲁外汇自由进出并且汇率较为稳定，但企业仍需考虑项目回款货币种类，注意规避贬值风险。

四是做好公共关系管理，树立良好的形象。投资项目应尽最大可能向当地政府、媒体和社区组织公开信息，并与其建立良好的公共关系，努力争取公众对投资项目的了解和支持。澳大利亚市场较小、竞争激烈，中国企业应着重提升产品质量和安全性，注重信用，遵纪守法，积极履行企业社会责任，树立良好的商品和企业形象，以免影响自身发展。

五是核算用工成本，适当加强属地化生产经营。秘鲁《劳动法》对劳工保护有加，不同行业的职工享有众多福利与保障，对解除劳动合同有非常严格和内容复杂的界定。秘鲁法律规定，在当地雇用外籍员工人数不得超过本单位员工总数的20％，工资总额不得超过企业全体员工工资总额的30％。同时，秘鲁对外国公民申请工作签证和居留证审查严格，审批时间长，往往导致外国公民不能及时拿到相关准证或到期后得不到及时延期。加之当地工会势力强大，排斥外国人在秘鲁就业，有时会针对外国人就业比较集中的项目或企业发起抗议和袭扰活动。因此，中资企业进入秘鲁市场，应发挥自身优势，注意和当地企业优势互补、强强联合，以便于熟悉当地规则，尽快在当地市场立足。同时，中资企业在雇用当地雇员时，应对工资、保险、补贴、分红和带薪休假等具体规定仔细研究，避免投资项目实施过程中出现劳工纠纷，造成额外负担。

# 大洋洲主要国家概况、投资机遇及风险分析

# 澳大利亚

## 一、澳大利亚概况

### （一）基本情况

澳大利亚位于南太平洋和印度洋之间，由澳大利亚大陆、塔斯马尼亚岛等岛屿和海外领土组成，东濒太平洋的珊瑚海和塔斯曼海，北、西、南三面临印度洋及其边缘海，是世界上唯一一个独占一个大陆的国家，国土面积769万平方千米，海岸线长36 735千米。

澳大利亚地貌多样，东、中、西分别是山地、平原和高原，约70%的国土属于干旱或半干旱地带，中部大部分地区不适合人类居住，可作畜牧及耕种的土地只有26万平方千米，主要分布在东南沿海地带。澳大利亚跨两个气候带，北部属于热带，南部属于温带。

全国划分为6个州和两个地区，首都堪培拉是澳大利亚的政治中心，也是诸多全国性社会和文化机构的所在地。澳大利亚是典型的移民国家，多民族形成的多元文化是澳大利亚社会一个显著特征。截至2018年末，澳大利亚人口达2 520万。官方语言为英语。

澳大利亚采用君主立宪制，英国女王伊丽莎白二世是其名义上的国家元首，联邦政府由众议院多数党或政党联盟组成，该党领袖任总理，各部部长由总理任命。政府一般任期3年。2018年8月24日，原国库部长斯科特·莫里森在自由党内部选举中取代特恩布尔当选该党领袖，并出任澳新一届总理。澳大利亚主要政党包括自由党、澳大利亚工党和国家党，其他小党有绿党、单一民族党和澳大利亚共产党等。

澳大利亚奉行独立自主的外交政策，以捍卫国家主权和独立、推进国家经济和战略利益为宗旨。澳大利亚在重点加强与美国联盟关系的同时，注重发展与亚洲、尤其是东亚的关系，把与美国、日本、中国、印度尼西亚的关系作为最重要的四大双边关系。

澳大利亚积极参与国际事务，是亚太经合组织（APEC）的创始成员，也是联合国、20 国集团、英联邦、太平洋安全保障条约、经济合作与发展组织及太平洋岛国论坛的成员，主张促进贸易、投资与发展，推进军备控制、裁军及地区性的安全环境的建立，维护民主和人权，提高女性地位，保护环境，提供人道主义援助。

澳大利亚自然资源丰富，是世界重要的矿产资源生产国和出口国，但水资源总量少，且水利设施不足。

（二）经济社会发展概况

经济持续较快增长。1991 年到 2017 年，澳大利亚经济的实际年均增长率达到 3.2%，远高于同期美国（2.5%）、英国（2.1%）、法国（1.6%）、德国（1.4%）和日本（0.9%）等主要发达经济体的平均增长率。2018 年，澳大利亚 GDP 同比增长 2.7%，连续 110 个季度实现扩张。

货币金融方面，利率水平降低，信贷增速回落。2019 年 6 月 4 日，澳大利亚中央银行结束了利率 30 个月维持不变的局面，宣布降息 25 个基点至 1.25%，达到历史最低水平，以支持就业和经济增长。2018 年，澳大利亚国内信贷同比增长 4.9%，较上年回落 0.7 个百分点。信贷的低速增长可能会对房地产和金融业造成冲击，进而拖累经济增长。

财政收支方面，财政状况改善，外债规模快速增长。由于政府税收收入的提高，2018 年澳大利亚财政由赤字转向盈余。截至 2018 年 6 月 30 日，澳大利亚外债规模达 10 364 亿美元，相对于外汇储备水平过高，支付能力存在风险，尤其是短期外债占比过高，意味着外汇储备有可能在短期内枯竭，一旦短期债务不能持续滚动，或本币贬值导致债务类负债流出，外储将剧烈减少，引发汇率进一步下跌。

贸易及国际收支方面，经常账户逆差持续时间较长，数额较大。澳大利亚的国际收支中经常账户常年逆差，资本账户与金融账户常年顺差。经常账户逆差主要来源于主要收益项，约占经常账户逆差的 80% 左右，这表明澳大利亚对外投资的收益明显低于外国投资者在澳大利亚所获得的收益。在大宗商品价格上涨的影响下，2019 年第一季度，澳大利亚经常账户逆差为 11 亿澳元，较上季度减少 54 亿澳元。

产业结构方面，服务业、制造业、采矿业和农业是澳大利亚的四大主导产业。其中，服务业为澳经济最重要和发展最快的部门，经过 30 余年的经济结构调整，已成为国民经济支柱产业，主要以批发业、零售业和科技服务业为主；工业以制造业和矿业为主，悉尼是其工业中心；农业发达，是澳大利亚的传统优势产业，尽管近年来在国民经济中的比重虽有所下降，但其产量、产值和效益均不断提高，农产品出口也在大幅增加。

### （三）政策环境

货币政策。2019 年 6 月 4 日，澳大利亚中央银行三年来首次降息，将基准利率下调 25 个基点至 1.25% 的历史低位。中央银行表示，考虑到劳动力市场和更广泛的经济中的闲置产能，在未来一段时间进一步放宽货币政策将是适当的。预计年内至少有两次降息机会。

财政政策。为确保未来财政不受债务利息拖累，澳政府一方面通过增加新税收、削减开支来实现财政平衡，力争将政府开支的增长率控制在 2% 左右；另一方面，削减个人所得税、大量投资基础设施项目以拉动消费、就业和经济增长。2018 年 6 月，澳大利亚议会批准了针对数百万劳动者的所得税减税计划，规模合计达 1 440 亿澳元，这是澳大利亚议会通过的最大规模个人所得税减税方案。

### （四）评级概况

标普、穆迪和惠誉三大评级公司对澳大利亚的长期主权评级分别为"AAA"级、"Aaa"级和"AAA"级，评级展望均为"稳定"。在世界银行发布的《2019 年全球营商环境报告》中，澳大利亚在 190 个国家及地区的排名从 2018 年的第 14 位下降到第 18 位。在世界经济论坛发布的《2018 年全球竞争力报告》中，澳大利亚的全球竞争力指数在 140 个被统计的经济体中排名第 14 位，较上年排名提升 7 位。

### （五）与我国经贸合作关系

近年来，中澳两国双边经贸合作发展势头良好。2018 年，中澳双边贸易额为 1 527.9 亿美元，同比增长 12.0%。截至 2017 年末，中国企业对澳直接投资存量 366.3 亿美元，是澳大利亚第 5 大直接投资来源地，投资主要涉及能矿资源开发、房地产、金融等领域；澳大利亚累计在华设立企业 11 699 家，实际投资存量 86.0 亿美元，是中国吸收外资的重要来源地之一，投资主要涉及钢铁、科技、食品、贸易等领域。

## 二、中资工商企业在澳大利亚的投资机会及风险分析

### （一）中资企业的投资机遇

随着中澳自由贸易协定的实施、"一带一路"倡议的推进以及中澳双方合作环境的优化，中澳之间多领域合作的未来将更趋紧密。两国在农业、清

洁能源、医疗健康、矿产和基础设施等领域具有较强的互补性，可进行全方位、多领域的合作。

为吸引更多的外资进入澳大利亚，澳政府开设了为重大项目提供便利服务的项目，简化审批手续和节省审批时间；对于特别重大的外资项目，澳大利亚投资服务机构还将向联邦政府推荐，争取获得包括资金扶持、税收减让和基础设施服务等鼓励措施。

（二）中资企业面临的风险

政治风险。自2007年以来，澳大利亚政坛进入内阁频繁更迭时期，目前总理为自由党党首斯科特·莫里森。由于自由党在议会中处于弱势地位，加之民调显示自2016年9月27日以来，自由党已连续30次落后于反对党——澳大利亚工党，预计工党有望赢得2019年11月的下次选举，从而导致政府更迭。

商业环境风险。一方面，澳大利亚外资审查机制严格，只有以纯商业化为目的的外国投资才为澳大利亚所接受，由于对环境、就业影响等审批标准较为模糊，在实际执行过程中有很大的灵活性，对中资企业投资澳大利亚项目造成阻碍；另一方面，中国在澳大利亚企业国内派驻人员申请工作签证一直存在困难。有关签证审批要求不断提高，审批时间没有明确规定，经常拖至数月甚至半年以上，拒签现象时有发生，这给中国企业在澳大利亚开展经营活动带来很多不便。

安全风险。恐怖主义威胁影响中资企业的日常商业运行。一方面，由于澳大利亚追随美国在中东参与伊拉克战争、打击极端组织等多项军事行动，其本土面临越来越大的恐怖主义威胁。再加上澳大利亚是移民国家，甄别普通外来移民和恐怖分子是政府的一大难题；另一方面，澳大利亚奉行多元文化，其中一些人受极端思潮蛊惑，加入了恐怖组织。

## 三、中资银行业务发展机遇及风险分析

目前在澳大利亚的中资金融机构共6家持有牌照，分别是中国银行、工商银行、农业银行、建设银行、交通银行、招商银行。其中中国银行是唯一的全牌照机构，在澳设有子行和分行，其他5家持有接受存款的机构（ADI）牌照，在澳开设分行。另外，有数家中资银行代表处正处于申请牌照筹备分行进程中。

（一）政策监管环境

监管机构。澳大利亚的金融监管框架，由澳大利亚审慎监管局（APRA）、澳大利亚证券和投资委员会（ASIC）、澳大利亚储备银行（RBA）、澳大利亚交易报告与分析中心（AUSTRAC）等机构组成，每个机构都有特定的职能。其中澳大利亚储备银行（RBA）是澳大利亚的中央银行，主要职责是制定和实施货币政策，维持金融体系的稳定，管理外汇储备，发行纸币和代理国库等。RBA由澳大利亚政府全资所有，向澳大利亚议会负责，支付系统理事会负责支付系统的安全和效率。

外汇管理。澳大利亚对外汇交易往来不进行限制，即期和远期外汇汇率由外汇市场供求状况决定，但澳央行保留了对外汇市场干预的权力。澳元没有官方汇率，中央银行基于每日下午4点的市场观测，公布对澳元指导汇率。澳大利亚对外汇交易既不征税也不补贴，非居民可以自由地开立或使用账户，资金可以自由地汇回本国，但必须由指定的外汇经纪人办理。澳大利亚对外国政府和金融机构的有息投资项目有特殊的规定，根据澳《1988年金融交易申报法》，任何人带入或带出澳大利亚超过1万澳元现钞或等值外国货币时必须申报。

对外资银行政策。澳大利亚《银行法》规定，未经澳大利亚审慎监管局授权，任何机构不得在澳大利亚境内开展银行业务。在澳大利亚开展金融服务的个人必须持有澳大利亚证券和投资委员会颁发的澳大利亚金融服务许可证（AFSL）或者享受免征待遇。

（二）中资银行的发展机遇

环境机遇。中澳两国经济互补性强，合作前景广阔，为中资银行在澳经营提供了巨大商机。中资银行应积极开拓澳大利亚市场，打通双边金融合作脉络，为中澳两国客户提供安全便捷、优质高效的金融服务，在中澳两国的合作与交流中更好地发挥桥梁与纽带作用，将中澳经贸与金融合作推向新的高度。

市场机遇。澳大利亚拥有高度发达的金融市场和健全的法律，中资银行可从服务中资企业做起，逐步拓展生存和发展空间；并与澳大利亚四大行（澳大利亚联邦银行、澳大利亚国民银行、澳新银行、西太平洋银行）合作，加快本地化步伐，服务本地公司和国际公司，才能有更长远的发展。中资银行还可加强与其他国家和地区银行的合作，发展周边国家甚至全球业务。

（三）中资银行面临的挑战

一是市场小、垄断性强。澳大利亚银行市场垄断性很强，为首的四大行占市场资产总规模的80%左右，再加上27家本地小银行，31家银行占市场资产总规模的90%以上，外国银行合计规模才占不到10%，加之澳大利亚市场相对较小，外资银行生存不易。

二是监管日趋严格。2014年12月，为控制持续膨胀的房地产市场，澳大利亚审慎监管局（APRA）要求各银行需严格控制投资类房屋贷款，且增速不得超过10%。2017年4月，ARPA进一步加大对个人住房贷款的监管力度，要求银行将只还利息住房贷款的新增比例控制在30%以内。

三是法律合规工作面临的问题突出。作为立足于海外市场的中资银行，需同时为澳洲本地客户及海外客户提供产品和服务。由于客户群中有相当一部分为中资背景，对此类客户开展KYC、持续客户尽职调查时，存在调查难度高、调查时间长、调查资源有限等问题。此外，部分客户在中资银行利用多人开立账户从中国转移资金，或通过地下钱庄等多种渠道转移资金，增加了交易监控的工作量及难度，同时也不利于相应的监管应对。

四是安全风险持续上升。随着业务的发展，中资银行的社会影响力也在不断提升，容易吸引不法分子的关注，成为其洗钱或进行恐怖融资的目标，对风险控制的压力将持续上升。

## 四、对策建议

在澳大利亚开展投资过程中，要特别注意做好以下五点，预防相关风险发生。

一是事前调查、分析、评估相关风险，事中做好风险规避和管理工作，切实保障自身利益。在澳大利亚开展投资、贸易、承包工程和劳务合作的过程中，要做好对项目或贸易客户及相关方资信的调查和评估工作，做好对项目所在地的政治风险和商业风险的分析和规避工作，做好对项目本身实施的可行性进行分析的工作等。企业应积极利用保险、担保、银行等保险金融机构和其他专业风险管理机构的相关业务保障自身利益，包括贸易、投资、承包工程和劳务类信用保险、财产保险、人身安全保险等，银行的保理业务和福费廷业务，各类担保业务（政府担保、商业担保、保函）等。

二是防范澳大利亚因国际收支风险上升可能带来的不利影响。由于澳大利亚经常账户持续逆差，外债规模快速增长，且数额较大远高于国际储备，国际收支风险上升。未来澳政府为应对国际收支危机，可能会采取加税等措施来增加财政收入，从而导致海外投资成本上升。

三是充分考虑用工成本。投资前应充分估计澳大利亚的劳工成本以及从中国引入劳工的难度。2018 年 6 月，澳大利亚公平工作委员会将最低收入劳动者每周（38 个小时）薪资提高至 719.2 澳元，环比上涨 24.3 澳元，这项新标准已于 2018 年 7 月 1 日生效。

四是做好公共关系管理，树立良好的形象。投资项目应尽最大可能向当地政府、媒体和社区组织公开信息，并与其建立良好的公共关系，努力争取公众对投资项目的了解和支持。澳大利亚市场较小、竞争激烈，中国企业应着重提升产品质量和安全性，注重信用，遵纪守法，积极履行企业社会责任，树立良好的商品和企业形象，以免影响自身发展。

五是尊重澳大利亚原住民风俗习惯。澳大利亚原住民由土著人和托雷斯海峡岛民组成，人口约 47 万，分布在澳大利亚大部分地区，尤以北领地、西澳州及新州西部较为集中。澳不同地区的原住民在文化习俗上有差异，应充分了解目的地原住民文化和风俗习惯，不要贸然进入原住民保护区或居住地，爱护自然环境，尊重禁忌限制，尊重社交礼仪。

# 非洲主要国家概况、投资机遇及风险分析

# 尼日利亚

## 一、尼日利亚概况

### （一）基本情况

尼日利亚位于西非东南部，东邻喀麦隆，东北隔乍得湖与乍得相望，西接贝宁，北接尼日尔，南濒大西洋几内亚湾，国土面积 923 768 平方千米，大部分属热带草原气候。尼日利亚地形复杂多样，地势北高南低。沿海为宽约 80 千米的带状平原，南部低山丘陵，中部为尼日尔—贝努埃河谷地，北部是豪萨兰高地，东部边境为山地，西北和东北分别为索科托盆地和乍得湖湖西盆地。

尼日利亚官方语言为英语，主要民族语言有豪萨语、约鲁巴语和伊博语。截至 2017 年末，人口约 2 亿，为非洲第一人口大国。尼日利亚实行联邦制，设联邦、州和地方三级政府，全国划分为 1 个联邦首都区、36 个州以及 774 个地方政府。首都阿布贾是全国的政治、文化和地理中心，主要经济中心城市包括南部的拉各斯和北部的卡诺。尼日利亚实行三权分立的政治制度，立法权、司法权和行政权相互独立，相互制衡。

尼日利亚奉行广泛结好、积极参与国际事务、促进和平与合作的外交政策。长期执行以非洲为中心的外交战略，力图发挥地区大国作用。积极倡导南南合作、南北对话，重视发展与西方、发展中大国关系，积极参与联合国事务。近年来政局总体保持稳定，但安全形势仍复杂严峻。在布哈里政府大力打击下，极端组织"博科圣地"在尼东北部据点基本被清除，但溃而未灭，部分地区存在反政府武装活动。2019 年 2 月，尼日利亚接连发生袭击事件，造成多人死亡，原定于 2 月 16 日的总统和国民议会选举推迟一周举行。

尼日利亚自然资源丰富，已探明具有商业开采价值的矿产资源 30 多种，其中石油和天然气储量均居世界前列。已探明石油储量 372 亿桶，居非洲第 2 位、世界第 11 位，为欧佩克成员国。已探明天然气储量达 5.3 万亿立方米，居非洲第 1 位、世界第 10 位。森林覆盖率为 17%，农业开发、工业性采伐和基础设施建设使得森林资源不断萎缩，带来土地荒漠化、降雨减少和干旱。

（二）经济状况

经济逐渐复苏。2016 年尼日利亚经济遭遇逾二十年来的首次经济负增长。2017 年以来，由于石油产量扩张和农业持续稳定增长，经济增速有所反弹，但总需求依然疲弱。2018 年 GDP 为 4 181 亿美元，按本币计算实际同比增长 1.93%，连续两年回升，仍远低于 2015 年以前 6% 左右的增长水平。通货膨胀由高点逐步回落，维持在 11% 以上高位波动。由于全球油价下跌和尼日利亚政府极力降低失业率政策，尼日利亚的通货膨胀率从 2016 年开始突增至 10% 以上，持续攀升至 2017 年 1 月的 18.72%。2017 年 2 月至 2018 年 7 月，通货膨胀率连续回落至 11.14%，此后又略有抬头，2019 年 4 月通货膨胀率为 11.37%。失业率不断攀升。由于近 40 年来国际油价起伏不定，尼日利亚经济时常面临衰退危险，并造成大量失业，2015 年以来失业率逐季攀升，2018 年第三季度已达到 23.13%。

货币金融方面，政策利率水平稳定。自 2016 年 7 月以来，为支持奈拉汇率和控制通货膨胀率，尼日利亚政策利率一直保持在 14%，市场利率近年来则有小幅上升趋势。M2 供应量呈逐年增长态势，信贷体系不发达。2018 年末 M2 供应量为 333 592 亿奈拉，同比增长 16.5%。尼日利亚金融体系不发达，融资成本高，贷款相对困难，2017 年金融部门提供给私营部门的国内信贷占 GDP 的比例仅为 23.33%。

财政收支方面，财政收入受国际油价影响较大。自 2014 年中以来，随着国际市场油价下跌，经济受到较大冲击，财政收入减少。2017 年以来国际油价回升之后，财政收入增加。但自 2018 年 10 月起国际油价再次下跌，对尼日利亚财政收入带来不利影响。从近 10 年的数据看，尼日利亚的外债直线上升，从 2007 年末的 4 389 亿奈拉增长至 2018 年末的 7.76 万亿奈拉。

贸易及国际收支方面，经常账户顺差大致跟随世界石油价格变动。尼日利亚国家统计局数据显示，2018 年尼日利亚货物进出口总额 322 647 亿奈拉，同比上升 39.3%。其中，出口 190 995 亿奈拉，上升 40.5%；进口 131 651 亿奈拉，上升 37.7%；贸易顺差 59 344 亿奈拉。随着 2019 年石油出口量增加和油价小幅上涨，尼日利亚出口收益相应增加。尼日利亚国际储备规模呈增长态势，截至 2019 年 4 月，外汇储备为 447.9 亿美元。

产业结构方面，石油工业是尼日利亚的支柱产业。联邦政府财政收入的 85%、GDP 的 20% ~ 30% 来源于石油行业。2018 年日均产油 210.19 万桶，高于 2017 年的 188 万桶，居非洲第一，但因国内炼油能力较低，约 85% 国内成品油消费需依赖进口。尼日利亚电力供应严重不足，制造业发展水平低，多数工业制品仍依赖进口。独立初期许多农产品在世界上居领先地位。随着石油工业兴起，农业迅速萎缩，产量大幅下降。此外，旅游资源丰富，但多数旅游点管理不善，游客不多。

（三）政策环境

发展规划方面，总统布哈里于 2017 年 4 月宣布启动实施尼日利亚经济恢复与发展计划（ERGP），目标是实现稳定的宏观经济环境，恢复经济增长。具体举措包括发展农业，提高发电量并发展炼油业，改善交通基础设施，推动工业化进程，创造就业机会等。

货币政策方面，目前尼日利亚采取紧缩的货币政策。自 2016 年 7 月以来，为支持奈拉汇率和降低通货膨胀率，尼日利亚政策利率一直保持在 14%。尼日利亚中央银行在 2019 年 3 月货币政策委员会会议上意外宣布降息 0.5 个百分点，以刺激经济增长。5 月召开的会议决定继续维持现有货币政策，即 13.5% 的基准利率、22.5% 的存款准备金率、30% 的流动性比率、基准利率 +200 个到 −500 个基点的非对称利率走廊。

财政政策方面，2019 年尼日利亚财政预算为 8.83 万亿奈拉。根据 2019 年预算案，尼日利亚联邦政府计划在 2019 财政年度投资 420 亿奈拉用于恢复经济特区，以此来推动产品制造和出口。为了满足 2019 年预算需求，联邦政府将出台一系列增收计划，其中包括对税收政策进行调整。

（四）评级概况

2018 年 9 月 14 日，标普确认尼日利亚主权信用评级为"B/B"级，展望为"稳定"；2019 年，穆迪将尼日利亚长期本外币主权信用评级维持在"B2"级，展望为"稳定"；2018 年 11 月 2 日，惠誉将尼日利亚长期外币主权信用评级维持在"B+"级，展望由"负面"调升至"稳定"。在世界银行发布的《2019 年全球营商环境报告》中，尼日利亚在 190 个国家和地区中的综合排名为第 146 位，比上一年下降 1 个名次。在世界经济论坛发布的《2018 年全球竞争力报告》中，尼日利亚在 140 个经济体中排名为 115 位。

（五）与我国经贸合作关系

中尼签有贸易、经济、技术、科技合作和投资保护等协定，并设有经贸联委会，迄今共召开了 6 次会议。尼日利亚是中国在非洲的第 1 大工程承包市场、第 2 大出口市场、第 3 大贸易伙伴和主要投资目的国。据中国海关数据，2018 年中尼贸易额为 152.7 亿美元，同比增长 10.8%，其中中国对尼出口 134.1 亿美元，增长 10.3%；自尼进口 18.6 亿美元，增长 14.6%。中国出口商品主要为机电产品和纺织服装等，进口原油和液化天然气等。截至 2018 年末，中国企业在尼累计签订承包工程合同额 1 118.2 亿美元。

## 二、中资工商企业在尼日利亚的投资机会及风险分析

近年来，中国和尼日利亚双向投资发展迅速。据中国商务部统计，截至 2017 年末，中国企业对尼日利亚直接投资存量为 28.6 亿美元，2018 年中国企业对尼日利亚全行业直接投资额 1 亿美元。投资领域涵盖基础设施、电力通信、石油、纺织品、农业生产等多个方面。在中国驻尼日利亚使馆经商处备案的较大规模中资企业包括工程承包企业 50 余家、投资合作企业 30 余家，另有数量众多的贸易企业。

（一）投资机遇

中尼自建交以来，双边关系长期友好，高访频繁，经贸合作不断取得新的进展。中非共建"一带一路"将为非洲发展提供更多资源和手段，也为中资企业带来诸多发展机遇。

农业与农业机械方面，中尼两国都是农业大国，在农业发展领域有很强的互补性。尼日利亚拥有丰富的农业生产资源和巨大的农副产品消费市场，农业占 GDP 的 40% 左右。但农田水利灌溉技术和设备非常缺乏，粮食不能自给，中国恰能在此领域提供技术支持。工业机械产品方面，尼日利亚矿产资源丰富，但长期处于对矿物开采利用不合理的状态，缺少对高附加值矿物，尤其是石油产品深加工的能力，对进口中国等国家生产的石油和矿物开采设备需求量大。电力与可再生能源方面，尼日利亚电力短缺现象严重，大型电力设备和中小型发电设备具有很大的市场潜力。尼日利亚政府日益重视太阳能源的发展，中尼在太阳能领域的合作将推动两国在这一领域的发展，实现互利共赢。基础设施建设方面，尼日利亚基础设施落后匮乏，包括能源方面，如石油、天然气基础设施，交通方面，如铁路，建筑方面，如商业、工业和住宅基础设施等。这些缺口带动了尼日利亚对中方基础设施建设项目投资的需求。电子产品方面，尼日利亚在手机等电子消费品行业具有巨大市场，中方电子行业在尼日利亚市场非常具有竞争力。

（二）面临风险

政治风险方面，主要来源于内部政治腐败问题和总统选举效应，以及外

部反政府武装组织活动对外资企业造成的不良影响。一是政治私利或对企业造成影响；二是腐败问题严重，增加企业成本；三是反政府武装因利益分配问题阻扰外企进入，破坏外商投资活动。

安全风险方面，尼日利亚整体社会安全风险较高，社会治安状况普遍较差。一是极端恐怖组织"博科圣地"卷土重来；二是内部族群冲突严重，中部地带农牧民暴力冲突此起彼伏；三是绑架事件频发，边境和海域安全状况堪忧，需要高度重视员工人身安全风险；四是主要传染疾病的扩散风险较高，企业员工人身安全受威胁；五是洪涝灾害时有发生，车况路况都较差，交通事故频发；六是道路交通状况较差，市政交通设施不完善，加上当地司机开车速度较快，交通事故频繁，因此乘车须注意交通安全。

经济风险方面，一是经济高度依赖石油出口，单一的经济结构使得尼日利亚经济非常脆弱；二是宏观经济表现不佳，投资环境不明朗；三是外债问题突出，企业或受影响；四是外汇管制和汇率风险。

### 三、中资银行业务发展机遇及风险分析

目前中资银行并没有在尼日利亚开设分支行，只有工商银行通过持有南非标准银行股权的形式与尼日利亚当地企业合作。此外，中国和尼日利亚的双边金融合作不断深化。2018年，中国人民银行与尼日利亚中央银行在北京签署了中尼双边本币互换协议，旨在促进双边贸易和直接投资，以及维护两国金融市场稳定。预计未来随着两国经贸关系的发展，将有更多中资银行进入尼日利亚发展业务。

（一）政策监管环境

监管机构方面，尼日利亚中央银行是尼日利亚金融体系的最高管理机构，主要管理职能为：负责货币发行，维持货币稳定；制定金融政策，保证健全的金融体系；充当联邦政府的银行业经营者和金融顾问；管理和监督各类商业银行。政策法规方面，尼日利亚银行业牌照由尼日利亚中央银行颁发，以授权一家正式在尼日利亚注册成立的公司在该国开展银行业，这一牌照可以是商业银行牌照，也可以是专业银行牌照。基本监管法规方面，尼日利亚银行业主要遵从的监管法规是《1991年银行与其他金融机构法》，该法案与《2007年尼日利亚中央银行（设立）法》共同赋予了尼日利亚中央银行监管商业银行和其他金融机构的权力。

（二）中资银行的发展机遇

在中非合作新阶段，中国银行业在非洲基础设施建设、产能合作和经贸往来等领域将迎来发展机遇。

中非基础设施建设合作方面，据非洲开发银行2018年发布的"经济展望报告"，非洲基础设施需要每年投入1 300亿～1 700亿美元。中国是非洲基建领域的一支重要力量。自2012年起，中国对非洲基建投资以每年16%的速度增长，目前投资金额累计已超过210亿美元，非洲前10大国家EPC承包商中有6家是中国企业。中资企业"走出去"参与非洲基础设施建设中所需的项目融资、跨境结算、咨询顾问等金融需求，为中资银行带来大量业务机遇。

与此同时，非洲金融发展水平仍然较低，增长速度和盈利前景较好。在2018年全球1 000大银行中，非洲地区入榜银行仅32家，合计资产规模9 414亿美元。不过，非洲银行业目前处于快速增长阶段，从2018年全球1 000大银行的非洲银行来看，ROA、ROE水平分别能达到2.7%和20%，平均一级资本、资产规模和税前利润同比增速均在25%～30%，显著高于其他国家和地区平均水平。

此外，人民币国际化在非洲加快推进，为中资银行发挥传统优势提供了新渠道。卢旺达、津巴布韦等14个非洲国家已将人民币纳入外汇储备，南非、尼日利亚等国与中国签署了本币互换协议。人民币国际化在非洲的深入推进为中资银行开展人民币交易、人民币资金拆借等离岸业务带来了新的拓展机会。

（三）中资银行面临的挑战

一是激烈的市场竞争。中资银行在非洲地区的布局刚起步不久，而西方跨国银行在加速布局非洲。同时，尼日利亚本土商业银行的竞争力也较强。尼日利亚作为非洲人口最多的国家，其银行机构在非洲银行竞争中表现突出。共有14家尼日利亚银行进入2016年非洲银行竞争力前100位，14家银行的总资产增长率为14%，总一级资本增长率为10.3%，且总资产回报率超过区域平均水平。

二是外汇风险。对于中资银行而言，尼日利亚对于外汇兑换的限制将严重影响日常业务的开展和利润汇出。2016年1月15日，尼日利亚中央银行发布公告称，将停止向外币兑换所（BDC）出售外汇；运用更多手段加强对外汇供应渠道的监管。此外，尼日利亚中央银行还公布了"不可在尼日利亚外汇兑换窗口兑换外汇"的进口商品名录。尼日利亚采取外汇管制将导致汇率扭曲，贸易成本上升，带来较大寻租空间。

## 四、对策建议

一是充分根据自身实力和业务特点制定发展战略。中资银行应在国家战略框架下，充分考虑非洲地区的宏观经济发展趋势，深入了解和把握当地的监管环境、经营环境、文化背景和客户需求，结合自身的经济背景、发展战略和核心竞争力等情况，探索并制定适合自身的发展战略，注重与政策性银行发挥互补与协同效应。商业银行应充分发挥其金融服务优势，加强双方在跨境本币结算、货币互换、互设金融分支机构等方面的合作，促进双边金融服务升级，为中资企业开展对非合作带来极大便利和有力支持。

二是更多以合资方式进入行业发展程度较低的地区。受非洲不同地区银行业竞争程度、制度成熟度与准入门槛的不同，中资银行应选择适当的进入与扩张战略。对于准入门槛较低、银行业发达程度相对落后的东非、中非、西非等地区，鉴于金融环境不确定性较大，可采用与当地政府设立合资银行等方式进入该地区，实现双边的金融合作。

三是借助移动媒介拓展市场。商业银行在非发展普遍面临着运营成本高、收益率低等问题，导致非洲金融服务体系发展整体滞后，目前只有25%的非洲居民有银行账户。2016年6月波士顿咨询公司（BCG）研究显示，未来三年，在未享有传统金融服务的非洲人口中将会有2.5亿人拥有手机，这预示着移动金融服务领域蕴含着巨大的市场需求，预计产生的经济效益将达15亿美元。受益于移动金融在非的高速发展，中资银行可以考虑借助移动媒介实现用户的广覆盖。

四是逐渐向公司投资经营合作与金融服务深化转变。中资银行在非洲地区的金融服务，一直以参与承包非洲大型基础设施项目为主要发展方式，这是中资银行在非洲地区的经营特点与竞争优势。但随着中非经济的发展与产业结构转变，未来中资银行应逐渐向公司投资经营合作与金融服务深化转变，实现以政府为主导、企业为主体、市场运作、合作共赢的新模式，不断加强与当地龙头企业合作，发挥产融结合优势，进一步推动中非经贸合作。

五是大力推进人民币在非国际化进程。当前，中非经贸往来密切，未来非洲仍将继续依赖从中国进口各类产品和服务，人民币国际化有助于非洲国家降低贸易成本、简化贸易程序，势必会推动双边贸易进一步增长。同时，积极推进人民币在非国际化进程，也可满足非洲各国外汇储备多元化与抵御汇率波动风险的需求。当前已有不少非洲国家中央银行认购人民币债券作为外汇储备，包括肯尼亚、乌干达在内的不少非洲国家已实现人民币与本国货币自由兑换。因此，大力推进人民币在非国际化进程，对中国与非洲各国均具有重要的现实意义。

# 南　非

## 一、南非概况

### （一）基本情况

南非位于非洲大陆最南端，国土面积约为 121.91 万平方千米，非洲排名第 9 位，海岸线长约 3 000 千米。南非地势东南高西北低，全国大部分地区属于热带草原气候。

南非全国共划为 9 个省，设有 278 个地方政府，包括 8 个大都市、44 个地区委员会和 226 个地方委员。南非是世界上唯一存在三个首都的国家，比勒陀利亚为行政首都，开普敦为立法首都，布隆方丹为司法首都。约翰内斯堡是南非第一大城市。

南非人口约为 5 770 万，非洲排名第 6 位。分黑人、有色人、白人和亚裔四大种族，分别占总人口的 80.7%、8.8%、8.0% 和 2.5%。英语和阿非利卡语为通用语言，约 80% 的人口信仰基督教。

南非是总统制的民主共和国，实行行政、立法、司法三权分立的制度。南非政府分为中央、省和地方三级，中央政府实行总统内阁制，总统兼任政府首脑，领导内阁工作。南非议会实行两院制，分为国民议会和全国省级事务委员会。2018 年 2 月，时任南非总统祖玛提出辞职，副总统拉马福萨成为代理总统。2019 年 5 月，现任总统拉马福萨赢得大选，成功当选新一届南非总统。

南非奉行独立自主的全方位外交政策，主张在尊重主权、平等互利和互不干涉内政基础上同一切国家保持和发展双边友好关系。南非努力促进非洲一体化和非洲联盟建设，大力推动南北对话和南南合作。南非与欧洲（主要是西欧和北欧国家）保持着良好的政治关系和经济关系，视非洲为其外交政策立足点和发挥大国作用的战略依托。

南非是世界五大矿产资源国之一，矿产资源丰富，已探明储量并开采的矿产有 70 余种。

（二）经济社会概况

宏观经济方面，经济缓慢复苏。2018年前两个季度，南非 GDP 连续环比负增长，陷入技术性衰退，下半年经济开始复苏。据南非统计局初步核算，2018年南非名义 GDP 为 4.87 万亿兰特，全年增速 0.8%，约合 3 679.31 亿美元，非洲排名第 2 位。据国际货币基金组织预计，南非 2019 年经济增速约为 1.2%。

货币金融方面，中央银行按兵不动。2019年5月，南非中央银行议息会议决定维持回购利率在 6.75% 水平不变，这是本年度第三次维持利率水平不变。2018年11月，由于通货膨胀风险持续升高，南非中央银行两年多以来首次上调了基准利率 25 个基点至 6.75%。此前，在全球中央银行逐渐步入加息轨道之际，南非中央银行在 2018 年 3 月和 2017 年 7 月连续两次降息，在通货膨胀预期稳定的前提下，为经济增长提供进一步支持。

财政收支方面，赤字问题严峻。2018年南非经济增长弱于预期，却又在2018年6月推行公务员加薪法案，政府支出将进一步扩大，财政形势将面临挑战，预计南非的财政重整进度会比政府预期要慢。南非财政部预计 2018/2019 财年预算赤字占 GNP 比例预计为 4.2%，到 2021/2022 财年将下降到 4%；预计在 2019/2020 财年内，南非政府支出将达到 1.83 万亿兰特，而政府收入仅为 1.58 万亿兰特，政府将依赖近 2 500 亿兰特借款维持运行，财政赤字状况不可避免。

贸易及国际收支方面，经常账户逆差扩大。2018 年，南非经常账户逆差从 2017 年的 1 180 亿兰特扩大到 1 730 亿兰特，这相当于 2018 年 GDP 的 3.5%，而 2017 年为 2.5%。2018 年第四季度，南非经常账户逆差为 1 102 亿兰特，占 GDP 比重为 2.2%，较第三季度 3.7% 的比重明显收窄。截至 2019 年 4 月底，南非官方储备资产 495.38 亿美元，较 2018 年 12 月底下降 4.1%，国际储备较为充足。

产业结构方面，服务业、矿业、制造业和农业是南非经济的四大支柱。农业较为发达，制造业门类齐全，矿业历史悠久，能源工业基础雄厚，旅游业发展迅速。同时，南非经济也存在部门、地区发展不平衡，城乡、黑白二元经济特征明显等问题。

（三）政策环境

发展规划方面，2018年5月，南非贸工部发布 2018/2019—2020/2021 年度《南非产业政策行动计划》，旨在改变南非经济增长模式，鼓励对重点领域的产业、技术和技能进行投资，提升南非经济活力。具体内容包括公共采购、产业融资、贸易发展政策、经济特区，以及创新和科技五大方面。

货币政策方面，在美联储渐进加息的大背景下，南非中央银行于 2018 年 3 月底决定进一步放松货币政策。由于通货膨胀风险持续升高，2018 年 11 月，南非中央银行货币政策委员会决定将基准利率从 6.5% 上调至 6.75%，此后一直维持不变。兰特汇率一直被视为国际投资者对新兴市场国家投资信心的晴雨表，因其高风险高收益的投资属性而长期处于波动之中。受土改事件影响以及新兴市场危机蔓延，2018 年兰特汇率波动幅度较大。

财政政策方面，自 2017 年 11 月以来，南非政府一直致力解决约束经济发展和导致公共财政恶化的结构性问题。2018 年，南非政府将增值税税率从 14% 上调至 15%，这是南非 25 年来首次上调增值税税率。2019/2020 年财年，南非政府计划通过个人所得税起征点小幅上调、增加酒精和烟草消费税以及燃油税等措施，增加税收收入；还将调整工资法案，通过提前退休、缩减加班费和奖金等措施，计划在未来三年内缩减国家和省级工资预算。

（四）国际机构评级

标普、穆迪和惠誉三大评级公司对南非的长期主权评级分别为"BB"级"Baa3"级和"BB +"级，评级展望均为"稳定"。在世界银行发布的《2019 年全球营商环境报告》中，南非在 190 个国家及地区中排名第 82 位，与上一年度持平。在世界经济论坛发布的《2018 年全球竞争力报告》中，南非的全球竞争力指数在 140 个被统计的经济体中排名第 67 位，排名处于世界中游水平。

（五）与我国经贸往来

中国与南非在 1998 年 1 月 1 日正式建交。2010 年 8 月，中南两国关系提升为全面战略伙伴关系。2016 年 9 月，南非时任总统祖马来华出席在杭州举办的二十国集团领导人第十一次峰会，与习近平主席举行双边会见。2017 年 9 月，时任总统祖马来华出席金砖国家领导人厦门会晤。2018 年 7 月，习近平主席对南非进行国事访问并出席金砖国家领导人第十次会晤。2018 年 9 月，南非总统拉马福萨来华出席中非合作论坛北京峰会并对我国进行国事访问。

中国已连续 9 年成为南非最大的贸易伙伴，南非已成为中国在非洲最大的贸易伙伴和最重要的投资、旅游目的地国。据中国海关统计，2018 年中南双边贸易额 435.50 亿美元，同比增长 11.1%，其中中方出口额 162.51 亿美元，同比增长 9.8%，进口额 272.99 亿美元，同比增长 11.9%。中国对南非主要出口电器和电子产品、纺织产品和金属制品等，从南非主要进口矿产品。

## 二、中资工商企业在南非的投资机会及风险分析

南非是中国对非投资第一大目的国，是中国对外直接投资存量前 20 位国家之一。截至 2017 年末，中国在南投资合作的大型企业已达 100 多家，中国对南非直接投资存量超过 102 亿美元，涉及矿业、金融、制造业、基础设施、媒体等领域。中资企业在矿业、钢铁、水泥、汽车、家电等领域，已为南非当地创造了超过 10 万个就业岗位。中国企业投资行业主要是家电、机械、食品、建材、矿业、金融、贸易、运输、信息通信等领域。

（一）投资机遇

南非对"一带一路"倡议表示热烈欢迎并愿意积极参与，中南合作有广阔空间。在对接中国"一带一路"倡议的过程中，南非是非洲国家和发展中国家最务实的国家。

南非是中国在非洲推动国际产能合作的首选方向，也是中国推进"一带一路"建设对接非洲的领头雁，在"五通"建设中已经走在了前列，"一带一路"倡议将使南非成为未来 10 年里五个重点获益国家之一。

（二）面临风险

南非目前的投资环境并不乐观。一是非国大党支持率下滑，党内分歧依旧。2019 年南非大选，非国大仍然赢得了大多数选民的支持，但其支持率已下降到 60% 以下。非国大所面临的挑战主要不是反对党，而是其党内的政治博弈。在维护党内团结的基础上继续推进改革，促进经济持续发展，消除贫困、失业和不平等，既是拉马福萨政府面临的艰巨任务，也是非国大维持长期执政的关键。

二是南非新任总统推行"激进"土改，加大投资风险。南非总统拉马福萨 2018 年 7 月末宣布决定支持修改宪法，推动土地改革。一旦议会批准修宪，允许政府无偿征地，南非持续了 24 年的土改进程将加速，"温和"的土改模式将转为"激进"，这对南非经济、社会乃至政局都将产生重大影响。

三是南非的社会治安问题严峻，对外商投资构成风险。南非的社会治安形势十分严峻，各种刑事犯罪成为突出问题，有组织的犯罪团伙实施恶性抢劫的发案率居高不下。对于居住在南非的华人华侨而言，当地的治安无疑使之忧虑。

四是南非存在电力与水资源风险。南非本是非洲电力大国，但由于政府

疏于对电力系统的维护和发展，加上受经济危机影响，导致南非电力公司越来越不能满足国内不断增长的电力需求，并且这种电力短缺状况的局面短期内难以解决，加之水资源供应不足，对当地企业造成严重影响。

五是南非公共卫生风险较高。艾滋病是危害南非人健康的主要疾病之一，南非艾滋病毒感染者总人数高居世界第一，而且感染人口的比例逐年上升。南非统计局 2017 年 7 月 31 日发布最新人口统计数据显示，南非的艾滋病感染者人数已经达到 706 万，比 2016 年增加了 13 万，艾滋病感染率创下了新高，增长到 12.57%。

### 三、中资银行业务发展机遇及风险分析

南非的中资银行主要有中国银行、工商银行和建设银行三家。三家银行当前在南非均运转正常，但南非政治和社会环境对中资银行的运作造成一定挑战。

（一）政策环境

监管机构方面，南非的银行体系包括南非储备银行（中央银行）、几家大规模资金雄厚的银行机构和若干比较小的银行。南非储备银行负责制定和执行货币政策、调节货币供应、监管其他金融机构、维持金融市场的稳定。南非金融监管体系完善、监管水平较高、监管设施领先。

金融政策方面，南非于 1974 年起实行浮动汇率制，1995 年开始实行单一汇率制。南非外汇管理政策主要有经常账户外汇管理政策、资本和金融账户外汇管理政策、个人外汇管理政策以及金融机构外汇业务管理政策 4 类。对外资银行政策方面，外资可作为发起人向南非储备银行申请设立银行，除了一些通行的准则外，还必须满足特殊的监管要求。此外，还有一个需注意的政策《黑人经济振兴法案》合规，这是每个在南非投资的外资企业都不可避免的问题。

（二）发展机遇

南非作为主要的新兴市场之一，有着较好的经济基础、较大的市场容量、广泛的区域辐射和潜在的发展前景：

一是良好的政治基础。中南是全面战略伙伴，同为发展中大国和新兴市场国家，两国元首的政治引领强劲，各领域各层次人员密切交流，在联合国、二十国集团、金砖国家、中非合作论坛等国际组织和多边机制中保持密切协调和配合，堪称中国同非洲国家、发展中大国团结合作的典范。

二是坚实的经济基础。中国已连续 9 年成为南非最大的贸易伙伴，南非则连续 8 年成为中国在非最大贸易伙伴。近年来，中南双边贸易额最高时占中非贸易总额的 1/3，南非已成为中国对非直接投资最大的国家，两国经贸关系密切。

三是有力的政策支持。在 2018 年中非合作论坛北京峰会期间，中国领导人提出在推进中非"十大合作计划"基础上，同非洲国家密切配合，重点实施"八大行动"，特别是在产能合作、设施联通和贸易便利等方面。

四是强劲的国内需求。近年来，南非政府采取了一系列措施与手段，拉动经济增长、刺激经济发展。南非召开了首届投资会议，共收到来自南非以及世界各地企业 2 900 亿兰特的意向投资。支持经济特区建设已经成为南非政府促进本国工业开发、改善外商投资环境的重要政策，实施国有企业改革，发挥国有企业对经济的带动作用也是南非经济发展的重要议题。

（三）面临挑战

中资银行面临的挑战主要如下：

一是南非银行业成本收入比（55.14%）以及不良贷款率（2.87%）偏高。受南非国家评级影响，其五大银行国际信用评级不高，一定程度上影响其国际市场融资。

二是南非银行手续费较高。南非银行整体非利息收入占比达 43%，与西欧国家 45% 的水平相似，远高于我国银行业 22% 的比例。南非银行业的 ROE、ROA 分别达到 16.64% 和 1.32%，处于全球较高水平。

三是融资严苛。凡属以下情况的公司在向南非当地的信贷机构融资时受到限制：75% 及以上的资本、资产为外资持有的公司；75% 及以上的营运收入分配给非南非居民的公司；75% 及以上的表决权、控制权或 75% 及以上的资本资产或收入由非南非居民支配或代表的公司。

四是监管政策落地要求严格。南非中央银行对稳定性经营和流动性管理等监管指标的要求逐年加强，使中资银行机构经营管理面临一定压力；当地监管部门就反洗钱问题已向多家南非当地银行和外资银行开出了大额罚单，使中资银行机构面临着较为严峻的反洗钱合规风险。

五是项目落地难，叙做周期漫长。在项目建设过程中，当地政府或合作方推进效率低下，且往往有本国乃至外部势力介入，各种干扰和阻挠的因素多，项目能否顺利落地存在很大的不确定性。项目叙做往往耗时费力，几经反复，有的旷日持久，有的最终落空。

六是当地金融专业人才奇缺。同时由于经济发展欠佳、治安环境恶劣，经验丰富、素质较高的社会精英大多选择移民欧、美、澳等发达国家，导致员工流失率较高。

## 四、对策建议

南非作为主要的新兴市场之一，有着较好的经济基础、较大的市场容量、广泛的区域辐射和潜在的发展前景。但同时南非经济社会也存在着一些问题，如失业率偏高、社会治安问题、劳资关系紧张、劳动效率偏低等，为中资企业在南非投资和经营带来了挑战。建议到南非投资兴业的中国工商企业：

一是注重合规经营。近年来，南非银行业合规监管力度持续加大，反恐融资、反洗钱监管要求不断提升，处罚力度更趋严厉。中资银行在合规投入方面与外资银行仍有不少差距，应持续加大对境外合规人员、系统等资源投入，让境外机构具备与其业务规模、发展速度和风险程度相匹配的合规防控能力。

二是处理好劳资关系。南非的劳资关系与中国存在很大的不同，工会在很大程度代表了雇员的利益。在实际经营中，中资工商企业应严格执行相关的劳工法律，聘请专业律师，妥善解决生产与经营中发生的雇员及工会矛盾，同时密切联系行业协会、商会等半官方组织。

三是注重保护环境。南非有关环境保护的法律法规非常严格，在南非投资的企业应提前了解并遵守当地相关环保法规标准的规定，在做出投资经营决策的同时，要充分考虑加大环境保护、基础建设和员工培训等方面的投入。在经营过程中，企业应对具体的环保措施给予高度重视。

四是增加安全风险认识和防范。南非社会治安较差，在中资工商企业应当加强对员工的安全培训，提高员工安全意识、加强安全防范。如遇突发事件，应尽快报警并与中国驻南非使领馆联系。

五是建议加强国家层面的沟通。进一步要求南非政府提高公务人员及政府职能部门的办事效率，对项目及时审批，促进项目的快速落地。同时，要求南非政府部门进一步关注社会治安问题，严厉打击治安犯罪行为，整肃警察队伍，营造良好的社会治安环境。

# 阿尔及利亚

## 一、阿尔及利亚概况

### （一）基本情况

阿尔及利亚位于非洲北部，北临地中海，东邻利比亚、突尼斯，东南和南部分别与尼日尔、马里和毛里塔尼亚接壤，西部和摩洛哥相连。阿尔及利亚国土面积238万平方千米，居非洲、地中海各国和阿拉伯国家之冠，排全球第10位。海岸线长约1 200千米。阿尔及利亚全国共分为48个省，首都阿尔及尔为全国政治、经济、文化和交通中心。截至2017年末，阿尔及利亚人口约4 132万，以阿拉伯人为主，其次是柏柏尔人（约占总人口20%）。少数民族有姆扎布族和图阿雷格族。官方语言为阿拉伯语，通用法语。国教为伊斯兰教。

阿尔及利亚奉行独立自主和不结盟外交政策，主张在尊重国家主权与领土完整、互不干涉内政、互不使用武力、相互尊重、互利和对话的基础上寻求广泛合作。阿尔及利亚致力于马格里布联盟建设和地区和平，积极参与阿拉伯事务，促进非洲团结与和平，支持欧盟地中海合作，谋求发展与西方国家关系。阿尔及利亚总统是国家元首，也是武装部队的最高统帅，掌握国防外交大权，主持部长会议并兼任国家最高安全委员会、最高司法委员会主席。

阿尔及利亚自然资源丰富，主要有石油、天然气、各类矿藏等。

### （二）经济状况

宏观经济方面，阿尔及利亚国民经济发展主要依靠能源产品出口，石油、天然气及其副产品出口额超过该国出口总值的95%。2018年，阿尔及利亚GDP增长率只有2.5%，通货膨胀率达到6.5%，失业率高达11%。

货币金融方面，利率水平稳定，信贷需求增长趋缓。据阿尔及利亚统计局统计，2014年至2017年，阿存贷款利率均保持稳定，货币市场利率呈上升趋势。由于阿尔及利亚政府限制普通民众的贷款行为，商业银行贷款项目主要面向富人阶层和国有企业，导致信贷增长率逐渐降低。

财政收支方面，阿尔及利亚财政状况堪忧。近年来，阿尔及利亚财政状况呈逐渐恶化态势，主要原因是财政收入减少，而财政支出居高不下。为了改善财政赤字状况，阿尔及利亚政府于2017年9月颁布了新的五年计划，旨在2022年前平衡政府预算。该计划主要包括三项主要措施：公共财政的持续整合、禁止外债和非常规融资以及提倡利用中央银行的直接贷款弥补较低的石油收入。

贸易及国际收支方面，阿尔及利亚贸易逆差扩大，阿政府加大进口限制。世界银行数据显示，2017年阿尔及利亚外贸占国内生产总值的56%，主要出口产品为石油和天然气，主要进口产品为工农业设备、食品、生产原料、非食品消费品等。尽管阿尔及利亚政府鼓励非碳氢产品出口，主张贸易多元化，但该国对本土经济的保护政策限制了贸易发展。2017年3月20日，阿尔及利亚贸易部发布通知对所有最终产品的进口采取许可证制度。同年5至6月，阿尔及利亚政府两度扩大限制范围，以减少进口量，防止贸易逆差继续扩大。截至2018年初，阿尔及利亚已终止851种产品的进口，并对126种商品追加海关关税。

（三）政策环境

发展规划方面，阿尔及利亚从2001年开始实施经济复苏发展计划。2005—2010年，五年共投资2 000亿美元进行基础设施建设，实施了道路网络、现代化港口和铁路网络的扩建和现代化改造，经济发展得以巩固。2010—2015年又投资2 860亿美元加大了南部和高原省份的建设。阿尔及利亚政府目前正在实施第四个五年计划，预计2015—2019年五年内投资2 625亿美元用于发展具有竞争力和多元化的经济。但受油价下跌影响，该计划实施面临严重的资金短缺困难，进度有所放缓。

货币政策方面，自2014年起，净外部资产不再是阿货币供应量的主要来源，阿尔及利亚长期以来实行的以吸收银行流动资金为主的货币政策在2015年之后逐渐向注入流动资金的货币政策转型。汇率方面，阿尔及利亚经济政策的不确定性以及即将到来的大选降低了货币的稳定性，加大了汇率下行压力。预计2019—2020年阿尔及利亚第纳尔持续小幅贬值的可能性较大，汇率或维持在1:130至1:120。

财政政策方面，由于近年来油价下跌，以出口油气资源为主要收入来源的阿尔及利亚遇到较大财政困难，外汇储备从2014年的近2 000亿美元缩减到目前不足1 000亿美元，阿本国货币第纳尔也贬值了20%以上。2016年以来，阿尔及利亚政府实行紧缩财政政策。阿尔及利亚总理乌叶海亚强调，阿政府不会依靠对外借债来解决问题。财政部于 2017 年提出了新五年计划，旨在到 2022 年前实现预算平衡。政府希望通过向中央银行直接借款来抵消石油收入下滑的影响，但这种非传统的融资方式存在引发恶性通货膨胀的风险。另外，为维护社会稳定，政府实行对汽油、面粉、糖等生活必需品的财政补贴，同时也继续维持对住房、教育和医疗等领域的投入，这也在一定程度上使得紧缩的财政政策难以发挥效用。

（四）国际机构评级

在世界银行发布的《2019 年全球营商环境报告》中，阿尔及利亚营商环境的排名从 2017 年的第 166 位上升到第 157 位。据世界经济论坛《2018 年全球竞争力报告》，阿尔及利亚在 140 个经济体中排名第 92 位。

（五）与我国经贸合作关系

中阿传统友谊深厚。1958 年两国建交后，双方各领域友好合作关系不断发展。20 世纪 80 年代，中阿贸易发展较快，中国公司逐渐进入阿劳务市场，主要在农业、水利建设及旅馆饭店承建等领域开展业务。进入 90 年代，由于阿国内政局不稳、经济困难，中阿贸易明显下降。近几年来，随着阿政治局势的稳定和市场经济政策的实施，双边贸易迅速回升。

2014 年 2 月，中国与阿尔及利亚关系提升至全面战略伙伴关系，这是中国同阿拉伯国家建立的第一个全面战略伙伴关系。根据两国元首共同签署的关于中阿建立全面战略伙伴关系的联合宣言，中阿双方制定了《中阿全面战略合作五年规划》，旨在推进两国在经贸、投资、能源矿产、基础设施建设、农业、科技、航天、人文等各领域，特别是阿方急需、中方具有优势领域的具体合作，实现优势互补和互利共赢。2014 年，中国跃居阿尔及利亚主要进口货物来源国第一位。其后，中阿双边经贸往来稳步上升，年均增长率为 4.0%。

## 二、中资工商企业投资机遇及风险分析

中国企业在阿尔及利亚一般投资规模不大，主要集中在油气、矿业领域，以油气区块风险勘探及矿业勘探开发为主，兼有汽车、金属加工、软木生产、旅游业、贸易等方面少量私人投资。主要在建项目包括非洲最大的大清真寺、贝贾亚高速公路连接线等项目。中国对阿投资波动较大。近两年，中国对阿直接投资流量连续两年呈现负增长。2017 年，中国对阿尔及利亚直接投资流

量为 -1.4 亿美元。截至 2017 年末，中国对阿尔及利亚投资存量 18.3 亿美元。阿对华投资主要集中在纺织服装、文具制造和塑料制品领域。

（一）投资机遇

自"一带一路"倡议提出以来，阿尔及利亚高度重视中阿共同实施这一倡议的重要性，大力拓展双边在基础设施和工业方面的合作，提升两国的贸易额。阿国表示将继续在中—阿拉伯国家合作论坛和中非合作论坛框架下与中国保持紧密协作，以推动"一带一路"倡议的实施。2018 年 9 月，阿尔及利亚和中国签署了关于"一带一路"倡议的谅解备忘录，重点加强中国与阿尔及利亚的基础设施与能源合作。

（二）面临风险

一是政局不够稳定。阿频繁更换内阁导致政策缺乏延续性，加之没有行之有效的改革方案，致使该国自 2015 年以来物价上涨、住房短缺、失业率走高、腐败加剧。而政府计划削减补贴、增加赋税等措施更是引发了国内多次抗议。2017 年以来，阿尔及利亚频繁发生针对政府政策及经济决策的小规模抗议示威活动。

二是公共安全风险较高。阿尔及利亚地处地中海—喜马拉雅地震带，北部地区多为浅源地震，地震级别相对较低，但震动频繁。阿尔及利亚安全部门报告显示，2017 年阿盗抢类型犯罪事件比 2016 年增长 24.3%，车辆被盗同比上升 30.1%，贩毒案件同比增长 18.8%。此外，阿道路交通事故频发，并时常有霍乱、疟疾、伤寒、登革热等传染性疾病爆发。

三是法规多变增加违规风险。2015 年以来，阿尔及利亚在税务方面立法变化较多，金融法每年都会增加合规性要求，税率的反复变化加剧了阿尔及利亚投资的风险。中资投资者应注重加强合规审查体系建设，避免因遗漏事项等造成行政处罚。

### 三、中资银行业务发展机遇及挑战

目前尚无中资银行进入阿尔及利亚开展经营业务。不过，中资银行与阿尔及利亚当地金融机构曾有接触合作。2004 年，中国银行与阿尔及利亚银行签署经济技术合作协定银行账务处理细则。2014 年，中国银行巴黎分行在阿尔及利亚召开了金融服务促进会议，以加强双方合作。

（一）政策监管环境

监管机构方面，阿尔及利亚的中央银行为阿尔及利亚银行，负责制定国家货币政策及金融政策、发行货币、管理国家外汇储备、制定外汇交易管理法规以及监管对外信贷和资本流动等。

金融政策方面，2009年，阿尔及利亚政府规范了多个行业的外资持股比例限制，其中包括商业银行业。政府规定最大的外资股东不能持有国有商业银行超过49%的股份，但不对当时已经超过这一股比限制的银行进行回溯。2016年，阿尔及利亚政府曾表态要开放银行业限制，财政部计划允许其主要持股的国有银行在当地证券交易所上市。该计划取消之前要求阿尔及利亚本地公司需要保持多数股权的规则将为外国投资者取得阿尔及利亚银行的控股权打开大门。但在2017年6月新修订的法案中，金融业和能源业依然被作为战略性行业保持着49%的持股比例限制。

（二）中资银行机遇

一是阿尔及利亚金融市场发展潜力较大。截至2017年末，阿尔及利亚共拥有20家商业银行，包括6家国有商业银行、14家私营商业银行。近年来，阿尔及利亚银行业机构数量的增长止步不前，2014年到2017年，全国仅增加了一家商业银行。同时，阿尔及利亚的银行普及程度较低，根据世界银行数据，阿尔及利亚每千人银行账户数量在300户左右，即普及率约为30%。即使是拥有账户的普通民众，其银行账户交易量也偏低。

二是非国有银行体系逐步发展壮大，市场空间广阔。2000年以前，阿尔及利亚银行业高度垄断，前三大银行合计市场份额达到74%。其后，私营银行和外资银行纷纷进入，使得阿尔及利亚银行业集中度不断下降。截至2015年，阿前三大银行合计市场份额已下降至63%。外资银行在阿尔及利亚已经逐渐崛起，以法国兴业银行和法国巴黎银行为代表的外资银行在数量方面已与阿国有银行旗鼓相当，外资银行未来发展空间广阔。

三是中阿经贸往来密切，金融需求上升。中国是阿尔及利亚进口第一大来源国，中资企业在进出口及投资过程中存在较多的融资需求，同时也有在阿尔及利亚营商的需求，这将成为推动中资银行进入阿尔及利亚开发业务的动力。

（三）中资银行面临挑战

一是外资银行受到股权比例限制。为防范外国公司的投机行为，阿尔及利亚政府规定，对于所有涉及外资的项目，阿方须占股51%以上，外资占比不得超过49%。中资银行如果要进入阿尔及利亚展业，需要与当地企业成立合资公司，同时难以获得控股权，整体控制力较弱。

二是须重视物业所有权风险。阿尔及利亚土地审批流程冗长，政府规定土地允许投资者租赁，但拒绝出售。投资用地暂停此前的租赁 2 年后可通过转让方式购买的做法，改为永久租赁方式，根据项目运行时间长短，租赁期限可设定为 44 年至 99 年。因此，中资银行在进入阿尔及利亚展业时须考虑经营网点的物业所有权风险。

三是须提前做好利润汇出规划。为鼓励投资者将税收减免利润用于再投资，阿尔及利亚政府在税收优惠政策中规定，投资者须在停止享受优惠政策起 4 年内，将公司享受减免公司利润税和职业活动税所获得利润的 30% 用于再投资。如公司拒绝再投资，将无法再享受税收优惠，还将受到其他制裁。此外，2009 年以来，阿尔及利亚政府还相继出台一系列限制外资利润汇出的政策，如利润汇出须征收 15% 的利润汇出税等。

## 四、政策建议

随着中阿之间经济金融联系的深化，我国企业、金融机构在与阿尔及利亚加强经贸合作和业务往来的同时，还应特别注意相关风险的防范。

一是全面客观了解阿尔及利亚的政策环境，强化合规管理。在阿尔及利亚开展投资、贸易、承包工程和劳务合作的过程中，要特别注意事前调查、分析、评估相关风险，事中做好风险规避和管理工作，切实保障自身利益，包括对项目或贸易客户及相关方的资信调查和评估，对项目所在地的政治风险和商业风险分析和规避，对项目本身实施的可行性分析等。中资企业、机构和银行未来发展应进一步加强合规经营理念，深化合规管理，确保境外机构稳健经营，需从集团层面研究对税务等普遍性问题的解决方案，提高境内外机构合规经营能力，确保与业务范围、经营规模、风险特征以及监管要求相适应。

二是做好项目评估，加强管理，积极拓展市场。中资企业在阿尔及利亚开展投资合作对政治风险、安全风险、资金风险等要做好评估。对于合作单位的资信能力、项目可能遇到的困难等要有充分了解，不要盲目开展合作。同时，对工程、人员、安全等加强管理，保证在阿尔及利亚工作的质量、效率和安全。积极拓宽除建筑工程以外的业务领域，逐步加大对阿尔及利亚投资，探索属地化经营模式，不断根据市场变化和需求进行创新。

三是积极采取有效措施，努力塑造中资企业良好形象。中资企业应积极通过与智库、研究机构、媒体等合作的方式，主动塑造良好形象，建立长期公关机制，提升危机公关能力。尤其要保持与政府沟通渠道的畅通，主动争取优惠政策，并就投资过程中遇到的问题积极沟通，认真履行企业社会责任。此外，中国企业在设立注册、日常运营、税务申报、聘用雇员等过程中，也要高度重视诚信和知识产权保护，坚持依法合规经营，尊重当地风俗习惯，主动融入当地社区，重视工会组织，妥善处理劳资关系，积极争取各方支持。

# 安 哥 拉

## 一、安哥拉概况

### （一）基本情况

安哥拉位于非洲西南部，北邻刚果（布）和刚果（金），东接赞比亚，南连纳米比亚，西濒大西洋，另有一块外飞地领土——卡宾达，位于刚果（布）和刚果（金）之间。安哥拉国土面积124.67万平方千米，居世界第22位。安哥拉全国分为18个省，设有164个市，市下设有区、乡、村。首都罗安达位于安哥拉西北部，濒临大西洋本戈湾，是全国政治、经济、文化和交通中心，也是全国最大城市和最主要工业基地。

截至2017年，安哥拉人口总数为2 980万，主要有奥温本杜（约占总人口的37%）、姆本杜（25%）、巴刚果（13%）、隆达等民族。49%的人信奉罗马天主教，13%的人信奉基督教新教，其余人口大多信奉原始宗教。官方语言为葡萄牙语，另有42种民族语言。

自2002年内战结束以来，安哥拉实现了全面和平，政局总体保持稳定。安哥拉是总统制共和国家，实行多党制。总统经选举产生，任期5年，可连任一次。总统为国家元首、政府首脑和武装部队总司令，有权公布或废除法律，宣布战争或和平状态，任免副总统、政府部长、军队高级将领、省长、总检察长、最高法院法官等。现任总统洛伦索于2017年9月26日正式就职。

安哥拉奉行和平共处和不结盟的对外政策，主张在相互尊重主权、互不干涉内政和平等互利的基础上发展同世界各国的关系；坚持独立自主的多元化外交路线，重视外交为国内经济建设服务；呼吁建立国际政治经济新秩序，加强南南合作，积极参与地区和国际事务，努力提高自身影响力。安哥拉现为联合国、不结盟运动、非洲联盟、南部非洲发展共同体等多个国际和地区组织成员，目前已与100多个国家建立了外交关系。

安哥拉能源和矿产资源丰富，是非洲第二大产油国和世界第五大产钻国。水资源潜力1 400亿立方米，拥有广泛的水力发电资源，但由于治理及利用不利，符合饮用水标准的生活用水极度匮乏。森林面积达 6 000 万公顷，可开采的木材储量约为 45 亿立方米，是非洲第 2 大林业资源国。

（二）经济社会发展概况

经济增速总体呈下降趋势。石油是安哥拉国民经济的支柱产业，约占 GDP 的 50%、出口总值的 90% 及政府收入的 80%。2014 年以来，受国际油价下跌影响，安哥拉经济增速明显放缓。2018 年上半年，安哥拉 GDP 下降 6.1%。安哥拉 BFA 银行经济研究部门预计，虽然 2018 年下半年非石油类经济产量增幅高于平均水平，但仍将导致全年 GDP 下降约 4.0%，到 2019 年经济或略有恢复。

货币金融方面，下调基准利率，信贷坏账率非洲最高。2017 年 11 月，为控制物价上涨，安哥拉国家银行货币政策委员会（CPM）将基准利率从 16% 提高至 18%。2018 年 7 月，鉴于通货膨胀率连续多月下跌，且预计未来通货膨胀率将低于政府对 2018 年通货膨胀率的预测（23%），CPM 决定下调基准利率 1.5 个百分点至 16.5%。2018 年 9 月，CPM 决定维持 16.5% 的利率，本币的准备金率保持在 17%，外币保持在 15%。经济困难导致安哥拉银行业贷款质量低下，面临缺乏外币流动性、没有银行提供美元、银行储备金低等风险。根据安哥拉国家银行统计数据，2018 年，安哥拉银行信贷投放约 117 亿欧元，其中 33.3 亿欧元为坏账。

财政收支方面，财政状况显著恶化，负债水平过高。2017 年，安哥拉财政赤字占 GDP 比重达到 6.1%，较上年扩大 1.6 个百分点；政府公共债务占 GDP 的比重为 65.0%，虽较 2016 年的 75.8% 有了明显下降，但仍位于 60% 的警戒线以上。根据国家发展计划（2018—2022 年），安哥拉政府预计 2020 年其公共债务和账户将退出红色区域并正常化，国家收入尤其是税收收入将有所改善。其中，2018 年和 2019 年财政赤字率分别降至 2.5% 和 1.5%，2020—2022 年实现财政盈余占 GDP 比率分别为 0.4%、0.5% 和 0.7%；2018 年末公共债务为 773 亿美元，占 GDP 的 70.8%。

贸易及国际收支方面，经常账户逆差逐步缩小，国际储备不足。2013 年以来，安哥拉经常账户一直处于逆差状态，但情况逐步好转。得益于国际油价回升，2017 年安哥拉经常账户逆差为 9.4 亿美元，较 2016 年的 30.7 亿美元下降了 69.4%。世界银行数据显示，安哥拉的国际储备由 2013 年的 328 亿美元下降至 2017 年的 173 亿美元，存在外汇紧缺的问题。为抑制国际储备的大幅下降，2018 年 1 月，安哥拉宣布放弃钉住美元的汇率政策，用浮动汇率制度取代固定汇率，这在一定程度上可以减少为了维持宽扎对美元汇率而导致的外汇储备消耗。但截至 2019 年 1 月末，安国际储备仍继续降低至 111 亿美元。

产业结构方面，2012 年 10 月，安宣布成立主权财富基金，为基础设施、金融、工业、农业、旅游业等提供资金支持，农业占 GDP 的比重出现明显增长。石油工业和钻石开采是安哥拉国民经济的支柱产业。2017 年，安出口石油约 6 亿桶，出口额为 301.7 亿美元，同比增长 18.1%，石油出口财政收入 16 150 亿宽扎，同比增长 23.5%。2018 年，安钻石产量为 944 万克拉，较 2016 年增长了 4.7%。近年来服务业发展较快，占 GDP 的比重有比较明显提高。

（三）政策环境

发展规划。为改善商业环境、促进经济社会发展，安哥拉政府于 2018 年 8 月发布国家发展计划（2018—2022 年）。计划将采取 25 项战略政策和 83 项行动，重点关注人类发展和福祉、可持续经济发展、基础设施建设、巩固和平、加强民主法治、国家改革和权力下放等。计划预计 2018—2022 年平均每年经济增长达到 3% 左右，经济增长将与非石油部门的增长加速相关，例如农业、渔业、制造业、建筑业、服务业以及旅游业。

货币政策。2017 年 11 月开始，安哥拉国家银行开始实行紧缩政策，使整体通货膨胀率有了大幅下降。2018 年第三季度，通货膨胀率降至 19.0%，达到 2016 年 2 月以来的最低水平。随着通货膨胀率持续下跌，且预计未来通货膨胀率将低于政府对 2018 年通货膨胀率的预测，自 2018 年 7 月开始，货币政策开始转向，国家银行下调基准利率 1.5 个百分点至 16.5%。

财政政策。2014 年以来，为使公共支出与财政收入下降保持一致，安哥拉施行紧缩性的财政政策，包括限制对社会部门和基础设施领域的投资、逐步取消燃料补贴、合理化商品和服务支出、减少公共部门的工资、审查并削减不作为的公职人员等，但是效果并不理想。2017 年，安哥拉财政赤字占 GDP 的比重已经达到 6.1%，政府公共债务占 GDP 的比重达 65.0%。2019 年 7 月，安哥拉将开始征收单一税率为 14% 的增值税以增加财政收入，征收范围首先涵盖大型纳税人。

（四）评级概况

标普、穆迪和惠誉三大评级公司对安哥拉的评级展望均为"稳定"。在世界银行发布的《2019 年全球营商环境报告》中，安哥拉在 190 个国家中的综合排名为第 173 位，较上年上升 2 位。在世界经济论坛发布的《2018 年全球竞争力报告》中，安哥拉的全球竞争力指数在 140 个被统计的经济体中排名第 137 位，处于落后位置。

（五）与我国经贸合作关系

目前，安哥拉是中国在非洲的第二大贸易伙伴（仅次于南非），中国是安哥拉第一大贸易伙伴国。2018 年，中安贸易额 280.5 亿美元，同比增长 25.5%，其中中方出口额 22.5 亿美元，同比下降 2.2%，进口额 258.0 亿美元，同比增长 28.7%。中国主要从安哥拉进口原油、天然气，向安哥拉出口机电、钢材、汽车及高新技术产品等。

## 二、中资工商企业在安哥拉的投资机会及风险分析

2017 年，安哥拉吸引中国直接投资 6.4 亿美元，是非洲地区最大的中国投资流入国。截至 2017 年末，中国对安哥拉投资存量为 22.6 亿美元。中国企业全方位参与了安哥拉的战后重建工作，除石油项目外，还对安哥拉的农业、饮用水、渔业、加工、商贸、房地产等领域进行投资。目前，在安哥拉经营的中资企业超过 200 家，主要集中在建筑、商贸、地产和制造业等领域。

（一）中资企业的投资机遇

一是安哥拉正大力推进经济多元化发展。为降低经济对石油产业的依赖度，促进经济多元化，安哥拉大力推进结构性改革，出台多项措施支持中小微型企业发展。2018 年，安颁布了《竞争法》和新的《私人投资法》，以提高投资吸引力。2019 年初，安启动了《支持生产、出口多样化和进口替代计划》（PRODESI），旨在通过简化商业许可、财产登记、合同执行等程序来改善商业环境。总统洛伦索曾表示，希望中资企业能加大投资安哥拉的力度，为安哥拉经济多元化发展注入活力，起带头示范作用。

二是新的《私人投资法》使外国投资更加便利。2018 年 4 月，安哥拉议会通过了新的《私人投资法》，取消了最低外商投资的优惠门槛（5 000 万宽扎）和以前外国人在安注册公司时安籍公民必须持有至少 35% 股权的要求。但是，石油、矿产、金融等行业仍未解禁，外商投资者在这些行业中的权益保障和优惠均属于特殊范畴，超出《私人投资法》的有效范围。

三是"八大行动"为中安经贸合作注入了新的活力。2018 年 9 月 3 日，中非合作论坛北京峰会在人民大会堂隆重开幕，中国国家主席习近平出席开幕式并发表主旨讲话，强调中非要携起手来，共同打造责任共担、合作共赢、

幸福共享、文化共兴、安全共筑、和谐共生的中非命运共同体，重点实施好产业促进、设施联通、贸易便利、绿色发展、能力建设、健康卫生、人文交流、和平安全"八大行动"。中国未来将以政府援助、金融机构和企业投融资等多种方式，向包括安哥拉在内的非洲国家提供支持，推动中非全面战略合作伙伴关系迈上新台阶。

（二）中资企业面临的风险

一是外汇波动可能带来汇兑风险。目前，所有在安哥拉经营的公司都必须以宽扎运营，并使用当地银行支付所有款项，包括向位于安哥拉境外的供应商和承包商付款，因此中资企业要特别注意外汇波动带来的汇兑风险。

二是需要警惕债务违约风险。近年来，安哥拉财政状况显著恶化，外汇储备减少，资金短缺、债务偿还压力加大，银行体系流动性不足，付汇受限，买家付款能力下降，致使我国部分出口安哥拉的企业无法收回货款，部分在安哥拉经营的企业面临工程款被拖欠风险。

三是基础设施情况较差。内战结束后，安哥拉政府开始大力投入基础设施建设，取得了一定成果，但尚未全面改善。世界银行发布的《2018 年物流绩效指数报告》显示，2018 年安哥拉物流绩效指数（LPI）在 160 个国家和地区中排名第 159 位，物流质量和能力差，投资竞争优势不明显。

四是腐败和社会治安问题严重。安哥拉政府行政效率低下，官僚主义表现明显，跨地区、跨部门甚至涉及政府高层的腐败十分普遍，中国企业在安哥拉经常会遇到官员滥用职权、徇私舞弊、索要贿赂、警察索要小费、政府机关不合理收费的情况。根据透明国际发布的 2018 年全球清廉指数，安哥拉在全球 180 个国家中排名第 165 位，是最为腐败的国家之一。此外，吸毒、武器泛滥、抢劫等问题在安哥拉凸显，社会治安不佳。近年来，安哥拉频繁发生针对包括华人及中资企业员工在内的暴力抢劫等恶性案件。

### 三、中资银行业务发展机遇及风险分析

中国银行罗安达分行于 2017 年 6 月 5 日在安哥拉首都罗安达成立，其前身是成立于 2012 年的中国银行罗安达代表处，这是安境内第一家也是截至目前唯一一家中资银行。中国银行罗安达分行以公司业务为主，全力拓展存款、贷款、汇款、国际结算、贸易融资、金融市场等业务，积极开展中安两国跨境担保融资业务。

（一）政策监管环境

监管机构。安哥拉国家银行（BNA）作为安哥拉中央银行，也是其金融监管部门，主要职能是确保本国货币价值并参与制定货币、金融和汇率政策，同时负责货币交换和信贷政策的执行、监督、控制，在国家经济政策范围内对支付系统和流通中介进行管理。

外汇管理。安哥拉实行外汇管制。在当地注册的外资企业，经批准可开设银行账户（包括外汇账户）；外汇进入不受限制，外汇汇出需提交相关文件。利润汇出的控制较严，除需缴纳35%的营业税外，还有配额限制；外国人入境携带外汇现金的金额通常不受限制，出境时18岁以上成人携带外汇不得超过5 000美元。国家银行和商业银行可以从事外汇交易。国家银行指定商业银行办理和监督经批准的非贸易外汇交易；经国家银行授予许可证的商业银行和外汇交易商，可按照浮动汇率进行外汇交易；国家银行在自由外汇市场只与金融机构进行外汇交易。对外结算货币方面，国家银行规定，进口支付一般使用出口国的货币或者美元。

对外资银行政策。安哥拉要求境内的银行业金融机构必须以股份公司的形式注册成立，代表相关股本的股份必须具有提名权，且外资股权不能超过10%（过去已进入安银行业的外资以及纯外资银行不受此限制）。

（二）中资银行的发展机遇

一是大量基础设施建设项目亟须资金投入。安哥拉基建需求旺盛、资金缺口大，且中非合作论坛文件明确支持中方金融机构以多种方式参与非洲铁路、公路、通信、电力、水利等建设，因此中资银行在安哥拉的金融服务一直以参与承包大型基建设施项目为主。下一阶段，随着大型基建项目不断完工，中安发展与产业结构变化，中资银行应逐步向企业投资经营与金融服务深化转变，加强与当地龙头企业合作，发挥产融结合优势进一步推动中非经贸合作。

二是银行业市场竞争程度不断提升。近年来，安哥拉银行业的整体集中度呈现逐步下降的趋势，且银行业态进一步多元化。2005—2015年，安哥拉国内前五大银行总资产占银行业总资产的比值从86%下降到69%，存款占比从90%下降到74%。2015年，安全国27家商业银行中，3家属于完全国资所有，8家属于国有股东作为控股股东的混合所有制银行，15家属于私营股东作为控股股东的混合所有制银行，5家属于外资私营股东控股的商业银行，呈现出国有银行、国内私营银行和外资银行三足鼎立的态势。

三是人民币国际化在非洲不断提速。随着中非经贸合作不断深化，人民币在非洲的影响力越来越大，其在便利中非贸易与投资、优化外汇储备结构、稳定金融体系等方面具备诸多优势，日益受到非洲国家的重视。2018 年，包括安哥拉在内的 14 个非洲国家积极讨论将人民币纳入外汇储备的可能性，给中资银行带来新的机遇。

（三）中资银行面临的挑战

一是市场尚未成熟。安哥拉金融环境较差，银行账户普及率在非洲处于平均水准以下；银行大部分的业务收入来自国家政府债券的投资收益，或其他类似货币交易和贸易融资的短期业务，而不是来自传统商业银行的存贷款业务；银行贷款分布不均，绝大多数个人和中小型企业无法从国内银行体系获得信贷资源。

二是经济结构单一脆弱，经济下行压力对银行业发展不利。安哥拉经济发展严重依赖于石油产业，如果国际油价暴跌，则安哥拉整体经济将面临较大下行风险，进而对商业银行的资产质量和盈利能力产生影响。2014 年以来，随着国际油价暴跌带来的经济衰退，安哥拉银行业整体盈利大幅下降。

## 四、对策建议

安哥拉自然条件优越，政局较为稳定，经济政策稳健，具有一定的投资合作吸引力。随着中非全面战略合作伙伴关系迈上新台阶，中安双方有望在经贸、交通、电力、金融等领域拓宽和深化合作。在安哥拉开展投资过程中，要特别注意做好以下几点，预防相关风险发生。

一是事前调查、分析、评估相关风险，事中做好风险规避和管理工作，切实保障自身利益。安哥拉与中国经贸投资往来历史不长，国内企业对其缺乏了解，因此赴安哥拉开展投资、贸易的过程中，要做好对项目或贸易客户及相关方资信的调查和评估工作，做好对风险的分析和规避工作。同时，积极利用保险、担保、银行等保险金融机构和其他专业风险管理机构的相关业务保障自身利益，包括贸易、投资、承包工程和劳务类信用保险、财产保险、人身安全保险等，银行的保理业务和福费廷业务，各类担保业务（政府担保、商业担保、保函）等。

二是合法合规经营。中资企业在安经营时，应严格遵守当地法律法规。在税务方面，为获得相关税收优惠，所涉及的投资项目需向安哥拉政府主管部门进行登记；在环境保护方面，避免破坏自然环境以及从事涉及濒危动植物的经营活动；在劳动者保护方面，切实保障员工权益，不拖欠工资，避免不必要的劳动纠纷；在建设过程中，严格把控工程质量和进度，杜绝安全生产事故的发生。

三是充分利用中安两国及区域型组织的优惠政策和重点项目。安哥拉是中国在非洲推动"一带一路"倡议和中非"三网一化"战略过程中重要的合作伙伴国。中资企业应准确把握自身定位，明确预先投资领域，合理确定投资项目，积极融入当地发展及南部非洲经济一体化进程。

四是多途径应对汇兑风险。投资者可在赚取宽扎的同时，收购当地合法优质资源，回流国内，在国内变现人民币，形成产业链。对于一些大额当地币借款，可鼓励对方以实物支付，以固定资产或保值资产作抵押，将库存量维持在一个合理范围，并定期梳理更新销售转手渠道。可适当增持其他非本地币形式资产。

# 坦桑尼亚

## 一、坦桑尼亚概况

### （一）基本情况

坦桑尼亚联合共和国位于非洲东部、赤道以南，由位于东非大陆的坦噶尼喀内陆地区及海外岛屿桑给巴尔组成，国土面积94.5万平方千米，大陆海岸线长840千米。坦桑尼亚北与肯尼亚和乌干达交界，南与赞比亚、马拉维、莫桑比克接壤，西与卢旺达、布隆迪和刚果（金）为邻，东濒印度洋。该国东部沿海地区和内陆部分低地属热带草原气候，西部内陆高原属热带山地气候。

2017年坦桑尼亚人口为5 730万，人口总数居全球第26位。斯瓦希里语为国语，与英语同为官方通用语。与东非地区其他国家相比，与犯罪相关的安全风险处于中等水平，但在全球范围内仍属于高风险。受到小型武器流入和社会就业率低等影响，坦桑尼亚犯罪率呈上升趋势。

坦桑尼亚政局基本稳定，但国内联合问题、政府腐败及贸易摩擦风险不容忽视。虽然桑给巴尔岛分裂问题稍微缓和，但各类摩擦仍不时出现。同时，坦桑尼亚腐败问题较为突出，政府效率较低导致政府治理存在一定风险。此外，坦桑尼亚由于贸易问题与周边国家存在一些摩擦。

坦桑尼亚奉行不结盟和睦邻友好的外交政策，主张在互不干涉内政和相互尊重主权基础上与各国发展友好合作关系，务实倾向较强，强调以经济利益为核心，发展同所有捐助国、国际组织和跨国公司的关系，谋求更多外援、外资。坦桑尼亚重视与亚洲国家关系，学习和借鉴亚洲国家的发展经验，同时与欧洲和美国的政治经济关系均保持相对积极平稳的状态，为其吸引投资创造了良好的国际环境。

坦桑尼亚与中国建交50多年，高层往来频繁，经贸关系稳步发展。自建交以来，中坦关系长期健康稳定发展。中国从1964年开始向坦桑尼亚提供各种援助。中坦互利合作始于1981年，中国共有40多家公司在坦桑尼亚开展劳务承包业务。2013 年 3 月，中国国家主席习近平对坦桑尼亚进行国事访问，双方签署了基础设施建设、能源、通信、农业、投融资、进口商品检疫等多个政府间以及企业和金融机构间合作文件。

坦桑尼亚矿产资源丰富，已探明的主要矿产包括钻石、金矿、煤、铁、磷酸盐和钕镨稀土金属矿等。坦桑尼亚森林面积约 4 400 万公顷，占国土面积的 46%，出产安哥拉紫檀、乌木、桃花心木、栲树等。坦桑尼亚水力资源丰富，发电潜力超过 4.78 亿千瓦。产业结构方面，坦桑尼亚经济以农牧业为主，结构单一，基础薄弱，发展水平低下。农业是坦桑尼亚的经济支柱，以种植业、养殖业、林业、渔业、牧业为主体。工业以农产品加工和进口替代轻工业为主，包括纺织、食品加工、皮革、制鞋、轧钢、铝材加工、水泥、造纸、轮胎、炼油、汽车装配和农具制造等。服务业主要包含贸易、酒店、餐饮、交通、金融、房地产、教育和卫生等。坦桑尼亚旅游资源丰富，潜力较大。

（二）经济社会发展概况

宏观经济方面，经济增速有所下滑。2018 年坦桑尼亚 GDP 同比增长 6.6%，这一增长水平高于全球平均增速和撒哈拉以南非洲国家的平均水平。货币金融方面，中央银行实行宽松货币政策立场。坦桑尼亚央行致力于维持流动性水平适度，以支持实现低而稳定的通货膨胀和高水平经济增长的宏观经济目标，同时确保货币市场利率的稳定性。2018 年，坦桑尼亚中央银行维持了宽松货币政策立场，以刺激私营部门的信贷增长，并支持更广泛的经济活动。在此期间，中央银行将贴现率从 12.0% 下调至 9.0%，并继续通过公开市场操作向银行体系提供流动性。

财政收支方面，财政赤字扩大。坦桑尼亚政府一直实施赤字财政政策。2014—2016 年坦桑尼亚财政赤字缩小，主要源于进口贸易额减少以及国内旅游业收入和黄金出口增加。但 2017 年初政府全面禁止矿砂出口后，矿业出口收入受到影响，财政赤字开始扩大。贸易及国际收支方面，经常账户逆差显著收窄。2013—2015 年，坦桑尼亚经常账户余额占 GDP 的比重分别为 −10.1%、−10.1% 和 −8.4%，经常账户逆差规模较为稳定。2016—2017 年，坦桑尼亚经常账户逆差显著收窄，占 GDP 比重由 −4.5% 下降到 −3.8%。国际储备充足。截至 2018 年末，坦桑尼亚官方外汇储备总额约为 50 亿美元，足以满足 5 个月的商品和服务进口预期。债务状况方面，债务水平较高。2017 年坦桑尼亚政府债务占 GDP 比例为 38.2%，低于 60% 的警戒线。其中外债占 GDP 比例为 19.7%，低于 40% 的警戒线；外债占出口额的 81.8%，低于 150% 的警戒线。坦桑尼亚债务整体保持可持续，但比重较高，有一定偿债风险。

（三）政策环境

货币政策。坦桑尼亚私营企业和个人借贷难、利息高的情况长期存在，主要源于三个因素影响。一是坦桑尼亚信用体系缺失，二是银行对整体私营经济发展信心不足，三是银行普遍面临流动性危机，对制造业、农业和交通运输业的贷款大幅度减少，个别银行已经暂停了对个人的贷款业务。因此，坦桑尼亚仍将维持宽松的货币政策以刺激经济发展。然而，由于中央银行降息幅度较小，坦桑尼亚借贷成本仍居高位，难以对实体经济发展发挥实质性推动作用。

财政政策。2018 年 11 月，坦桑尼亚政府公布了 2019—2020 财年预算框架和国家发展计划，确定了六个优先发展战略领域，包括水力发电项目、标轨铁路和铁路基础设施开发、道路基础设施升级、桥梁建设和维护、航空业、航运业、信息和通信技术、土地和投资分配领域。

（四）评级概况

坦桑尼亚近年来一直计划正式开展评级，以便在国际金融市场发行主权债券。穆迪首次给出坦桑尼亚信用评级"B1"级，前景展望为"负面"。在世界银行发布的《2019 年全球营商环境报告》中，坦桑尼亚在 190 个国家及地区的排名从 2018 年的第 137 位下降到第 144 位。在世界经济论坛发布的《2018 年全球竞争力报告》中，坦桑尼亚的全球竞争力指数在 140 个被统计的经济体中排名第 116 位，排名在世界相对靠后，与周边国家相比也处于劣势。

（五）与我国经贸合作关系

坦桑尼亚与中国建交已超过 50 年，高层往来频繁，经贸关系稳步发展。建交以来，中坦关系长期健康稳定发展。中国从 1964 年开始向坦桑尼亚提供各种援助，主要援建项目有坦赞铁路、友谊纺织厂、姆巴拉利农场、基畏那煤矿和马宏达糖厂等。中坦互利合作始于 1981 年，中国共有 40 多家公司在坦桑尼亚开展劳务承包业务。2013 年 3 月，中国国家主席习近平对坦桑尼亚进行国事访问，双方签署了基础设施建设、能源、通信、农业、投融资、进口商品检疫等多个政府间以及企业和金融机构间合作文件。中坦经贸合作发展迅速，中国已成为坦桑尼亚第一大贸易伙伴和最大工程承包方。2017 年，中坦双边贸易额34.52亿美元，同比减少11.09%，其中中国出口额31.19亿美元，进口额2.5亿美元。中国主要向坦桑尼亚出口机器设备、车辆、日用品等，主要进口木材、剑麻纤维、生牛皮和海产品等。

## 二、中资工商企业在坦桑尼亚的投资机会及风险分析

（一）中资企业的投资机遇

坦桑尼亚政府长期对外国直接投资抱有积极态度。自2014年起，该国外商直接投资存量一直位列东非地区榜首。坦桑尼亚政府一直寻求吸引矿业与农业的投资者，并制定了农业优先战略，农业及采矿业投资者有资格获得特殊优惠待遇。坦桑尼亚是中国对非洲开展产能合作的试点国家之一，中坦产能合作已经初见成效，为双方推进"一带一路"框架下的合作打下了良好基础。

农业方面，坦桑尼亚拥有4 400万公顷适宜农业耕种的土地，该国多数地区常年雨水充足、河流、湖泊环绕，是次区域灌溉潜力最大的国家之一。由于良好的土壤和气候，坦桑尼亚是世界上平均甘蔗产量最高的国家之一。坦桑尼亚非常欢迎中国企业对农业领域的投资。基础设施建设方面，坦桑尼亚基础设施较为落后，对其经济发展和吸引外商投资均造成一定程度的负面影响。坦桑尼亚政府希望全面发展基础设施，并且和国际伙伴都开展合作，吸引投资，开展贸易。坦桑尼亚在基础设施建设方面获得了中国的大力援助。中国企业自20世纪90年代初进入坦桑尼亚工程承包市场，经过20多年发展，逐渐占领坦桑尼亚工程承包市场80%以上份额。坦桑尼亚政府欢迎和鼓励中国企业投资在坦桑尼亚基础设施领域的商业活动和投资，并有意推进施行各类大型项目。旅游业方面，坦桑尼亚旅游资源丰富，是非洲最受游客青睐的旅游目的地之一。坦桑尼亚三分之一国土为国家公园、动物和森林保护区，共有塞伦盖蒂、恩戈罗恩戈罗等15个国家公园、50个野生动物保护区、1个生态保护区、2个海洋公园和2个海洋保护区。坦桑尼亚野生动物资源被认为是世界上最好的旅游资源之一，多年来已广为人知。旅游业是坦桑尼亚最大的创汇行业，也正在成为坦桑尼亚新兴的支柱性产业，提供了大量投资机会。坦桑尼亚政府鼓励外商投资旅游业，并制定和实施了鼓励私人投资的各项措施。

（二）中资企业面临的风险

一是非关税贸易壁垒阻碍投资。坦桑尼亚存在一定程度的非关税贸易壁

垄，对其投资吸引力造成不利影响。例如，坦桑尼亚对出口货物有较为严格的限制。政府严格限制海产品出口，禁止黄金，铜，镍和白银出口。此外，坦桑尼亚政府对外商投资某些行业的规模和方式也有较为严格的要求。同时，坦桑尼亚政府优惠政策优先扶持当地企业和政府企业，造成市场机会减少。

二是政府腐败现象较为普遍。尽管马古富力总统 2015 年 10 月上任后推行一系列措施打击公共领域的腐败，努力提高政府工作效率，但腐败和政府效率低下仍然是坦桑尼亚吸引外商投资的障碍之一。根据透明国际发布的2017 全球清廉指数，坦桑尼亚得分为 36 分，在 180 个国家和地区中排第 103名。坦桑尼亚政府仍存在较为严重的官僚主义，办事效率还有待提高，官员腐败现象依旧时有发生，导致企业运营成本上升。部分政府执法部门过度执法、恶意执法增加，有时干扰企业正常经营。

三是基础设施较为落后。坦桑尼亚国内整体的基础设施仍然比较落后，不能完全满足投资者的需求。公路、铁路年久失修、运营能力差，港口的吞吐量难以满足坦桑尼亚日益增长的国际化贸易，电力发展落后，电气化率低，电价高（约是乌干达、肯尼亚等周边邻国的 2 ~ 3 倍），断电和限电现象频繁发生。同时，坦桑尼亚通信条件较差，电信业发展较落后。基础设施不足仍是制约其经济发展和吸引外资的瓶颈之一。

## 三、中资银行业务发展机遇及风险分析

目前，已有三家中资银行进驻坦桑尼亚。

（一）政策监管环境

监管机构。坦桑尼亚中央银行不仅承担货币相关政策的拟定、实施及货币发行，同时还肩负着该国银行业的监管任务。坦桑尼亚中央银行负责审批银行和金融机构执照，通过银行监管局对商业银行进行监管、现场检查和非现场监控，确保银行业遵守法律法规。

外汇管理。虽然坦桑尼亚实行外汇管制，但政策较为宽松。金融管理部门对外汇兑换业务持开放态度，外汇兑换相对简便，大多数银行都可以从事本国货币汇兑业务，汇率遵循外汇交易市场指导价格。各类私人开办的货币兑换所在坦桑尼亚的主要城市随处可见。从事进出口业务的公司也可以凭借有效合同从开户银行兑换外汇，而无须专门审批。私人账户持有的外汇和先令可在坦桑尼亚国内银行间自由转账。

对外资银行政策。自 1991 年起，坦桑尼亚允许外国银行开设分支机构。

这类银行可从事与当地商业银行相同的业务并可在首都以外的城市设立营业网点。央行规定银行或金融机构法律形式为有限公司,商业银行最低核心资本为 150 亿先令,对外资持股比例无限制。

（二）中资银行的发展机遇

坦桑尼亚政局稳定,政府正在复制中国改革开放经验,不断推动经济发展,投资潜力巨大。对中资企业和金融机构银行而言,坦桑尼亚市场具有较大潜力。随着中坦两国贸易与投资日益增长,企业对于包括人民币结算业务、有效规避汇率波动等配套金融服务的需求也在相应增长。因此,中资银行在合规经营的前提下,以丰富的金融产品满足两国企业需求、为中坦贸易往来提供便捷的金融服务,将有力推动中资银行立足坦桑尼亚金融市场。从长远来看,中资银行虽然进入坦桑尼亚市场时间短、规模小,但仍然具有一定发展空间。

（三）中资银行面临的挑战

一方面,坦桑尼亚信用体系缺失。目前坦桑尼亚尚未建立完善的社会信用体系,仅靠银行独家的信息无法覆盖足够多的人群和行业,不仅无法保障本身信贷资金安全,也无法给企业提供充足的融资服务。

另一方面,当地银行业集中度和不良贷款率高。坦桑尼亚有近 60 家商业银行,其银行业利润从 2016 年 4 230 亿先令的跌至 2017 年 2 860 亿先令。NMB 银行、CRDB 银行、国家商业银行和进出口行四大银行占据当地银行业总利润的近 80%。在四大银行把持利润、其余 56 家银行需为行业 20% 的利润而激烈竞争的情况下,中资银行无论在规模或成本方面都无法与当地银行相竞争。从 2017 年起,受不良贷款的影响,银行纷纷开始内部整合裁撤,多家银行关停,近 400 名从业人员被裁员。在行业景气度低迷的市场环境下,中资银行的业务发展也将面临严峻挑战。

## 四、对策建议

随着中坦之间经济金融联系的深化,未来我国政府、企业、银行在与坦桑尼亚加强经贸合作和业务往来的同时,还应特别注意相关经验的推广和风险防范。

一是密切关注坦桑尼亚投资政策。坦桑尼亚政局稳定,经济发展速度位列非洲国家前列。在国际货币基金组织和世界银行的支持下,政府执行经济调整计划,推行私有化,致力于营造良好的投资环境,并制定和出台了一系列促进和保护投资的法律法规，按照市场经济要求保障企业合法权益。然而，近年来政府对于外商投资的态度趋于保守，投资环境趋于下行。行业政策方面，坦桑尼亚鼓励外商投资采掘业和能源行业。然而政府存在一定的矛盾心理，一方面希望借此吸引外资，引进技术，推动国家经济发展；另一方面又通过立法加强对能源特别是天然气收益的控制，以及对当地矿产业的扶持，对外资形成一定制约。因此，需密切关注坦桑尼亚政府新政，跟踪后续改革措施，分析其对投资环境及中国开展产能合作的影响和相关风险。

二是优选优势行业投资。坦桑尼亚的光、热、土地资源非常丰富，适合多种作物种植，但是由于当地市场需求缺乏，生产技术落后，种植业及农产品加工潜力有待发掘。同时，坦桑尼亚对华出口呈现下降趋势，如何减少贸易逆差成为坦桑尼亚政府的重要任务。因此，中国企业可以在坦桑尼亚开发利用能源资源，把资源优势转变为其经济优势，不仅可以将产品出口到中国，而且可利用欧美对坦桑尼亚实行的贸易优惠政策，出口到欧美国家，实现中坦经济的互利双赢。

三是深入研究，规划长远。中非产能合作是大势所趋。中资企业在坦桑尼亚开展市场活动之前，需深入研究，长远规划，谋求长远发展。当前，我国不仅轻纺等劳动密集型产业具备了海外投资能力，水泥、玻璃、家电、汽车、钢铁等技术、资本密集型产业也日渐成熟，把这些产业"搬到"非洲，可以带动产品和劳务出口，转移国内过剩产能，并提高外汇使用效益。因此，中资企业海外投资可发展加工贸易，以资本输出带动商品劳务输出，创造出口需求。近两年，中国多家工程机械企业在坦桑尼亚开始设立办事处和店面，也有企业开始建设汽配组装厂并已投产，面向坦桑尼亚和东南非地区出口，把握发展先机。在推动产能合作过程中，中资企业应注重把握坦桑尼亚发展阶段和现实情况，采取分步进行、积极稳妥的战略，规模大、能耗高、基础设施要求高的产业不宜贸然向坦桑尼亚转移，可以先从规模适度、符合坦方实际发展情况的项目做起，逐步推进。

四是核算成本，防控风险。坦桑尼亚司法体系较为薄弱，发生纠纷时，外资企业需要支付高额费用聘请律师。加之法院的审理及裁决的执行程序比较繁杂，耗时较长，上诉期一般要 2 ~ 3 年，诉讼成本较高。同时，坦桑尼亚海关在通关等环节也存在诸多问题。一方面，坦桑尼亚海关对货物估值缺乏统一而严格的标准，随意性较大，因此需多缴纳税款，增加了投资成本；另一方面，由于货物到港转运、海关查验及网络故障等原因，坦桑尼亚海关通关速度慢，甚至存在故意拖延通关以收取额外费用的问题。海关操作的不规范会增加贸易企业在进出口环节的成本及风险。因此，企业在当地展开投资前和经营过程中需详细分析当地的资源与市场、政策法规、海关税收等方面情况，合理核算和预计成本，加强风险意识和风控能力。